2025
年度版

国家一般職［高卒・社会人］教養試験

過去問350

【試験ガイド】
①試験概要……………………………………
②出題分析……………………………………

【令和4年度試験出題例】

【国家一般職［高卒・社会人］〈教養試
過去問&解説No.1〜

◆本書は、平成25年度から令和5年度の過去問を収録しています。
◆科目の並び順は、実際試験の出題科目順に従っており、各科目の問題は令和4年度から順に並んでいます。
◆各科目の問題数は、原則として令和5年度試験の出題比率に基づいて配分しています。
　したがって、基本的に主要科目ほど掲載数が多くなっています。
◆令和5年度試験の問題は、出題された順番どおりに巻頭にまとめて掲載しています。
　令和4年度以前の問題は、原則として科目ごとに新しい年度から順に並べてあります。
◆法改正、制度変更などがあった分野の問題、またはデータが古くなった事情問題では、問
　題文を最新情報に基づいた記述に改めたうえで、〈改題〉表示をしている場合があります。
◆問題は、人事院が公開したものを掲載しています。

資格試験研究会編
実務教育出版

国家一般職 ［高卒・社会人］ 試験ガイド

■試験の概要

試験制度の再編に伴い，平成23年度までの国家Ⅲ種試験が24年度より国家一般職高卒者試験（以下，［高卒］試験）および社会人試験〈係員級〉（以下，［社会人］試験）となった。国家一般職［高卒］［社会人］試験は，「定型的な事務をその職務とする係員の採用試験」である。各府省やその出先機関，独立行政法人などで一般の行政事務，技術的業務などに従事する。高卒程度の試験として実施される。

採用試験は人事院が管轄しており，事務などの区分は，北海道，東北，関東，中部，近畿，中国，四国，九州，沖縄の人事院地方事務局（沖縄は地方事務所）ごとの地域別に実施され，その地域内の機関に採用される。

したがって，基本的な勤務先は事前に各自が希望した管轄内となる。

試験区分は，事務系1区分，技術系4区分の計5区分に分かれているが，技術系区分のうち，農業，農業土木，林業の3区分は，地域別の採用ではなく，全国での採用を行っている。また，最終合格者は，試験の区分ごとに作成する採用候補者名簿（高卒者試験および社会人試験〈係員級〉は1年間有効）に記載され，各府省等では採用候補者名簿に記載された者の中から，面接などを行って採用者を決定する。

［高卒］試験と［社会人］試験では，受験資格以外の試験区分や試験日程は基本的に同一である。

なお，試験の実施年度によっては，ある地域の特定の試験区分について採用予定が見込めないとして休止となる場合がある。

■試験区分

●事務

採用先は，各府省やその出先機関，独立行政法人など，非常に幅広い。採用は地域別に行われるため，本府省で働きたい人は，申込み先を関東甲信越にしておかなければならない。ただ，本府省での採用数はあまり多くなく，例年一定数を採用しているのは，外務省，経済産業省，国土交通省，警察庁などである。

仕事内容は，一般にデスクワークが中心で，庶務，経理などの仕事に就くことが多い。ただし，採用先によっては，実験の準備や補助（各府省の研究機関等），外国旅行者の携帯品検査（税関）といった専門的な仕事に従事することもある。また，気象観測（気象台）などの変則勤務を伴う場合もある。

5年度の［社会人］試験では全地域で採用休止となっている。

技術系区分

技術系区分には，技術，農業，農業土木，林業の4区分がある。

●技術

税関（財務省）における専門知識を生かした審査・分析業務など，地方農政局（農林水産省）などにおける農業農村整備などの調整・計画・施工・管理の技術的業務，地方運輸局（国土交通省）などにおける自動車の検査・基準・整備事業，鉄道等（鉄道・軌道・索道）の指導・監督・許認可，自動車運送事業の安全・環境対策等の技術的業務，地方整備局（国土交通省）などにおける河川，道路，公園，港湾，空港などの調査・計画・施工・管理等の技術的業務，防衛省の採用予定機関（陸・海・空自衛隊，情報本部および地方防衛局など）における電気機器・機械の整備，調達補給管理，自衛隊施設等の建設に必要な設計・監督・検査等の技術的業務，独立行政法人国立印刷局における日本銀行券等の製造業務などに従事する。

5年度試験では［社会人］試験の東北，および九州で採用休止となっている。

●農業

全国の地方農政局（農林水産省）などにおける農畜産業の振興，食品の安全確保，土地改良事業の推進等の技術的業務に従事する。

5年度試験では［高卒］試験・［社会人］試験ともに採用休止となっている。

●農業土木

全国の地方農政局（農林水産省）などにおける農業農村整備などの調査・計画・施工・管理の技術的業務，および地方整備局（国土交通省）などにおける河川，道路，公園，港湾，空港などの調査・計画・施工・管理等の技術的業務に従事する。

●林業

主として，全国の森林管理局（林野庁）などにおける森林の保護・管理，造林等の森林施業および指導等の技術的業務に従事する。

5年度の［社会人］試験では採用休止となっている。

■採用試験の内容など

第1次試験と第2次試験に大きく分かれる。第1次試験では，基礎能力試験，適性試験，作文試験，専門試験が課され，第1次試験の合格者に対して，第2次試験として人物試験（面接試験）が課される。なお，課される試験種目は試験区分によって違うので注意が必要である。

●基礎能力試験（教養試験）

基礎能力試験は，公務員としての業務を遂行するに当たって必要な一般的な知識を持っているかどうかを見るために行われる試験で，全試験区分で課される。五肢択一式で行われ，制限時間は90分，出題数は40題となっている。

基礎能力試験は，知識分野と知能分野に大別でき，5年度の［高卒］試験と［社会人］試験は共通問題で実施された。

①知識分野

一般教養に関する試験ともいえるもので，さらに以下の3分野に分けられる。

社会科学…政治，経済，社会，時事など，現在の制度や歴史的な移り変わり，時事的な問題が出題される。

人文科学…世界史，日本史，地理，文学・芸術，国語，倫理など，個人の内面的・文化的な生活に関係のある知識が問われる。

自然科学…数学，物理，化学，生物，地学など，科学的・合理的な知識が問われる。

国家一般職［高卒］試験の概要（2024年度）		
試験区分	事務	技術，農業，農業土木，林業
受験資格	①2024年4月1日において高校または中等教育学校を卒業した日の翌日から起算して2年を経過していない者および2025年3月までに卒業見込みの者②人事院が①に掲げる者に準ずると認める者	
受験案内公表日	5月7日（火）	
受付期間（インターネットのみ）	6月14日（金）〜6月26日（水）	
第1次試験	9月1日（日）	
	基礎能力試験適性試験作文試験	基礎能力試験専門試験
第1次合格発表	10月3日（木）	
第2次試験	10月9日（水）〜10月18日（金）	
	人物試験性格検査	
最終合格発表	11月12日（火）	

国家一般職［社会人］試験の概要（2024年度）		
試験区分	事務	技術，農業，農業土木，林業
受験資格	1984年4月2日以降生まれの者（2024年4月1日において高校または中等教育学校を卒業した日の翌日から起算して2年を経過していない者および2025年3月までに卒業見込みの者を除く。このほか，人事院が当該者に準ずると認める者）	
受験案内公表日	5月7日（火）	
受付期間（インターネットのみ）	6月14日（金）〜6月26日（水）	
第1次試験	9月1日（日）	
	基礎能力試験適性試験作文試験	基礎能力試験専門試験
第1次合格発表	10月3日（木）	
第2次試験	10月9日（水）〜10月18日（金）	
	人物試験性格検査	
最終合格発表	11月12日（火）	

②知能分野

知能分野とは，教養や知識を理解し，応用する能力があるかを試す科目で，文章理解，課題処理（判断推理），数的処理（数的推理），資料解釈の4科目を総称して知能分野と呼ぶ。

文章理解…現代文，古文，英文などの文章を素材に，要旨把握，内容把握，空欄補充，文章整序といった形式で，文章を読みこなす力の有無が試される。

課題処理（判断推理）…24年度に課題処理と改称された。与えられた条件の下で結論づけられる結果を導き出す力の有無が試される。問題の内容から大別すると，文章や数量で示された条件から結論を導き出す「言語分野（非図形分野）」，図形を素材に展開図や見取図，投影図といった空間概念の理解力が問われる「非言語分野（図形分野）」からなる。

数的処理（数的推理）…24年度に数的処理と改称された。数に関する条件を処理する能力を見るもので，算数や初歩的な数学に近いということもできる。ただし，計算式が与えられて答だけをストレートに出せばいいといった問題ではなく，基本的には，文章題を読んで，解答の過程で方程式を立てたりして答を導き出すものである。

資料解釈…文字どおり，統計値などの資料が素材となっている。その資料をもとにした読み取り能力が試される。計算によって答を出すものも多く，実数，構成比，指数，増減率などを理解しておく必要がある。

●適性試験

適性試験は，事務の第1次試験で課され，公務員の職務遂行の際に要求される，速く正確に事務処理を行う能力が見られる。制限時間は15分，出題数は120題である。

照合……2つの同じような文章や記号を照らし合わせ，異なっている点を探すもの。

分類……与えられた手引きが示す分類基準に従って，数字や文字などを分類していくもの。

置換……与えられた手引きの基準に従って，文字や記号を置き換えていくもの。

計算……簡単な計算問題から，受験者の計算能力を試すもの。

図形把握……与えられた図形と同じもの・異なるものを探し出すもの。

また，それぞれが組み合わさった複合問題もあり，そのうちの3つの形式の問題で構成されている。採点は，「正答数－誤答数＝得点」という減点法と呼ばれる特殊な方法で行われる。

●作文試験

作文試験は，基礎能力試験や適性試験では測ることの難しい一般常識や課題に対する理解力・文章表現力，問題意識などを見るものである。事務の第1次試験で行われ，制限字数は600字程度，時間は50分となっている。

課題については，誰もが書けて，書き手の個性の出やすいものが選ばれているようである。「自分に関するテーマ」「社会人・公務員について」「将来のこと・夢や抱負などについて」「防災・福祉・産業振興・環境・地域・子育て支援などの施策について」などがよく出題される。令和5年度の課題は「誰もが生きやすい社会をつくるために必要なことについて，あなたの思うことを述べなさい」であった。

作文試験は第1次試験で課されるが，その評定結果は第1次試験の合格者決定には反映されず，最終合格者決定の際に，ほかの試験種目の成績と総合して評価される。

作文試験の対策としては，課題には必ず出題意図があるので，出題者はこの課題をどのような目的（意図）で出題したのか，ということを考えよう。そのためにはまず，題意を正しくとらえることが大切である。出題者が書いてほしいと望んでいることは何か，出題の背景や意図を理解しよう。

課題のほとんどは，受験者自身にかかわる事柄についてであり，これは作文から人柄や適性，

魅力を確認したいという意図が働いている。抽象的な課題，時事的課題についても，その意図は変わらないことを念頭に置こう。

　書き方のポイントとしては，初めに構想を練ることが重要である。作文の途中で主題がずれてしまったり，課題のすり替えや矛盾が起こってしまうと，高い評価が期待できる答案とならない。構想を練るためには，①作文の中心となる主題を決める，②主題を補足・説明する具体的なエピソードを探す，③構成を考える，④書き出しを工夫する，⑤展開部と結論を考える，⑥文章表現に気をつけ，字数に注意しながら書くといったポイントを意識しておくとよい。

●専門試験

　国家一般職［高卒］［社会人］試験の各試験区分の中で専門試験が課されるのは技術系の区分のみである。専門試験は，技術系の職務を遂行するのにふさわしい専門知識，技術等の能力を見るために行われる。この専門試験は第1次試験で課され，制限時間は100分，解答数は40題となっている。なお，技術区分では，数学・物理・情報の20題は必須解答で，これに加えて選択A（電気・情報系），選択B（機械系），選択C（土木系），選択D（建築系）の各20題のうちいずれかを選択解答する。出題内容は，工業高校，農業高校の専門課程の指導要領にのっとっており，レベルは高校の教科書程度で基本的な出題が中心である。

●人物試験（面接試験）

　人物試験（面接試験）は，人柄や性格，社会への適応力，常識の有無など，筆記試験では測ることのできない人間的な側面から，これから公務員として仕事をしていくうえでのさまざまな資質を見ようというものである。

　人物試験（面接試験）は第2次試験で行われ，ほとんどの試験区分で，試験官は3名程度，時間は15〜20分の個別面接形式で行われる。質問の内容は「志望動機」「自己ＰＲ」「併願の有無」「友人関係」など，一般的な質問が中心となるが，交わされる会話の中から，人柄・協調性・積極性・責任感・表現力などが評価される。具体的に公務員として求められる人物像としては，①心身ともに健康であること，②明朗であること，③何事にも積極的であること，④協調性があること，⑤責任感が強く，堅実であること，⑥柔軟な思考，発想ができること，⑦創意・工夫に富むこと，⑧行動力，実行力があることなどであると考えられる。これらの要素を自分自身の具体的な体験・経験から伝えられるように準備するとよい。

　最近では公務員でも，民間企業と同じように，コミュニケーション能力や創造力などを重視する傾向にあり，試験官はこれらを備えた人物であるかを見るために，「表現力」「社会性」「堅実性」「態度」などの評価項目を設けて，各項目ごとに段階評価し，それをさらに総合して評価を決定している。国家一般職では地方公務員などに比べると，面接の配点比率はそこまで大きくはないが，自然に自分自身の魅力が伝わるように，態度や内容について十分な準備と心構えを持って臨もう。

　また，採用する側の試験官は次のような点に留意している。①できるだけ自然な態度で面接し，受験者の不安や緊張を和らげながら，楽な気持ちで受験できるように仕向ける。②質問は平易な言葉ではっきり示し，あやふやな言葉遣いを避け，質問事項に一貫性を持たせる。③自分の意見を主張したり，受験者と議論したりしない。④できるだけ受験者に話をさせるようにし，受験者の話は最後まで誠意を持って聞く。⑤受験者の回答が正確であるかどうかということのみにとらわれず，質問に対する応答過程を通じて現れる人柄，心構え等に重点を置くなどである。こうした試験官の意図や態度を知り，面接のねらいを理解することで，面接試験への不安や緊張も軽減される。面接は試験ではあるが，互いによりよく理解するための場と考えて，自信と誠意を持って臨もう。

平均点・1次合格ライン

人事院から発表された5年度国家一般職［高卒］および国家一般職［社会人］の平均点，1次合格点，最終合格点等を次ページに掲載する。また，これらをもとに，編集部では，国家一般職［高卒］の「事務」区分について，地域別に1次合格ラインの素点を推計した。

⑨～⑩ページのうち，人事院から発表された数値を一覧表にしたものが「合格点および平均点等」，これをもとに編集部で推計したものが「1次合格ライン推計」である。

合格者の決定方法

人事院より，各試験別に合格者の決定方法が公表されている。ここでは，国家一般職［高卒］について簡単に紹介する（その他の試験については人事院ウェブサイトを参照のこと）。

▶得点に関する考え方
①筆記試験について

各試験種目によって満点が異なっていること，受験者の素点のばらつきが異なっていることの影響を修正するために，各試験種目の素点(基礎能力試験・専門試験の場合は正解数，適性試験の場合は正解数から誤り等の題数を減じた数，作文試験の場合は複数の評定者による評定結果の換算点)をそのまま用いるのではなく，各試験種目ごとに平均点，標準偏差を用いて算出した「標準点」を用いる（小数点以下は切り捨て）。一般に，標準偏差が小さい場合は，受験者の素点が平均点付近に多く分布していることを示し，標準偏差が大きい場合は，受験者の素点が幅広く分布していることを示す。
②人物試験について

受験者をA～Eの5段階に評価し，その各段階

ごとの標準点を算出する。評価結果がDまたはEの受験者は，他の試験種目の成績にかかわらず不合格となる。

▶基準点について

得点化を行う試験種目においては，最低限必要な素点を「基準点」として満点の30％を基本に個別に定めている（人物試験においてはCの評価）。基準点に達しない試験種目が1つでもある受験者は，他の試験種目の成績にかかわらず不合格となる。

▶1次合格者の決定

1次試験受験者のうち，事務区分では基礎能力試験および適性試験，技術系区分では基礎能力試験および専門試験が基準点以上である者について，それぞれの標準点を合計した得点に基づいて決定される。

▶最終合格者の決定

事務区分……1次合格者のうち，作文試験が基準点以上であり，人物試験においてA～Cの評価である者について，1次試験を含むすべての試験種目の標準点を合計した得点に基づいて決定する。

技術系区分……1次合格者のうち，人物試験においてA～Cの評価である者について，1次試験を含むすべての試験種目の標準点を合計した得点に基づいて決定する。

配点比率

国家一般職［高卒］および国家一般職［社会人］の「事務」区分の配点比率は以下のとおり。

試験種目	基礎能力試験	適性試験	作文試験	人物試験
配点比率	4/9	2/9	1/9	2/9

5年度 国家一般職［高卒］合格点および平均点等

試験種目		基礎能力試験				適性試験（事務）／専門試験（技術系）				第1次試験合格点	最終合格点
区分	地域	満点	平均点	標準偏差	基準点	満点	平均点	標準偏差	基準点		
事務	北 海 道	40	18.407	4.996	12	120	66.555	22.641	36	295	440
	東 北		19.590	4.930						357	527
	関東甲信越		20.631	5.474						333	491
	東 海 北 陸		20.147	5.496						329	507
	近 畿		20.483	5.356						360	496
	中 国		18.617	5.526						329	463
	四 国		18.549	5.044						321	480
	九 州		19.250	5.939						375	530
	沖 縄		18.525	6.033						325	556
技術	北 海 道	40	15.713	4.690	12	40	17.001	5.659	12	280	381
	東 北		17.053	4.200						266	367
	関東甲信越		16.624	4.830						266	367
	東 海 北 陸		17.588	4.156						280	402
	近 畿		17.542	4.865						287	388
	中 国		17.898	5.303						273	374
	四 国		16.086	3.842						315	416
	九 州		18.024	4.893						266	367
	沖 縄		17.550	5.093						301	402
農業土木	全 国	40	17.405	4.448	12	40	15.893	5.647	12	282	383
林 業	全 国	40	16.697	4.374	12	40	19.697	6.565	12	244	461
全 体			19.463	5.491							

5年度 国家一般職［社会人］合格点および平均点等

試験種目		基礎能力試験				専門試験				第1次試験合格点	最終合格点
区分	地域	満点	平均点	標準偏差	基準点	満点	平均点	標準偏差	基準点		
技術	北 海 道	40	19.125	4.884	12	40	17.405	6.210	12	274	382
	関東甲信越		18.458	6.164						294	402
	東 海 北 陸		19.941	5.318						434	560
	近 畿		20.875	7.287						268	421
	中 国		19.667	2.357						344	452
	四 国		17.375	4.897						287	546
	沖 縄		21.593	4.432						345	453
農業土木	全 国	40	20.146	6.233	12	40	12.951	3.932	12	324	452
全 体			20.020	5.958							

ⅢⅢⅢⅢⅢⅢⅢⅢⅢⅢ 「1次合格ライン推計」表の見方 ⅢⅢⅢⅢⅢⅢⅢⅢⅢⅢ

各試験区分の上段が基礎能力試験，下段が適性試験の素点（基礎能力試験は正解数，適性試験は正解数－誤答数）を示しており，上下段で1つの組合せとなる。

国家一般職［高卒］事務・関東甲信越の一番左の列（基礎能力：14，適性：112）を例にとると「基礎能力で14点かつ適性で112点以上取れば1次合格できた」ということを示している。これは，言い換えれば「基礎能力が14点だった場合，適性は最低で112点必要であった」という意味である。

国家一般職［高卒］事務・関東甲信越についてグラフに表すと右図のようになる。点数を結んだ線の右上側（線を含む）が合格圏，左下側が不合格圏である。

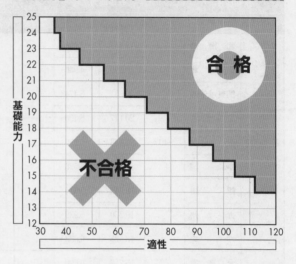

【注】
・この1次合格ライン推計は，人事院より発表された「合格点および平均点等」のデータおよび「合格者の決定方法」（人事院ウェブサイト参照）に基づいて算出した。
・欄がグレーに塗られている素点は基準点を表す。
・この推計では，基礎能力の基準点～満点のうち，適性が基準点以上となる範囲を掲載している。
・ここに掲載したのは，基礎能力の素点別に，1次合格点（標準点）以上となるために必要な適性の素点の最低点である。したがって，素点の組合せから標準点を計算しても，すべての組合せが1次合格点と一致するわけではない。

5年度 国家一般職［高卒］事務　1次合格ライン推計

北 海 道	基礎能力	12	13	14	15	16	17	18	19	20			
	適　性	103	95	87	78	70	62	53	45	37			
東　　北	基礎能力	15	16	17	18	19	20	21	22	23	24	25	26
	適　性	120	112	104	96	87	79	71	62	54	46	38	36
関東甲信越	基礎能力	14	15	16	17	18	19	20	21	22	23	24	
	適　性	112	104	96	87	79	71	63	55	46	38	36	
東海北陸	基礎能力	13	14	15	16	17	18	19	20	21	22	23	
	適　性	118	110	101	93	85	76	68	60	52	43	36	
近　　畿	基礎能力	16	17	18	19	20	21	22	23	24	25	26	
	適　性	114	106	98	89	81	73	64	56	48	40	36	
中　　国	基礎能力	13	14	15	16	17	18	19	20	21	22	23	
	適　性	118	110	101	93	85	76	68	60	52	43	36	
四　　国	基礎能力	13	14	15	16	17	18	19	20	21	22	23	
	適　性	112	104	96	87	79	71	63	55	47	38	36	
九　　州	基礎能力	17	18	19	20	21	22	23	24	25	26	27	
	適　性	116	108	100	91	83	74	66	58	50	42	36	
沖　　縄	基礎能力	13	14	15	16	17	18	19	20	21	22	23	
	適　性	115	107	98	90	82	74	66	57	49	40	36	

※基礎能力試験の標準点は，全区分の受験者の平均点および標準偏差を用いて算出。

5年度　国家一般職[高卒]実施結果

試験の区分		申込者数	第1次試験		第2次試験	最終合格者数	競争率	採用予定数
			受験者数	合格者数	受験者数			
事務	北海道	560 (226)	457 (198)	248 (111)	195 (83)	172 (78)	2.7	80
	東　北	766 (356)	691 (323)	263 (124)	243 (113)	190 (95)	3.6	70
	関東甲信越	3,701 (1,509)	3,228 (1,366)	1,895 (795)	1,686 (709)	1,408 (631)	2.3	750
	東海北陸	528 (217)	415 (180)	234 (106)	201 (89)	154 (73)	2.7	15
	近　畿	594 (250)	466 (208)	207 (87)	185 (79)	172 (77)	2.7	85
	中　国	411 (154)	347 (135)	142 (58)	114 (45)	105 (44)	3.3	45
	四　国	229 (119)	193 (106)	81 (39)	71 (36)	61 (31)	3.2	20
	九　州	1,074 (463)	912 (405)	268 (107)	234 (93)	205 (89)	4.4	110
	沖　縄	387 (131)	337 (115)	154 (59)	142 (57)	71 (31)	4.7	25
	計	8,250 (3,425)	7,046 (3,036)	3,492 (1,486)	3,071 (1,304)	2,538 (1,149)	2.8	1,200
技術	北海道	98 (12)	87 (12)	45 (5)	42 (4)	40 (4)	2.2	70
	東　北	172 (38)	152 (35)	114 (25)	95 (22)	90 (22)	1.7	80
	関東甲信越	246 (50)	213 (42)	150 (29)	122 (26)	113 (25)	1.9	150
	東海北陸	138 (17)	114 (10)	94 (7)	82 (5)	79 (5)	1.4	60
	近　畿	79 (11)	59 (9)	46 (9)	41 (6)	41 (6)	1.4	35
	中　国	66 (10)	59 (7)	48 (5)	45 (5)	44 (5)	1.3	30
	四　国	42 (8)	35 (5)	31 (5)	31 (5)	28 (5)	1.3	30
	九　州	356 (60)	327 (59)	266 (51)	234 (45)	215 (40)	1.5	95
	沖　縄	22 (1)	20 (1)	10 (1)	8 (1)	7 (1)	2.9	15
	計	1,219 (207)	1,066 (180)	804 (137)	700 (119)	657 (113)	1.6	565
農業土木		254 (28)	215 (24)	156 (16)	138 (12)	135 (12)	1.6	70
林　業		166 (28)	132 (20)	107 (18)	98 (17)	77 (15)	1.7	30
合　計		9,889 (3,688)	8,459 (3,260)	4,559 (1,657)	4,007 (1,452)	3,407 (1,289)	2.5	1,865

(1)　（　）内は女性の内数。
(2)　競争率＝一次受験者数÷最終合格者数。
(3)　採用予定数は，令和5年5月8日発表の数値で，それぞれ「約〜名」の意 。
(4)　農業土木，林業は事務局（所）単位ではなく全国で募集している。

5年度　国家一般職[社会人]実施結果

試験の区分		申込者数	第1次試験		第2次試験	最終合格者数	競争率	採用予定数
			受験者数	合格者数	受験者数			
技術	北海道	15 (1)	8 (1)	8 (1)	7 (1)	7 (1)	1.1	5
	関東甲信越	74 (10)	24 (3)	14 (3)	12 (2)	7 (1)	3.4	若干名
	東海北陸	25 (2)	17 (1)	8 (1)	7	4	4.3	若干名
	近　畿	50 (5)	24 (1)	21 (1)	16 (1)	15 (1)	1.6	10
	中　国	10	3	3	3	3	1.0	若干名
	四　国	10 (1)	8 (1)	7 (1)	4 (1)	2 (1)	4.0	若干名
	沖　縄	38 (9)	27 (6)	18 (3)	15 (3)	15 (3)	1.8	5
	計	222 (28)	111 (13)	79 (10)	64 (8)	53 (7)	2.1	
農業土木		87 (21)	41 (9)	24 (7)	18 (4)	18 (4)	2.3	5
合　計		309 (49)	152 (22)	103 (17)	82 (12)	66 (11)	2.3	

(1)　（　）内は女性の内数。
(2)　競争率＝一次受験者数÷最終合格者数。
(3)　採用予定数は，令和5年5月8日発表の数値。
(4)　農業土木は事務局（所）単位ではなく全国で募集している。
(5)　採用予定数に「若干名」がある場合は，加算できないため，合計欄では空欄とした。

② 出題分析

　教養試験で出題される多くの科目をマスターするためには，効率的な学習が不可欠である。公務員試験では，過去の出題と類似した問題が出ることが多い。出題されやすいテーマを把握していれば，重点的な学習が可能で，効率が断然アップする。以下，各科目の出題ポイントを，❶❹ページの「出題内訳表」と合わせて読んでほしい。

◎文章理解

　英文の出題形式は内容把握が中心。内容把握は選択肢と本文のある部分が一致しているかどうかを問うもので，英文を正確に読む力，選択肢間の相違を的確にとらえる力が必要である。要旨把握は全文の内容から要旨を判断する問題で，部分一致を問う内容把握とは異なる。現代文は要旨把握，内容把握の出題が多いが，筆者の言いたいことや要旨を大まかに把握するだけでは不十分で，複数のポイントについて内容を正確に反映しているかどうかを検討させる出題が多くなっている。

◎課題処理（判断推理）

　「非図形分野」は，大きく形式論理，文章条件推理，数量条件推理に分けられる。形式論理では，命題に関する対偶と三段論法をしっかりと理解しておくこと。文章条件推理では，条件の読み取り，条件の整理が確実にできるように，問題演習で実力を養っておくとよい。数量条件推理はパターン化しにくい問題も多いので，なるべく多くの問題に触れておくことが望ましい。「図形分野」では，平面図形の構成，多面体の展開図，軌跡といった頻出分野を中心に学習し，解法の要点となる事項を理解しておくとよい。

◎数的処理（数的推理）

　数に関する問題，数量に関する問題（文章題），場合の数と確率，図形が出題の中心である。数に関する問題では，約数・倍数の基本となる素数と素因数分解から学習し，割算の商と余りに関しても，約数・倍数との関連で考えるようにするとよい。数量に関する問題では，まず単純な連立方程式型の問題を確実に解けるようにし，そのうえで

速さ，濃度，割合と比，仕事算といった問題について，それぞれの要点を理解しよう。

◎資料解釈

　題材として与えられた資料を正しく読み取り，それに基づいてさまざまな結論を正しく導き出す能力を見ようとするものであり，結論を導く過程では，多くの場合，なんらかの計算処理が要求される。数量データの代表的なものは実数，指数，構成比，増減率である。これらについて，その意味を正しく理解し，固有の計算方法に慣れておくことが，資料解釈攻略のための第一歩である。

◎数学

　高校の数学Ⅰと数学Aの範囲が中心で，教科書の基本例題レベルの問題が大半。数学Ⅰでは数と式の計算，方程式・不等式，一次関数・二次関数，図形と計量（三角比，面積，体積など），数学Aでは平面図形，数学Ⅱでは図形と方程式（直線・放物線，不等式の表す領域など）が頻出。

◎物理

　「力学」が最頻出，次いで「電磁気」「波」が頻出テーマ。計算問題は，力学では「等加速度運動」「落下運動」「力のつりあい」「運動の法則」「仕事」「力学的エネルギー保存の法則」，電磁気では「直流回路」「抵抗の接続」「電力」「電流の熱作用」に関する出題がほとんどである。知識問題は，基本的な物理現象を問う問題が大半で，「波動の性質」「熱の伝わり方」「電磁波の性質」が頻出分野。

◎化学

　物質量を用いた簡単な計算，化学反応式の係数の決定や量的計算，非金属元素の性質（特に気体の性質），熱化学の計算などが頻出事項。「日常生活の化学」として，「酸性雨」「オゾン層の破壊」「地球の温暖化」「家庭にある化学物質」などが出題されることもある。日頃から新聞の科学欄などを注意深く読むようにするとよいだろう。

◎生物

　「細胞の構造と機能」「遺伝子と染色体」，およ

び「体液と恒常性」「生態系の働きと平衡」からの出題が多い。また，「植物の反応と調節」の分野から光合成や光周性などの出題があり注意が必要である。

◎地学

①大気・気象，②天文関連，③地球内部のエネルギーが頻出分野。「気象」ではエルニーニョ現象などの出題も見られる。「大気」では，その構造や太陽放射と大気の熱収支，風の吹き方など。天文分野は，地球の自転・公転とその現象や証拠などが頻出。災害や緊急地震速報からの出題もあるので，ニュースや新聞なども見ておくとよい。

◎世界史

ヨーロッパ史とアジア史に大きく分けられる。ヨーロッパ史（アメリカ史を含む）では，古代ギリシアをはじめとして，中世の十字軍遠征，近代のルネサンスや大航海時代，市民革命，産業革命から戦後の冷戦，ソ連の崩壊まで出題されている。アジア史では，秦・漢・隋・唐などの王朝史，孫文の中華民国，毛沢東の中華人民共和国，天安門事件までの中国史の出題頻度が高い。

◎日本史

出題されやすいのは鎌倉時代から江戸時代であるが，近・現代の出題も増えている。飛鳥・奈良・平安といった古代史の出題も見られるので，各時代の特色の把握が重要である。「テーマ史」では，文化史や外交史の出題頻度が高い。

◎地理

気候と地形および農林水産業に加え，世界の主要地域（国）と日本の地誌，民族（言語等）・宗教，環境問題などが出題される。気候は，ケッペンの気候区の特徴，ハイサーグラフや雨温図，植生や土壌などとの関連を問うものが多い。各国地誌では，東南アジアがやや多く，アフリカやヨーロッパの農業や環境問題に関する出題にも注意。

◎国語

主流は漢字と慣用表現で，漢字は四字熟語が頻出である。同音異義語の中から正確な熟語を選び出す能力はＩＴ社会に不可欠であり，手で書く練習が重要。慣用表現ではことわざ・慣用句からの出題が多い。敬語表現も基本事項が問われる。

◎英語

２題中１題が「文法的に正しい英文」，１題が「空欄に当てはまる語（前置詞・動詞など）」を問う形式が多い。いずれも中学・高校で学ぶ基本的な英文法に関する問題で，短時間で解答可能である。難易度が低いという点で，確実に得点源にしておきたい。

◎政治

憲法に関する問題が最頻出で，出題の柱は基本的人権と統治機構の２つ。基本的人権の中では，自由権と社会権と「新しい人権」をチェックしておくとよい。統治機構の中では，国会が頻出である。憲法以外では，選挙と各国の政治制度もしばしば出題される重要テーマである。

◎経済

①経済用語などの基本的な知識の確認と，②現代の日本経済事情（背景）に関連した出題が増えている。教科書レベルの経済知識を，現代社会の中での問題と関連させて，正確に理解できているかが問われている。日本経済における景気の問題やそれに対する財政・金融政策などが頻出である。

◎社会

①社会学・心理学の理論，②現代社会の諸相，③国際事情に大別できるが，「時事的な」問題についての出題が多い。環境，人口，社会保障，労働などのテーマに関する問題が頻出である。特に，日本の少子高齢化に関する問題と，それに関連した社会保障制度（改革）の問題は重要。

◎倫理

西洋思想・東洋思想とも，複数の思想家を組み合わせ，条件に合致する「人物」を選ぶ形式で出題されることが多い。思想家の残した有名な言葉や著書，思想内容で正誤を判断するものが主流。西洋思想の出題が多いが，中国の諸子百家や日本の有名な思想家についても問われている。

4年度　国家一般職[高卒・社会人]基礎能力試験 出題内訳表

No.	科　目	出　題　内　容
1		現代文（内容把握，内田樹『ローカリズム宣言「成長」から「定常」へ』）
2		現代文（内容把握，小塚荘一郎『AIの時代と法』）
3		現代文（内容把握，丸山真男『『文明論之概略』を読む　上』）
4	文章理解	現代文（文章整序，齋藤孝『退屈力』）
5		古文（内容把握，『大和物語』）
6		英文（内容把握，実験ロボットの性能）
7		英文（内容把握，本の素晴らしさ）
8		形式論理（多数のカードに書かれた図形の形・色・大きさ）
9		対応関係（5種類の飼育動物と5人の飼育係の担当）
10		試合の勝敗（じゃんけんゲームの結果）
11	課題処理	対応関係（動物園の動物とエサの種類・量）
12		数量関係（5種類の果物の重量）
13		軌跡（正方形の中の正方形の回転）
14		平面図形（折り紙の展開図）
15		比（そばつゆと煮物のしょうゆと本みりんの配合）
16	数的処理	体積（直角二等辺三角形を回転させたときの体積）
17		速さ・時間・距離（2台の自動車の3地点移動）
18		整数（4種類の文房具の購入額と個数）
19	資料解釈	携帯電話に関するアンケート結果（グラフ）
20		デジタル化の取組状況の調査結果（数表）
21	数　学	指数方程式（$a^2 \times (a^2)^x = a^3 \div (a^3)^x$，$a > 1$）
22	物　理	エネルギー（エネルギーの変換〈空欄補充〉）
23	化　学	中和反応（中和，指示薬，水素イオン，塩，モル濃度）
24	生　物	遺伝情報と細胞分裂（DNAの構造と構成，体細胞分裂の周期と分裂期等）
25	地　学	太陽系（太陽，金星，土星，天王星，月）
26	世界史	ルネサンス（ギリシア・ローマ文化の影響，発祥国，芸術作品，科学，宗教）
27		東南アジア史（仏教，アンボイナ事件，ベトナム，フィリピン，植民地等）
28	日本史	文化史（東大寺，平等院鳳凰堂，鹿苑寺金閣，日光東照宮，鹿鳴館）
29	地　理	わが国の地形と自然災害（沖積平野，リアス海岸，太平洋プレート等）
30		世界の都市問題（空洞化現象，インナーシティ，コンパクトシティ構想等）
31	国　語	漢字の用法（「両極端」「正念場」等）
32		ことわざ・慣用句の意味（「渡る世間に鬼はない」等）
33	英　語	英文の空欄補充（keep up with～，hang up，be fond of～）
34		和文英訳（「エレベータが降りてくるのを待った」等）
35	政　治	核兵器と軍縮（パグウォッシュ会議，キューバ危機，CTBT，非核地帯条約等）
36		日本国憲法（公務員の罷免，知る権利，検閲，意見表明権，刑事補償請求権）
37	経　済	わが国の財政や租税（財政民主主義，シャウプ勧告，行財政改革，財政の役割等）
38		わが国の雇用や労働（失業率，労使関係，労働基準法，育児休業取得率等）
39	社　会	人口問題（飢饉問題，人口爆発，一人っ子政策，各国の少子高齢化事情等）
40	倫　理	西洋の思想家（ケプラー，ベンサム，ロック，キルケゴール）

作文課題

「我が国の社会生活において，新型コロナウイルス感染症の感染拡大前と比較して大きく変わったと感じたことを具体的に挙げ，それについてあなたの思うことを述べなさい」

5年度　国家一般職[高卒・社会人]基礎能力試験 出題内訳表

No.	科　目	出　題　内　容
1		現代文（内容把握，松尾豊『人工知能は人間を超えるか　ディープラーニングの先にあるもの』）
2		現代文（内容把握，西野嘉章『モバイルミュージアム　行動する博物館　21世紀の文化経済論』）
3		現代文（内容把握，米山公啓『AI時代に「頭がいい」とはどういうことか』）
4	文章理解	現代文（文章整序，野口悠紀雄『2040年の日本』）
5		古文（内容把握，『仮名草子集御伽物語　巻一第十「本山のみねに天火おつる事」』）
6		英文（内容把握，インドのチーター復活への取組み）
7		英文（内容把握，メタバースとは何か）
8		形式論理（絵，習字，編み物，歌，料理が得意な人）
9		対応関係（水族館で4人が見る5つのショー）
10		位置関係（4区画に埋蔵されている5種類の鉱物）
11	課題処理	順序関係（10本のうち2本が当たりのとき5人が順次2回くじを引いた順番と当たりくじ）
12		数量関係（3人がサイコロをそれぞれ2回振り，出した二つの目の積）
13		平面図形（正方形5個を組み合わせてできた図形16個の組合せ）
14		立体図形（形の不明な立体の正面図，側面図，平面図）
15		確率（AとBの2人がジャンケンを3回するとき，AがBにちょうど2回勝つ確率）
16	数的処理	比と割合（ある菓子店でAが第三週に作ったクッキーの個数）
17		速さ（AとBの2人が1,800mの同じ道を進むときの速さの差）
18		記数法（10進法と16進法の対応の関係）
19	資料解釈	でん粉消費量を世界の六つの地域別に示したものと同年の世界の人口割合（グラフ）
20		日本における木材供給量について国産材・輸入材別と形態別の推移（数表）
21	数　学	一次不等式の解（$\dfrac{x}{2} - \dfrac{5(x+4)}{3} \geqq \dfrac{1}{3}$）
22	物　理	力と力のはたらき（力の3要素，力のつりあい，重力，摩擦力，弾性力）
23	化　学	物質の三態（気体と液体，状態変化，昇華，融点と沸点，絶対零度）
24	生　物	生態系（生産者と分解者，成長量，根粒菌，光合成，外来生物）
25	地　学	大気と海洋（大気圏，大気組成，フェーン現象，地球上の水，表層混合層）
26	世界史	第二次世界大戦後のヨーロッパ（戦後処理，イタリア，ドイツ，ヨーロッパ共同体等）
27		中国の明（元の末期，朝貢体制，朝貢貿易，貨幣経済，明の末期）
28	日本史	日清戦争と日露戦争（下関条約，日清戦争後，主戦論，日比谷焼き討ち事件等）
29	地　理	地形（プレート，安定陸塊，新期造山帯，プレートの境界，大地形）
30		世界の民族と言語（東南アジア，インド，中東のアラビア語，ヨーロッパの言語等）
31	国　語	四字熟語（「空前絶後」「一挙両得」等）
32		慣用句，ことわざ（「虎」が入るもの）
33	英　語	英文の空欄補充（tell, as, sure）
34		和文英訳（「彼は，まるで真実を知っているかのように話す」等）
35	政　治	国際機関（WHO，UNHCR，OPEC，UNCTAD）
36		日本の選挙制度（小選挙区制，公職選挙法，衆議院議員総選挙，一票の格差等）
37	経　済	日本銀行（発券銀行，金融政策，預金準備操作，公開市場操作）
38		為替相場（固定相場制，ファンダメンタルズ，変動相場制，ブレトン・ウッズ協定等）
39	社　会	食料問題（食料危機，食料自給率，食糧管理法，農地法改正，貿易自由化）
40	倫　理	西洋の思想家（ロック，カント，J.S.ミル，ニーチェ）

作文課題

「誰もが生きやすい社会をつくるために必要なことについて，あなたの思うことを述べなさい」

令和5年度試験出題例

次の文の内容と合致するものとして最も妥当なのはどれか。

　私は変わりゆくものが好きだ。変化が好きだ。既存のものが衰退し，新しいものが出てくる話を聞くとワクワクする。

　変化が好きなのは，「知能」という見えないものを追い求めているからかもしれない。知能というのは「もの」ではない。目に見えるものでも，触れられるものでもない。ある環境の中で機能を発揮する特定の仕組みであって，その見えない相互作用こそが知能である。

　この時代，さまざまなものが変わっていくが，それは目に見える「もの」に注目しているからだ。古い産業が衰退し，新しい産業が生まれるということと，それらが本質的に提供している価値が増大し，生産性が向上しているということは矛盾しない。人が生まれ，そして死ぬということと，人間社会がよりよい社会になっていくということは矛盾しない。「ゆく河の流れは絶えずして，しかももとの水にあらず」というのは『方丈記』だが，目に見えるものが変わっていくことは，つまり目に見える存在理由と目に見えない存在理由が分離し，昇華し，違う形の形態として再構成されていくということでもある。

《中　略》

　人工知能で引き起こされる変化は，「知能」という，環境から学習し，予測し，そして変化に追従するような仕組みが，これまた人間やその組織と切り離されるということである。いままでは組織の階層を上がって組織としての判断を下していた。個人が生活の中で判断することも，自分の身体はひとつであるから限界があった。それが分散され，必要なところに必要な程度に実行されるようになるのである。

　こうした学習や判断がいま，いかに深く社会システムから切り離せない形で埋め込まれているか。それを考えると，学習や判断を独立なものとしてとらえ，それを自由に配置する価値は，はてしなく大きいのではないだろうか。

　人工知能が人間を征服するといった滑稽な話ではなく，社会システムの中で人間に付随して組み込まれていた学習や判断を，世界中の必要なところに分散して設置できることで，よりよい社会システムをつくることができる。それこそが，人工知能が持つ今後の大きな発展の可能性ではないだろうか。

1　人工知能は，知能という仕組みを人間やその組織から切り離し，必要なところに分散して設置できる。

2　目に見えないものの方が，目に見えるものよりも価値が低く，社会では必要とされていない。

3　知能の存在理由を説明する理論はいまだに存在せず，更なる研究が必要とされている。

4　人工知能は，目に見えないものとしての知能であり，今までの目に見えるものとしての知能とは本質的に異なる。

5　人工知能には，人間よりも迅速かつ的確な判断ができるというメリットがある。

解説

出典は，松尾豊『人工知能は人間を超えるか　ディープラーニングの先にあるもの』

「知能」とは，ある環境の中で機能を発揮する特定の仕組みであり，目に見えないものだが，人工知能によって，知能を人間や組織から切り離し必要なところに分散して設置することで，よりよい社会システムを作ることができる，と述べた文章。

1． 妥当である。

2． 目に見えるものと目に見えないものの価値や社会における必要性を比べている記述は見られない。筆者が追い求めている「知能」（人工知能）は目に見えないものだが，人工知能で引き起こされる変化と「それらが本質的に提供している価値が増大しているということは矛盾しない」と述べていることや，人工知能により「よりよい社会システムを作ることができる」とあることから，目に見えないものの一定の価値を認めていると考えられる。

3． 知能の存在理由やそれを説明する理論が存在するかどうかという視点は，本文中には見られない。

4． 筆者は「知能」を目に見えないものととらえており，その中には人工知能も含まれている。今までの知能も，目に見えない相互作用だったが，人工知能は「人間やその組織と切り離される」点で今までの知能とは異なる。

5． 人間の個人の場合「身体はひとつであるから限界があった」と，個人の知能の限界は示しているものの，人間の知能と人工知能の判断を比較してはおらず，人工知能のほうが「迅速かつ的確」と述べてもいない。「人間やその組織と切り離され」「分散して設置できる」のが，人工知能である。

正答　1

次の文の内容と合致するものとして最も妥当なのはどれか。

　文化は経済である。このように言ったら訝しむ向きもあろうかと思う。しかし，文化的営為は，実際のところ，経済論を抜きに語れない。ある美術品のオークション価格がいくらか，といった問題ではない。その美術品を生み出すのにいくら必要としたか，というリアルな問題である。たしかに，美術品は美術家個人の所産である。しかし，また同時に，美術家は社会的存在であることを免れない。この意味で，美術家もまた社会の構成員の一人である。社会が環境を用意し，美術家がそこで作品を制作する。このように考えたとき，その作品が生み出されるまでに社会はどれほどのコストを負担したことになるのか，という問いがあり得る。一方，美術家の働く環境を用意した社会は，その美術家を含む，構成員一人一人の経済活動の総和によって支えられている。したがって，同じ社会の構成員は，件の美術品が誕生するまでに，自らの属する社会がどれだけのコストを負担したのか，その実質を問う権利を有しているはずである。にもかかわらず，文化は経済で語れない，という論がいまだに幅を利かせている。それが現実である。

　貨幣経済のめまぐるしい動きのなかにあって，芸術や文化は久しく聖域として守られてきた。芸術を論じるにあたって，お金のことを持ち出すのはいかがなものか，という刷り込みがあるからである。文化的事象を論じるにあたって，そのコスト負担の問題を持ち出すと，文化人にあるまじきこととして詰られた。否，いまも現実にはそうである。文化的価値を貨幣経済で裁断するのは，たしかに，スマートでないのかもしれない。しかし，文化を育むのに必要とされるコストを経済論として吟味し直すことが，ときに必要なのではないか。とくに，文化の揺籃*として社会が整備してきたミュージアムの場合がそうである。長く文化事業をくるんできた環境の安寧ぶりをよいことに，コスト計算抜きの運営をおこなって，反省のないミュージアムが数多ある。われわれはその同時代人として，公共文化施設の経営における経済的合理性とはいかなるもので，もし問題があるなら，それをどのように説得的なものへと改善していったらよいのか，しばし立ち止まって吟味してみる必要がある。

　（注）＊揺籃：揺り籠（赤ん坊を入れ，ゆり動かすかご）

1　筆者は，美術家は，貨幣経済の及ばない聖域のような環境で活動しているため社会の構成員の一人として認定されていない，と考えている。

2　筆者は，美術品を収集する際に，多くのミュージアムが，経済的合理性を考慮せず，美術品のオークション価格を基準としていることを批判している。

3　美術家の働く環境を用意した社会に属する構成員は，美術品が生まれるためにその社会が負担したコストについて，その実質を問う権利がある。

4　文化事業は，予算額が変動しやすく，長く不安定な環境に置かれていたため，文化事業に関するコスト計算の問題を無視する者は，文化人とみなすことはできないとされてきた。

5　文化の揺籃として整備されたミュージアムを論じるに当たって，お金のことを持ち出さずに議論するためには，公共文化施設全体の経営課題を吟味する必要がある。

出典は，西野嘉章『モバイルミュージアム　行動する博物館　21世紀の文化経済論』

　文化は経済で語れない，という論がいまだに幅を利かせているが，文化を育むのに社会がどのくらいコストを必要とするかという経済論として吟味し直すこと，特に社会が整備してきたミュージアムの経営の経済的合理性の吟味が必要ではないか，と述べた文章。

1. 第1段落で，筆者は美術家を「社会の構成員の一人である」と述べている。また，芸術や文化を「貨幣経済の及ばない聖域のような環境」とみなすことは，筆者が考える「文化は経済である」という考えとは反対の立場である。

2. 筆者は，第2段落の後半で「コスト計算抜きの運営をおこなって，反省のないミュージアムが数多ある」ことを批判しているだけで，コスト計算抜きの運営が具体的にどのようなものかは述べておらず，「美術品のオークション価格を基準としている」という記述もない。

3. 妥当である。第1段落後半に書かれている内容である。

4. 文化事業が「予算額が変動しやすく，長く不安定な環境に置かれていた」ことを示す記述は見られず，むしろ「環境の安寧ぶりをよいことに，コスト計算抜きの運営をおこな」っているミュージアムが多いとある。また，「文化人にあるまじきこととして詰られた」のは，「コスト計算の問題を無視する者」ではなく，「コスト負担の問題を持ち出す」者であると述べられている。

5. 筆者は「お金のことを持ち出さずに議論する」ことを目的にしているのではなく，むしろミュージアムなど「公共文化施設の経営における経済的合理性とはいかなるもの」かを議論したいと述べているのである（第2段落最終文参照）。

正答 **3**

次の文の内容と合致するものとして最も妥当なのはどれか。

人間は進化の過程で視覚が異常に発達してきた。これはただ目の前にあるものをしっかり見るとか，見たものを分析して，それが何であるかを即座に判断できるという能力の発達を表しているのではない。

私たちは，目の前にある物を見ているだけではないのだ。かなり多くの部分を想像で見ていると言ってもいい。その証拠に，ものを見るときの脳の領域と，想像する場合とでは，どうやら同じ脳の領域を使うようなのだ。

「想像は逆戻りする視覚」などと言われ，網膜から視覚へ刺激が行くだけではなく，同時に大脳からも視覚へ情報が入って行くのだ。

なぜ，そのようなことが起こるかと言えば，想像力によって視覚的な情報を補っているからだ。

例えば，暗くて文字が十分に解読できない場合でも，想像力に富んだ人なら，周囲の状況などで判断して，おおよそ解読できてしまう。もちろん，自分自身ではそれほど意識していない。ちゃんと目で見ていると思っているのだが，脳の中ではできるだけ多くの手がかり，つまり記憶からも情報を取り寄せて検討しているのだ。

顔の識別も同じように，目で見た情報と同時に，脳にある記憶から同じような顔がないか，見ているときに情報を検討しているわけだ。

少ない手がかりでも，想像力で補っていけば，すばやい判断ができるようになり，考える時間を減らし，効率よく脳を働かせることにもなる。

言葉でも同じことが起きているのではないだろうか。相手のいうことを想像力で先読みしているのだ。

人間は，目の前の物やできごとを，自分の目だけで見ているとか，感じているというように思うかもしれないが，実際には，脳の中では，同時に記憶の中から同じような情報を引っ張り出して，素早く比較，検討しているのだ。

つまり，勘がいいとか，察しがいいというのは，目で見たこと，聞いたことだけでものごとを判断しているわけではなく，想像力が発達しているということになる。脳の記憶をいかにうまく使いこなしているかという差が表れてくるのだ。

1 人間は，視覚の発達により，見たものを分析，判断する能力が向上し，物事を想像するときに使う脳の領域が広がった。

2 目の前にある物を見たときに，大脳からだけでなく，網膜からも視覚へ刺激が行くため，視覚的な情報は，想像力を補う役割を果たしている。

3 察しがいい人は，目で見た情報に加え，意識して，脳にある記憶と情報を結び付けているため，少ない手がかりでも正確に物事を判断できる。

4 見たこと，聞いたことからの情報だけでなく，記憶からも情報を取り出し，検討することで，すばやい判断ができるようになり，脳を効率よく使うことができる。

5 勘のよさは，想像力の発達の程度によって左右されるため，幼少期から想像力を養うことで，判断速度を上げることができる。

出典は，米山公啓『「頭がいい」とはどういうことか』

　人間は言葉や視覚において，記憶からの情報によって，見たり感じたりしていることを補って素早く効率的に判断しているから，勘がいいというのは脳の記憶をうまく使いこなしている，つまり想像力が発達しているということだ，と述べた文章。

1. 第1段落に「見たものを分析して」「判断できるという能力の発達を表しているのではない」とあるから，「見たものを分析，判断する能力が向上」するというのは誤り。また，想像するときに使われる脳の領域がものを見るときと同じであるというだけで，「脳の領域が広がった」とは述べられていない。

2. 第4段落には，「想像力によって視覚的な情報を補っている」とあることから，「視覚的な情報は，想像力を補う」とするのは逆であり，誤り。

3. 「脳にある記憶と情報を結び付けている」のは，「自分自身ではそれほど意識していない」とあるため，「意識して」と断言することは不適切である。

4. 妥当である。

5. 前半は正しいが，想像力や判断速度をどのように養うか，ということについては問題とされていない。

正答　**4**

次の☐☐☐☐☐の文の後に，A～Eを並べ替えて続けると意味の通った文章になるが，その順序として最も妥当なのはどれか。

> 　技術的な観点だけから見れば，レベル5の完全自動運転が可能になれば，タクシーやトラック，バスなどのドライバーは必要なくなる。
>
> 　ただし，自動運転車が技術的に可能になったからといって，現実に使われるとは限らない。自動運転車が実際にどの程度利用されるかは，自動運転のコストに依存する。

A：このため，タクシーやバスなどを無人化することについて技術的な問題が解決され，安全性が確保されたとしても，なおかつ「さまざまな規制によって実際には導入できない」という事態は，十分に考えられる。

B：これらのコストがどうなるかは，市場の競争状況や法規制などにも依存する。タクシーやトラック，バスなどに自動運転を導入する場合の大きな問題は，多くのドライバーが職を失う可能性だ。

C：ここでコストとは，直接的な利用費用だけではなく，安全確保のために社会全体として必要とされるコストも含む。また，失業や他の事業への影響も考える必要がある。

D：それは，経済成長が続いていたために，新しい職に就けたからだ。しかし，いまのような低成長経済では，失業問題を解決するのは容易ではない。

E：これまでも自動化に伴って，タイピスト，電話交換手，エレベーター操作手などの仕事が不要になった。しかし，変化はあまり大きな摩擦を起こすことなく進展した。

1　C→A→E→B→D

2　C→B→E→D→A

3　C→E→B→A→D

4　E→C→D→B→A

5　E→D→B→A→C

解説

出典は，野口悠紀雄『2040年の日本』

　自動運転車が実際にどの程度利用されるかは自動運転のコストによるが，コストの中には直接的な利用費用や安全確保のためのコストのほか，失業への影響も含まれているため，安全性が確保されても実際には導入できない事態もありえる，と述べた文章。

　重複する語，接続語，指示語などを手がかりに，選択肢と照らし合わせながらつながりを考える。B，C，D，Eはいずれも「失業」に関連している内容だが，「コスト」について述べているのはBとCである。Cは「ここでコストとは」とコストにはいくつか種類があることを述べている。Bの「これらのコスト」はCで挙げたコストをさすから，Cの後にBがくることがわかる。一方，DとEを見ると，Dの「それ」がさす内容が，Eの「変化はあまり大きな摩擦を起こすことなく進展した」であることから，E→Dとなる。これらをもとに選択肢を見ると，両方を満たすのは**2**であり，正答は**2**となる。**2**を見ると，自動運転のコストに言及した囲みの後，Cでコストを定義し，Bでコストのうち大きな問題がドライバーの失業であると述べ，Eではこれまでも自動化で失業はあったが問題がなかったこと，DではEの理由は経済成長が続いていたことだが，現在の低成長での失業問題解決の難しさを指摘し，Aでは「このため」自動化が実際には導入できないこともありえる，と結論づけている。

正答　**2**

次の文の内容と合致するものとして最も妥当なのはどれか。

　ほんざんの近辺に萩谷といふ山家あり。そこなる人ただひとり夜こうにいでたり。しばしあされども，たぬきの床にも尋ねあはず。高ねにいこふて烟草(たばこ)なんどたうべしに，西のかたよりもののなるをと（音）おびただし。しばし有て長さ一町もやあらん，ふとさも二腕ばかりの天火なり。其左右にまりほどなる火とんで，さらにかぞへがたし。光り爛漫(らんまん)として，あたかも白昼のごとし。とどろきて本山のみねに落たり。炎よも（四方）にちる事五六町もやあらん。おちて響やまず。三十町ばかりへだてしわがゐるやまも地震のごとし。さてしづまるよと見るに，二三千人の声して，ときをつくる事，をしかへして三度せり。山彦こたへて，めざましきありさまなり。おそろしなんどいふばかりなし。たいしやく（帝釈），あすら（阿修羅）の戦のごとく，てんぐどちのあらそひにやあらん。また寺ちかけれども，心なき身の，ただかり（狩り）くらしぬる我にしも，かしこくもしめし給ふ，たもん（多聞）天のつげにやと，日来にあらため，これもかりをやめけるとなり。

1　狩りをしていた人のたばこの不始末により，火事が起き，町まで延焼する大火事になった。

2　炎を見た人は，火事を知らせるために下山しようとしたが，地震で歩くこともできなかった。

3　火の玉が三十町ほど離れた山に落ち，地震のような轟音は静まった。

4　山で寝ていた人は，火事から逃げる二，三千もの人の声で目を覚ますと，炎に囲まれていた。

5　萩谷に住む人は，天火があった後，日頃の行為を改め，狩りをすることをやめた。

出典は，『仮名草子集御伽物語（宿直草）』巻一第十「本山のみねに天火おつる事」

〈現代語訳：本山（寺）の近所に萩谷という山里がある。そこにいる人がたった一人で夜歩きに出かけた。しばらく（獲物を）探し歩いたが，狸の寝床にもでくわさない。山の高いところで休んで煙草などをふかしていたところ，西の方角から何か非常に大きな音が鳴った。しばらくして長さ一町（訳注：109メートル）もあろうか，太さも二抱えほどある天火（訳注；天から落ちて火事を起こすという火の玉）が落ちてきた。その左右に鞠ほどの大きさの火の玉が飛んで，まったく数えきれないほどの数になる。光は輝いて，まるで真昼のようだ。（火の玉は）轟音を立てて本山の峰に落ちた。炎が四方に散ること，五，六町もあろうか。（地面に）落ちても響きはやまない。三十町ほど離れた自分がいる山も地震のようだ。さて音が静まったなあと見ると，二，三千の人の声が繰り返し鬨の声を上げ，それは三度に及んだ。やまびこが反響しあって，驚くべき様子である。恐ろしいといったら言いようもない。帝釈天と阿修羅の戦いのようであり，（あるいは）天狗たちの争いだろうか。また寺が近いのに，慈悲もなくただ狩りをして暮らしている自分に対して，恐れ多くも示してくださる，多聞天のお告げでもあろうかと（考え），この（狩りをして暮らしていた）人も日ごろの行いを改め，狩りをやめたということである〉

1. 「ただかり（狩り）くらしぬる我」が「高ねにいこふて烟草なんど」ふかしていたときに，天火が出て「炎よもにちる事」を目撃しただけであって，たばこの不始末により火事が起きたのではない。

2. 「わがゐるやまも地震のごとし」とあり，轟音があたかも地震のように聞こえただけで，本当に地震があったわけではない。また，炎を見た人（我）が「下山しようとした」という記述はない。

3. 前半は正しいが，「おちて響やまず」とあるため，地震のような轟音が静まったとするのは誤り。

4. 「我」は火が燃え広がっていく様子を山から見ていたことから，「山で寝て」いたが「目を覚ます」とするのは本文と合致しない。「めざましきありさま」は，目を覚ますことではなく，目が覚めんばかりの（驚くべき）様子，という意味。

5. 妥当である。

正答 **5**

次の文の内容と合致するものとして最も妥当なのはどれか。

Cheetahs, the world's fastest animals, died out in India over 70 years ago.　Now a new project is trying to bring cheetahs back to India.　Eight of the animals were turned loose in Kuno National Park last week.

Long ago, Asian cheetahs used to roam across India.　But by 1952, they were declared extinct.　One of the main reasons was that much of their natural land was taken over by humans.　Cheetahs were also commonly hunted for their spotted skins.

Since 1952, there have been efforts to return cheetahs to India.　Last Saturday, that finally happened.　In an event timed to take place on Prime Minister Narendra Modi's 72nd birthday, eight cheetahs were set free in Kuno National Park.

The cheetahs — five females and three males — were raised by the Cheetah Conservation Fund, and were a gift from Namibia's government.　The cheetahs were chosen because they were good hunters and were used to being near humans.

The cheetahs that were released aren't Asian cheetahs, but African cheetahs.　There may be as few as 12 Asian cheetahs still living in the wild, and these live in Iran.

But even African cheetah numbers have been going down sharply.　Currently, there are only about 8,000 left.　Some scientists believe that getting cheetahs going in India again will help make sure that cheetahs don't die out completely.

1　1950年代にインドでチーターが絶滅した理由として，多くの国立公園が閉鎖されたことや，他の動物に襲われたことが挙げられる。

2　インドのモディ首相は，インドで絶滅したチーターを復活させるために様々な努力を長期間にわたって行ってきた。

3　ナミビア政府からインドに贈られた8頭のチーターは，当面は，クノ国立公園に設置された檻の中で飼育されることとなる。

4　アジアチーターは，かつてインドに生息していたが，現在は，わずか12頭ほどの野生のアジアチーターがイランに生息していると考えられている。

5　アフリカチーターの数が急速に減少しており，研究者の間では，約8,000頭のチーターを捕獲して，インドの動物園でより良い環境を与えて飼育すべきであるとの意見で一致している。

解 説

出典は, NewsforKids.net, "India Works to Bring Cheetahs Back"

全訳〈世界で最も足の速い動物であるチーターは, インドでは70年以上前に絶滅した。現在, インドにチーターを復活させようと, あるプロジェクトが進んでいる。先週, クノ国立公園で, 8頭のチーターが解き放たれた。

はるか昔, アジアチーターはインド中で歩き回っていた。だが1952年には, それまでに絶滅したことが宣言された。主な原因の一つは, 彼らの生息地が人間によって奪われたことだった。チーターはまた, その斑点模様の毛皮のために広く狩猟の対象となった。

1952年以降, インドではチーターを復活させるための努力がなされてきた。先週の土曜日, それがついに実現した。ナレンドラ＝モディ首相の72歳の誕生日に合わせて行われたイベントにおいて, クノ国立公園で8頭のチーターが放たれたのだ。

5頭のメス, 3頭のオスからなるそのチーターは, チーター保護基金によって養育されたもので, ナミビア政府からの贈り物だった。優秀なハンターであり人間のそばにいることに慣れていることから, そのチーターが選ばれたのだった。

放たれたチーターはアジアチーターではなく, アフリカチーターだった。今も野生で生息している可能性があるアジアチーターはわずか12頭ほどであり, イランに生息している。

だが, アフリカチーターでさえもその数は急速に減少している。現在のところ, 約8,000頭しか残っていない。一部の科学者は, チーターを再びインドに行かせることが, チーターが完全に絶滅してしまうことがないよう保証することに役立つと考えている〉

1. 多くの国立公園が閉鎖されたことや, チーターが他の動物に襲われたことについては述べられていない。

2. チーターを復活させるための努力をモディ首相が行ってきたとは述べられていない。

3. ナミビア政府からインドに贈られた8頭のチーターについては, クノ国立公園で「解き放たれた」と述べられており, 檻の中で飼育されるとは述べられていない。

4. 妥当である。

5. アフリカチーターの急激な減少については述べられており, 本文では現在約8,000頭しかいないこと, 一部の科学者がチーターをもっとインドに連れていくことで完全な絶滅を防ぐ考えを持っていることが述べられているが, 「約8,000頭のチーターを捕獲して, インドの動物園でよりよい環境を与えて飼育すべきであるとの意見」については述べられていない。

正答 **4**

次の文の内容と合致するものとして最も妥当なのはどれか。

The word metaverse is often traced to a science-fiction book published in the 1990s. But the metaverse is far from the stuff of sci-fi. It's not even new. Online communities have existed since the 1980s. Today, logging into Roblox, joining a chat with friends, and launching into a game with them is just as social an experience as most real-world interactions.

《中　略》

John Riccitiello has an idea of what the metaverse will look like in the future. He's CEO of Unity Technologies, a company that makes software for video games. "You've got your goggles on, 10 years from now, but they're just a pair of sunglasses that has the ability to bring you into the metaverse experience," he says. "You're walking by a restaurant, you look at it, the menu pops up. What your friends have said about it pops up." The possibilities are endless.

At its core, the metaverse is an expansion of the Internet. And there are plenty of Internet problems to solve already, such as hacking and cyberbullying. These suggest how challenging a future in the metaverse could be.

But many people believe the metaverse has real benefits. Among other things, they say it can expand social networks and improve mental health.

《中　略》

Carrie Tatsu runs a business in the metaverse. But she wants her kids to spend as much time as possible in the real world. "It's so important for humans to be with humans in real life," she says. "I think that as kids grow up in this space, there will have to be outlets for them to engage, go smell a flower here, walk on a trail, have a real conversation with a friend .... Even though you can simulate that, the simulation is not the same."

1 メタバースが初めて登場したのは1990年代であるが，当時から，現実世界で行うほぼ全てのことをメタバース上で行うことができた。

2 John Riccitiello によれば，メタバース上でレストランに行くには，装着しているゴーグルをいったん外し，サングラスをかける必要がある。

3 メタバースはインターネットが進化したものであるため，インターネットに見られた多くの問題点はメタバースにおいては解決されている。

4 メタバースを利用する人の多くが，メタバース上では，現実世界よりも効果的かつ安価にメンタルの病気の治療を行うことができると考えている。

5 Carrie Tatsu は，メタバース上での経験はあくまで擬似的なものであり，現実世界における人との交流が大切であると考えている。

出典は，TIME for Kids, "What is the Metaverse?"

全訳 〈メタバースという言葉は，その由来を1990年代に出版されたSF小説にさかのぼって語られることが多い。だが，メタバースの世界はSF小説が扱うものをはるかに越えて広がっている。それは何も新しいものではない。1980年代以降，オンラインのコミュニティーはずっと存在している。今日では，ロブロックス（訳注：オンラインゲームのプラットフォーム）にログインして，友人とのチャットに参加し，彼らとゲームを始めることは，現実世界での大半の交流と同様に社会的な経験である。

〈中略〉

ジョン＝リッチティエロは，メタバースが将来どのような姿になるかについての構想を持っている。彼はテレビゲームのソフトを制作する会社であるユニティー・テクノロジー社のCEO（最高経営責任者）である。「ゴーグルは装着するのですが，それは今から10年後には，サングラス程度のものでメタバースの経験にいざなう能力を持ったものになります」と彼は語る。「あなたがレストランのそばを通りかかり，そこへ目をやれば，メニューが文字で表示されます。そのレストランについてあなたの友人が言っていたことも表示されます」。その可能性は限りない。

核心部分においては，メタバースはインターネットの拡張である。そしてハッキングやサイバー空間でのいじめといった，解決しなければならないインターネットの問題がすでに数多く存在している。このことは，メタバースの将来が多くの課題をはらんだものになる可能性を示唆している。

しかし，メタバースは現実に利益をもたらすものであると多くの人が考えている。とりわけ彼らが口にするのは，メタバースがソーシャルネットワークを拡張し心の健康に資する可能性である。

〈中略〉

キャリー゠タツは，メタバース上で事業経営を行っている。しかし彼女は，自分の子どもたちにはできるだけ現実の世界で過ごしてほしいと思っている。「人間にとって，現実の世界の人間とかかわることはとても大事なことです」と彼女は語る。「子どもたちがこの空間で成長する中で，彼らには周囲のものに触れ，ここにある花の匂いをかいだり，小道を歩いたり，友達と実際の会話をしたりといった，はけ口がある必要があると思うのです。疑似体験はできても，その体験は同じものではありません」〉

1. メタバースという言葉がSF小説に登場したのは1990年代にさかのぼると述べられているが，選択肢後半のような内容については述べられていない。

2. ゴーグルを外してサングラスをかける必要があると述べているのではなく，10年先にはゴーグルがサングラスのような手軽なものに進化しているだろうと述べられている。

3. 前半部分については正しいが，インターネットには解決すべき問題がまだ数多く存在しているため，メタバースの将来も課題をはらんだものになるだろうと述べられている。

4. 多くの人が，メタバースがソーシャルネットワークを拡張し心の健康に資する可能性に言及していることは述べられているが，「現実世界よりも効果的かつ安価にメンタルの病気の治療を行うことができると考えている」とは述べられていない。

5. 妥当である。

正答 **5**

次の命題が真であるとき，論理的に確実にいえるのはどれか。

○　絵を描くのが得意な人は，習字が得意であり，かつ，編み物が得意である。
○　習字が得意でない人は，歌を歌うのが得意である。
○　編み物が得意でない人は，料理が得意でない。

1　料理が得意な人は，絵を描くのが得意である。
2　習字が得意でない，又は，編み物が得意でない人は，料理が得意である。
3　習字が得意でない人は，絵を描くのが得意でない。
4　習字が得意な人は，歌を歌うのが得意でない。
5　編み物が得意な人は，絵を描くのが得意である。

解　説

与えられた命題を論理式で表すと，次のようになる。

A「絵→（習字∧編み物）」
B「習字→歌」
C「編み物→料理」

Aに関しては，次のように命題を分割し，並列化することが可能である。

A₁「絵→習字」
A₂「絵→編み物」

また，命題A～Cの対偶は以下のとおりである。

D「$\overline{（習字∨編み物）}$→絵」
E「歌→習字」
F「料理→編み物」
D₁「習字→絵」
D₂「編み物→絵」

これらA～Fから，選択肢を検討していく。

1．Fより，「料理→編み物→」となるが，その先が推論できない。
2．Dより，「$\overline{（習字∨編み物）}$→絵→」となるが，その先が推論できない。
3．妥当である。D₁より，「習字→絵」となり，「習字が得意でない人は，絵を描くのが得意でない」は，確実に推論できる。
4．「習字→ ☐ 」となる命題が存在しないので，推論することができない。
5．「編み物→ ☐ 」となる命題が存在しないので，推論することができない。

正答　3

A～Dの4人が水族館に行き，アシカ，イルカ，シャチ，セイウチ，ペンギンの五つのショーのうち，AとCは三つのショーを，BとDは二つのショーをそれぞれ見た。次のことが分かっているとき，確実にいえるのはどれか。

- ○　Aは，アシカショーを見た。
- ○　Cは，セイウチショーを見た。
- ○　Dは，シャチショーを見たが，ペンギンショーは見なかった。
- ○　AとDは，同じショーを見なかった。
- ○　A～Dのうち，イルカショーを見たのは3人であり，そのうち1人はAだった。
- ○　A～Dのうち，シャチショーとペンギンショーを見たのは，それぞれ2人だった。

1　Aは，セイウチショーを見た。
2　Bは，シャチショーを見た。
3　Cは，ペンギンショーを見た。
4　A～Dのうち，アシカショーを見たのは，1人だった。
5　A～Dのうち，セイウチショーを見たのは，1人だった。

解説

与えられた条件をまとめると，表Iのようになる。ここから，シャチショーを見たもう1人がB，Cのどちらであるかを場合分けしてみる。シャチショーを見たもう1人がBである場合，表IIとなる。また，シャチショーを見たもう1人がCである場合は，表IIIとなる。この表II，表IIIより，**1**，**5**は誤り，**2**，**3**は不確実で，正答は**4**である。

表I

	アシカ	イルカ	シャチ	セイウチ	ペンギン	
A	○	○	×	×	○	3
B		○				2
C		○		○		3
D	×	×	○	○	×	2
		3	2		2	

表II

	アシカ	イルカ	シャチ	セイウチ	ペンギン	
A	○	○	×	×	○	3
B	×	○	○	×	×	2
C	×	○	×	○	○	3
D	×	×	○	○	×	2
		3	2		2	

表III

	アシカ	イルカ	シャチ	セイウチ	ペンギン	
A	○	○	×	×	○	3
B	×	○	×	×	○	2
C	×	○	○	○	×	3
D	×	×	○	○	×	2
		3	2		2	

正答　**4**

図のように，A～Dの4区画から成る土地があり，それぞれの区画には，金，銀，銅，鉄，鉛の5種類の鉱物のうち，いくつかが埋蔵されている。この土地について次のことが分かっているとき，確実にいえるのはどれか。

- ○ 全ての隣り合う区画について，埋蔵されている鉱物の種類は全て異なっている。
- ○ 金は，ある1区画だけに埋蔵されている。
- ○ 金が埋蔵されている区画に隣り合う区画には，必ず銀が埋蔵されている。
- ○ 鉄と鉛は，必ず同じ区画に埋蔵されている。
- ○ A，B，C，Dには，5種類の鉱物のうち，それぞれ1，3，2，2種類の鉱物が埋蔵されている。

A	B	C	D

1　Aには，金が埋蔵されている。
2　BとDに埋蔵されている鉱物のうち，同じ種類の鉱物は1種類だけである。
3　Cには，銀が埋蔵されている。
4　Cに埋蔵されている鉱物のうち，Aに埋蔵されている鉱物と同じ種類のものはない。
5　Dには，銅が埋蔵されている。

解説

鉄と鉛が埋蔵されているのがどの区画であるかで場合分けしてみる。鉄と鉛が埋蔵されているのがBの区画である場合（鉄と鉛がAの区画に埋蔵されていることはない），Bの区画には金も埋蔵されており，Aの区画には銀，Cの区画には銀と銅，Dの区画には鉄と鉛が埋蔵されていることになる（**表Ⅰ**）。鉄と鉛が埋蔵されているのがCの区画である場合，金と銀が埋蔵されている区画についての条件を満たすことができない（**表Ⅱ**）。鉄と鉛が埋蔵されているのがDの区画である場合，これは表Ⅰの結果となる。結局，条件を満たすことができるのは表Ⅰの場合だけであり，この表Ⅰから，正答は**3**である。

表Ⅰ

A	B	C	D
1	3	2	2
銀	金鉄鉛	銀銅	鉄鉛

表Ⅱ

A	B	C	D
1	3	2	2
		鉄鉛	

正答　**3**

10本のうち2本が当たりで，残りがはずれのくじがあり，A～Eの5人が順次それぞれ2回くじを引いた。くじを引く順番や当たりくじについて，次のことが分かっているとき，確実にいえるのはどれか。

- ○　Aは2回とも，Bの直後にくじを引いた。
- ○　Cは，Aが2回目のくじを引いた直後に，2回連続くじを引いた。
- ○　Dが1回目に引いたくじと2回目に引いたくじの間に，延べ3人がくじを引いた（例えば，Dが3番目に1回目のくじを引いた場合，7番目に2回目のくじを引くこととなる。）。
- ○　当たりくじは，2番目と6番目に引いたくじであった。
- ○　当たりくじを引いた人は，BとEであった。

1　Aは，3番目と8番目にくじを引いた。
2　Cは，8番目と9番目にくじを引いた。
3　Dは，1番目と5番目にくじを引いた。
4　Dが引いた2本のくじのうち1本は，Eが引いたはずれくじの直前のくじであった。
5　Eが引いた2本のくじのうち1本は，Bが引いた当たりくじの直前のくじであった。

解　説

くじ引きにおいては，当たりくじがすべて引かれた時点で終了するのが通常の形態であるが，この問題では10本のくじすべてを引くことになっているようである。当たりくじが引かれたのは，2番目と6番目であり，当たりくじを引いたのはBとEである。そこで，2番目に引いたのがBであるか，Eであるかで場合分けしてみる。Aは2回ともBの直後に引き，CはAが2回目のくじを引いた直後に2回連続して引いている。この，CはAが2回目のくじを引いた直後に2回連続して引いていることから，Dは1番目と5番目に引いていなければならない。そうすると，Bが2番目に引いた場合は**表Ⅰ**，Eが2番目に引いた場合は**表Ⅱ**となる。この**表Ⅰ**，**表Ⅱ**より，**1**，**2**は不確実，**4**，**5**は誤りで，正答は**3**である。

表Ⅰ

	当				当				
1	2	3	4	5	6	7	8	9	10
D	B	A	E	D	E	B	A	C	C

表Ⅱ

	当				当				
1	2	3	4	5	6	7	8	9	10
D	E	B	A	D	B	A	C	C	E

正答　**3**

A，B，Cの3人が1〜6の目を持つサイコロをそれぞれ2回振り，出した二つの目の積をそれぞれの得点とした。それぞれの出した二つの目と得点について，次のことが分かっているとき，確実にいえるのはどれか。

○　A，B，Cについて，それぞれが1回目に出した目は2回目に出した目よりも小さかった。

○　Cは，1回目にAの1回目と同じ目を出し，2回目にBの2回目と同じ目を出した。

○　A，B，Cについて，得点は4の倍数であった。

○　Aの得点は，Bと同じであったが，Cとは異なっていた。

1　Aは，1回目に4の目を出した。
2　AとCの得点の差は，8点であった。
3　Bは，2回目に6の目を出した。
4　BとCが1回目に出した目の差は，2であった。
5　Cは，2回目に4の目を出した。

「A，B，Cについて，それぞれが1回目に出した目は2回目に出した目よりも小さかった」
なので，3人とも1回目に出した目は6ではなく，2回目に出した目は1ではない。Aが1回
目に2，2回目に6の目を出した場合，Bが1回目に3，2回目に4の目を出せば，**表Ⅰ**とな
り，A，Bの得点は12，Cの得点は8となって，条件を満たす。Aが1回目に3，2回目に4
の目を出した場合，Bの得点がAと一致するためには，Bの1回目が2，2回目が6の場合
（**表Ⅱ**），Bの1回目が3，2回目が4の場合（**表Ⅲ**），が考えられるが，表Ⅱの場合は，Cの
得点が18となって4の倍数ではなく，表Ⅲの場合は，3人の得点が同一となってしまう。Aが
1回目に4，2回目に6の目を出した場合も，3人の得点は24点で同一となってしまう。

　よって，成り立つのは**表Ⅰ**の場合だけであり，この**表Ⅰ**から，正答は**5**である。

表Ⅰ

	1回目						2回目						得点
	1	2	3	4	5	6	1	2	3	4	5	6	
A		◯				×	×					◯	12
B			◯			×	×			◯			12
C		◯				×	×			◯			8

表Ⅱ

	1回目						2回目						得点
	1	2	3	4	5	6	1	2	3	4	5	6	
A			◯			×	×			◯			12
B		◯				×	×					◯	12
C			◯			×	×					◯	18

表Ⅲ

	1回目						2回目						得点
	1	2	3	4	5	6	1	2	3	4	5	6	
A			◯			×	×			◯			12
B			◯			×	×			◯			12
C			◯			×	×			◯			12

表Ⅳ

	1回目						2回目						得点
	1	2	3	4	5	6	1	2	3	4	5	6	
A				◯		×	×					◯	24
B				◯		×	×					◯	24
C				◯		×	×					◯	24

正答　5

No.13 課題処理 平面図形 令和5年度

1×1の正方形5個を組み合わせてできた図Ⅰのような図形ア，イ，ウが，それぞれ7個，6個，3個あり，アとイの表面には，図Ⅰのようにそれぞれ◎，◇の模様が付いている。また，ア，イ，ウの裏面には，図Ⅱのように，いずれも模様が付いていない。

これら16個の図形を使い，図形どうしが重ならないよう，8×10の長方形を作った。図Ⅲのように，イ1枚，ウ2枚については置いた位置が分かっているとき，PとQに置いた図形の組合せとして妥当なのはどれか。

なお，ア，イ，ウは回転させたり，ひっくり返したりすることができるものとする。

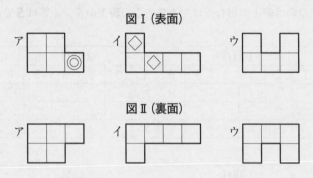

図Ⅰ（表面）

図Ⅱ（裏面）

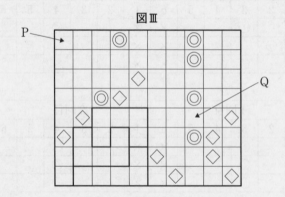

図Ⅲ

	P	Q
1	ア	イ
2	ア	ウ
3	イ	ア
4	ウ	ア
5	ウ	イ

図Ⅲにおける◎，◇の模様が付いている部分に着目してみる。◇のほうが見分けやすい（正方形が1列に4個並ぶ）ので，◇から考えると，図1となる（イの表面5個）。次に◎について考えると，図2となる（アの表面6個）。これにより，アの表面6個，裏面1個（計7個），イの表面5個，裏面1個（計6個），ウ3個が使われ，個数についても矛盾しない。この図2より，Pにはア，Qにはウが置かれており，正答は**2**である。

図1

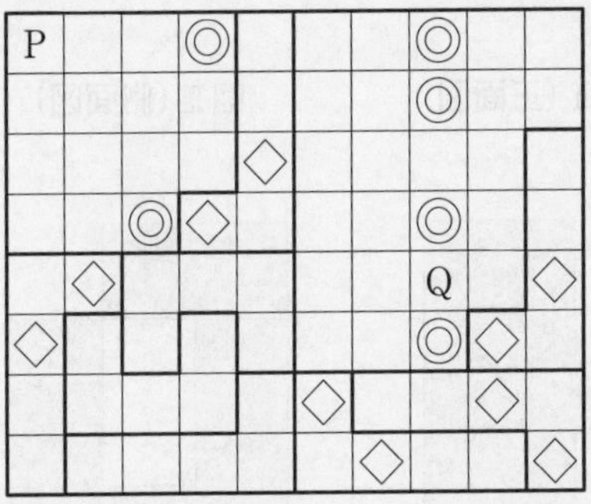

図2

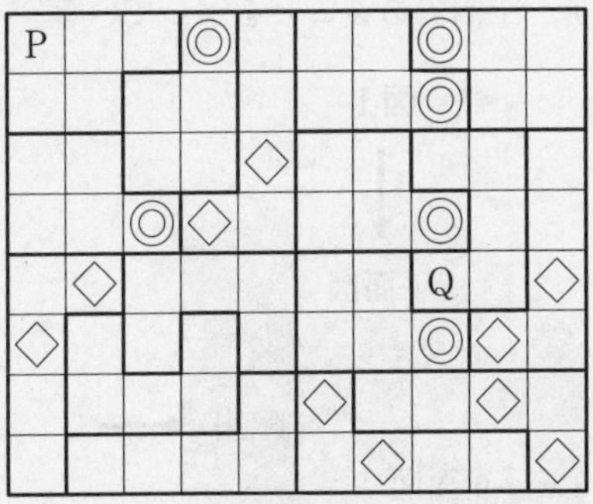

正答　**2**

図Ⅰのように，ある形の不明な灰色の立体が平らな床の上に置いてある。この立体を正面から見たときの正面図が図Ⅱであり，右から見たときの側面図が図Ⅲである。この立体を真上から見たときの平面図として，最も妥当なのは次のうちではどれか。

　なお，正面図，側面図及び平面図の網掛けされた部分は，灰色の立体の一部が見えていることを示している。また，例えば，図Ⅲの直線で囲まれた網掛けされていない部分は，灰色の立体は見えず，空洞であることを示している。

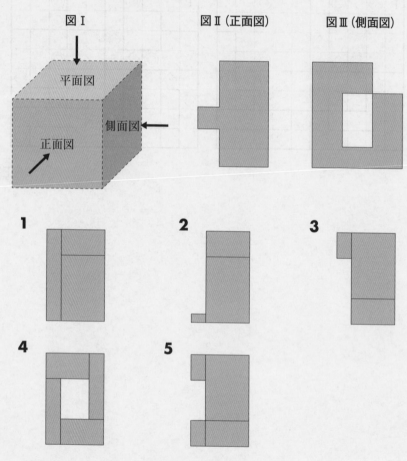

投影図の問題は，基本的に消去法で考えればよい。**1**の場合，平面図のAの部分と正面図の左側の突起部からすると，側面図の空洞部分と整合しない。**3**，**4**，**5**では，Bの部分が側面図における上部の段差部分と位置が一致しない。これに対し，**2**では正面図，側面図と矛盾する部分が認められない。

よって，正答は**2**である。

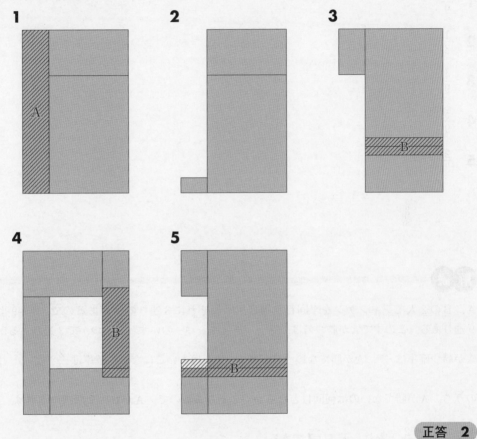

正答 **2**

AとBの2人がジャンケンを3回するとき，AがBにちょうど2回勝つ確率はいくらか。ただし，あいこの場合も1回と数える。

1 $\dfrac{2}{9}$

2 $\dfrac{1}{3}$

3 $\dfrac{4}{9}$

4 $\dfrac{5}{9}$

5 $\dfrac{2}{3}$

解説

A，Bの2人でジャンケンを1回行う場合，それぞれに3通りの手があるので，$3^2=9$ より，9通りある。この中でAが勝つのは，グー，チョキ，パーのいずれで勝つかで3通りあるから，Aが勝つ確率は $\dfrac{1}{3}$，Aが勝てない（Bが勝つ，またはあいこになる）確率は $\dfrac{2}{3}$ である。3回のうち，Aが勝てないのは何回目となるかで3通りあるので，AがBに2回勝つ確率は，$\dfrac{1}{3} \times \dfrac{1}{3} \times \dfrac{2}{3} \times 3 = \dfrac{2}{9}$ となり，正答は **1** である。

正答　**1**

ある菓子店で，第一週にA，Bの2人が作ったクッキーの個数の比は8：3であった。

　Aは，第二週に第一週の20％減，第三週に第二週の50％減の個数のクッキーを作った。Bは，第二週に第一週の20％増，第三週に第二週の50％増の個数のクッキーを作った。その結果，第一週，第二週，第三週の合計でみると，Aが作ったクッキーの個数はBのそれより280個多かった。このとき，Aが第三週に作ったクッキーの個数はいくつか。

1　120個
2　160個
3　200個
4　240個
5　280個

解説

Aが第1週に作ったクッキーの個数を$8x$，Bが第1週に作ったクッキーの個数を$3x$とする。そうすると，Aが作ったクッキーの個数は，第1週＝$8x$，第2週＝$8x×0.8＝6.4x$，第3週＝$6.4x×0.5＝3.2x$となって，計$17.6x$である。一方Bが作ったクッキーの個数は，第1週＝$3x$，第2週＝$3x×1.2＝3.6x$，第3週＝$3.6x×1.5＝5.4x$となり，計$12x$である。ここから，$17.6x－12x＝5.6x＝280$，$x＝50$，$50×3.2＝160$となり，Aが第3週に作ったクッキーの個数は160個である。

　よって，正答は**2**である。

正答　**2**

高校生のAとBの2人は，通学の際，K駅から同じ道を1,800m進んで高校に向かう。ある日の状況が次のとおりであったとき，Bの走る速さとAの歩く速さの差はいくらか。

ただし，2人の時計は正確な時刻からずれているものの，そのずれはそれぞれ一定であるものとする。

○ Aは，K駅をAの時計で8：00に出発し，一定の速さで歩いて高校に向かったが，Aの時計で8：16にBに追い抜かれた。

○ Bは，AがK駅を出発するのを見届けてから6分後に同駅を出発し，一定の速さで走って高校に向かった。途中でAを追い抜き，その5分後に高校に到着した。Aの到着はBの到着より3分遅く，Bの時計で8：30であった。

1 分速 36 m
2 分速 39 m
3 分速 42 m
4 分速 45 m
5 分速 48 m

解　説

Aは，K駅をAの時計で8：00に出発し，その6分後にBがK駅を出発しているので，BがK駅を出発したのは，Aの時計で8：06である。次に，Aが高校に到着したのは，Bの時計で8：30，Bが到着したのはその3分前で，8：27である。AがBに追い抜かれたのは，Aの時計で8：16であるが，Bの時計では，Bが高校に到着する5分前だから，8：22であり，6分の誤差がある。これにより，Aが高校に到着したのはAの時計で8：24，Bが高校に到着したのはAの時計で8：21となる。つまり，K駅から高校まで，Aは24分かかり，Bは15分かかっている。ここから，Bの走る速さとAの歩く速さの差は，1800÷15－1800÷24＝120－75＝45より，分速45mであり，正答は**4**である。

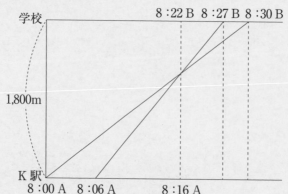

a 進法で表された数 X を，$X_{(a)}$ と表記するとき，$F_{(16)}$ を$3_{(10)}$ で割ったときの商は$5_{(16)}$ と表せる。$1C_{(16)}$ を$2_{(10)}$ で割ったときの商を16進法で表したものはどれか。

なお，10進法と16進法の対応の関係は，次のとおりである。

10進法	16進法
$0_{(10)}$	$0_{(16)}$
$1_{(10)}$	$1_{(16)}$
⋮	⋮
$9_{(10)}$	$9_{(16)}$
$10_{(10)}$	$A_{(16)}$
$11_{(10)}$	$B_{(16)}$
$12_{(10)}$	$C_{(16)}$
$13_{(10)}$	$D_{(16)}$
$14_{(10)}$	$E_{(16)}$
$15_{(10)}$	$F_{(16)}$
$16_{(10)}$	$10_{(16)}$
$17_{(10)}$	$11_{(16)}$
⋮	⋮

1 $A_{(16)}$

2 $B_{(16)}$

3 $C_{(16)}$

4 $D_{(16)}$

5 $E_{(16)}$

解　説

$1C_{(16)} \div 2_{(10)}$の値を求める場合，一度10進法に変換してから行えばよい。10進法の場合，その構造は，たとえば，$1284_{(10)} = 1 \times 10^3 + 2 \times 10^2 + 8 \times 10^1 + 4 \times 10^0$ である。これが 2 進法ならば，$110010_{(2)} = 1 \times 2^5 + 1 \times 2^4 + 0 \times 2^3 + 0 \times 2^2 + 1 \times 2^1 + 0 \times 2^0 = 32 + 16 + 0 + 0 + 2 + 0 = 50_{(10)}$，3 進 法 な ら ば，$1202_{(3)} = 1 \times 3^3 + 2 \times 3^2 + 0 \times 3^1 + 2 \times 3^0 = 27 + 18 + 0 + 2 = 47_{(10)}$ となる。16進法でも同様に考えればよく，$1 \times 16^1 + C \times 16^0 = 16 + 12 = 28_{(10)}$ より，$1C_{(16)} \div 2_{(10)} = 28_{(10)} \div 2_{(10)} = 14_{(10)}$ となる。$14_{(10)}$を16進法に変換すると，表より$E_{(16)}$となる。

よって，正答は**5**である。

正答　**5**

図Ⅰはある年のでん粉消費量を世界の六つの地域別に示したものであり，また，図Ⅱは同年の世界の人口割合を示したものである。これらから確実にいえることとして最も妥当なのはどれか。

図Ⅰ　でん粉消費量

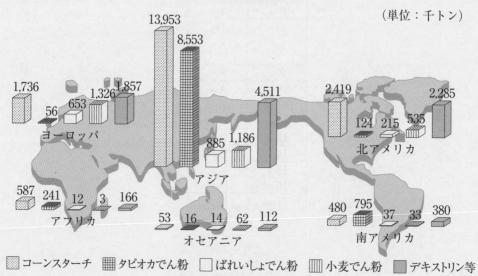

（単位：千トン）

コーンスターチ　タピオカでん粉　ばれいしょでん粉　小麦でん粉　デキストリン等

図Ⅱ　世界の人口割合

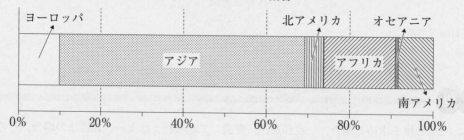

1 ばれいしょでん粉の消費量をみると，ヨーロッパは世界全体の 3 分の 1 を超えている。

2 地域別にみると，でん粉消費量全体に占めるタピオカでん粉の割合が最も大きいのはアジアである。

3 コーンスターチの消費量をみると，南アメリカはオセアニアの10倍を超えている。

4 小麦でん粉の 1 人当たりの消費量は，アフリカで1.5キログラムを超えている。

5 デキストリン等の 1 人当たりの消費量は，アジアは北アメリカより多い。

1. 妥当である。$653 \times 3 = 1959 > 653 + 885 + 215 + 12 + 14 + 37 = 1816$ より，ヨーロッパは世界全体の $\frac{1}{3}$ を超えている。より単純には，$653 \times 2 = 1306 > 885 + 215 + 12 + 14 + 37 = 1163$ とすればよい。

2. アジアの場合，$13953 + 8553 + 885 + 1186 + 4511 = 29088$，$29088 \times 0.3 \fallingdotseq 8726 > 8553$ より，でん粉消費量全体に占めるタピオカでん粉の割合は30%未満である。これに対し，南アメリカの場合，$480 + 795 + 37 + 33 + 350 = 1725$，$1725 \times 0.4 = 690 < 795$ であり，40%を超えている。

3. $53 \times 10 = 530 > 480$ であり，10倍未満である。

4. 実数値としての人口の資料が与えられていないので，判断できない。

5. 世界の総人口を n とすると，図Ⅱより，アジアの人口は約0.6n，北アメリカの人口は約0.05n である。ここから，デキストリン等の1人当たりの消費量は，アジアが，$4511 \div 0.6n$ $\fallingdotseq 7518 \div n$，北アメリカは，$2285 \div 0.05n \fallingdotseq 45700 \div n$，$7518 \div n < 45700 \div n$，$7518 < 45700$ となり，アジアは北アメリカより少ない。

よって，正答は**1**である。

正答　**1**

表は，我が国における木材供給量について，国産材・輸入材別及び形態（用材，しいたけ原木，燃料材（薪炭材））別にそれらの推移を示したものである。これから確実にいえることとして最も妥当なのはどれか。

（単位：千m³）

	1970年	1980年	1990年	2000年	2010年	2020年
国産材の木材供給量 （a＋b＋c）	49,780	36,961	31,297	19,058	18,923	31,149
うち，用材(a)	46,241	34,557	29,369	18,022	18,236	21,980
うち，しいたけ原木(b)	1,574	2,047	1,563	803	532	242
うち，燃料材（薪炭材）(c)	1,965	357	365	233	155	8,927
輸入材の木材供給量 （d＋e）	56,821	75,250	81,945	81,948	52,961	43,290
うち，用材(d)	56,438	74,407	81,793	81,241	52,018	39,412
うち，燃料材（薪炭材）(e)	383	843	152	707	943	3,878

1 1970年と2010年について，国産材，輸入材の別に，用材の供給量と燃料材（薪炭材）の供給量をそれぞれ比較すると，四つの供給量とも2010年の方が少ない。

2 1980年，1990年，2000年，2010年，2020年の国産材のしいたけ原木の供給量について，それぞれ10年前の供給量からの増加率又は減少率を絶対値でみると，全て40％を上回っている。

3 1980年から1990年までの10年間の輸入材の用材の供給量の1年ごとの増加率が同じであるとすると，1年当たりの増加率は5％を上回っている。

4 2020年における，国産材と輸入材を合計した木材供給量に占める，国産材と輸入材を合計した燃料材（薪炭材）の供給量の割合は，20％を下回っている。

5 2000年の木材自給率（国産材と輸入材を合計した木材供給量に占める国産材の木材供給量の割合）は，25％を上回っている。

1. 輸入材の燃料材（薪炭材）の供給量を比較すると，1970年より2010年のほうが多い。

2. 1980年の場合，$1574 \times 1.4 \fallingdotseq 2204 > 2047$ であり，その増加率は40％未満である。

3. $74407 \times 1.1 \fallingdotseq 81848 > 81793$ より，1980年から1990年までの10年間の輸入材の用材の供給量の増加率は10％未満である。この10年間で，1年当たりの増加率が5％だとすると，$1.05^{10} > 1.5$ となり，10年間では50％を超える増加率となってしまう。

4. 妥当である。2020年における，国産材と輸入材を合計した木材供給量は，$31149 + 43290 = 74439$ である。その20％は，$74439 \times 0.2 \fallingdotseq 14888$ であるが，$8927 + 3878 = 12805$ より，20％を下回っている。

5. $25\% = \dfrac{1}{4}$ より，木材自給率が25％を上回っているならば，輸入材の供給量は国産材の供給量の3倍未満でなければならない。$19058 \times 3 < 60000 < 81948$ であり，自給率は25％未満である。

よって，正答は**4**である。

正答 **4**

数学　　一次不等式の解　令和 5 年度

不等式 $\dfrac{x}{2}-\dfrac{5(x+4)}{3}\geqq\dfrac{1}{3}$ の解として正しいのはどれか。

1 $x\leqq-6$

2 $x>-6$

3 $x\leqq-5$

4 $x<-5$

5 $x\geqq-5$

解 説

$$\frac{x}{2}-\frac{5(x+4)}{3}\geqq\frac{1}{3}$$

両辺に 6 を掛けて分母を外すと，

$$3x-10(x+4)\geqq2$$

$$-7x\geqq42$$

x についての不等式を解くと，

$$x\leqq-6$$

よって，正答は**1**である。

正答　**1**

No. 22 物理 力と力のはたらき 令和5年度

様々な力やそのはたらきに関する記述として最も妥当なのはどれか。

1 力は大きさと向きをもったベクトルであり、力の大きさ、向き、作用点を力の3要素という。力の単位としてニュートン（記号：N）がある。

2 物体にはたらく力が釣り合っているとき、必ず物体は静止している。また、それらの力は作用線と向きが異なる二つの力から成り立っている。

3 地球上の物体には、大きさや質量にかかわらず、同じ大きさの重力が地球の中心に向かってはたらくとともに、鉛直上向きに地球の自転による垂直抗力がはたらく。

4 動いている物体が静止するときに受ける摩擦力を静止摩擦力といい、静止している物体が動き出すときに受ける摩擦力を動摩擦力という。

5 ばねを自然の長さから伸ばしたり縮めたりすると、伸ばしたときに張力、縮めたときに弾性力が生じるが、一般に張力よりも弾性力の方が大きい。

解説

1. 妥当である。力の式は質量〔kg〕×加速度〔m/s^2〕で表され、力の単位であるニュートン〔N〕は、〔kg·m/s^2〕（次元：[M][L][T]$^{-2}$）でもある。

2. 向きは異なるが、作用線は同じである。2つの力がつりあう条件として、（2つの力は）「互いに逆向きで大きさが等しい」と「同一作用線上にある」の2つが必要となる。ある物体に大きさが同じ2つの力が互いに逆向きに働いていてもそれらの力が同一作用線上にない場合、動いてしまう（運動の状態が変化する）。この場合、つりあい関係とはならない。

3. 大きさや質量にかかわらず同じ大きさであるのは、重力加速度（≒9.8〔m/s^2〕）である。重力は「物体の質量〔kg〕×重力加速度〔m/s^2〕」の式で表され、物体の質量が大きくなるほど地球への重力は大きくなる。ちなみに重力加速度は、1kg当たりの重力でもある。後半の垂直抗力については物体を地球表面に置いた場合、鉛直上向きに地球が物体を押すことによる力（物体にとっては地球表面から垂直方向に受ける力）をさす。地球の自転による力は、代表なもので遠心力やコリオリの力がある。

4. 前半について、動いている物体が静止するときに受ける摩擦力は動摩擦力である。後半で、静止している物体が動き出すときに受ける摩擦力は最大静止摩擦力という。後半について、粗い面に静止した物体に外力を加えた際、動き出すのを妨げるように働く力が静止摩擦力である。その静止摩擦力が最大値に達した時に物体は動き出すが、そのときの静止摩擦力を最大静止摩擦力（単に最大摩擦力）という。

5. ばねが伸び縮みすることによって生じる力は弾性力である。張力とは主に糸を使って物体を引く際、糸が張ることにより生じる力をさす。弾性力は伸びても縮んでも生じるのに対し、張力は張っているときにしか生じない。後半について、弾性力の大きさは、ばねの自然の長さからの伸び（あるいは縮み）の量に比例する。伸びと縮みの量が同じであれば、弾性力の大きさは等しい。

正答 **1**

物質の三態に関する記述として最も妥当なのはどれか。

1 物質には，固体，液体，気体の状態があり，これらを物質の三態という。このうち，気体や液体は，固体より粒子間の引力の影響が大きく粒子の熱運動が小さいため，体積と形は一定しない。

2 物質の状態変化には，化学変化と物理変化がある。化学変化の例として温度変化による物質の三態間の変化が，物理変化の例として水の電気分解による物質の変化が挙げられる。

3 固体から直接気体になる状態変化を昇華といい，逆に，気体から直接固体になる状態変化を凝縮という。1気圧0℃で昇華を起こす物質として，二酸化炭素やリチウムがある。

4 一定の圧力のもとでは，純物質の融点や沸点は決まった値を示す。融解や沸騰が起こっている間，温度は一定であり，1気圧下で水の沸騰が起こっている間は100℃で一定に保たれる。

5 全ての粒子の熱運動が停止するとみなされる温度を絶対零度といい，この温度は約−373℃である。絶対零度では多くの物質は固体であるが，水素や酸素は1気圧下では気体である。

解説

1. 物質の三態は固体・液体・気体であり，この順に分子間力は小さくなり，熱運動は大きくなる。体積と形が一定せず，容器の形に従うのは液体と気体である。

2. 物質の状態変化は物理変化である。たとえば，温度変化による三態間の変化は物理変化の代表である。一方，化学変化はもとの物質が他の物質に変化することであり，一例として水の電気分解では，水が酸素と水素に変化する。

3. 固体から直接気体になる変化を昇華といい，逆の変化は凝華という（古くは昇華ともいった）。凝縮は気体が液体に変化することであり，一般的に液化といわれることも多い。リチウムは金属単体であり昇華することはない。二酸化炭素の固体であるドライアイスは，容易に昇華することはよく知られている。

4. 妥当である。純物質は，その性質として決まった融点や沸点を持つ。融解や凝固，あるいは沸騰が起こっている間は一定の温度を示す。蒸発や凝縮は決まった温度で起こるわけではないので注意したい。なお，水の沸騰は1気圧(1.01×10^5Pa)のもとでは100℃で起こる。

5. 絶対零度は0〔K〕と表し，セ氏で表すと約−273℃である。絶対零度ではすべての粒子の熱運動が停止するとされる。実際にはその温度に到達することはできないが，直前にまで達することは可能である。絶対零度では，すべての物質は固体で存在すると考えられる。水素や酸素であっても気体で存在することは不可能である。

正答 **4**

生態系に関する記述として最も妥当なのはどれか。

1 生態系を構成する生物は，無機物から有機物を生産する生産者と，有機物を無機物に分解する分解者の二つに分けられる。植物・菌類・細菌は生産者，植物を食べる動物は分解者である。

2 生産者が生産した有機物の総量を成長量という。また，成長量から同化量と枯死量を引いた残りを現存量という。

3 多くの植物は，大気中の窒素を直接体内に取り込み，アンモニウムイオンを合成する。合成されたアンモニウムイオンの一部は土壌中の根粒菌により窒素に変換され，大気中に放出される。

4 植物が光合成を行うことにより，光エネルギーが有機物の中に熱エネルギーとして蓄積される。熱エネルギーは最終的に化学エネルギーとなり，生態系の中を循環する。

5 人間の活動により，本来の生息場所から別の場所へ移されて定着した生物を外来生物という。我が国に生息する外来生物の例として，アライグマやウシガエルなどが挙げられる。

解説

1. 無機物から有機物を生産する植物などの生物が生産者（独立栄養生物）である。それに対し生産者が生産した有機物を利用して生きている動物や菌類・細菌などの生物は消費者（従属栄養生物）である。生態系の生物集団はこの2種類から構成される。消費者のうち，特に遺骸や排出物を利用する菌類・細菌などを分解者と呼ぶこともある。

2. 生産者が光合成などで生産した有機物の総量は総生産量である。総生産量から呼吸量を引いたものが純生産量であり，純生産量から枯死量と被食量を引いたものが生産者の成長量となる。現存量は言葉どおり現存する量であるから，生産者のある生産期間の終了時の現存量は，その期間以前に存在した現存量にその期間の成長量を加えたものとなる。同化量とは，消費者の総生産量に当たるもので，摂食量（生産者の被食量）から不消化排出量を引いたものになる。

3. 大気中の窒素（N_2）を直接体内に取り込みアンモニウムイオンを合成する反応は窒素固定であり，それができる生物は窒素固定細菌に限られる。具体的には植物の根に共生する根粒菌や好気性のアゾトバクター，嫌気性のクロストリジウム，一部のシアノバクテリアである。土壌中の窒素化合物（NO_3^-やNO_2^-）を窒素（N_2）に変換し大気中に放出する反応は脱窒と呼ばれ，脱窒素細菌が行う。

4. 光合成では光エネルギーをATPを介して有機物中の化学エネルギーに変換する。有機物に蓄えられた化学エネルギーは，生態系での物質循環の過程で熱エネルギーとなり，生態系から系外へと失われる。生態系内で物質は循環するが，エネルギーは生態系外から流入し，一方向へ流れ，最終的には系外へ出ていく。

5. 妥当である。移入先で，生態系や人間生活に大きな影響を与える，またはそのおそれのある外来生物は，特に侵略的外来生物と呼ばれ，オオクチバス（ブラックバス）などがある。また，国内での生物移動でも外来生物となり，たとえば琵琶湖のアユを関東の河川で放流すれば遺伝的系統が異なるため外来生物ということになる。

正答 **5**

No. 25 地学 大気と海洋 令和 5 年度

大気と海洋に関する記述として最も妥当なのはどれか。

1 地球の大気圏は，高度による気温の変化を基に四つの層に分かれ，下層から上層に向かって，成層圏，中間圏，熱圏，対流圏となっている。オーロラは，高度の低い成層圏で見られる。

2 地球の大気組成は，窒素約50％，酸素約30％，水素約19％となっており，残りの約1％に二酸化炭素などが含まれている。このうち，窒素や二酸化炭素は温室効果ガスである。

3 フェーン現象とは，数年に一度，赤道太平洋での季節風が弱まり，太平洋中東部の海水温が平年よりも低くなる現象である。

4 地球上の水は，海洋に約60％，大陸に約30％，大気中に約10％の割合で存在している。海洋全体でみると，蒸発量よりも降水量の方が多い。

5 海面付近には，風や波による海水のかき混ぜなどの影響を受ける表層混合層がある。海水が太陽のエネルギーで暖められる表層混合層の水温は，深層と比較して高い。

解説

1. 大気の層構造は下から対流圏・成層圏・中間圏・熱圏である。オーロラは熱圏に見られる。

2. 大気組成は窒素78％，酸素20％，アルゴン1％，二酸化炭素0.04％で，二酸化炭素は温室効果ガスである。

3. 文章の「フェーン」を「エルニーニョ」とし，文末の「低くなる」を「高くなる」とすれば正しい文となる。あるいは，「フェーン」を「ラニーニャ」とし，文中ごろの「弱まり」を「強まり」にすると正しい文となる。

4. 地球上の水はほとんどが海水であり，およそ95％である。海洋全体の蒸発量は，降水量よりも多い。

5. 妥当である。

正答 **5**

世界史 第二次世界大戦後のヨーロッパ 令和5年度

第二次世界大戦後のヨーロッパに関する記述として最も妥当なのはどれか。

1 戦後処理をするためのパリ講和会議が開催され，ヴェルサイユ条約が結ばれた。ドイツは，軍備の制限や海外領土の放棄は免れた一方で，巨額の賠償金を課せられた。

2 ソ連と東欧諸国はワルシャワ条約機構を結成し，集団安全保障体制を確立した。その後，米国と西欧諸国も北大西洋条約機構（NATO）を結成し，平和共存路線が打ち出されたため，緊張緩和が進んだ。

3 イタリアは戦勝国であったものの，獲得した領土はわずかだったため，人々の不満が高まった。こうした状況を背景に，ムッソリーニ率いるファシスト党が，地主・資本家・軍人の支持を得て勢力を拡大した。

4 ドイツは無条件降伏し，米英仏ソの4か国によって分割占領された。米英仏の占領地区で通貨改革が行われると，ソ連はこれに対抗して西ベルリンへの交通を遮断し，東西の緊張が高まった。

5 終戦の翌年，ヨーロッパ共同体（EC）が発足し，1950年代に単一通貨のユーロが導入された。これにより，西欧諸国では急速な経済成長が続いた。

解説

1. パリ講和会議が開催され，ヴェルサイユ条約が結ばれたのは第一次世界大戦である。第二次世界大戦の戦後処理で，ドイツは米・英・仏・ソ4国による分割占領が行われた。旧首都ベルリンの分割管理と民主化が実行され，ニュルンベルクに国際軍事裁判所が設置，ナチス＝ドイツの指導者の戦争犯罪が裁かれた。なお，第一次世界大戦後ドイツが軍備制限や海外領土の放棄を免れたことはない。

2. 北大西洋条約機構の結成は1949年4月，ワルシャワ条約機構は1955年5月であり，結成の順序が逆である。いずれにしても米ソを中心とする「冷戦」の緊張状態が激化した。

3. 第一次世界大戦後のイタリアの記述である。ただ，戦勝国でありながら領土の拡大はできず，ヴェルサイユ条約に対する不満が，ムッソリーニの率いるファシスト党が台頭する理由として適切である。

4. 妥当である。

5. ECが成立するのは1967年で，1985年12月にEC諸国は商品だけでなく，人の移動や金融取引の域内自由化に踏み込み（単一欧州議定書），1993年11月にマーストリヒト条約の発効によりヨーロッパ連合（EU）が発足した。1999年1月からは貿易などの決済通貨としてユーロが導入され，2002年からは一般市民の取引にも使われるようになった。

正答 **4**

No. 27 世界史 中国の明 令和5年度

中国の明に関する記述として最も妥当なのはどれか。

1 元の末期，キリスト教徒による黄巣の乱をきっかけに各地で反乱が起こり，元の役人だった朱元璋が反乱の中で頭角をあらわし，北京で皇帝の座に就き，国号を明として中国を統一した。

2 明の永楽帝は，鄭和に命じてインド洋方面に艦隊を率いて遠征を行うなどして，各地からの朝貢を促し，明を中心とする朝貢体制の確立を目指した。

3 明は，朝貢貿易を補完する目的で，交易を求めて侵攻してくるロシア人や日本人の商人との密貿易を黙認し，やがて民間貿易が主流となった。この民間貿易を総称して北虜南倭と呼んだ。

4 明の時代には，活発化した海外貿易を通じて，日本や朝鮮から輸入した生糸や陶磁器の対価として，銀が明から大量に流出したため，貨幣経済が疲弊し，明が衰退する一因となった。

5 明の末期，重税と飢饉により各地で反乱が起こり，武装船団を率いて貿易活動をしていた鄭成功率いる反乱軍が北京を占領し，皇帝となった彼は，国号を清と改め，明は滅亡した。

解説

1. キリスト教徒ではなく白蓮教徒による紅巾の乱（1351〜66年）をきっかけに各地で反乱が起こり，反乱の中で頭角を現した，元の役人ではなく貧農出身の朱元璋が，1368年，北京ではなく南京で皇帝の位につき明を建国した（洪武帝）。その後，洪武帝は大都に残る元の勢力をモンゴル高原に追放して中国を統一した。白蓮教は宋代に始まった仏教系の民間宗教で，邪教として弾圧された。

2. 妥当である。

3. 明は朝貢貿易しか認めておらず，民間人の対外交易や海外渡航は禁じられていた（海禁）。16世紀になって，大航海時代の世界的な交易が活発化すると，明の貿易統制を不満として，北方ではロシア人ではなくモンゴル人が長城を越えて侵入したり，南方では中国人を主体とする倭寇（後期倭寇）が密貿易や略奪を活発化させて明を悩ませたのを「北虜南倭」という。その結果，明は1567年に海禁を緩和した。

4. 海禁が緩和されると，日本の銀や，スペインがアメリカ大陸で採掘したメキシコ銀が貿易の対価として大量に流入し，国内における銀の流通は一層盛んになり，貨幣経済が発展した。生糸や景徳鎮などの窯業都市で生産された陶磁器は国際的な商品として，日本やアメリカ大陸経由でヨーロッパに輸出された。

5. 明末，重税と飢饉によって各地で反乱が起こったことは正しいが，明を滅ぼしたのは，陝西地方の反乱軍を率いた李自成である（1644年）。鄭成功は，父鄭芝竜の後を受けて，オランダ人が占拠していた台湾を拠点にして大陸南岸で反清運動を続けていたが，1683年，康熙帝によって攻撃され鄭氏一族は滅亡した。清は中国史上初めて台湾を領土とした。

正答 **2**

日清戦争及び日露戦争に関する記述として最も妥当なのはどれか。

1　日本が指導した軍制改革に不満を持った朝鮮の兵士や民衆が反乱を起こし，日本公使館などを襲撃した義和団事件において，日本が軍隊を出してこれを鎮圧したことで，日清間の緊張が高まった。

2　日清戦争に勝利した日本は，下関条約で，清に朝鮮の独立や都市の開港を認めさせたものの，賠償金が得られず，さらに，三国干渉により台湾の返還を求められたため，国民の不満が高まった。

3　日清戦争後，日本は，遼東半島や満州の占領を行うなど，着実に清への支配を強めていったが，これに対しロシアは，清の門戸開放・機会均等を唱えたため，日露間の緊張はより深刻なものとなった。

4　日露間の対立が深刻化すると，ロシアとの戦争に対し日本国内でも賛否が分かれた。社会主義者の幸徳秋水や堺利彦，キリスト教徒の内村鑑三は，主戦論を唱えて強硬意見を主張した。

5　日露戦争で，日本は，米国の仲介によって，ロシアとポーツマス条約を調印した。しかし，その内容に不満を持った国民が暴徒化し，交番や政府系の新聞社などを襲撃した。

解説

1. 義和団事件ではなく壬午軍乱（壬午事変，1882年）の記述である。日朝修好条規（1876年）で朝鮮を開国させて以後，日本と結んで軍制改革を進める国王高宗の外戚閔妃一派に対して，守旧派の大院君を支持する軍隊が反乱を起こし，これに呼応して民衆が日本公使館を襲撃した事件である。義和団事件は，1900年に，「扶清滅洋」を唱える排外主義団体の義和団が，北京の列国公使館地域を占拠した事件である。義和団に同調した清国政府が列国に宣戦布告したが，日本を含む九か国連合軍が鎮圧した（北清事変）。

2. 下関条約で，日本は賠償金2億両（約3億1,000万円）を獲得した。また，講和直後にロシアはドイツ・フランスを誘って，台湾ではなく遼東半島の返還を日本に要求した（三国干渉）。日本はこれを受け入れ，国民の不満に対して政府は「臥薪嘗胆」を合い言葉に，ロシアに対する敵愾心を背景に軍備増強に努めた。

3. 日清戦争後，日本は遼東半島や満州の占領は行っていない。しかし，1900年に清国で起こった義和団事件を機にロシアは満州を事実上占領したため，日露間の対立は深刻化した。これに対して，日本政府はイギリスと日英同盟協約を結んで，実力で韓国での権益を守ろうとした。清の門戸開放・機会均等を主張したのは，アメリカであり，国務長官ジョン＝ヘイが日本を含めた列国に提唱したものである。

4. ロシアとの戦争に対して日本国内で賛否が分かれたことは事実であり，幸徳秋水や堺利彦，内村鑑三は非戦論・反戦論を唱え，歌人の与謝野晶子は開戦後「君死にたまふこと勿れ」の反戦詩を発表した。主戦論を唱えたのは対露同志会や戸水寛人などの東京帝国大学の七博士で，『万朝報』や『国民新聞』などが主戦論を盛り上げ，国内世論も次第に開戦論に同調していった。

5. 妥当である。いわゆる日比谷焼き討ち事件である。

正答　**5**

地形に関する記述として最も妥当なのはどれか。

1 　地球の表層部は，厚さ約100kmの6枚のプレートに分かれ，年間約数mの速さで動いており，このプレートの運動により大陸も移動している。

2 　安定陸塊には，地震や火山活動がほとんどなく，安定陸塊に広がる大平野は，古い岩盤がむき出しになった卓状地と，古い岩盤をほぼ水平に堆積した地層が覆う楯状地に分けられる。

3 　プレートどうしの境界である変動帯においては地殻変動が活発で，環太平洋造山帯やアルプス＝ヒマラヤ造山帯は，現在も造山運動が盛んであることから，新期造山帯とも呼ばれる。

4 　プレートの境界は，狭まる境界，広がる境界，ずれる境界の3種類に分類され，マグマが噴き出して新たな地殻がつくられる海溝は広がる境界の例であり，凹地である海嶺は狭まる境界の例である。

5 　地形は，地殻変動や火山活動などの外的営力と，風化や侵食による作用や運搬・堆積による作用などの内的営力によりつくられ，外的営力が広域に作用してつくられる大規模な地形を大地形という。

解説

1. 地球の表層部のプレートは，十数枚に分かれ，年間に約数cmの速さで動いている。

2. 安定陸塊に広がる大平野は，中世代や古生代の地層がほぼ水平に堆積し，広大な平原や台地をなしている卓状地と古い岩盤がむき出しになった楯状地とに分けられる。

3. 妥当である。

4. プレートの境界の分類は妥当である。しかし，マグマが噴き出して新たな地殻がつくられる海溝は，狭まる境界の例である。なお，ずれる境界の代表例はアメリカ合衆国太平洋岸のサンアンドレアス断層である。

5. 地形は，地殻変動や火山活動などの内的営力と，風化や侵食による作用や運搬・堆積による外的営力によってつくられ，内的営力が広域に作用してつくられる大規模な地形を大地形という。

正答　**3**

世界の民族，言語等に関する記述として最も妥当なのはどれか。

1 東南アジアでは，中国系の人々が経済活動で重要な役割を果たしている。特に，インドネシアは中国系の人々が人口の5割を超え，中国系企業を誘致するブミプトラ政策を採っている。

2 インドは，言語面からみるとヒンディー語の話者が約9割を占めているが，宗教面でみると多様であり，仏教，ヒンドゥー教，キリスト教の順で信者が多い。

3 中東のアラビア語の話者は，国が異なっても「アラブ人」という強い意識を持っている。アラブ人が人口の7割を超える国として，イラン，シリア，トルコが挙げられる。

4 ヨーロッパの言語には，ラテン語派，ゲルマン語派，スラブ語派などの言語がある。スラブ語派の言語として，ポーランド語，ウクライナ語，チェコ語が挙げられる。

5 メキシコでは，公用語としてポルトガル語と英語が指定されており，ポルトガルと英国の二つの文化が混在している。さらに，先住民のアボリジニが多数を占める自治州も設けられている。

解説

1. 東南アジアでの中国系の人々の経済活動についての記述は妥当であるが，インドネシアは，大半がジャワ人，スンダ人，マドゥーラ等で，マレー系や中国系，アラブ系もいる。ブミプトラ政策はマレーシアのマレー系住民を優遇する政策である。

2. インドのヒンディー語の話者は約5億人で国民の約3分の1である。宗教面では，ヒンドゥー教（約79.8%），イスラム教，キリスト教，シーク教の順で信者が多い。

3. 中東のアラビア語の話者の記述は妥当である。なお，アラビア人が人口の7割を超えている国は，ヨルダン，レバノン，クウェート，シリア，サウジアラビアなどである。

4. 妥当である。

5. メキシコの公用語は，スペイン語。代表的先住民はナワ族である。なお，アボリジニが先住民の国はオーストラリアである。

正答 **4**

四字熟語の漢字が全て正しい組合せはどれか。

1 空前絶後　　一挙両得
2 自業自徳　　無我無中
3 傍寂無人　　前人未倒
4 自然透汰　　他力本頑
5 責任転稼　　言語動断

解説

1. 妥当である。なお，「空前絶後」の意味は，非常に珍しいこと。「一挙両得」の意味は，一つの行為で同時に二つの利益が得られること。

2. 自業自「得」が正しい漢字である。意味は，自らが行った行為によって，本人自身が報いを受けること。無我「夢」中が正しい漢字である。意味は，ある物事に熱中し自分を忘れること。

3. 傍「若」無人が正しい漢字である。意味は，人前を気にせず，勝手に振る舞う様子のこと。前人未「踏」あるいは前人未「到」が正しい漢字である。前者の意味は，地理的に過去に誰も足を踏み入れていないこと。後者の意味は，業績や記録で，まだ誰も到達していないこと。

4. 自然「淘」汰が正しい漢字である。意味は，自然の状況・環境に適したもののみが残り，そうでないものは滅びるということ。他力本「願」が正しい漢字である。意味は，仏教由来の言葉で，阿弥陀如来の立てた本来の願いにすがって，生きとし生けるものが救済され，極楽往生を得ること。

5. 責任転「嫁」が正しい漢字である。意味は，本来自分が負うべき責任・失敗・罪を他者になすりつけること。言語「道」断が正しい漢字である。意味は，言葉に言い表せないほどひどいこと。

正答　**1**

次のA～Eの慣用句又はことわざのうち，[ ]に「虎」が入るもののみを挙げているのはどれか。

A：[ ]脚を現す

B：[ ]の尾を踏む

C：[ ]は千里を行って千里を帰る

D：能ある[ ]は爪を隠す

E：[ ]も鳴かずば打たれまい

1 A，C

2 A，E

3 B，C

4 B，D

5 D，E

解 説

A：「馬」が入る。「馬脚を現す」は，包み隠していた悪いことが発覚することのたとえ。

B：妥当である。「虎の尾を踏む」は，非常に危険なことをすることのたとえ。

C：妥当である。「虎は千里を行って千里を帰る」は，虎が一日に千里（約3,900～4,000km）を行って，またその千里を戻ることができることから，行動力のあるたとえ。

D：「鷹」が入る。「能ある鷹は爪を隠す」は，実力のあるものほどそれを表面に表さないたとえ。

E：「雉」が入る。「雉も鳴かずば打（撃）たれまい」は，無用のことを言わなければ禍を招かないで済むことのたとえ。

よって，妥当なものはBとCであり，**3**が正答となる。

正答 **3**

次のア，イ，ウに当てはまる語の組合せとして最も妥当なのはどれか。

本当のことを言えば，あの帽子はあなたには似合っていません。
To ［ ア ］ the truth, that hat doesn't suit you.

次の電車に乗り遅れないよう，すぐにここを出てください。
Please leave here immediately so ［ イ ］ not to miss the next train.

寝る前に必ず電灯を消してください。
Please be ［ ウ ］ to turn off the lights before you go to sleep.

	ア	イ	ウ
1	talk	as	fine
2	talk	as	sure
3	talk	for	fine
4	tell	as	sure
5	tell	for	fine

解説

選択肢より，それぞれの空欄に入る語の候補は 2 つずつであることがわかる。自信を持って正解を選べる文を中心に，選択肢を絞っていくとよい。

空欄アは tell が入る。tell the truth で「真実を告げる」という意味を表すので，日本語の「本当のことを言う」に相当する。To tell (you) the truth, ... は，文法的には独立不定詞と呼ばれる形だが，「実は…」と話を切り出すときの慣用表現として覚えておくとよい。×talk the truth という表現はないので，talk は不適。

空欄イは as が入る。so as to 〜の形で「〜するために，〜するように」の意味を表す。「〜しないように」という否定の場合は，to の直前に not を置いて so as not to 〜という形になる。×so for not to 〜という表現はないので，for は不適。

空欄ウは sure が入る。be sure to 〜で「確実に〜するようにする」という意味の表現になる。to 不定詞の代わりに節（主語と動詞を含むまとまり）が続くこともあり，その場合は be sure (that) 〜または make sure (that) 〜という形になる。×be fine to 〜という形はないので，fine は不適。

よって，空欄に当てはまる語はそれぞれア―tell，イ― as，ウ― sure となり，正答は**4**である。

正答 **4**

和文に対する英訳が最も妥当なのはどれか。

1 彼女は，修理された息子の時計を持っていた。

　　She had her son's watch repaired.

2 あなたの友人が働いている店はどこですか。

　　Is this the store where your friend works?

3 彼は，レポートのテーマに何を選んだのですか。

　　What made him choose the theme for his report?

4 私は，そのニュースについて，どうしても彼らに尋ねることができなかった。

　　I couldn't help asking them about the news.

5 彼は，まるで真実を知っているかのように話す。

　　He talks as if he knew the truth.

解説

1. 英文は「彼女は息子の腕時計を修理してもらった」という意味。このhadは使役動詞で，〈have＋物＋過去分詞〉で「（物）を〜してもらう」という意味を表す。与えられた和文の意味を表す英文は，She had her son's repaired watch. となる。

2. 英文は「ここがあなたの友人が働いている店ですか」という意味。文中のwhereは「どこ」という疑問詞ではなく，the storeを先行詞とする関係副詞である。与えられた和文の意味を表す英文は，Where is the store where your friend works? または Where is the store (that) your friend works at? となる。

3. 英文は「何が彼に，彼のレポートにそのテーマを選ばせたのですか」つまり「どうして彼はレポートにそのテーマを選んだのですか」という意味になる。疑問詞が主語の無生物主語構文で，〈make＋人＋動詞の原形（原形不定詞）〉で「（人）に〜させる」という意味を表す。与えられた和文の意味を表す英文は，What did he choose as the theme for his report? または What theme did he choose for his report? となる。

4. 英文は「私はそのニュースについて，彼らに尋ねずにはいられなかった」という意味で，和文とは正反対の意味になる。cannot help 〜ing で「〜せずにはいられない」という意味を表す。与えられた和文の意味を表す英文は，「どうしても〜できなかった」の部分を遠慮やためらいの気持ちと解釈すれば，I wanted to ask them about the news, but somehow I couldn't. などとなる。

5. 妥当である。英文のas if以下は仮定法の表現であり，〈as if＋仮定法過去〉で，現在のことについて「まるで〜であるかのように」という意味を表す。

正答 **5**

次のA～Dは，国際機関に関する記述であるが，該当する国際機関の組合せとして最も妥当なのはどれか。

A：国連の専門機関として設立され，世界の全ての人々が可能な最高の健康水準に到達できるように，感染症の撲滅や各国保健制度の強化などに取り組んでいる。

B：難民に対する保護活動などを行う国連機関として設立され，緒方貞子氏がこの機関の高等弁務官を務めた。

C：1960年代に，サウジアラビアなどによって，先進国の国際石油資本（メジャー）に対抗するために，産油国の石油政策の一元化や石油価格の安定などを目的として設立された。

D：1960年代に，発展途上国と先進国との間におけるいわゆる南北問題を国際的な協力の下に解決するために国連機関として設立された。

	A	B	C	D
1	ILO	UNHCR	OECD	UNCTAD
2	ILO	UNICEF	OECD	WTO
3	WHO	UNHCR	OECD	WTO
4	WHO	UNICEF	OPEC	WTO
5	WHO	UNHCR	OPEC	UNCTAD

解説

A：「WHO」が該当する。

WHO（世界保健機関）は，「すべての人々が可能な最高の健康水準に到達すること」を目標に掲げて活動している国際機関である。国連の専門機関の一つであり，新型コロナウイルスの世界的流行に際しても，その収束に向けて尽力した。

B：「UNHCR」が該当する。

UNHCR（国連難民高等弁務官事務所）は，難民や国内避難民に対して国際保護を提供している国際機関である。わが国の緒方貞子氏も，国連総会によって国連難民高等弁務官に選出され，UNHCR を率いていたことがある。

C：「OPEC」が該当する。

OPEC（石油輸出国機構）は，産油国の石油政策の一元化や石油価格の安定，産油国の利益の確保などを目的として設立された国際機関である。第4次中東戦争（1973年）の際には，石油戦略を打ち出して原油価格を大幅に引き上げたことから，石油危機が引き起こされた。

D：「UNCTAD」が該当する。

UNCTAD（国連貿易開発会議）は，途上国の貿易，投資，開発の機会を最大化するために活動している国際機関である。途上国側からの要求を受けて設立され，先進国と途上国の経済格差（＝南北問題）の解決に努めている。

よって，正答は**5**である。

正答　**5**

政治　日本の選挙制度　令和5年度

我が国の選挙制度に関する記述として最も妥当なのはどれか。

1 小選挙区制の場合，一般に，多数派の政党に有利であり，二大政党制による安定した政治となりやすい一方，死票が多く，有権者の多様な意思が反映されにくい。

2 衆議院議員及び参議院議員の被選挙権の資格年齢は共に満30歳以上である。一方，これらの選挙の選挙権年齢は1990年代の公職選挙法改正により満18歳以上に引き下げられた。

3 衆議院議員総選挙においては，1選挙区から3～5名の議員を選出する中選挙区制と比例代表制を合わせた中選挙区比例代表並立制が採用されているが，重複立候補は認められていない。

4 我が国の選挙制度の課題として，各都道府県ごとの有権者数に著しい差が生じている「一票の格差」問題があるが，2023年4月現在，最高裁判所から違憲判決が出されたことはない。

5 公職選挙法は選挙運動の制限を細かく定めている。インターネットによる選挙運動は全て禁止されているが，戸別訪問は2010年代の同法改正で解禁された。

解説

1. 妥当である。小選挙区制では，選挙区内の最多得票者のみが当選とされる。そのため，多数派の政党が圧倒的に議席を獲得しやすくなり，二大政党制が生まれやすい。一方，選挙区内の2位以下の候補者は落選とされてしまうため，死票が多くなり，少数派の意思は政治に反映されにくくなる。

2. 被選挙権の資格年齢は，参議院議員は30歳以上であるが，衆議院議員は25歳以上である。また，公職選挙の選挙権年齢が「20歳以上」から「18歳以上」に引き下げられたのは，2015年の公職選挙法改正によるものである。

3. 衆議院議員総選挙においては，1選挙区から1名の議員を選出する小選挙区制と比例代表制を合わせた小選挙区比例代表並立制が採用されている。1選挙区から3～5名の議員を選出する中選挙区制は，1994年の法改正まで用いられていた選挙制度である。また，現行制度では，小選挙区選挙と比例代表選挙に同時立候補する重複立候補が認められている。

4. 「一票の格差」については，1976年と1985年に最高裁判所から違憲判決が出されている。いずれも衆議院議員総選挙についてのもので，一票の格差が4倍以上に達していた。なお，いずれの判決でも，政治的混乱を考慮して選挙結果は有効とされたが，そうした判決を一般に事情判決という。

5. 2013年の公職選挙法改正により，インターネットによる選挙運動は解禁されている。一方，選挙運動の一環として各家庭などを訪問する戸別訪問は，買収や利益誘導などの不正行為を招きやすいという理由で，現在も禁止されている。

正答　**1**

日本銀行に関する記述A～Dのうち，妥当なもののみを挙げているのはどれか。

A：日本銀行は，我が国の唯一の発券銀行として日本銀行券を発行するほか，資金繰りが困難となった市中金融機関に対して，いわゆる「最後の貸し手」として資金供給を行うなどの機能を持つ。

B：日本銀行の役割として，物価の安定と雇用の安定を図ることが法律で明記されており，その役割を果たすため金融政策を機動的に行うが，金融政策の実施に当たっては閣議決定を経る必要がある。

C：市中銀行は，預金量のうち，支払準備のために一定割合を日本銀行に預けることとなっており，日本銀行が，その割合を操作して資金の供給量を調節する機能は，公定歩合操作と呼ばれている。

D：公開市場操作とは，日本銀行が国債や手形などを売買することにより，短期金融市場における資金の供給量を調節することである。

1　A，B
2　A，D
3　B，C
4　B，D
5　C，D

解説

A：妥当である。

B：日本銀行法では，日本銀行券の発行，通貨および金融の調整が日本銀行の目的であり，物価の安定を図り，国民経済の健全な発展に資することが定められているが，雇用の安定は明記されていない。また，日本銀行の金融政策の方針は「金融政策決定会合」で決定される。

C：公定歩合操作ではなく預金準備率操作である。公定歩合とは日本銀行が市中銀行に貸出しするときの金利のことである。

D：妥当である。

　よって，AとDが妥当であり，正答は**2**である。

正答　**2**

為替相場に関する記述として最も妥当なのはどれか。

1 為替相場を，G7主要7か国の間で決定して固定・維持する制度を固定相場制といい，各国の貿易収支に自動的に連動して変動させる制度を変動相場制という。

2 各国の経済成長率やインフレ率，経常収支などの経済の基礎的な条件をファンダメンタルズといい，変動相場制の下では，為替相場が変動する長期的要因とされている。

3 為替相場が変動した結果，円に対して外国通貨の価値が高くなることを円高という。一方，円に対して外国通貨の価値が低くなることを円安という。

4 為替相場の急激な変動を抑えるため，1980年代のプラザ合意で，金とドルとの交換の廃止と固定相場制への移行が承認された。

5 為替相場の安定を目指し，2000年代に締結されたブレトン・ウッズ協定により，国際通貨基金（IMF）とアジア開発銀行（ADB）が設立された。

解説

1. 固定相場制とは，各国の通貨の交換比率（為替レート）を固定・維持する制度であり，ブレトン・ウッズ体制のときは金ドル本位制によって金1オンスをアメリカ通貨の35ドルと交換できると定め，それを基準に各国の通貨との交換比率が固定されていた。一方，変動相場制とは，為替市場における外国通貨との取引によって為替レートが決まる制度のことである。

2. 妥当である。

3. 円高と円安の説明が逆である。外国通貨に対して円の価値が高くなることを円高といい，外国通貨に対して円の価値が低くなることを円安という。

4. 金とドルの交換の廃止は，1971年8月にアメリカのニクソン大統領が声明で発表したことがきっかけである（ニクソン・ショック）。それに伴い，固定相場制から変動相場制へ移行することとなった。その後，スミソニアン協定によって一時的に固定相場制に戻るが，1973年に再び変動相場制に移行し，1976年のキングストン合意で変動相場制への移行が追認された。また，プラザ合意は1985年に行われたドル高からドル安への是正に関する合意である。

5. ブレトン・ウッズ協定は1944年にアメリカで締結された戦後の国際通貨体制に関する協定であり，これによりIMFと世界銀行が設立された。アジア開発銀行は1966年に設立し，アジア・太平洋地域を対象とした国際開発に関する金融機関である。

正答 **2**

食料問題に関する記述として最も妥当なのはどれか。

1　発展途上国の中には深刻な食料危機に直面している国もあり，このような状況を改善するため，UNESCO は，熱帯雨林などの森林開発に取り組んでいる。

2　我が国の食料自給率は，近年，カロリーベースで約40％となっており，米国やフランスなどの他の先進国と比べると，低い水準となっている。

3　我が国では，生産調整（減反政策）で米の生産を制限していたが，地産地消の運動が広がり米の需要が増えたため，1990年代に食糧管理制度を導入し，米の供給を増やした。

4　我が国では，2000年代後半の農地法の改正により，一般企業が農地を借りて農業に参入できるようになったことで，遺伝子組換え作物の生産量が急増している。

5　貿易自由化の流れの中，2010年代前半に行われた GATT のウルグアイ・ラウンドで，我が国は米の輸入の完全自由化に同意し，関税を徹底した。

解説

1．深刻な食糧危機の状況を克服するために活動している国際機関は，FAO（国連食糧農業機関）である。FAO は国際連合の専門機関の一つとされており，発展途上地域における農業と農村の開発を進めている。これに対して，UNESCO（国連教育科学文化機関）は，諸国民の教育，科学，文化の協力と交流を通じて，国際平和と人類の福祉を促進しようとしている。

2．妥当である。わが国では，米の自給率（カロリーベース）こそ100％前後で推移しているものの，小麦や大豆など多くの品目は輸入に頼っている。そのため，わが国の食料自給率は40％程度にとどまっており，100％を上回っているアメリカやフランスなどとは対照的な状況にある。

3．わが国では，1942年に食糧管理法が制定され，戦争を背景として政府が主な食糧を管理統制することとなった。戦後になると，米の消費量が減ってきたことから，1970年代には生産調整（減反政策）が開始され，米の生産は制限されるようになった。しかし，その後も米の需要は伸びず，国の財政負担も大きくなった。そこで，1995年に食糧管理法は廃止され，生産調整も2018年に廃止された。

4．わが国では，消費者の間で遺伝子組換え作物への警戒心が強いこともあって，その生産は進んでいない。ただし，海外からの輸入量は多く，さまざまな製品で利用されている。なお，農地法改正により，一般企業が農地を借りて農業に参入できるようになったというのは事実である。

5．GATT（関税貿易一般協定）のウルグアイ・ラウンドは，1986年から1994年にかけて開かれた多国間の貿易交渉である。同ラウンドにおいて，わが国は米の輸入の完全自由化を拒否し，一定量の輸入義務（ミニマム・アクセス米）を無関税で受け入れる代わりに，それ以外の米の輸入には高率の関税をかけることで合意した。なお，1999年には政府が方針を転換し，輸入米については関税をかけたうえで，数量制限なしに輸入を認めることとなった。

正答　**2**

西洋の思想家に関する記述A〜Dのうち，妥当なもののみを挙げているのはどれか。

A：アダム＝スミスは，自然状態は「万人の万人に対する闘争」の状態であり，人々は，このような状態を作り出した国家に対して抵抗権や革命権を持つとした。

B：カントは，「認識が対象に従う」のではなく，「対象が認識に従う」とする認識上の転換をコペルニクス的転回と呼んだ。

C：J. S. ミルは，快楽には質的な差があることを強調し，「満足した豚であるよりも不満足な人間である方がよく，満足した愚か者であるよりも不満足なソクラテスである方がよい」と述べた。

D：ヘーゲルは，生きる意味や目的が失われたニヒリズムの時代でも，自己の選択が自己のあり方を決定することを「実存は本質に先立つ」と表現した。

1 A，B
2 A，C
3 B，C
4 B，D
5 C，D

解説

A：自然状態を「万人の万人に対する闘争」の状態ととらえたのは，ホッブズである。また，国家に対する抵抗権や革命権を主張したのは，ロックである。アダム＝スミスは，「見えざる手」によって市場の秩序は保たれると考え，自由放任経済を主張した。

B：妥当である。カントは，「われわれは外界にある対象をそのままに認識している」とする従来の考え方を批判し，「われわれは感覚でとらえた印象に認識の枠組みを当てはめることで，対象を構成している」と主張した。そして，そのことを「認識が対象に従うのではなく，対象が認識に従う」と表現した（「コペルニクス的転回」）。

C：妥当である。ミルは功利主義者であり，行為の善悪の判断基準を快楽や幸福に求めた。しかし，ベンサムが各人の快楽を平等なものとしてとらえたのとは対照的に，快楽には質的な差があると考え，われわれは質の高い快楽を追求するべきであると主張した（「質的功利主義」）。

D：ニヒリズムの時代にあって，自己の選択を重視することが重要であると指摘したのは，ニーチェである。また，自己の選択が自己のあり方を決定することを「実存は本質に先立つ」と表現したのは，サルトルである。これに対して，ヘーゲルは，世界を絶対者の自己展開の過程と考え，その弁証法的発展を主張した。

よって，BとCが妥当であり，正答は**3**となる。

正答 **3**

国家一般職［高卒・社会人］教養試験

過去問&解説 No.1～No.310

次の文の内容と合致するものとして最も妥当なのはどれか。

　現代の日本の若者は，子どものころからずっと学校の成績や偏差値で査定されてきました。スポーツが得意な子なら，その能力は県大会，インターハイ，全国大会など出場できた大会のレベルとその成績で測られてきました。誰にでも明らかな，客観的，一律的なランクで評価されてきた。

　それが大学を卒業する辺りからわかりにくくなります。自分の社会的な格付けや立ち位置が見えにくくなる。そのアイデンティティーの揺らぎが彼らを客観的な査定に向かわせる。だから，都市をめざす。

　都市が彼らを惹きつけるのは，もちろん刺激的なシティライフやドライな人間関係もあるのでしょうが，語られない大きな理由の一つは「都市で生活すれば自分の資質や才能について適切な査定が期待できる」からです。

　都市には日本中から「われこそ」という野心を持った若者が集まってきます。競争が激しく，資源分配のための査定もシビアです。地元の小さな町や村では，自分の才能にひそかに自信があっても，もしかしたら「井の中の蛙」の勘違いかもしれないと思うと不安になる。だから，仮に低い査定でも構わないから，正確な査定が欲しいと思うようになる。

　僕の見るところ，過剰なまでに「客観的な査定を望む」点に現代の若者の際立った特徴があります。才能のある若者ほど被査定志向が強い。地元では成績もよく，人気者で，高い格付けを得ている若者であるほどいっそう「シビアな格付け」に飢えている。企業が格付け会社からスリーAだとかダブルAだとか査定されることを切望するように，彼らは「点数をつけてもらいたい」のです。

《中略》

　だから，野心のある若者ほど東京の，それも生き残るための競争倍率の高い業界をめざします。能力の高い若者が密集するところへ飛び込んでゆきます。同質の能力の量的な差だけが際立つような職業に吸い寄せられる。その結果，正確な格付けを求める若者たちは，できるだけ多くの人がしていることを専門領域として選好するようになる。

　まさに現代日本社会から活力が失われているのは，そのせいなのです。才能のある若い人たちが，「自分だけにできることは何か？」にはさしたる関心を示さず，「みんながしていることの中で自分はどれくらいのランキングに格付けされるのか」に優先的に関心を示すからです。

1　日本の若者は，学生時代は成績などで評価されるが，卒業後は客観的な評価指標がなくなるため，高い格付けを得ている企業に就職する目的で都市を目指す。

2　才能のある若者ほど自分がシビアに査定されることを望んでいるが，これは，自分だけにできることは何かという能力の限界を知りたいと考えているからである。

3　東京では，競争が激烈な業界ほど社員の多様な能力を客観的かつ高い精度で評価するシステムが整っているため，野心ある若者ほど，このような業界を目指すことになる。

4　自分の能力を適切に評価されることを望む若者が，できるだけ多数の人がしていることを専門領域として選好するようになることは，日本社会の活力低下につながる。

5　日本社会から活力が失われているのは，能力の高い若者が客観的で精度の高い評価を求め

て給与の高い業界に集まりすぎた結果，国全体の人材配置に偏りが生じてしまったためである。

解説

出典は，内田樹『ローカリズム宣言　「成長」から「定常」へ』

　自分の資質や才能を客観的かつ正確に評価されることを望む若者が，自分だけにできることには関心を示さず，できるだけ多数の人がしていることを専門領域として選好することが，現代日本社会から活力を奪っていると述べた文章。

1．都市をめざすのは「野心を持った若者」「正確な格付けを求める若者たち」とあり，「日本の若者」とするのは一般化しすぎである。また，都市の「競争倍率の高い業界」で「シビアな格付け」をしてもらいたいため，都市をめざすのであって，企業が「高い格付けを得ている」かどうかは問題にされていない。

2．第7段落に「『自分だけにできることは何か？』にはさしたる関心を示さず」とある。

3．「野心のある若者ほど」「競争倍率の高い業界」をめざすとはあるが，「社員の多様な能力を客観的かつ高い精度で評価するシステムが整っている」という，業界の評価システムに関する視点は本文中には見られない。

4．妥当である。

5．能力の高い若者は「競争倍率の高い業界」をめざすというだけで，それらの業界の給与については言及されていない。また，「国全体の人材配置」の「偏り」については述べられていない。

正答　**4**

文章理解
課題処理
数的処理
資料解釈
数学
物理
化学
生物
地学

次の文の内容と合致するものとして最も妥当なのはどれか。

　AIを中心として進んでいるテクノロジーの進化は、経済活動に対して、少なくとも三つの点で変化をもたらしつつある。まず、すぐに気がつくことは、経済活動の重点がモノからサービスへと移行していくという変化である。

《中略》

　「ビッグデータ」という言葉が経済誌に躍り、「データは新時代の石油である」という言い方も、すっかり知られるようになった。これは、経済取引の対象として、財物の比重が下がり、データ（情報）の重要性が増大していくという変化を意味する。この変化と、モノからサービスへという第一の変化は、一見すると似ているが、問題の切り口が違っている。第一の変化は、どのようにして便益が提供されるかという取引の「形態」の問題であって、正確には、「モノの取引からサービスの取引へ」という変化である。これに対して、「財物からデータへ」という第二の変化は、どのようなものに経済的な価値が見出されるかという取引の「対象」の問題であると言える。

　第三の変化として、データを中心とした取引が、モノの形をとらずに行われるようになると、取引のルールは技術的な仕組みによって決まってしまう部分が大きくなる。デジタル技術以前の時代には、物をいつまで使ってよいかといった取引のルールは契約によって決まっていた。

《中略》

　ところが、テクノロジーが社会生活に深く入り込んでくると、契約でどのように定められているかによらず、技術的に「使えない」「見られない」という状況が発生し、ユーザーには、それ以外の選択肢がなくなってしまうのである。このように、取引の「ルール」は、「契約から技術へ」と変化していく。契約の効力は法にもとづいているから、この変化は「法から技術へ」と言ってもよいであろう。

　これら三つの変化は、テクノロジーの革新がもたらす経済活動の変革であるが、そうした変革は、必然的に、経済活動の担い手である企業のあり方を変えていく。すると、その先には、国家と企業の関係の変革が続くであろう。国家は企業活動を規律したり、規制したりしようとし、企業は、国家に対して協力しながら、同時にその規制を逃れようとする。そのような関係の中で、国家と企業は、自由放任の時代から企業の国有化へ、あるいは巨大企業の分割も辞さない政策から規制緩和による参入競争へと、歴史上、何度もパワー・バランスを変化させてきた。テクノロジーが経済活動とその担い手である企業を大きく変革していく時代には、企業と国家のパワー・バランスも、また新たな展開を見せると予想される。

1　経済活動においては、AIを中心としたテクノロジーの進化により、石油価格の下落が生じ、データの価値が見いだされるようになった。

2　社会生活にテクノロジーが深く浸透することにより、従来、必要不可欠であった「法」が「技術」に取って代わられた。

3　「モノからサービスへ」という第一の変化は、どのような「対象」に経済的な価値が見いだされるのかに着眼した問題である。

4　デジタル技術以前の時代には、契約という概念が存在したが、デジタル技術の進展に伴い、

その概念自体が失われた。

5 テクノロジーの革新により，企業と国家におけるパワー・バランスに新たな展開が起こり得ることが想定される。

解説 ━━━━━━━━━━━━━━━━━━━━━━━━━━━━━━━━━━━━

出典は，小塚荘一郎『AI の時代と法』

　テクノロジーの革新が経済活動にもたらす変化には，取引の「形態」がモノからサービスへ移行すること，取引の「対象」が財物からデータへ変わること，取引の「ルール」が契約から技術へ変化することの三つがあり，そうした経済活動の変化は必然的に企業のあり方を変え，国家と企業の関係も変化していくだろうと述べた文章。

1．データの重要性を石油にたとえているだけで，テクノロジーの進化により「石油価格の下落が生じ」たという記述は本文中にはない。

2．取引の「ルール」が「法から技術」になった，と述べられているだけで，「法」そのものが「『技術』に取って代わられた」わけではない。

3．第 2 段落には，「モノからサービスへ」という変化は，取引の「形態」の問題と述べられている。取引の「対象」に着眼しているのは「財物からデータへ」という第二の変化のほうである。

4．取引の「ルール」が，デジタル技術以前には「契約によって決まっていた」のに対し，データを中心とした取引では「技術的な仕組みによって決まってしまう」ようになっただけで，「契約」という概念がなくなってしまったわけではない。

5．妥当である。

正答　**5**

文章理解

国家一般職［高卒・社会人］

No. 3　文章理解　**現代文の内容把握**　令和 **4** 年度

課題処理

数的処理

資料解釈

数学

物理

化学

生物

地学

次の文の内容と合致するものとして最も妥当なのはどれか。

　古典をクラシックの訳語とするならば，そこで核心的な観念は規準とか範型とかいうことであって，時代的な古さは少なくも第一義的な意味を持ちません。これは「古典経済学」とか，「古典音楽」とか，それぞれの領域で，古典が帰属する時代がちがうのを見てもお分りでしょう。その意味では，江戸時代によく使われた「経典」とか「典範」というコトバの方が，「古」典というより，クラシックの含意をヨリ正しく伝えています。ただ，一定の時間の風雪をくぐらなければ，規準や範型も確立しないので，その限りでは，時代的な古さということも通常クラシックに随伴する要素といえます。すくなくも生れたてのホヤホヤの新刊や新作が，その瞬間にクラシックになるということはありません。

　してみると，「古典離れ」の背景には二つの要素の複合が推察されます。第一は，客観的な規準とか確立された形式というものが手応えのある実在感を喪失した，という問題です。第二には，新刊・新品・新型をたえず追いかけないと気が済まず，そうしないと「時代遅れ」になるという不安感です。こういう精神態度が，二つながら戦後日本において増幅されたのは確かですが，果してそれほど最近の現象でしょうか。「今時の若い者」に限られた傾向でしょうか。私は必ずしもそうでなく，これには長い歴史的・文化的背景があるように思えるのです。

　そういう日本文化論をここで述べたててもキリがありません。ただ簡単に私の独断をいえば，第一の点については，そもそも文化に規準とか形式性を賦与したのは，古代では中国であり，近代では西欧だったという事情が挙げられます。学問にとっても芸術の上でも，範型という意味でのクラシックは，中国古典か，ヨーロッパの学芸でした。日本の「古典」は，むしろ昔の本——まさに『古事記』の題名が象徴するように「ふることぶみ」——という意味であり，それに一定の「典範」的性格を与えようという発想そのものが，中国古典によって触発されたものです。

　つまり客観的形式とか，典則とかいうものは，もともと外来だというところから，どうしても，そうした形式への反逆は，「外来」対「内発」という，論理的には別の次元の問題とワン・セットになりがちなのです。

1　学問や芸術など，それぞれの領域によって古典が属する時代が異なることから分かるように，古典において時代的な古さは核心的な観念とはなり得ない。

2　日本では，江戸時代に「経典」や「典範」といった概念が中国から輸入されたことで，典範的性格を有するものを古典とする考え方が生じた。

3　「古典離れ」の背景には，客観的な規準を絶えず追いかけないと「時代遅れ」になってしまうという不安感がある。

4　日本の「古典」においては，「昔」であることが最も重視されるため，『古事記』のような非常に古い本しか古典になり得なかった。

5　客観的形式や典則といった意味での古典は，元々中国の考え方であるため，この意味で「古典離れ」は「内発」的なものに対する反逆と解することができる。

解説

出典は，丸山真男『「文明論之概略」を読む　上』

　古典には客観的な基準，確立された形式という第一義的意味と，時代的な古さという付随する意味があり，「古典離れ」にはそれらの要素が複合した原因があるが，日本の文化の規準や形式は，中国や西欧から与えられた「外来」のものであるため，古典への反逆と「外来」への反逆は別次元の問題であるにもかかわらず，まとめて議論されがちであるという内容。

1. 妥当である。第1段落に書かれている内容。

2.「経典」「典範」というコトバが「江戸時代によく使われた」とあることから，「典範的性格を有するものを古典とする考え方」は江戸時代にあったとは考えられるが，それらの概念が江戸時代に中国から輸入されたという記述はなく，したがって江戸時代に「典範的性格を有するものを古典とする考え方が生じた」とするのは誤り。

3. 第2段落に，「古典離れ」の背景の一つの要素として，「新刊・新品・新型をたえず追いかけないと」「『時代遅れ』になるという不安感」が挙げられている。

4. 第3段落では，日本の「古典」がもともと「昔の本」という意味であったことの例として『古事記』が挙げられているのであって，そこから「『古事記』のような「非常に古い本しか古典になり得なかった」という結論を導くのは論理に飛躍がある。また，古典は中国古典に触発され『典範』的性格」を与えられたとある。

5.「古典離れ」は「形式への反逆」であり，形式が外来であることから，外来への反逆ととらえられがちだが，「形式」かどうかということと「外来」か「内発」かということは，そもそも別の次元の問題だと指摘されている。

正答　**1**

次の[　　]の文の後に，A～Eを並べ替えて続けると意味の通った文章になるが，その順序として最も妥当なのはどれか。

> 最近，私はオランダのアムステルダム国立美術館から来た，フェルメールの「牛乳を注ぐ女」を見に出かけた。フェルメールは17世紀オランダの画家だが，彼の絵には，とても静かな時間が流れている。「牛乳を注ぐ女」を目の前にして，私は，ぐーっとひきこまれてゆく自分を実感した。細部にまでぐっと入りこまされて，なかなか抜け出てこられなかったのである。一筋の牛乳が垂れている白い線，光線の具合，そこに置いてあるパンの質感といったひとつひとつが，飽きさせない力を持っていた。美術館で複製画を購入し，家に帰ってきてから複製画を眺めている。

A：するとどうだろう。きらびやかな色を使っているわけではないのに，重い空間が出現した。ありふれた日常をきりとっただけの情景が，女性の存在の充実した空間に変化した。この絵については，真面目な働き者のオランダ女性を美しく描いた作品だとして，オランダ政府が流出をくいとめたという逸話がある。

B：しかし，「牛乳を注ぐ女」が描いているのは，とりたてて劇的な瞬間ではない。生活の中のありふれた行為だし，牛乳を注ぐ女の人の生活自体，退屈だったはずである。

C：そしてそのたび，本物を見たときの印象を思い出すことができる。まさに，これが名画というものだろう。

D：つまりフェルメールの目には，その情景の中に充実感が映っていたのであろう。それを，大変な根気で仕上げていくことで，他の人にも感得できるものに変えてしまったのだ。

E：しかし画家は，ありふれた題材として，その情景を斬って捨てはしなかった。丹精込めて，その一瞬をカンバスの上に表現していった。

1　B→D→A→E→C
2　C→B→E→A→D
3　C→D→B→A→E
4　E→B→D→A→C
5　E→D→C→B→A

解　説 ━━━━━━━━━━━━━━━━━━━━━━━━

出典は，齋藤孝『退屈力』

　フェルメールの「牛乳を注ぐ女」は，ありふれた日常を切り取っただけの情景が描かれているにもかかわらず，その情景の中にいる女性の存在の充実感を画家が丹精込めて仕上げることにより，ほかの人にも感得できる作品に変わったと述べた文章。

　重複する語，接続語，指示語などを手がかりに，選択肢と照らし合わせながらつながりを考える。選択肢を見ると囲みの後にBかCかEがくる。Eは「その情景」が囲みの何をさしているかが明確でないため不適切。また，逆接の接続詞「しかし」の前には，その情景がありふれていることを表す内容がくるはずだが，囲みではそうした内容は述べられていない。ここで選択肢は**1**，**2**，**3**に絞られる。**1**を見ると，Bに続くDは前に述べたことの言い換えを表す接続詞「つまり」から始まっているので，「その情景の中に充実感が映っていた」が前の文の言い換えになっているはずだが，Bでは「牛乳を注ぐ女」はありふれた行為を描いていると述べているため，つながりが悪い。ここで**2**，**3**に絞られる。Cの後がDであると，Dの「その情景」が表すものがCにはないため，**3**は不適切。ここで正答は**2**となる。**2**を見ると，Cで「牛乳を注ぐ女」を名画と述べたことを，逆接の接続詞「しかし」によって否定し「ありふれた行為」を描いたものと述べ，Eでは「しかし」以下で，題材がありふれていても「丹精込めて」「表現した」とBと反対のことを述べている。AではEの内容をさらに展開させ「ありふれた」情景が「充実した空間に変化」したと述べ，Dの「つまり」以降ではAで述べた情景に「充実感が映って」おり，それを「他の人にも感得できるものに変え」たとまとめている。

　したがって，C→B→E→A→Dとなり，正答は**2**である。

正答　**2**

次の文の内容と合致するものとして最も妥当なのはどれか。

　道徳は，他者の利益と自分の利益の葛藤から起こることなので，道徳的に行動することができるには，一つには，他者というものがいて，その人も自分と同じように考えたり感じたりする存在であるということを理解できることが必要でしょう。このことは，人間であれば当たり前のように思われるかもしれませんが，生物学的に考えるにあたっては，非常に重要なことです。なぜなら，他者の心の理解ということは，人間以外の動物には，あまりその証拠がないからです。それには「心の理論」という脳の働きがかかわっています。

　「心の理論」とは，心についての科学的な理論のことではありません。そうではなくて，人間が誰でも持っている，他人の心の状態を類推する脳の機能のことを「心の理論」と呼ぶのです。私たちは，日常的に他者の心の状態を無意識のうちにも類推しながら暮らしています。笑い顔の人を見れば，その人は楽しいと感じているのだなと類推しますし，泣いている人がいれば，その人は悲しいと感じているのだなと類推します。また，「ねえ，はさみ持ってる？」と訊かれると，その人は，ただ単にあなたがはさみを持っているかどうかという事実に興味があるのではなく，その人自身がはさみが欲しいのだな，とその人の欲求や目的を類推します。このように，人が他者の表情や言葉などを手がかりにしてその人の心の状態を推測する機能を「心の理論」と言うのです。

　なぜ「理論」なのかと言うと，他人の心というものは手にとって見てみることはできないので，他人が何を考えているのか，何を感じているのかは，しょせんは推測にすぎないからです。しかし，私たちは，他者の心の状態について，ただやみくもにあてずっぽうの推測をしているのではなく，表情や言葉などが何を意味しているのかを理解し，ある「理論」をもって，他者の欲求や目的や心の状態を推測しているでしょう。その全体の働きが，「心の理論」なのです。他者理解のために「心の理論」がたいへん重要であることは，よくおわかりのことと思います。これがうまく働いているからこそ，人は，自分とは異なる他人の状態を推測し，その人が何を欲しているのかを理解することができるのです。

1　人間が道徳的に行動するには，他者の欲していることなどを推測できるという脳の働きがかかわっている。

2　自分の気持ちを他人に率直に伝える手段として，人間は言葉を使うようになった。

3　人間の脳は，道徳の概念を身に付けることで，「心の理論」の機能をもつように進化した。

4　人間は，相手の表情を見ながら話をしないと，なかなか他人を思いやる行動をとることができない。

5　心についての科学的な理論の研究を進めていくと，人間と人間以外の動物の違いが明確になる。

解説 ━━

出典は長谷川眞理子『生き物をめぐる４つの「なぜ」』

　表情や言葉などを手がかりにして他者の心の状態を推測する脳の機能のことを「心の理論」と呼ぶが，人間が道徳的に行動するには，この「心の理論」がかかわっていること，また，あてずっぽうに推測しているのではなく，ある「理論」をもって推測しているから心の「理論」と呼ぶ，と述べた文章。

1. 妥当である。

2. 第２段落の例からは，発せられた言葉には言葉どおりの意味だけでなく，言葉にはされていない発言者の欲求や目的が背後にあることが示されているので，「率直に伝える手段として」言葉を使うようになったとは限らない。

3. 第１段落に，道徳的に行動する前提として「心の理論」がある，と述べられているので，「心の理論」を持つ前に「道徳の概念を身に付ける」という記述は因果関係が逆であり，誤り。

4. 第２段落の最後の文で，「他者の表情や言葉」を手がかりにして「その人の心の状態を推測する」とはあるが，「相手の表情を見ながら話を」することが，思いやる「行動」とどのようにかかわるかについては問題とされていない。

5. 第２段落の最初の文で，「心の理論」は「心についての科学的な理論のことでは」ない，と述べられており，本文では「心についての科学的な理論の研究」については取り上げていない。

正答　**1**

次の文の内容と合致するものとして最も妥当なのはどれか。

　いまコミュニティは，それを他の集団から区別する記述的な概念であるという以上に，人々のさまざまな期待や願望が投影される規範的価値を帯びた概念になっている。この言葉の用法にどのような含意があるかを少し整理してみたい。

　一般に，コミュニティは，個人と国家の間に位置する中間集団のひとつとして定義される。他の中間集団から区別されるコミュニティの特徴を挙げることも理論的には可能であるが，この言葉は，今日の用法では，中間集団のほぼすべてをカバーする意味合いで用いられているように思われる。それは，地域などの再生にむけた協働を通じて人々の間に形成される関係を指し，「アソシエーション」（人々の自発的意志にもとづく結社）の意味を含んでいる。コミュニティは，また，何らかの生き方に関して理想の共有をはかる緊密な集団たる「コンミューン」を指して用いられる場合もある。ただし，日本では，固有の価値観（「善の構想」）を共有する人々の関係という意味合いは比較的薄く，英米のコミュニタリアン（共同体論者）のいうコミュニティの用法からは少しずれている。客観的に見れば，日本の社会にも宗教的コミュニティや民族的コミュニティといった価値観ないし文化の固有性にもとづくコミュニティも存在しないわけではないが，一部を除きさほど活発な自己主張は見られない。この社会でのコミュニティ再生は，「価値観の共有」というよりもむしろ「問題状況の共有」によって特徴づけられるように思われる。

《中　略》

　コミュニティはつねに感情的な要素を含んでいる。それは，相互に対する信頼感や責任感，集団への共属感，郷土への愛着といったかたちで発現する。コミュニティにおける人々の相互承認は，そうした感情的な関係性と分かちがたく結びついている。それは，コミュニティに関わる人々に他では得がたい安心の感情を与えうる一方で，集団としての一体性を強めようとする力がはたらく場合には，人々にとって抑圧的にも作用しうる。

1　コミュニティが，個人と国家の間に位置する中間集団のひとつとして形成されるのは，価値観の共有より問題状況の共有を行う上で有利だからである。

2　コミュニティは，地域などの再生に向けて人々が協働している集団と，生き方に関する理想の共有をはかる緊密な集団の二つで構成されている。

3　日本におけるコミュニティの用法は，米英のそれと異なっているが，それは宗教的・民族的同一性から，価値観ないし文化の固有性にもとづくコミュニティが多く存在しないからである。

4　コミュニティが含み持つ感情的な要素が，相互に対する責任感といったかたちで発現するためには，問題状況の共有によってコミュニティの再生を行うことが絶対的な条件となっている。

5　コミュニティは規範的価値を帯びた概念であり，コミュニティにおける人々の相互承認がそれに関わる人々に他では得がたい安心の感情を与えうる。

解説 ━━━━━━━━━━━━━━━━━━━━━━━━━━━━━━━━━━━━━━

出典は齋藤純一「コミュニティにはどんな意味が含まれているか」（伊豫谷登士翁, 齋藤純一, 吉原直樹『コミュニティを再考する』所収）

　コミュニティは, 個人と国家の間に位置する中間集団の一つであり, 価値観や問題状況を共有する人々の関係をさしている。このようにコミュニティは人々の期待や願望が投影される規範的価値を帯びた概念であり, コミュニティにおける人々の相互承認には, 感情的な関係性が結びつき, そこにかかわる人々に安心の感情を与えたり, 抑圧的に作用したりもする, と述べた文章。

1.「個人と国家の間に位置する中間集団のひとつ」とは, コミュニティの定義であり, そこで人々の間に形成される関係として「価値観の共有」や「問題状況の共有」などがあると述べているが, いずれかが有利という論点は見られない。第2段落の後半で, 日本では「価値観の共有」より「問題状況の共有」にもとづくコミュニティのほうが顕著であると述べられているだけである。

2. コミュニティには,「地域などの再生に向けた協働を通じて人々の間に形成される関係」や「理想の共有をはかる緊密な集団」という意味があるが, それらはコミュニティという言葉に含まれる人々の関係の意味であって, コミュニティがそれら二つの集団で構成されているわけではない。

3. 日本において「固有の価値観を共有する人々の関係」という意味合いが薄いのは, 価値観ないし文化の固有性にもとづくコミュニティが多く存在しないからというよりは, それらが「活発な自己主張」をしていないからと述べられている。また,「宗教的・民族的同一性」については本文中に言及がない。

4. 前半は正しいが,「コミュニティが含み持つ感情的な要素が」「相互に対する責任感といったかたちで発現する」と事実を述べているだけで, それがどんな条件の下で発現するか, についてはなんら問題とされておらず, コミュニティの感情的な要素が与える影響について論じられている。

5. 妥当である。第1段落, 第3段落の内容と合致する。

正答　**5**

次の □□□ の文の後に，A〜Eを並べ替えて続けると意味の通った文章になるが，その順序として最も妥当なのはどれか。

> フーコーが注目するのは，患者に対する医師の問いかけ方である。18世紀の医師は，患者に「どうしたのですか？」と尋ねた。しかし19世紀以降の医師は「どこが工合がわるいのですか？」と尋ねる。こうした問いの形式のわずかな違いにこそ，認識論的な切断が反映されている。どういうことだろうか。

A：この時点で，すでに身体観のみならず，医師－患者関係に対する認識までもが大きく変化しつつあるのだ。

B：それゆえ患者個人の治療よりも，その病気が何であるかという診断分類が優先される。

C：ここには病気が患者の身体に内包されるという認識と同時に，患者の身体は解剖学的な複数のパーツから成立しており，病むのはそうした「部分」であるという認識がみてとれる。

D：しかし後者の問いはそうではない。

E：18世紀の医師には，病む患者という "個人" は認識されていなかった。患者はあくまでも，病気という概念を媒介する現実的な現れにすぎない。

1　C→A→B→D→E
2　C→A→D→E→B
3　C→B→D→E→A
4　E→A→D→C→B
5　E→B→D→C→A

解説

出典は斎藤環「解説」(ミシェル・フーコー『臨床医学の誕生』神谷美恵子訳, 所収)

18世紀と19世紀の間には認識論的な変化が見られることを, 患者に対する医師の問いかけ方の違いから論じた文章。

重複する語などを手がかりに, つながりが見つけやすいものをグループ分けし, 選択肢と比較して考える。患者個人を認識しない「18世紀の医師」と, 患者個人とその身体の「部分」を認識する「19世紀の医師」の認識論の違いが示されている。前者に該当するのはBとE, 後者に該当するのはCとDである。BとEは, Bの「それゆえ」がEの「個人は認識されていなかった」を受けて, 「患者個人の治療よりも」「診断分類が優先される」, と続くことから, E→Bとなる。CとDは, Dの「しかし」以降で19世紀の医師の認識論の説明になることから, D→Cとするのが自然である。ここで選択肢を見ると, **5**が該当する。E→Bで18世紀の医師の認識論, D→Cで19世紀の医師の認識論を説明した後, Aの「この時点」で「19世紀」を受け, 認識論の変化が「医師－患者関係に対する認識」まで変えるようになったと新しい話題を述べている。

したがって, E→B→D→C→Aとなり, 正答は**5**である。

正答　**5**

国家一般職[高卒・社会人]

No.
8

文章理解　　現代文の内容把握　令和 2 年度

文章理解

課題処理

数的処理

資料解釈

数学

物理

化学

生物

地学

次の文の内容と合致するものとして最も妥当なのはどれか。

　日本企業の中で育まれていた民間主導型のテクノロジーは，1973年および1979年の石油ショックを乗り越えて展開し，企業に蓄積されていった。1980年代に入ると，日本のテクノロジーは世界でもっとも高い国際評価を得るレベルに到達していた。科学論文の被引用率を見ると，アメリカには差をつけられていたものの，生産技術に関する論文の被引用率は世界的に見ても高水準になっている。アメリカは，日本の企業がアメリカの政府支出による基礎研究の上にもっぱら「ただ乗り」しているためにアメリカ経済が低迷するのだとする「基礎研究ただ乗り論」を掲げ，日本に圧力をかけるようになった。日本の大学の状況をみると「基礎研究ただ乗り論」に一部当てはまる面もあるものの，この間の日米の実情を観察してきた科学史家，中山茂は，現実には日本の生産現場の力が日本のものづくりをトップに導いたのだと主張する。よく知られているように，生産現場から下意上達式にだされる改善提案をもとに緻密におこなわれていた日本企業の品質管理のレベルは，海外の企業を驚かせた。「QC（品質管理）サークル」活動は，現場のさまざまな問題を改善する小集団の活動で，現在も続いている日本の企業文化の一要素である。製造業の企業は日本社会にあった経営技術，生産技術を工夫し，力を発揮していた。日本は自前の基礎科学からブレイク・スルーを生みだしたのではないが，少しずつ生産技術を改良して，ものづくり日本として世界に躍りでたのであった。アメリカでは通産省の官僚の手腕を評価する声も上がっていたが，中山によると，むしろ企業が政府に依らずに自分たちの論理で進めてきた部分が日本の生産技術の向上につながったという。

1　アメリカは，日本が石油ショックを乗り越えたことを「基礎研究ただ乗り論」を用いて批判し，日本にアメリカの基礎研究費用を負担するよう圧力を加えた。

2　日本の生産技術が世界に認められるようになった結果，生産技術に関する論文において，論文の被引用率はアメリカには及ばないものの，論文の質は最も高い評価を得るようになった。

3　日本企業のうち基礎研究をあまり行わなかった企業は，QC サークル活動を活発に行うことで国際的な競争力を得てきた。

4　生産現場からボトムアップで行われる日本企業の QC サークル活動は，日本の企業文化の一つであり，世界に認められた日本のものづくりを支えていた。

5　日本企業の生産技術が向上したのは，企業が政府に依存することなく独自に改良を続けたためであり，その結果，日本は石油ショックを乗り越えるだけの省エネルギー技術を手に入れた。

解 説 ━━━━━━━━━━━━━━━━━━━━━━━━━━━━━━━━━━━━━

出典は五島綾子『〈科学ブーム〉の構造　科学技術が神話を生みだすとき』

　1980年代日本企業の生産技術を向上させ日本のものづくりをトップに導いたのは，企業のQCサークル活動のような生産現場からボトムアップで行われる企業文化に支えられた民間主導型のテクノロジーであったと述べた文章。

1. 前半は正しいが，本文には「圧力をかけるようになった」とあるだけで，「アメリカの基礎研究費用を負担する」かどうかについてはなんら言及がない。

2. 生産技術に関する論文の被引用率は「世界的に見ても高水準」とあるので論文の質は高かったと推測はされるが，「最も高い評価」とまでは断定できない。

3. 日本の企業はアメリカによる基礎研究の上に「ただ乗り」しているとはあるが，QCサークル活動が行われていた日本企業を，「基礎研究をあまり行わなかった企業」に限定するような情報は本文中にない。

4. 妥当である。

5. 前半は正しいが，日本企業の民間主導型のテクノロジーは「石油ショックを乗り越えて展開し，企業に蓄積され」ていたのであって，生産技術の改良の結果「石油ショックを乗り越え」たのではない。また，「省エネルギー技術を手に入れた」ことについては本文中に言及がない。

正答　**4**

次の文の内容と合致するものとして最も妥当なのはどれか。

　後悔を理解するうえで，重要な視点が，**現在バイアス**である。夏休みが始まる前は，宿題を早めに片付けてしまおうと我慢強い計画を立てるのに，実際に夏休みが始まり，現在の問題となると先延ばしにしてしまうことは多くの人が経験したことであろう。先の選択であれば，長期的な視点で将来を重視する計画を立てることができても，それが今の選択になると現在を重視してしまい，ついつい目先の誘惑に手が伸びてしまうというわけである。時間の経過の中で生きている私たちにとって，時間を通じた選択は常に直面し続けなければいけない問題ともいえる。言い換えれば，「1 か月先」の話は，1 か月経てば「目先の」話として，私たちに選択を迫ってくるのである。現在バイアスは，誰もがもつものではあるが，誘惑に弱く，先延ばし傾向の強い人もいれば，バイアスがあってもその対策を打てるという意味で自己コントロールの得意な人もいる。先延ばし傾向の強い人は，長期的な利益を達成するための対策を立てても，実際は実現できないので，こんなはずではなかったと後悔しやすい。そのため，重大な後悔をしたくない選択であればあるほど，選択自体を先延ばしにしてしまい，さらに大きな後悔を経験することもある。

　そして現在は，いつか過去になる。誰でもわかりきっているはずのこの事実ではあるが，私たちは時にあたかも「現在」の視点で，「過去」を評価する。ダニエル・ギルバートが示した通り，「現在」は確固たるもので重要だと判断されやすいため，そのバイアスに気が付きにくい。選択の時点では想定しえなかった事実が把握できている「現在」の視点で，「過去」を思い返し，「やっぱり，そうなると思った！」「本当はそう思っていたのに！」と感じるのは，このためである。この現象は，**後知恵バイアス**と呼ばれ，物事が起きてから，それが予測可能だったと考え，当時の選択の基準が，現在の基準によって引き上げられることになってしまうので，ネガティブな事象のすべてが，過去の何らかの行動による結果と解釈されてしまい後悔が無数に生まれてしまうことになる。

1　先延ばし傾向の強い人は，現在バイアスや後知恵バイアスの存在を意識して行動することで，後悔を減らすことができる。

2　自己コントロールの苦手な人は，長期的な目標を達成することは難しいので，現在を重視した短期的な目標を立てることが効果的である。

3　重大な選択が一度先延ばしにされると，時間の経過の中で再度選択される際にも，その時点での「現在」が最も重要だと判断され，先延ばしにされることが何度も繰り返される。

4　計画を達成できなかったことへの後悔よりも，選択自体を先延ばしにしたことへの後悔の方が大きいのは，過去の出来事が予測可能だったと考えるためである。

5　後知恵バイアスは，現在の視点で過去を評価することで起こり，悪い出来事を引き起こしたと考えられる自らの過去の行動に対する後悔を生む。

解説 ●━━━━━━━━━━━━━━━━━━━━━━━━━━━━

出典は塩﨑麻里子「どうすれば遺族の後悔を減らせるのか」（大竹文雄・平井啓 編『医療現場の行動経済学』所収）

　後悔と心理的傾向の関係を述べた文章。未来より現在を重視してしまう現在バイアスによる先延ばし傾向が強い人は，長期的な視点で対策を立てても実現できないため後悔しやすい。また，物事が起きてからそれが予測可能だと考える後知恵バイアスは，現在の視点で過去を評価するため，ネガティブな事象を起こしたと考えられる自分の過去の行動に対し後悔が生まれてしまう。

1．先延ばし傾向の強い人は「後悔しやすい」とあるだけで，どうしたら「後悔を減らすことができるか」という視点からの説明はない。

2．自己コントロールが苦手で先延ばし傾向が強い人は長期的な目標を立てても「実際は実現できない」から後悔すると述べられているだけで，どうすれば「効果的」かは問題とされていない。

3．重大な選択自体が先延ばしになると「さらに大きな後悔を経験する」とあり，選択の先延ばしが繰り返されることが「大きな後悔」を引き起こす可能性も否定はできないが，選択の先延ばしが「何度も繰り返される」とは明示的には述べられていない。

4．先延ばし傾向の強い人が「選択自体を先延ばし」にしてさらに大きな後悔が生まれることもあるのは，その選択が重大で後悔したくないことだからであって，「過去の出来事が予測可能」かどうかとは関係がない。「過去の出来事が予測可能」と考えるのは，後知恵バイアスである。

5．妥当である。

正答　**5**

次の ☐☐☐☐ と ☐☐☐☐ の文の間にA〜Eを並べ替えて続けると意味の通った文章になるが，その順序として最も妥当なのはどれか。

> 最近は，オリジナリティーのあるアイデアを出せと言われることが，どんな業種でも多くなっているようです。

A：これを頭の中で積極的に行って，解決策や新しい提案を探っていくのが，この段階で有効な「考えるプロセス」です。

B：しかし人と違うことを言ったり考えたりするには，人とは違う情報が入ってこないと，なかなかできないものです。でも，それは実際問題として簡単ではありません。

C：しかし，これもなかなか難しい場合も多いと思います。会社の企画会議や戦略会議でも，「人と違う角度からものを見て，斬新な企画を出すべきだ」という言葉が飛び交っているかもしれませんが，言うは易しで，それが簡単にできれば苦労はしません。

D：ならば，入ってくる情報が同じでも，視点を人と違わせてみるというのが，まず考えられる対応策です。人が真正面からしか見ていなかったとすると，それを後ろにまわって見てみると違った見え方になったり，外側からしか見ていなかったら中をのぞいてみたり，ということです。

E：実は，目線や視点を変えるための有効な方法が，違う情報をくっつけたり，思いがけない組み合わせを考えることなのです。多くの人がくっつけようとは思ってもみないものを組み合わせてみたり，最終的には組み合わさらなくても，組み合わさらないかと思うことで，自然に視点が変えられるようになります。

> つまり，自分の中で印象に残っている，つまり思考の骨組みになった情報を，かたまり同士，あるいはかたまりと新しい情報を積極的に結びつけて，解決策を導き出すプロセスです。

1　B→D→C→E→A

2　B→E→C→A→D

3　C→D→B→A→E

4　E→A→C→D→B

5　E→C→D→B→A

解説

出典は柳川範之『東大教授が教える知的に考える練習』

　人と違うことを言ったり考えたりするには，まず人とは違う情報が入ってくる必要があり，それが難しいときは人と違う視点を持つことが第一の対応策，それも難しいときは思いがけない組合せを頭の中で積極的に行うプロセスが有効である，という内容。

　重複する語，接続語，指示語を手がかりに，選択肢と比較して考える。まず選択肢を見ると，1番目はB，C，Eである。ここで，Bは人と違うことをするには，人と違う情報が入ってこないと難しい，とあり，Cは「これ『も』なかなか難しい」とあることから，CはBの後になることがわかる。ここで，選択肢は**1**か**2**に絞られる。Bの次は，DかEである。ここでBの「人とは違う情報が入ってこない」はDで「入ってくる情報が同じ」につながるため，B→Dとなる。したがって，正答は**1**である。**1**を見ると，Dで「視点を人と違わせてみる」という対応策が挙げられ，Cで「しかし」それも「難しい」と続き，Eは視点を変えるために「思いがけない組み合わせを考える」という新しい解決策が挙げられ，AはEで挙げられた解決策を「これ」で示し，解決策を探ることを「考えるプロセス」と呼び，最後の囲みの「プロセス」につなげている。

正答　**1**

文章理解

課題処理

数的処理

資料解釈

数学

物理

化学

生物

地学

次の文の　　　　　に当てはまるものとして最も妥当なのはどれか。

　さて，ここであらためて認識しなくてはいけないことがある。日本での農民とは，歴史を通じて大勢でみれば，　　　　　　　　　　　　　　　　　　ということである。

　ふりかえってみれば，日本の農業は，もともと兼業の経営形態を中心に成りたっていたはずである。もっとも，近世に新田開作を進めて稲作中心の集約型農業を行なった東北・北陸各地の穀倉平野部における農業形態などは，そのかぎりではない。それと，戦争などの非常時における一億一心の食糧増産体制も，除外すべきである。

　再認識しなくてはならないのは，日本の農業は水田稲作にかぎったものではない，ということ。もちろん，ところによって水田と畑の面積比は異なるが，農家は畑も相応に所有しているのだ。標準的な中山間地域をとりあげてみると，水田と畑はほぼ半々の割合である。「五反百姓」といっても，実際は，水田五反に畑五反を加えてはからなくてはならないのである。

　そして，日本の農家は，専業にかぎったものではない。農閑期には，さまざまの出稼ぎが常習化もしている。いうなれば「多角経営」こそが，日本の農業，日本の農家の基本的な経営の「型」というものだったのである。

　しかも，田の一枚ごとにイネの品種をかえて栽培したり，畑の一畝ごとに違う種類の野菜を栽培する。そのうえに，合間に狩猟や漁撈をしたり，こまごま手間稼ぎをして小銭を得る。作間稼ぎ，農間稼ぎといわれた類の副業である。その意味では，「小規模多角経営」というのがふさわしい。そういう型の伝統があった，という実態を無視してはならないのである。

　もっというならば，日本列島において穀倉地帯といわれる平野部はかぎられており，日本の農村集落のほとんどは，山地や丘陵を背景に立地している。あるいは，山峡の地にあり，島嶼にある。山林面積がいまだに国土の60パーセント以上を占める世界でも冠たる山国日本では，村里のなりたちを考えると，それは当然のことであった。河川の氾濫を防ぐ土木工事の本格的な発達は，江戸時代になってからのことで，それまでは，河川から離れて集落が形成された例が多いのである。そこでは，必ずしも稲作に依存した農家経営がなされていたわけではないということも，また，当然といえば当然のことであった。私どもの祖先は，自然地形にあわせて田畑を開き，またそれにあわせてほどよい農業経営を行なってきたのである。

1　広大な水田や畑を有する土地所有者である
2　多角経営により利益を上げる商人でもある
3　稲作よりも畑作を中心とする農業従事者である
4　山地や丘陵の居住者であり，平野の居住者ではない
5　農業従事者ではあるが，農業専従者ではない

出典は神崎宣武『江戸の旅文化』

　日本の農民は歴史を通じ農業専従者ではなく，水田稲作に加え畑作をしたり，出稼ぎ，狩猟や漁撈などの副業をしたりしており，日本の農業は小規模だが多角的な経営形態が中心だったと述べた文章。

1．「日本の農村集落のほとんどは，山地や丘陵を背景に立地している」とあることや，空欄のある段落の次の段落で「穀倉平野部における農業形態」は「そのかぎりではない」とあることから，日本の農民が「広大な水田や畑を有する」とするのは誤り。

2．「多角経営」が「日本の農家の基本的な経営の『型』というものだったのである」とはあるものの，農民はあくまで農業従事者であり，「商人」であるとする記述はみられない。

3．「水田と畑はほぼ半々の割合」，「必ずしも稲作に依存した農家経営がなされていたわけではない」とはあるが，これらの記述から「稲作よりも畑作を中心とする」とまではいえない。

4．「穀倉地帯といわれる平野部はかぎられており」「ほとんどは，山地や丘陵を背景に立地」とあるだけで，「東北・北陸各地の穀倉平野部」など平野部でも稲作が行われており，居住していたとも考えられる。

5．妥当である。

正答　**5**

国家一般職[高卒・社会人]

No. 12 文章理解　現代文の内容把握　令和元年度

次の文の内容と合致するものとして最も妥当なのはどれか。

　常々感じることがある。日本の教育制度が，かなり早い段階で——中学とか高校とかのレベルで——文系向き，理系向きという区分を作って仕分けをしてしまっていることは大いなる問題だ，ということだ。中学・高校レベルの数学や物理の好き嫌いや成績の良し悪しだけで，若い知性の芽が摘み取られるのはたいへん不幸なことだ。

　大学で教えていると，文系学部の学生の中に，いわゆる理系的センスが優れている人をたくさん見かける。いわゆる理系的センス，と私がいうのはたとえばこんなことである。

　私の専門分野の生物学では，特殊な領域は別として，高度な数学や物理の知識がどうしても必要な局面はそんなにない。いま細胞の断面を顕微鏡で見ているとしよう。細胞はごく薄いスライス（切片）にしないと光が透過せず，きれいに観察できない。

　でも果物を切るように，予め切る方向を定めておくことはできない。硬質ガラスかダイアモンドでできた鋭利な刃を使って，微小な組織をブラインドで削いで切片を作り，顕微鏡にセットして初めて細胞の像が焦点を結ぶ。このとき，自分は細胞をどの方向から見ているか，すぐに把握できる空間的な感覚を持てるか，ということが極めて重要だ。

　いうなれば，キーウイフルーツの断面を見て，その外周のかたちや種の配列，数から，それが縦方向に切られているか，横方向に切られているか，あるいは斜め方向からか，斜めだとすると，キーウイのどのあたりが切られたものなのか，ぱっとイメージできるセンス。これは科学で要求される大切なセンスだ。でも数学や物理の計算が得意というのとはまた違って，どちらかといえばアーティスティックなセンスである。美を求めるセンスといってもいいかもしれない。秩序があるところにうつくしさを感じるセンス。こういった感覚のありなしは，高校の進路分けでは到底ひっかかってこない。

1　大学の文系学部の多くの学生に理系的センスが優れている人を見いだすことができるので，教育制度の中で文系・理系を確定させるのは，大学段階からにすべきである。

2　生物学の授業を受けるためには理系的センスが必要であり，たとえ文系学部の学生であっても，中学・高校レベルの数学や物理を学習しなければならない。

3　生物学の研究では，微小な組織を一定の間隔で切り取り，顕微鏡で細胞の像を確認しながら，それらの切片を積み重ね，元の形を類推する空間的な感覚が求められる。

4　文系学部の学生が生物学を研究することになったとしても，立体の断面から，その立体の切断位置や方向を即座に把握する能力は，数学や物理の計算能力を鍛えることで補える。

5　中学・高校の段階で文系・理系の進路分けをすると，数学や物理の計算が得意ではないが生物学の研究にとって重要な空間的な感覚を有する若者の芽を摘んでしまうおそれがある。

解説

出典は福岡伸一『芸術と科学のあいだ』

　中学・高校レベルの数学や物理の好き嫌いや成績だけで文系・理系の進路分けをすると，空間的な感覚のような理系的センスに優れている若者の芽を摘んでしまうおそれがあると述べた文章である。

1. 前半は正しいが，中高段階での数学や物理の成績・好き嫌いによる進路分けの危険性を指摘しているのであり，文理選択を「確定させるのは，大学段階からにすべき」という記述は本文中にない。

2. 本文で述べている「理系的センス」とは数学や物理とは違う「アーティスティックなセンス」であるため，文系学部の学生であっても「数学や物理を学習しなければならない」という結論にはならず，また本文中にもそのような記述は見られない。

3. 切片の像から「細胞をどの方向から見ているか，すぐに把握できる」空間的な感覚が重要とあるので，切片を「積み重ね，元の形を類推する」というのは誤り。

4. 空間的な感覚は，「数学や物理の計算が得意というのとはまた違って」とあるため，「数学や物理の計算能力を鍛えることで補える」という結論には結びつかず，また，補えるかどうかについて本文中に言及もない。

5. 妥当である。

正答　**5**

文章理解

国家一般職[高卒・社会人]

No. 13 文章理解 現代文の内容把握 令和元年度

課題処理

数的処理

資料解釈

数学

物理

化学

生物

地学

次の文の内容と合致するものとして最も妥当なのはどれか。

　日本が豊かさを維持するためには，いかに人的資本を増やすか，そのことにかかっている。

　人的資本の豊かさを維持し増大するには教育しかないことは自明であるが，教育すなわち学校教育という単純なものではない。一人一人の教育を受ける者，いわば被教育者が教育機関のなかで教育を受けるだけでなく，被教育者をとり巻く大きな社会や地域社会，隣近所のなかで生きるためにどれだけ有効かつよき影響を受けるか，また，家庭のなかで愛情を注がれ，愛情を素直に受けとめることができるようになるか，相手を尊重しながら意見を交換し合って自分を同世代の友人や知人たちとどれだけ相対化できるか，そのような多種多様な教育の機会を得ることこそが人間としての価値をたかめる教育なのである。

　そのためにはそれぞれの機会や場，あるいは機関が包容力と同時にまやかしのない真正な環境であることがのぞましく，教育機関の場合は時間，空間，予算，人などに関して豊かであることが最大の条件である。このことを尺度とするなら現在の子どもたちや青年がどれだけそのような条件を享受しているのか，かれらに次代を託すわれわれは今一度真摯に検証する必要があろう。

　この人的資本を高めるには教育とともに，文化の充実がきわめて重要である。この場合の文化充実とは具体的にいうと，自国語の尊重と海外における日本語の普及がまずひとつ。それから，日本の伝統的文化の継承と浸透をはかるとともにポップカルチャーに代表される現代文化の活力を増大させることである。さらに異なる文化を受容すると同時に，日本文化を他の文化と相対化する柔軟性をもちえれば，日本の人的資本はすぐれた豊かさを維持することができる。

　文化は国を豊かにすると同時に人を育てるのである。ところが日本の場合，戦後一貫して経済偏重でやってきたため，豊かさが偏っている。しかも文化がないどころか，世界に誇るべき文化があるにもかかわらず，そちらに目を向けてこなかった。

1　日本は人口減少社会なので，人的資本を増やすには少子高齢化を克服するよりも，教育を充実させて一人一人の価値を高めることが重要である。

2　人的資本の豊かさを維持するための教育とは，学校教育のみならず，地域や家庭での教育を通じて，他人と比較するのではなく，自分の価値を高めるための教育である。

3　教育には良い環境が必要であるが，現在の子どもの教育にかけることができる時間や予算などは昔に比べて少なくなっているため，増やしていかなければならない。

4　人的資本を高めるためには日本文化の充実が大切であり，さらに，異文化を受け入れるとともに，日本文化を相対的に捉えることも大切である。

5　戦後の日本ではしばらく経済偏重のために新しい文化が育たなかったが，近年育ってきた現代文化は伝統文化とともに世界に認められるようになってきた。

解 説

出典は青柳正規『文化立国論——日本のソフトパワーの底力』

　人的資本を増やし高めるためには，多種多様で豊かな教育環境と自国文化の充実が重要であると述べた文章である。

1．人的資本を増やすことに関する文章ではあるが，「人口減少社会」で「少子高齢化を克服する」ことについては本文中に言及がない。後半は正しい。

2．第2段落の「相対化」とは，自分一人だけの主観で考えるのではなく，他者との関係や比較をもとに考えることであるため，「他人と比較するのではなく」とするのは不適切である。また，「自分の価値を高める」というより，「人間としての価値を高める」ことについて述べている。

3．第3段落に「どれだけそのような条件を享受しているのか」「今一度真摯に検証する必要があろう」とあるだけで，時間や予算について昔との比較や今後どうすべきかに関する記述は本文にない。

4．妥当である。

5．第5段落に「文化があるにもかかわらず」とあるため，「新しい文化が育たなかった」と断定するのは不適切である。また，「世界に誇るべき文化」があったとはあるが，現代文化と伝統文化がともに「世界に認められるようになってきた」とまでは述べていない。

正答　**4**

文章理解

課題処理

数的処理

資料解釈

数学

物理

化学

生物

地学

国家一般職[高卒・社会人]

No.
14　文章理解　　現代文の文章整序　　令和 元年度

次の ▢▢▢▢ と ▢▢▢▢ の文の間に，A〜Dを並べ替えて続けると意味の通った文章になるが，その順序として最も妥当なのはどれか。

> 仲間作りのキーワードは「○○で困っている」という言葉だと，教えてくれた人がいた。

A：それを聞いて，私はドイツのある小学校で先生が子どもたちに次のように言っていたのを思い出した。「神様は人間を，わざと不完全に作りました。なぜかと言うと，完全な人間ばかりだと，お互いに助け合う人間関係ができないからです。人間は足りないところを助け合うことで友人ができ，お互いに補いあうことでいい社会を作ることができるのです。困ったことがあったら，いつでも，助けて，と言ってください」と。その言葉のとおり，ドイツの失業者や障害を持つ人からしばしば聞いたのは，「「助けて」と言えばこの国では放っておかれることはない。必ずどこかに支えてくれるところがある」という言葉だった。

B：信頼できるのは天気予報だけという世論調査の結果もあるが，人間関係にとってはもちろんのこと，経済活動にとっても信頼関係は大きな資本である。信頼とは人間社会の昔からの常識のようなものだ。信頼し合う関係そのものが，生きやすく快い感情をもたらすので，人間は信頼のある社会を醸成してきたと言える。出し抜けば出し抜かれる，という関係は長続きしない。

C：日本では「○○で困っている」が人間関係を作るキーワードであるとしたら，「助けて」と言えば必ずどこかで助けられるというドイツ人の場合と，人間関係の作り方という点では似通っているのではないか。人びとは潜在的に助け合いたがっているのかもしれない。

D：そんな中で最近私が感じるのは，なぜか現代人は外面的には人づきあいがよさそうでも，内心では警戒心が強く，あるいは自分が傷つくことを恐れ，他人の目を気にして開放的になれないのではないか，ということだ。もっと自然にありのままでいいと思うのに，子どもの時から日本の社会がありのままを許さないためか。自己責任を強制されるからか……人づきあいに疲れてしまうのではないかと思う。人間は，困っている人や不幸な人を助けた時，本当は喜びを感じるのに。

> ところが現在では，人間関係の中の「信頼」という言葉は，主観的で理想にすぎない言葉として感じられる時代になった。個人の世界に閉じこもってしまうのも，信頼関係に対する自主規制かもしれない。

1　A→C→D→B

2　A→D→B→C

3　B→A→C→D

4　D→A→B→C

5　D→B→A→C

解説 ━━━━━━━━━━━━━━━━━━━━━━━━━━━

出典は暉峻淑子『社会人の生き方』

　ドイツ人同様，日本人も互いに助け合う人間関係を潜在的に求めていると思われるが，現代の日本社会では人づきあいに疲れているせいか，助け合おうとしない。人間関係において信頼は重要だが，現代人は信頼することを自ら制限するようになっているのではないか，という内容である。

　重複する語などを手がかりに，つながりが見つけやすいものをグループ分けし，選択肢と比較して考える。「ドイツ」に言及しているAとC，「日本社会」に関する内容のC，Dがグループになる。まず，AとCではAの「それ」が冒頭の文をさすことから，A→Cとなるため選択肢は**1**，**3**，**5**にしぼられる。Aで，ドイツでは助けてと言えば誰かが必ず助けてくれると述べ，それを踏まえCで日本人とドイツ人の類似性を指摘している。したがって，「日本社会」について論じているCとDはC→Dとなり，選択肢は**1**か**3**になる。Dでは，本来人間は助けることを喜びと感じるのに，現代の日本の社会は人目を気にしすぎるとあり，そこからBで「信頼関係」の大切さを述べた後，現代では「信頼」が現実的でなくなっているという指摘につながるので，D→B→末尾の囲みの文章となる。

　したがって，A→C→D→Bとなり，正答は**1**である。

正答　**1**

No.15 文章理解　現代文の空欄補充　令和元年度

次の文の　　　　　に当てはまるものとして最も妥当なのはどれか。

　質的調査をやっていると，よく「他のケースと比較すべき」と言われることがあります。量的調査はそもそも比較が前提となっていますし，質的調査でも，他のケースや問題領域と並行して調査をして，それぞれを比較できれば，それに越したことはありません。

　しかし，質的調査の場合は，量的な方法で比較をすることが極めて困難です。それは，比較するときの前提条件である「　　　　　　　　　　　　　　」という決まりを守ることがほとんどできないからです。たとえば，量的調査の場合は，対象を地域ごとに比較する場合，（理想的には）「地域が異なる」という点以外のすべての属性，たとえば性別や年収，職業，学歴などを一致させる，あるいは「変数を統制する」必要があります。「違っているのは，地域という点だけ」にして，はじめて「地域が異なるとどう違ってくるか」が見えてくるわけです。ところが，質的調査が扱う対象は，非常に複雑で，流動的で，多様なものばかりです。ある社会運動をおこなっている組織の参与観察をしているとします。これと，別の組織の比較をおこなう，ということは，それがうまくいけば理想的なのですが，なかなかそうはいきません。同じテーマで社会運動をしている組織とはいっても，そのメンバーシップや活動，歴史，地域や当事者との関わり，日常的な規範やコミュニケーションなど，おそらくほぼすべての面において違いが存在するはずです。こうした場合，無理に比較をしようとすると，恣意的な組み合わせに見えてしまって，逆に「なぜこれとこれを比較しようと思ったの？」と問われることになります。

1　調査の目的にふさわしい規模の数を集める
2　他の条件を同じくする
3　通信調査ではおこなわない
4　だれもが納得できる形ではっきりしたことを言う
5　別の状況でも同じことが言える

解説 ━━━

出典は岸政彦「質的調査とは何か」（岸政彦，石岡丈昇，丸山里美『質的社会調査の方法』所収）

　質的調査における「比較」の意味について述べた文章である。量的調査と違い，質的調査で「比較」が困難なのは，扱う対象が複雑，流動的，多様であるため，他の条件を同じにしてある属性だけを比較することができないからである。

1．「量的な方法で比較をすることが極めて困難」とはあるが，それは「数」の問題ではなく，空欄の後に，比較するためには調べたい属性以外のすべての属性を一致させなければならない，とある。

2．妥当である。

3．「通信調査」について本文中に記述がないため，不適切である。

4．「だれもが納得できる形ではっきりしたことを言う」のは，比較するときに重要な条件ではあるが，「たとえば」以降の「変数を統制する」という例と合わないため，不適切である。

5．「別の状況でも同じことが言える」というのは，調査結果の一般化の問題であって，比較の前提条件としては適切ではない。

正答　**2**

次の文の内容と合致するものとして最も妥当なのはどれか。

癒しという言葉が，最近よく聞かれるようになった。それは近代医学が急激に進歩して，これまでは不治と思われていた病気を治したり，予防することが可能になってきた反面，近代医学によってはいかんともし難い，病気や傷のあることが，はっきりと意識されてくるようになったためと思われる。

心の病や傷は，多くの場合，薬や手術によって治すことができない。そんなときに音楽が役立つことがある。音楽が心を癒してくれるのだ。

人間は「眼の動物」と言われたりするほど，生活を視覚に頼っている。初対面の人に会ったとき，その人の姿，顔，衣服などを見て，その視覚像によって相当に判断を下している。どこかの場所にしても，視覚に頼って記憶している。それに言語にしても，書かれた文字によるものを読むことが多い。この傾向があまりにも強くなると，目に見えないものは実在しないと考えたり，信頼しないということになったりする。現代人はこの傾向が強く，言うなれば，人間全存在としての体験を視覚による体験によって限定してしまっていることが多い。心が知らぬ間に，堅く，狭くなっている。そして，堅く，狭い心ほど傷つきやすいのだ。

音楽というものは，雑音と異なって，何らかの「構造」をもっている。言うならば相当な形をもっているのだが，目に見えない形である。その目に見えない形が，目に見えるものによって形づくられている構造に対して作用を及ぼしてくる，というのが音楽を聴くということではないだろうか。目に見えない形が，堅く狭い構造をときほぐしてくれる。そんなときに，人は癒しを体験する。

形の変容とともに，それに閉じこめられていた感情を体験することも多い。音楽を聴くときに，われわれの感情が動く。感情体験という場合に，そこに強さと深さという異なるスケールのあることも忘れてはならない。強くて浅いのもある。弱いが深いもの，強くて深いもの。そして，癒しがかかわるのは深さのほうであろう。人間の心の全体がどれほどかかわるかによって深さの程度が異なる。激しく強いが，癒しにかかわらぬ音楽もある。

音楽の構造，その演奏の方法，聴く側の心の在り方，これはまったく千差万別である。したがって，ある音楽がある人のあるときに深い癒しの効果をもつことはあっても，それは常に誰にでも有効とはかぎらない。これらの組み合わせによって効果が異なるところに面白さがある。

1　心の病や傷は薬や手術で治すことができないが，近代医学の進歩で予防ができるようになった。

2　現代人は生活を視覚に頼る傾向が強く，書かれた文字情報以外は信頼できなくなっている。

3　目に見えない形が，視覚によりつくられる構造に作用することで，癒しを体験することもある。

4　音楽は，目に見えないが相当な形を持っているため，視覚に頼る現代人からも信頼されている。

5　音楽は，演奏の方法など千差万別であるが，人の心に対しての癒しの効果に違いは見られない。

解説

出典は河合隼雄『より道わき道 散歩道』

　音楽による癒しについて述べた文章。音楽は目に見えない形を持っており，視覚に頼って生活している人間の心の堅く狭い構造を解きほぐしてくれると説明している。

　選択肢の後段からチェックしていくと，誤りの選択肢を消去しやすい。

1．心の病や傷については，「予防ができるようになった」という記述は本文にはない。

2．現代人は生活を視覚に頼る傾向が強く，書かれた文字によるものを読むことが多いとは述べているが，「人の姿，顔，衣服などを見て」判断したり，「場所」を視覚に頼って記憶しているなどとあり，「書かれた文字情報以外は信頼できなくなっている」とまでは述べていない（第3段落）。

3．妥当である（第4段落）。

4．音楽が「目に見えない」「相当な形をもっている」という記述はあるが（第4段落），音楽が「信頼されている」という言及はない。

5．「癒しの効果に違いは見られない」という部分が誤り。音楽の構造，その演奏の方法，聴く側の心のあり方は千差万別であり，音楽が「常に誰にでも有効とはかぎらない。これらの組み合わせによって効果が異なる」と述べている（第6段落）。

正答　**3**

文章理解

課題処理

数的処理

資料解釈

数学

物理

化学

生物

地学

国家一般職[高卒・社会人]

No. 17 文章理解 現代文の内容把握 平成30年度

文章理解
課題処理
数的処理
資料解釈
数学
物理
化学
生物
地学

次の文の内容と合致するものとして最も妥当なのはどれか。

　木々は，毎年山のような花をつけ，山のような実を落とす。なぜなのだろうか。もしもそれが他者を呼び寄せるためのものだとすれば，私も何となく納得ができるのである。

　そして，もしそうであるとするなら，木が自由に生きるためには，他の自然の生き物たちも自由に生きていられる環境が必要である，ということになるだろう。木は自分の自由のために，他者の自由を必要とするのである。

　それは素晴らしいことである。人間はときに自己の自由を手にするために，他者の自由を犠牲にさえするのに，木は他者の自由があってこそ自分自身も自由でいられるのである。

　自由を，日本の昔からの言葉のつかい方に従って，自在であることと言い直せば，木が自在な一生を生きるためには，自在に他者を呼び寄せ，自在に他者とともに生きていく世界が必要なはずである。

　こんなふうに考えていくと，自由はさまざまである。移動できないものの自由も，ここにはある。

　かつての日本語では，自由は，勝手気まま，自在であることという意味で用いられていた。それが外来語の自由が入ってきてからは，責任のある行動をしようとするときの障害を除去すること，という意味に変わった。こうして人間社会の制度的束縛を取り払うことが，自由の中心的課題になった。

　ところが自由には，次のような自己矛盾が生じている。それは，何が自由で，何が不自由なのかを見定めるためには，それをつかみとるための自由な精神がなければならず，その自由な精神をもつためには，自由な社会がなければならないということである。つまり自由な精神がなければ自由は確立できず，自由が確立されていなければ自由な精神は得られない。

　これではAのためにはBが必要であり，BのためにはAが必要であるという，完全な循環論法になってしまう。同じところをグルグル回ってしまうのである。

　この自己矛盾から抜けだすためには，私には他者の自由，これまで気づかなかった自由に接する必要性があるような気がする。

1　木は移動できないため，他の自然の生き物たちが自由に生きていられる環境においても，自由ではいられない。

2　人間が自在な一生を送るためには，自在に他者を呼び寄せる必要があり，それには他者の自由を犠牲にする必要がある。

3　現代では，自由という言葉は，勝手気ままな行動をしようとするときの障害を除去することという意味に変わっている。

4　自由な精神を得るためには，自由が確立されている必要があり，また，自由が確立されているためには，自由な精神が必要である。

5　他者の自由に接することで，人間社会の制度的束縛を取り払うことができ，責任のある行動をすることができるようになる。

解説

出典は内山 節『自由論──自然と人間のゆらぎの中で』

「木は他者の自由があってこそ自分自身も自由でいられる」という考察をヒントに，現代の自由のあり方について考察する文章。現代では，「人間社会の制度的束縛を取り払うこと」が自由の中心課題となったが，自由には自己矛盾が生じている。他者の自由をも考え，他者とともに生きていく世界へと目を広げる必要があると論じている。「ところが」という逆接の接続詞で始まる第7段落に注目し，この段落の趣旨をつかんで解きたい。

1. 木の自由については，第1～5段落で論じており，「木が自由に生きるためには，他の自然の生き物たちも自由に生きていられる環境が必要である」（第2段落），「木は自分の自由のために，他者の自由を必要とする」（第2段落），「移動できないものの自由も，ここにはある」（第5段落）と述べている。したがって，「木は移動できないため，～自由ではいられない」は誤り。

2. 「自在に他者を呼び寄せる必要」があるのは，人間ではなく，木が自在な一生を生きるためである（第4段落）。また，本文では「人間はときに自己の自由を手にするために，他者の自由を犠牲にさえする」（第3段落）という言及はあるが，人間が自在な一生を送るためには「他者の自由を犠牲にする必要がある」とは述べていない。筆者は，人間の自由のためにも，他者の自由を考えていくことが必要だという見解を示している（第9〈最終〉段落）。

3. 現代の意味では，「勝手気ままな行動をしようとするときの障害を除去すること」ではなく「責任のある行動をしようとするときの障害を除去すること」である（第6段落）。

4. 妥当である（第7段落）。

5. 「人間社会の制度的束縛を取り払うこと」が現代の自由の中心課題であり，自由の自己矛盾から抜け出すためには，他者の自由に接する必要性があると述べているが（第9段落），「他者の自由に接する」ことで，「人間社会の制度的束縛を取り払うことができ，責任のある行動をすることができるようになるとは述べていない（第6～9段落，上述の解説参照）。

正答　**4**

次の文の内容と合致するものとして最も妥当なのはどれか。

　封建時代の末期から，農業生産力の増大，交換形態の発達，交通の拡大が始まりますが，これによって小さな封建的地域社会が瓦解（がかい）し，商業ブルジョアジーが勃興し，村落共同体レベルから現在の国民国家レベルでの市場が成立していきます。市場における個人の自由な活動によって「良き社会」が実現できると考えられていました。そこで，私人間の取引（売買，賃貸借，消費貸借などの契約）につき，当事者の自由な意思の合致でおこなわれる限り，それに法的効果を認める制度が確立されたのです（契約自由の原則）。

　他方，市場にも限界があります。私人間の自由な取引だけでは，どうしても解決することのできない公共的問題が社会には存在するからです。共通の通貨があって初めて自由な取引が可能になります。また道路，河川，港湾，公園，公共の広場などのインフラの整備や管理は本来，個人間の契約に委ねて済ますわけにはいきません。つまり，社会におけるインフラの整備などの公共的な問題を処理し，「良き社会」を作るためには，どうしても「国家」が必要です。

　確かに初期資本主義の時代には，アダム・スミスが考えたように市場（社会）は「神の見えざる手」（自由な競争）に委ねておけばよく，国家の役割はせいぜい社会内の秩序を維持し外敵から社会を防衛するだけで事足りました。

　しかし，資本主義の発達とともに，自由競争に委ねるだけでは市場はうまく機能せず（市場の失敗），ときに暴走しかねないことが明らかになってきました。国家は市場（社会）に積極的に介入して自由競争を確保したり，自由競争に敗れた敗者に救済の手を差し伸べたりする必要がでてきました。これを国家（行政）介入といいますが，その手段として登場したのが行政法であり，資本主義の発達とともにその役割が重要性を増してきました。資本主義の発達は国により時代により違いがありますから，その介入の態様や手法に相違があるのはもちろんです。

　「法の支配」の原理の下では，国家と社会におけるそれぞれの法律関係は，「意思自治原則」の下に整理することができます。

　すなわち，意思自治原則の社会（あるいは私法）における発現形態が「私的自治＝契約自由の原則」であり，国家（あるいは行政法）における発現形態が「法律に基づく行政の原理」です。

1 国民国家レベルでの市場が形成されたことにより，交換形態が発達し，交通が拡大された。

2 国家があることで，市場の限界とされる公共的な問題が処理され，良き社会が作られる。

3 アダム・スミスは，社会を神に委ね，公共的な問題も私人間の取引で済ますことを説いた。

4 行政法の役割が重要性を増してきた背景には，市場の失敗が明らかになってきたことがある。

5 資本主義は，意思自治原則の社会では初期状態のままであり，行政があって初めて発達する。

解　説　━━━━━━━━━━━━━━━━━━━━━━━━━━━

出典は大浜啓吉『「法の支配」とは何か　行政法入門』

　資本主義の発達とともに行政の役割が重要性を増してきた経緯を説明し，「意思自治原則」を取り上げた文章。本文の読み取りの際には，逆接の接続詞「しかし」で始まる第4段落からの展開に注目すると解きやすい。

1. 順序が逆である。「交換形態の発達，交通の拡大」は封建時代の末期から始まり，後に「国民国家レベルでの市場が成立」していったのである（第1段落）。

2. 「公共的な問題を処理し，『良き社会』を作るためには，どうしても『国家』が必要です」（第2段落末）と，国家は必要条件として挙げられており，国家があることで良き社会が作られるとは述べていない。

3. アダム・スミスは，「市場（社会）は『神の見えざる手』（自由競争）に委ねておけば」よいと説いたとされているが，「公共的な問題」については，筆者は，「私個人の自由な取引だけでは，どうしても解決することのできない」問題が存在し，インフラの整備や管理は「本来」個人間の契約に委ねて済ますわけにはいかないと述べており，アダム・スミスがこれらの問題まで「私人間の取引で済ますことを説いた」とは述べていない（第2〜3段落）。

4. 妥当である（第4段落）。

5. 本文では，資本主義の発達とともに国家（行政）介入の必要性が出てきたと論じており，資本主義が「行政があって初めて発達する」とはいえない。また，「意思自治原則」の「社会における発現形態」への言及はあるが，これを「意思自治原則の社会」と読むのは誤りである（第4〜6段落）。

正答　**4**

国家一般職[高卒・
社会人]

No. 19 文章理解　現代文の空欄補充　平成30年度

次の文の 　　　　　 に当てはまるものとして最も妥当なのはどれか。

　街中を歩いているとき，家の塀，電柱，庭木，郵便箱，といった様々の事物が見えている。そのような様々な事物はそれぞれの輪郭でその周囲から区切られて見えている。だがどうしてそのような区切りで区画されて見えるのだろうか。別な区切り，例えば電柱の中程の水平の区切り，あるいは郵便箱をその背景である黒塗りの塀の一部と一緒にまとめた区画だって可能であろう。その他無数の区切り方でその街頭風景が見えてもいいはずである。それなのにその風景は見慣れた事物に分節して見えるのはどうしてだろうか。それは習慣のためだ，と答えられるかもしれない。しかし，ではそれならその習慣がどうしてできたのだろうか。　　　　　　　　　　　　　　も可能だったのではなかろうか。ここで，それは言語に起因する，というより他はないように私には思える。

　一つの家を「家」と呼ぶことは何はともあれそれを一つの家としてまとまった事物として見ることだろう。つまり，或るまとまった輪郭線で周囲の背景から区切られた一つの事物として見ることである。その輪郭は絶対に変更不可能というわけではないが，かなり強固に固定されていてた易く変更されない。特にそれを縦や横に二つに割るような大巾（おおはば）な変更は不可能だといって差支えないだろう。

1　事物を正しく見分ける習慣を身に付けること
2　他の可能な区切りで見える習慣が生じること
3　街中の様々な事物を他の呼び方で呼ぶこと
4　言語と切り離して事物の本来の形を見ること
5　見慣れた事物を見慣れぬものだと考えること

出典は大森荘蔵『思考と論理』

認識における分節の仕方について述べた文章。

街を歩いているときに，さまざまな事物が見えているが，そのようなさまざまな事物はそれぞれの輪郭で区切られて見えていると述べた後，第3文から，「だがどうしてそのような区切りで区画されて見えるのだろうか」，別な区切り方も可能なはずなのに，「その習慣がどうしてできたのだろうか」と問いを立てている。空欄のある文は，これに続く「（　　　　）も可能だったのではなかろうか」というものである。この次の文では「それは言語に起因する，というより他はないように私には思える」と回答しており，第2段落で，あることばで呼ぶことは「或るまとまった輪郭線で周囲の背景から区切られた一つの事物として見ることである」という見解を提示している。

話題は，事物の区切られ方であり，ある区切られ方と別な区切られ方という対比で議論されているから，「区切り」という言葉の入っている**2**を見ると，「他の可能な区切りで見える習慣が生じること」とある。本文の対比の図式にぴたりと収まり，直前の「習慣」という話題ともつながるので，**2**は妥当である。

1．普段の見え方が誤った見分け方だとは述べておらず，「正しく見分ける」かどうかという図式は，本文の議論には当てはまらない。

2．妥当である。

3．「他の呼び方で呼ぶこと」とは，すなわち言語でどう表現するかということだが，言語については空欄の次の文から指摘しており，空欄のある文までではまだ呼び方の話題は挙げられていない。

4．「言語と切り離し」たのでは，次の文の「それは言語に起因する」という考えと結びつかない。また，普段「本来の形」が見えていないとは述べていないから，ここで急に本来性を挙げるのは文脈に合わない。

5．「見慣れぬものだと考える」は，見慣れたものだと考えるということと対比をなすものであるが，普段，街を歩いているときに事物を見て「見慣れたものだと考えている」と述べているわけではないから，この図式は文脈に収まらない。

正答　**2**

次の文の内容と合致するものとして最も妥当なのはどれか。

　確実実行力とは，各作業を失敗せずに実行できる能力のことです。ミスをせず，無駄を出さず，締切り時間を超えずに，所定の品質の結果を出せることです。

　そもそもヒューマンエラーが起きていなければ，それを発端とする事故も起きないわけですから，確実実行力はとても重要に見えます。従来は作業員の確実実行力を高めることが，ヒューマンエラー対策の正攻法のように思われてきました。

　しかし，確実実行力が高まることで理想に近づいたと考えてよいのでしょうか。毒入り餃子事件ではどうだったでしょうか。餃子を包む作業員が熟練していることや，製品を迅速かつ確実に輸送する体制がとられていることは，事件を防ぐこととは無関係でした。むしろ，優秀で高速の生産体制が被害を拡大させたともいえます。

　大昔の職人の仕事では分業が進んでいませんでしたから，個人がミスをしないことと，事故を起こさないことは同義でした。現在の仕事は分業が進みすぎてしまい，個人がミスを起こさないからといって，製造ライン全体として事故が起きないとはいえないのです。個人的技能は，組織の安全技術の代用にはなりません。

　生産能力の高さと，事故への抵抗力とは別なのです。それゆえ，防災に関していえば，確実実行力の重要度は高くありません。異常検知力や異常源逆探知力のほうが優先されます。

　しかし，確実実行力は，作業の効率やランニングコストという目立つ事項について関係する要素ですから，しばしば経営上・管理上の関心の中心になります。ミスを見つけることよりも，ミスをしないことが望まれ，作業のスピードアップや無駄の排除が重視されます。「作業が早い人」が「異変を見つける名人」よりも過大に賞賛されてしまうことは，防災上は正しくありません。

1　毒入り餃子事件は，所定の品質の結果を出すために作業員の個人的技能を高めていれば，防ぐことができたと言われている。

2　確実実行力は，大昔の職人に備わっていた能力であるが，現在は仕事の分業が進んだため，熟練した作業員のみに備わっている。

3　生産能力が高く，ミスを起こさない人は，異常検知力を最大限に発揮するなど，事故への抵抗力を持っている。

4　ミスを起こさないためには，作業の効率やランニングコストを意識し，作業のスピードアップや無駄の排除を行うことが重要である。

5　防災に関して言えば，各作業を失敗せずに実行できる能力よりも，異変を見付ける能力の方が優先される。

解　説 ━━

出典は中田 亨『防げ！現場のヒューマンエラー　事故を防ぐ３つの力』
　生産現場における作業能力と防災の関係について述べた文章。

　生産能力の高さと事故への抵抗力とは別であり，防災の観点からは，各作業を失敗せずに実行できる「確実実行力」よりも，異常を見つける力のほうが重要だと論じている。第１段落に目を通した後，文章末や「しかし」で始まる第３，第６段落に注目し，全体の論調をつかんで解きたい。

1. 毒入り餃子事件では「餃子を包む作業員が熟練していること」などは「事件を防ぐこととは無関係」だったのであり，「所定の品質の結果を出すために作業員の個人的技能を高めていれば，防ぐことができたと言われている」とは述べていない（第３段落）。

2. 「確実実行力は，大昔の職人に備わっていた能力」であるという言及はない。また，「現在は仕事の分業が進んだ」という点は取り上げているが，「確実実行力」が「熟練した作業員のみに備わっている」とは述べていない（第４段落）。

3. 筆者は，「生産能力の高さと，事故への抵抗力とは別なのです」（第５段落）と述べており，ミスをしないことなどの確実実行力と，異常検知力などの防災上重要な能力とを区別して論じている（第３～６段落）。

4. ミスを起こさないための方策については論じていない。「ミスをしないこと」が望まれることと，「作業の効率やランニングコストを意識し，作業のスピードアップや無駄の排除」が重視されることは，目的と手段の関係ではなく，並列の関係とされている（第６段落）。

5. 妥当である。

正答　**5**

次の文の内容と合致するものとして最も妥当なのはどれか。

「暗黙知」とともに，失敗を防ぐ大きな力となるのが「山勘」です。その語源のせいか「山勘なんてでたらめだ」とばかにする人がいますが，そういうことを言う人はおそらく，経験から何も学んでいないのです。本当に自分で責任を持って行動し，失敗をして危険な思いをしながら経験を積んできた人なら，自分の体の中にしみこんだ感覚，体感を持っているはずです。「暗黙知」と同じように言葉や数字，図式に表すことはできなくても，頭の中にはできあがっていて，意識しなくてもきちんと失敗を避けられるようにできている回路，それが山勘です。つまり，山勘というのは，もはや「知」でもなく，その人がやってきたすべての経験や行動の結果体得した，状況さえ入れれば答えが直接出てくるような超高速の判断回路のことなのです。

ひとつの仕事を自分で全責任を持ってやり，そのなかで賭けをしたり，決断を下すという経験をしたことのある人，つまり「真のベテラン」の「山勘」は最も信用できる判断で，失敗を防ぐ上で非常に重要な役割を果たします。逆に単に在籍年数ばかりが長くて，経験はたくさんあるのに，そこから何も学んでいない人は「偽ベテラン」で，彼らは「山勘」を持っていないか，持っていても全く当てになりません。

こうした「山勘」は，本人がはっきり自覚しているわけではなく，そのときに自然に考えがひらめいたり体が動いてしまうので「なぜ，そういう勘が働くのか」と他人に聞かれても説明できません。そんなこともあって本人は「山勘ですから」と卑下するのですが，実はそれは非常に的確な判断であることがほとんどです。その的確さは，その人の経験に裏打ちされています。「なぜ，これがこうなっているのか」というようなことをきちんと考えて検証し，自分はどう行動すればいいのかを分析し，実際にそのとおりに行動をするといった経験を積んでいるからこそ，的確な判断を下すことができる。これが，「山勘」の正体なのです。

物を設計したり，作ったりする人は，この山勘を持っています。「なんだかこんな気がする」とか「これはなんだかおかしい」という勘が頭の中にいっぱい入っていて，それを実際の作業に役立てているのです。

1 「暗黙知」はベテランからの知識の伝承によってしか体得することができないが，「山勘」は自らの経験を通して体得することができる。

2 「山勘」を持っていれば，「暗黙知」と同様に，自ら体得したものを言葉や数字，図式にして，他の人に伝えることができる。

3 一つの仕事を長くやり経験が多い人の「山勘」は，最も信用できる判断であり，失敗を防ぐ大きな力となる。

4 「なぜ，そういう勘が働くのか」を他人に説明できるくらいの「山勘」を持っている人は，的確な判断を下すことができる。

5 的確な判断を下すことができる「山勘」を持っているのは，検証・分析や行動を伴った経験を積んできたからである。

解説

出典は畑村洋太郎『決定版 失敗学の法則』

　山勘について述べた文章。「真のベテラン」の「山勘」はその人の経験に裏打ちされた「非常に的確な判断である」と述べている。第3段落後半に「『山勘』の正体」についての記述があるが、「真のベテラン」と「偽ベテラン」の違い（第2段落）をとらえ、「言葉や数字、図式に表すことはできなくても」「意識しなくても」（第1段落）、「他人に聞かれても説明できません」（第3段落）などの否定語に着目して解く必要がある。

1. 前半が誤り。「暗黙知」と「山勘」の相違点は本文で取り上げておらず、むしろ、類似のものとして並べている（第1段落）。「ベテランからの知識の伝承によってしか体得することができない」という観点も本文にない。

2. 「山勘」は「言葉や数字、図式にして、他の人に伝えることができる」とはいえない。「山勘」は、「『暗黙知』と同じように言葉や数字、図式に表すことはできなくても、頭の中にはできあがっていて、意識しなくてもきちんと失敗を避けられるようにできている回路」（第1段落）である。

3. 「一つの仕事を長くやり経験が多い」だけでは「山勘」は持てない。「最も信用できる判断」で「失敗を防ぐ大きな力となる」のは、「本当に自分で責任を持って行動し、失敗をして危険な思いをしながら経験を積んできた人」（第1段落）、「ひとつの仕事を自分で全責任を持ってやり、そのなかで賭けをしたり、決断を下すという経験をしたことのある人」（第2段落）の山勘である。「単に在籍年数ばかりが長くて、経験はたくさんあるのに、そこから何も学んでいない人」は、「『山勘』を持っていないか、持っていても全く当てになりません」（第2段落）と述べている。

4. 「他人に説明できるくらいの」という部分が誤り。「山勘」は、「本人がはっきり自覚しているわけではなく、……『なぜ、そういう勘が働くのか』と他人に聞かれても説明できません。……実はそれは非常に的確な判断であることがほとんどです」（第3段落）とある。

5. 妥当である（第3段落）。

正答 5

文章理解

課題処理

数的処理

資料解釈

数学

物理

化学

生物

地学

No. 22 文章理解　現代文の内容把握　平成27年度

次の文の内容と合致するものとして最も妥当なのはどれか。

　音と言葉のパフォーマンスでは，ピアノの即興演奏と詩の朗読が同時進行するのだが，この同時進行というのは「あわせる」というのとはちょっと違う。わたしは，足の親指から喉までの領域は音楽に聞き入って音楽に応えながらも，舌から脳に至る区域は言葉の意味を追って進む。あるいはピアノの方に向いた左半身は音に向けて発熱させ，右半身はテキストの中に沈ませようとしてみる。すると，自分というものが二つに分裂して大変気持ちがよい。両者の間には溝がある。半分は言葉の世界の外に出ていて，半分は中に入っているような気持ちでもある。もちろん，つながりもある。しかし，そのつながりは，歌のメロディーと歌詞の間の関係のようにべったりしたものではない。両者は不思議な空間を屈折して進む振動によって，間接的に繋がっている。あるいは分離している。そうでなければ，「音楽に合わせて読んでいる」ことになってしまう。一方，音楽の側から見ても似たことが言えるようで，朗読に合わせて弾いてしまったら，それは単なる伴奏になってしまう。音楽がバックグラウンド的，挿し絵的なものになってしまってはつまらない。だから，音楽は音楽として独立してやっている。独立しているからこそ，対話があるのかもしれない。読んだ言葉に対する反応がある。湖に石を投げ込んで波のたつのを見ていることもあるし，水だと思って石を投げ込んだらそれが鰐の背中で，鰐がばっと顔を上げてこちらを睨んだということもある。音に反応して読み方が変る。もちろん，わざと意地を張って反応しないで，そのまま自分だけを通す部分もある。それも又，反応の一種である。とにかく，そこには，手引書や教科書のようなものはいっさいないので，自分で探っていくしかない。しかも，一つ一つの瞬間が無数の条件から成り立っているので，繰り返しはない。

1 音と言葉のパフォーマンスは，一つ一つの瞬間が間接的に繋がって不思議な空間を作り上げる。

2 詩の朗読では，言葉の意味を追えるよう，音楽に聞き入らず独立していることが求められる。

3 演奏者は，単なる伴奏にならないよう意識しながら，相手を音楽に合わせやすくしている。

4 言葉の世界の外と中に同時にいるように感じるとき，音と言葉のパフォーマンスは最高潮となる。

5 音と言葉のパフォーマンスでは，詩の朗読者は，音に反応したりしなかったりして，自分で探りながら読んでいくしかない。

解説

出典は多和田葉子『エクソフォニー　──母語の外へ出る旅』

　音と言葉のパフォーマンスについて述べた文章。ピアノの即興演奏と詩の朗読は同時進行するが，「あわせる」というのとは異なるという事情を説明している。両者の間には「溝」があるが「つながり」もあり，互いに反応したりしなかったりして進行させていくという緊張関係をとらえて解く。

1．「間接的に繋がって」いるのは，「一つ一つの瞬間」ではなく，「即興演奏と詩の朗読」である（第1文，第7～9文：本文7～9行目）。

2．「足の親指から喉までの領域は音楽に聞き入って音楽に応えながらも……」（第2文：同2～3行目），「音に反応して読み方が変る」（第18文：同15行目）と述べており，詩の朗読では「音楽に聞き入らず独立していることが求められる」という見解は示されていない。

3．「相手を音楽に合わせやすくしている」という部分が誤り。演奏が「単なる伴奏になってしまう」（第12文：同10～11行目）のが「つまらない」のと同様，「『音楽に合わせて読んでいる』ことになってしまう」（第11文：同9～10行目）のも避けるべきであり，「音楽は音楽として独立してやっている」（第14文：同12行目）のである。

4．「半分は言葉の世界の外に出ていて，半分は中に入っているような気持ち」のときに「大変気持ちがよい」ときがあるが（第4～6文：同5～6行目），このようなときに音と言葉のパフォーマンスが「最高潮となる」かどうかは不明である。

5．妥当である（第2文：同2行目～4行目，第18～22文：同15～19行［最終行］）。

正答　**5**

次の文の内容と合致するものとして最も妥当なのはどれか。

　帝，おりゐたまひて，またの年の秋，御ぐし*¹おろしたまひて，ところどころ山ぶみしたまひて行ひたまひけり。備前の掾*²にて，橘の良利といひける人，内におはしましける時，殿上にさぶらひける，御ぐしおろしたまひければ，やがて御ともに，かしらおろしてけり。人にも知られたまはで歩きたまうける御ともに，これなむおくれたてまつらでさぶらひける。「かかる御歩きしたまふ，いとあしきことなる」とて，内より，「少将，中将，これかれ，さぶらへ」とて奉れたまひけれど，たがひつつ歩きたまふ。和泉の国にいたりたまうて，日根といふ所におはします夜あり。いと心ぼそうかすかにておはしますことを思ひつつ，いと悲しかりけり。さて，「日根といふことを歌によめ」とおほせごとありければ，この良利大徳*³，

　　ふるさとのたびねの夢に見えつるは恨みやすらむまたととはねば

とありけるに，みな人泣きて，えよまずなりにけり。

　（注）*¹御ぐし：髪の敬称　　*²掾：国司の第三等官　　*³大徳：徳の高い僧

1　法皇は，在位中からたびたび宮中を抜け出して，趣味の山歩きに興じていた。
2　良利は，出家後，法皇が人に知られずに歩く際にはいつもお供していた。
3　法皇は，道に迷ってしまい，迎えに来た少将や中将と出会うことができなかった。
4　良利は，大変心細く悲しい気持になったため，故郷である和泉の国を思い出した。
5　良利は，故郷の人に恨まれてしまったので仕方なく旅に出たのだと詠んだ。

解説

出典は，『大和物語』二段

〈現代語訳：帝（訳注：宇多天皇）が退位なさって，翌年の秋，出家（剃髪）なさって，あちらこちら（寺詣でに）山をお歩きになって仏道修行をなさった。備前の国の国司の第三等官で，橘良利という人が，帝が宮中にいらっしゃったときは，殿上人としてお仕えしていたが，帝が出家なさったので，すぐにご一緒に，出家してしまった。（法皇となった帝が）人にも知られなさらないで山歩きなさったお供に，この人は決して遅れなさることなくお仕えしていた。「このように（おしのびで）お歩きなさるのは，（万一事故でもあるといけないので）大変よくないことである」といって，宮中から，「少将，中将，誰それが，お仕え申し上げなさい」と（おっしゃって供の者を）お使わしになったが，（法皇は）その人々と会わないようにしてお歩きになった。和泉の国にお入りになって，日根という所においでになった夜のことである。とても心細く寂しげでいらっしゃる（法皇の）ことを思うと，（良利は）とても悲しかった。そのとき，（法皇が）「日根ということを歌によみなさい」とおおせになったので，この良利大徳が，

　　ふるさとのたびねの夢に見えつるは恨みやすらむまたととはねば（故郷が旅寝の夢に見えたのは，（故郷の人が）私を恨んでいるからだろうか，消息を一度も知らせていないから）

　と詠んだところ，その場にいた人は皆泣いて，歌を詠むことができなくなってしまった〉

1. 帝（出家後は法皇）は，「御ぐしおろしたまひて」から，「山ぶみしたまひて行ひたまひけり」とあり，「在位中から」ではなく出家後に，「趣味の山歩き」ではなく仏道修行を行うため山を歩いていたのである。

2. 妥当である。

3. 「たがひ」は，「道に迷ってしま」うという意味ではなく，一緒にならなくなる（食い違う）という意味である。法皇は供として遣わされた人々と会わないようにして山歩きを続けたのである。

4. 法皇が「和泉の国にいたりたまうて」「いと心ぼそうかすかにておはします」ことを思い「いと悲しかりけり」とあることから，良利は「悲しい気持になったため」「和泉の国を思い出した」のではなく，和泉の国に入り心細そうにしている法皇を思って悲しくなったのである。

5. 「またととはねば」「恨みやすらむ」は，消息を伝えていないので恨んでいるだろうという意味であり，「恨まれてしまったので仕方なく旅に出た」のではない。

正答　**2**

文章理解
課題処理
数的処理
資料解釈
数学
物理
化学
生物
地学

文章理解

課題処理

数的処理

資料解釈

数学

物理

化学

生物

地学

次の文の内容と合致するものとして最も妥当なのはどれか。

　今，一身をわかちて二つの用をなす。手の奴，足の乗り物，よくわが心にかなへり。身，心の苦しみを知れれば，苦しむ時は休めつ，まめ*¹なれば使ふ。使ふとても，たびたび過さず。もの憂しとても，心を動かす事なし。いかにいはむや，常に歩き，常に働くは，養性なるべし。なんぞいたづらに休みをらん。人を悩ます，罪業なり。いかが他の力を借るべき。

　衣食のたぐひ，また同じ。藤の衣，麻のふすま，得るにしたがひて，肌をかくし，野辺のおはぎ*²，峰の木の実，わづかに命を継ぐばかりなり。人に交らざれば，姿を恥づる悔もなし。糧乏しければ，おそろかなる哺*³をあまくす。

　惣て，かやうの楽しみ，富める人に対して言ふにはあらず。ただわが身ひとつにとりて，昔今とをなぞらふるばかりなり。

　（注）*¹ まめ：健康なようす　　*² おはぎ：嫁菜という植物
　　　　*³ 哺：口に含んだ食物

1　一人で二つの職業をもっている人は，特に健康に気を遣わなくてはならない。

2　常に歩いたり，働いていたりする人は，たまには長く休むとよい。

3　気が重く，心も動かないようなときは，どのように他者に助けてもらうかを考えた方がよい。

4　手に入る食料が少なければ，粗末なものもおいしく感じることができる。

5　富み栄えている人が身一つになってみると，昔を思い出すことしかしないものである。

解説

出典は鴨長明『方丈記』

〈現代語訳：今は，この身を分けて二つの働き（命ずる身と，働く手足）をさせている。手は従者となり，足は乗り物になり，私の思い通りによく動く。心は身体の苦しさを知っているから，（身が）苦しいときは休ませ，元気であれば使う。使うといっても，そう何度も度を越して無理はしない。なんとなく億劫だとしても，腹を立てることはない。ましてや，いつも歩き，いつも働くのは，体にとって養生になるに違いない。どうして無駄に休んでいられようか。他人の心を煩わせるのは，罪業である。どうして他人の力を借りることができようか。

衣食のたぐいもまた同じである。藤の衣も，麻の夜具も，手に入れたものを身にまとい，野辺の嫁菜，峰の木の実で，わずかに命をつなぐばかりである。人と交わらないので，（自分の）姿を恥じることもない。食料が乏しいので，粗末な食べ物もおいしく感じられる。

すべて，このような楽しみは，富裕な人に対して言っているのではない。ただ私一人の身の上に関して，昔と今（の楽しみ）とを比べているだけである〉

1. 「二つの用」は，職業のことではなく，手を奴（従者）とし，足を乗り物とする，従者と乗り物の2つの働きのことをさしているので，誤り。

2. 常に歩き，働くことは健康によい（「養生なるべし」）とあり，「なんぞいたづらに休みをらん」と，休むことに否定的であるため，「たまには長く休むとよい」とするのは誤り。

3. 「もの憂しとても，心を動かす事なし」は，「億劫だとしても，腹を立てることはない」という意味なので，誤り。また，第1段落の最後の二文で，他人を煩わせるのは悪い行いであるから他人の力を借りるべきではない，とあるので，「どのように他者に助けてもらうか考えた方がよい」と結論づけることはできない。

4. 妥当である。

5. 「富み栄えている人」が「昔を思い出す」という記述はない。第3段落は，つつましい暮らしを楽しんでいる今を，富裕な人と比べるのではなく，昔の自分の生活と比べている，と述べている。

正答　**4**

次の文の内容と合致するものとして最も妥当なのはどれか。なお，訓点は参考までに一例を付したものである。

> 斉王使使者問趙威后。書未発。威后問

> 使者曰、「歳亦無羔耶、民亦無羔耶、王亦

> 無羔耶。」使者不説曰、「臣奉使使威后。

> 今不問王、而先問歳与民。豈先賤而後

> 尊貴者乎。」威后曰、「不然。苟無歳、何有民

> 苟無民、何有君。故有舎本而問末者耶。」

（注）*1 歳：穀物の実り　*2 故：わざわざ

1 斉王は，穀物や民衆の様子を知るために，威后に使者を送って質問した。

2 威后は，手紙を開かずとも内容が分かっていたので，万事問題ないと使者に述べた。

3 使者は，穀物が身分の低い者から優先して与えられることに不満を抱いていた。

4 威后は，為政者の土台には民衆が，民衆の土台には穀物の実りがあると考えていた。

5 威后は，読書もせずに結末だけを聞こうとしてはいけないと使者を非難した。

解説 ●━━━━━━━━━━━━━━━━━━━━━━━━━━━━

出典は『新釈漢文大系第47巻　戦国策（上)』

〈現代語訳：斉王が使者に命じて趙の威后に使いをやって機嫌をうかがった。まだ手紙の封を開けないうちに，威后が使者に聞いて言うことには，「穀物の実りはどうでしたか，民衆の様子はどうでしたか，王もお変わりありませんか」と。使者が不満げに言うことには，「私は王から使者を仰せつかって威后さまのところまで参りました。ところが今，王のことを聞かずに穀物と民衆のことを先にお尋ねになります。卑しいもののことを先にし，尊貴なものを後回しにするとはどういうことですか」と。威后が言った。「そうではありません。もしも穀物がなければどうやって民衆が生きられるでしょうか。もしも民衆がいなければ，どうやって君主がありえるでしょうか。わざわざ根本のことを置いておいて末節のことを聞く者がいるでしょうか」と〉

1．斉王が威后に使者を送ったとは書かれているが，質問したのは威后であり，穀物や民衆の様子を聞いても使者が喜ばなかったことから，斉王がそれらを聞きたくて手紙を出したとは考えにくい。

2．威后は「万事問題ない」と述べたのではなく，逆に使者に質問をしたのである。また，手紙の内容が分かっていたかどうかは本文に明示されていない。

3．使者が不満を抱いたのは，威后が斉王のことよりも先に，穀物や民衆のことを使者に尋ねたからである。

4．妥当である。

5．威后は重要なこと（穀物と民衆）を後回しにして，先に末節なこと（王のこと）を聞いてはいけないと言ったので，読書せずに結末を聞くということは威后の発言の趣旨から外れている。

正答　**4**

国家一般職[高卒・社会人]

No. 26 文章理解 **古文の内容把握** 令和元年度

次の文の内容と合致するものとして最も妥当なのはどれか。

　横川の恵心僧都の妹，安養の尼上のもとに，強盗入りて，あるほどの物の具，みな取りて出でければ，尼上は紙衾といふものばかり，ひき着てゐられたりけるに，姉尼のもとに小尼上とてありけるが，走り参りて見れば，小袖をひとつ落したりけるを，「これ落して侍るなり。奉れ」とて，もて来たりければ，「それを取りてのちは，わが物とこそ思ひつらめ。主の心ゆかぬものをば，いかが着るべき。いまだ，よも遠くは行かじ。とくとくもておはして取らせ給へ」とありければ，門戸のかたへ走り出でて，「やや」と呼び返して，「これを落されにけり。たしかに奉らむ」といひければ，盗人ども立ちどまりて，しばし案じたる気色にて，「悪しく参りにけり」とて，取りけるものどもを，さながら返し置きて，帰りにけり。

1 尼上は，奪われた物への未練を断ち切るため，残された小袖を身に付けたくなかった。

2 尼上は，小尼上が持ってきた小袖は，もはや盗人の物だと考えた。

3 盗人は，さすがに気が引けて，多くの盗品のうち小袖だけを残して引き上げていった。

4 盗人は，小袖を届けに来た小尼上には，何か企みがあるのではないかとしばらく警戒した。

5 盗人は，小尼上から小袖を渡されると，直接謝るために尼上の所へ向かった。

解説 ●━━

出典は『十訓抄』六ノ三十六（安養の尼上）

　全訳〈横川の恵心僧都の妹である安養の尼上のところに，強盗が入り，あるだけのものをすべて取って出ていったので，尼上は紙衾というものだけ着て座っていらっしゃったところ，姉である尼のもとに，小尼上という者がいるのだが，その方が走って参上して見ると，（強盗が）小袖を一つ落としていったのを，「これを落としてございました。お召しになってください」と言って，持って来たところ，尼上は「強盗がそれを取った後では，（強盗は）自分のものと思っているでしょう。持ち主が納得しないものを，どうして私が着ることができるでしょうか（いや，着ることはできません）。まだ遠くへは行っていないでしょう。早く持っていらっしゃって強盗に与えなさい」とおっしゃったので，（小尼上は）門の戸の方へ走って出て行って，「もしもし」と強盗を呼び戻して，「これを落とされました。確かにお返ししましょう」と言ったので，盗人たちは立ち止まり，しばらくの間思案している様子で，「悪いところに伺ってしまった」と言って，取ったものをすべて返して置いて，帰ってしまった〉

1. 尼上は，一度小袖が盗人の手に渡ったからには，盗人のものだと考えたため，自分は小袖を身に着けず盗人に返すように小尼上に言ったのである。

2. 妥当である。

3. 盗人は盗んだ品物をすべて置いて引き上げていったので，「小袖だけを残して」というのは誤り。

4. 盗人は，小尼上の申し出を聞き，しばらく思案し，尼上の無欲な心に打たれ，「来るべきではない人の所に来てしまった」と反省し盗品をすべて置いていったのである。

5. 盗人たちはその場に品物を置いて引き上げていったので，「尼上の所へ向かった」というのは誤り。

　　　　　　　　　　　　　　　　　　　　　　　　　　　　　　　　　　　　正答 2

文章理解　課題処理　数的処理　資料解釈　数学　物理　化学　生物　地学

次の文の内容と合致するものとして最も妥当なのはどれか。

　去年の秋，かりそめに面をあはせ，ことし五月の初，深切に別をおしむ。其_{その}わかれにのぞみて，ひとひ草扉をたゝいて，終日閑談をなす。其器，画を好ム。風雅*1を愛す。予*2こゝろみにとふ事あり。「画は何の為好や」，「風雅の為好」といへり。「風雅は何為愛すや」，「画の為愛」といへり。其まなぶ事二にして，用をなす事一なり。まことや，「君子は多能を恥」と云れば，品ふたつにして用一なる事，感ずべきにや。画はとつて予が師とし，風雅はをしへて予が弟子となす。されども，師が画は精神徹に入，筆端妙をふるふ。其幽遠なる所，予が見る所にあらず。予が風雅は夏炉冬扇のごとし。衆にさかひて用る所なし。たゞ釈阿・西行のことばのみ，かりそめに云ちらされしあだなるたはぶれごとも，あはれなる所多し。後鳥羽上皇のかゝせ玉ひしものにも，「これらは歌に実_{まこと}ありて，しかも悲しびをそふる」とのたまひ侍_{はべり}しとかや。されば，このみことばを力として，其細き一筋をたどりうしなふる事なかれ。猶「古人の跡をもとめず，古人の求たる所をもとめよ」と，南山大師の筆の道にも見えたり。風雅も又これに同じと云て，燈_{ともしび}をかゝげて，柴門の外に送りてわかるゝのみ。

　（注）*1風雅：俳諧　　*2予：わたくし（ここでは松尾芭蕉のこと）

1 芭蕉は，弟子に絵心があるか気になり，好きな絵は何かを試しに聞いてみた。

2 芭蕉の弟子は，俳句を詠むことと絵を描くことを同時に行うことができる器用な人であった。

3 芭蕉は，師の絵の幽遠さについて，自分では見抜くことができないと感じていた。

4 芭蕉の言葉は，たとえどんなにふざけた言葉でも，趣があると評価されていた。

5 南山大師の教えについて語っていたら遅くなったので，弟子は芭蕉を柴門の外まで送った。

解 説

出典は松尾芭蕉「許六離別の詞」（柴門の辞）

　本文には「芭蕉」という言葉は出てこないが，選択肢に「芭蕉」「弟子」とあるので，書き手の「予」がどちらであるかを考えて解く。

　全訳〈去年の秋，（君と私は）ひょっとしたことで顔を合わせ，今年五月の初めにはしみじみと別れを惜しむ（ことになった）。その別れに当たって，（君が私の）草庵を訪ねてきて，一日中のんびりと話しあった。その人となりは，絵を描くことを好み，俳諧を愛す。私は試しに尋ねたことがある。「絵はなんのために好むか」と。すると君は「風雅（俳諧）のために好む」と答えた。「俳諧はなんのために愛するのか」と問うと，「絵のために愛する」と言う。学ぶことは二つでありながら，その働きの帰するところは一つなのである。「君子は多能であることを恥じる」と古人が言っていることは真理なのだ。学ぶところが二つあり，この帰するところが一つなのは，感服すべきことではないだろうか。君は画においては私の師であり，風雅（俳諧）においては私が教える弟子である。けれども，師の画は，精神が微細な点にまで行きわたり，筆の運びは絶妙である。その幽かで遠い境地は，私の鑑賞眼では理解することができない。それに比べて私の風雅（俳諧）などは，夏の炉，冬の扇のようなもので，多くの人々の好みに逆らっていて，なんの役にも立たないものである。ただ釈阿（藤原俊成）や西行の歌だけは，ほんの即興的に言い捨てられたはかない戯れの歌も，感銘すべきところが多い。後鳥羽上皇がお書きになったものにも「これらの歌にはまことの心があって，しかも悲しみを添えている」とおっしゃっていたとか。だから，このお言葉を力と頼み，俊成や西行以来脈々と伝わる細い一筋の伝統を決して見失ってはならない。なおまた，古人の残したものを模倣しようとするのではなく，古人が理想として求めたところを求めなさい」と弘法大師の書の教えにも見えている。「風雅（俳諧）の道もまたこれと同じ」と言って灯を掲げて，柴門の戸の外まで送り，この言葉を餞別として別れを告げるのみである〉

1.「画はなんの為に好むや（絵はなんのために好むのか）」と聞いているので，「好きな絵は何か」と聞いたのではない。また，「画はとつて予が師とし」とあり，「絵では私の師」だと述べており，「師が画は精神徹に入，筆端妙をふるふ。其幽遠なる所，予が見る所にあらず」と脱帽しており，「絵心があるか気にな」ったのでもない。

2.「同時に行うことができる」という記述はない。また，「君子は多能を恥ず」という言葉を援用しており，「器用な人」という評価は当てはまらない。

3. 妥当である。第12文に「其幽遠なる所，予が見る所にあらず」とある。

4.「かりそめに云ちらされしあだなるたはぶれごとも，あはれなる所多し」という評価は，「釈阿・西行」に当てたものである。

5. 芭蕉が弟子を柴門の外まで送ったのであり，人物の関係が逆である。

正答 **3**

国家一般職[高卒・社会人]

No.
28

文章理解　　古文の内容把握　　平成29年度

文章理解

課題処理

数的処理

資料解釈

数学

物理

化学

生物

地学

次の文の内容と合致するものとして最も妥当なのはどれか。

　与一其比は廿ばかりの男子なり。かちに，赤地の錦をもっておほくび，はた袖いろへたる直垂に，萌黄威の鎧着て，足白の太刀をはき，切斑の矢の，其日のいくさに射て少々のこッたりけるを，頭高に負ひなし，うす切斑に鷹の羽はぎまぜたるぬた目の鏑をぞさしそへたる。滋籘の弓脇にはさみ，甲をばぬぎ高紐にかけ，判官の前に畏る。「いかに宗高*，あの扇のまンなか射て，平家に見物せさせよかし」。与一畏ッて申しけるは，「射おほせ候はむ事，不定に候。射損じ候ひなば，ながきみかたの御きずにて候べし。一定仕らんずる仁に仰せ付けらるべうや候らん」と申す。判官大きにいかッて，「鎌倉をたッて西国へおもむかん殿原は，義経が命をそむくべからず。すこしも子細を存ぜん人は，とうとう是よりかへらるべし」とぞ宣ひける。与一かさねて辞せばあしかりなんとや思ひけん，「はづれんは知り候はず，御定で候へば，仕ッてこそ見候はめ」とて，御まへを罷立ち，黒き馬のふとうたくましいに，小ぶさの鞦かけ，まろぼやすッたる鞍おいてぞ乗ッたりける。弓とりなほし，手綱かいくり，みぎはへむいてあゆませければ，みかたの兵共うしろをはるかに見おくッて，「この若者一定仕り候ひぬと覚え候」と申しければ，判官もたのもしげにぞ見給ひける。

　（注）＊宗高：与一のこと

1　与一は，自分の力量をもってすれば，扇を射貫くことは容易であると考えていた。

2　与一は，扇を射貫くことに失敗したとしても，失うものは何もないと考えていた。

3　判官は，与一の返答に腹を立て，他の者に交代させようかと言って，与一を脅かした。

4　与一は，成功するかどうかは分からないが，扇を射貫くことを試みることにした。

5　味方の武士たちは，与一が扇を射貫くかどうかについて，一抹の不安を感じていた。

解説

出典は『平家物語』巻十一「那須与一（その2）」

全訳〈与一はその頃は，20歳くらいの男である。濃紺に赤地の錦で，前襟と袖の端をいろどった直垂に，萌黄おどしの鎧を着て，足金が銀色の太刀をさして，きりゅうの矢で，その日の戦いで射て，少々残ったものを，矢箆が頭より高く見えるように背負い，薄いきりゅうに鷹の羽を交ぜた鹿の角で作った鏑矢をさし添えていた。滋藤の弓を脇にはさみ，兜を脱いで高紐にかけ，判官（＝義経）の前に畏まる。「どうだ崇高（＝那須与一），あの扇の真ん中を射て，平家に見物させよ」。与一が謹んで申したことには，「射止めますことは，不確実でございます。射損じましたならば，末永く味方（＝源氏方）の不名誉となりましょう。必ず射通すことができる人にお命じになるべきと存じます」と申す。判官はおおいに怒って，「鎌倉を出発して西国へ赴く殿方は，義経の命令に背いてはならない。少しでも細かいことを言う者は，とっととここから帰られるがよい」とおっしゃった。与一は，重ねて辞退しては悪かろうと思ったのであろうか，「射外すかどうかはわかりませんが，御命令ですので，やってみましょう」と言って，御前を退き，黒い馬で太くたくましいものに，小房の鞦をかけ，ほやの模様を摺った鞍を置いて乗った。弓を取り直し，手綱を手元に手繰り寄せ，波打際へ向かって歩ませたところ，味方の兵どもは後ろから遠く見送って，「この若者は，必ずなしとげ申し上げると思います」と申したので，判官も頼もしそうにご覧になった〉

1. 与一は，射貫けるかどうかは不確実で，できなかったら味方の不名誉になると述べており，「容易である」とは考えていない。

2. 与一は，射止められなかったら長く味方の不名誉になると心配しており，「失うものは何もない」とは考えていない。

3. 判官が「与一の返答に腹を立て」たという点は正しいが，自分の命令に従わないなら帰れと言っており，「他の者に交代させようか」とは言っていない。

4. 妥当である。

5. 味方の武士たちは，与一は必ずやってみせると思いますと述べ，「判官も」頼もしそうにご覧になったと記されている。

正答　**4**

No.29 文章理解 **古文の内容把握** 平成28年度

次の文の内容と合致するものとして最も妥当なのはどれか。

　これも今は昔，丹後守保昌，国へ下りける時，与佐の山に白髪の武士一騎あひたり。路の傍らなる木の下にうち入りて立てたりけるを，国司の郎等ども，「この翁，など馬よりおりざるぞ。奇怪なり。咎めおろすべし」といふ。ここに国司の曰く，「一人当千の馬の立てやうなり。ただにはあらぬ人ぞ。咎むべからず」と制してうち過ぐる程に，三町ばかり行きて，大矢の左衛門尉致経，数多の兵を具してあへり。国司会釈する間，致経が曰く，「ここに老者一人あひ奉りて候ひつらん。致経が父平五大夫に候ふ。堅固の田舎人にて子細を知らず。無礼を現し候ひつらん」といふ。致経過ぎて後，「さればこそ」とぞいひけるとか。

1 致経は，自分の父が田舎者であり，無礼をしたのではないかと国司に言った。

2 国司は，白髪の武士が有名な武士であることに気付き，自ら馬を降りた。

3 致経は，国司が数多くの兵を伴っていることに驚き，国司にその理由を尋ねた。

4 国司は，山中に白髪の武士が一人でいることを怪しみ，何者であるかを部下に探らせた。

5 国司は，致経が去った後，致経の無礼さに気付いて腹を立てた。

解説

出典は『宇治拾遺物語』巻第十一　丹後守保昌，下向の時致経の父にあふ事

　全訳〈これも今となっては昔のことだが，丹後の守保昌が任国へ下ったとき，与佐の山で白髪の武士一騎と出会った。道のかたわらの木の下に入って馬を立てていたが，国司の家来たちが，「この翁はどうして馬から降りないのか。おかしい。咎めて降りさせよう」と言った。このとき，国司が，「一騎当千の勇者の馬の立てようである。ふつうの人ではないぞ。責めただしてはならぬ」と制して通り過ぎるうちに三町ほど行って，大矢の左衛門尉致経（むねつね）が多数の兵を連れてくるのに出会った。国司がおじぎしていると，致経が，「そこで老人一人にお会いになられたと存じます。この致経の父の平五大夫でございます。頑固な田舎者で，わけもわからず無礼を致したでございましょう」と言うのであった。致経が通り過ぎて後，国司は，「言った通りであろう」と言ったとか〉

1. 妥当である。

2. 国司は，白髪の武士が普通の身分の人ではないと察し，咎めようとする家来たちを制して通り過ぎたのである。「有名な武士であること」，「自ら馬を降りた」ことは本文からは読み取れない。

3. 「数多くの兵を伴って」いたのは国司ではなく致経であり，国司に尋ねた内容も異なる。

4. 国司は，白髪の武士の堂々としたさまに，普通の身分の人ではないと勘を働かせ，「部下に探らせた」のではなく，怪しむ部下を制したのである。

5. 「無礼」をしたのは，致経ではなく白髪の武士であり，国司は腹を立ててはいない。国司は，白髪の武士が致経の父であることを知り，白髪の武士が普通の身分の人ではないという自分の勘は正しかったと思ったのである。

正答 **1**

国家一般職[高卒・社会人]

No. 30　文章理解　　古文の内容把握　　平成27年度

文章理解

課題処理

数的処理

資料解釈

数学

物理

化学

生物

地学

次の文の内容と合致するものとして最も妥当なのはどれか。

　おほかた，延喜の帝，常に笑みてぞおはしましける。そのゆゑは，「まめだちたる人には，もの言ひにくし。うちとけたるけしきにつきてなむ，人はものは言ひよき。されば，大小のこと聞かむがためなり。」とぞ仰せ言ありける。それ，さることなり。けにくき顔には，もの言ひふれにくきものなり。

　さて，「我いかで，七月・九月に死にせじ。相撲の節・九日の節の止まらむがくちをしきに。」と仰せられけれど，九月に失せさせ給ひて，九日の節はそれよりとどまりたるなり。その日，左衛門の陣の前にて御鷹ども放たれしは，あはれなりしものかな，とみにこそ飛びのかざりしか。

1　延喜の帝は，無愛想だと言われていたので，常に笑うよう努めていらした。

2　延喜の帝は，「不真面目な人と付き合うのは難しい」とおっしゃっていた。

3　延喜の帝は，「打ち解けた様子でいると，人は話がしやすいものだ」とおっしゃっていた。

4　延喜の帝は，「死んだら相撲の節や九日の節を見られなくなるので悔しい」とおっしゃっていた。

5　延喜の帝は，毎年，九日の節に鷹をお放しになっていた。

解説

出典：『大鏡』

　醍醐天皇を偲んだ一節である。帝のことばを解釈して解く。

　全訳〈だいたい，延喜の帝（＝醍醐天皇）は，いつもにこにこしていらっしゃる方であった。その理由は，「まじめそうな様子をしている人にはものが言いにくい。打ち解けた様子をしていると，それに応じて，人はものを言いやすい。だから，事の大小にかかわらず，なんでも聞こうと思って（いつも笑顔で）いるのだ」とおっしゃっていた。これは，もっともなことだ。憎らしい顔には，ものを言いにくいものだ。

　さて，「私はどうして，七月，九月に死なないのだろうか。（私＝帝の崩御により，七月の）相撲の節会と（九月の）重陽節が中止になるのが残念なのだろうか」とおっしゃっていたけれど，（帝は）九月にお亡くなりになって，九月九日に行われる重陽節はそれから中止されたのだ。その日，左衛門の陣の前で帝愛玩の鷹どもが放たれたのは，しみじみとしたなあ。（鷹どもは）飛び去らなかったのだ〉

1．「無愛想だと言われていた」からではなく，真面目そうに振る舞っていると人々がものを言いにくいからである。

2．「不真面目な人と付き合う」ことではなく，真面目そうな人にものを言うのが難しいと言ったのである。

3．妥当である。

4．相撲の節会や重陽節を「見られなくなるので悔しい」とおっしゃったのではなく，自分の死によりこれらの節が中止にならないように，この時季に死なないでいるとおっしゃったという趣旨である。

5．本文で，鷹が放たれたのは延喜の帝が崩御した日であり，帝が生前鷹を放していたとは述べられていない。

正答　3

文章理解
課題処理
数的処理
資料解釈
数学
物理
化学
生物
地学

次の文の内容と合致するものとして最も妥当なのはどれか。

　Scientists at the University of Liverpool (UL) have developed a robot that can run experiments on its own. The robot works tirelessly, stopping only long enough to recharge its batteries. Recently, the robot finished nearly 700 experiments in eight days.

　It's not new for labs to use robots. But earlier robots usually stayed in one place and did a single job over and over.

　The UL robot is the opposite of that. The five-foot-seven-inch (1.7 meter) robot is similar in size to a human. Though it weighs much more than most people — 882 pounds (400 kilograms)— it's able to easily move around in the same sort of space as humans do.

　It uses a special laser system called LIDAR to guide itself — even in the dark. Once it's close to a work station, it can move into a more exact position through its touch sensors.

　With one long arm which can turn in almost any direction, the robot is capable of using several different kinds of lab equipment. Some of the equipment has been changed slightly to make it easier for the robot, but basically, it's the same equipment a human would use.

　What's more, the robot can perform many different tasks, such as picking things up, setting them down, pushing buttons, pouring liquids, weighing and measuring things, and studying its results.

1 Liverpool 大学の科学者が開発した，実験を単独で行うロボット（UL ロボット）は，バッテリーを充電している間も休むことなく，作業を続けることができる。

2 UL ロボットは，人間と同じように空間を簡単に動き回れるよう，大人の平均体重と同程度の重さになるように作られている。

3 UL ロボットは，暗闇の中でも自らを誘導するため，特殊なレーザーシステムを使い，作業場に近づくと，タッチセンサーでより正確な位置に移動することができる。

4 UL ロボットは，人間の腕と同じくらいの長さで，人間の腕と似た動きをする2本のアームによって，作業場にある実験器具を使うことができる。

5 UL ロボットは，物を拾ったり置いたりするほか，実験器具を修理するなど，700種類近くの作業をすることができる。

解説

出典は "Robot Lab Assistant Runs Its Own Experiments", News for Kids.net

全訳〈リバプール大学（UL）の科学者たちが，自分自身で実験を行うことができるロボットを開発した。このロボットは休みなく作業を続け，止まるのは充電している間だけだ。最近では，8日間で700近くの実験をこなした。

実験室がロボットを利用するのは何も新しいことではない。だが，これまでのロボットはたいてい，1か所にとどまり単一の仕事を繰り返すだけしかできなかった。

UL ロボットはそれとは正反対だ。5フィート7インチ（1.7メートル）のこのロボットは，人間とほぼ同サイズだ。体重はほとんどの人よりも重く，882ポンド（400キロ）あるが，人間が動くのと同じような場所をすいすいと動き回ることができる。

ロボットは自らを誘導するのに，LIDAR と呼ばれる特殊なレーザーシステムを使っており，暗闇の中でも作動する。ワークステーションに近づくと，タッチセンサーを通じてより正確な位置に移動することができる。

ほぼ全方向に曲げることのできる1本の長いアームを使って，ロボットは実験室のいくつかの異なる種類の器具を操ることができる。器具のいくつかは，ロボットが扱いやすいように少し変えられてはいるが，基本的には人間が使うのと同じ器具である。

それに加えて，このロボットは物を拾い上げてしかるべき場所に置いたり，ボタンを押したり，液体を注いだり，物の重さや長さを測ったり，自らの行動の結果を研究したりするなど，いろいろな多くの作業をこなすことができる〉

1．「バッテリーを充電する間以外は」休むことなく作業を続けることができると述べられている。

2．大きさは人間と同じくらいだが，体重はほとんどの人より重いと述べられている。

3．妥当である。第4段落の内容と合致する。本文の work station「ワークステーション」は，正確には業務用の高性能コンピュータのことをさすが，ロボットはそこで作業をするのであるから，「作業場」は誤りとはいえない。

4．第5段落に，ロボットが備えているのは「1本の長いアーム」と述べられている。

5．本文第1段落に「最近では，8日間で700近くの実験をこなした」と述べられているが，ロボットができる作業の種類については最終段落に「いろいろな多くの作業」と述べられているのみで，具体的な数には言及がない。また，「実験器具を修理する」ことができるという内容は述べられていない。

正答 **3**

次の文の内容と合致するものとして最も妥当なのはどれか。

　Jose Gutierrez started rescuing books from the trash almost 20 years ago. He was driving a garbage truck at night through the country's wealthier neighborhoods. The discarded reading material slowly piled up. And now the ground floor of his small house is a makeshift[*1] community library. It is stacked from floor to ceiling with some 20,000 books. They range from chemistry textbooks to children's classics.

　He says books are luxuries for boys and girls in low-income neighborhoods such as his. New reading material at bookstores is too expensive. There are 19 public libraries in Bogota. It is a city of 8.5 million. But the libraries tend to be located far away from poorer areas. "This should be in all neighborhoods and on each corner of every neighborhood. In all the towns, in all departments and all the rural areas," says Gutierrez. "Books are our salvation[*2]. And that is what Colombia needs."

　The 53-year-old Gutierrez has a love of reading that he says comes from his mother. She always read to him even though she was too poor to keep him in school. "She used to read me stories every night," said Gutierrez. He has traveled to book fairs in Mexico and Chile to share his experience of starting a library with discarded reading material. "To me, books are the greatest invention and the best thing that can happen to a human being."

（注）[*1]makeshift：間に合わせの，一時しのぎの　　[*2]salvation：救済

1　Gutierrez は，20年以上もの間ごみ箱から本を拾い，それを売って生計を立てていた。

2　Bogota には19か所の図書館があり，貧しい地域に特に多く存在している。

3　Gutierrez が子どもの頃，彼の母親は旅行のたびに本を買って読み聞かせた。

4　Bogota の図書館には救済について書かれた本があり，デパートでも売られている。

5　Gutierrez は，本は素晴らしい発明だと感じており，自分の経験をメキシコやチリで伝えている。

出典は "Garbage collector creates library from rescued books", Smithsonian Magazine

　全訳〈ホセ＝グティエレスはほぼ20年前に，ごみの中から本を救出する活動を始めた。彼は夜にごみ収集車を運転して，国内のより裕福な地域をあちこち回った。見捨てられた読み物の山は徐々に積み上がっていった。そして今では，彼の小さな家の1階は地域の図書館代わりになっている。そこには床から天井まで，およそ20,000冊の本が積み上がっているのだ。本のジャンルは，化学の教科書から児童書の古典までさまざまだ。

　彼は，自分が住んでいるような低所得の人々の多い地域の少年少女にとって，本はぜいたく品だと語る。書店にある新品の読み物は値段が高すぎるのだ。ボゴタ（コロンビアの首都）市内には19の公立図書館がある。そこは人口850万人の都会だ。しかしそれらの図書館は，より貧しい地域からだいたいは遠く離れた場所にある。「図書館はすべての近隣に，どの近隣の街角にもあるべきものです。あらゆる町，あらゆる地区，あらゆる田舎の地域にもです」とグティエレスは語る。「本は私たちにとって救済となるものであり，コロンビアが必要としているものなのです」。

　53歳のグティエレスは大の本好きで，彼によるとそれは母親譲りだとのことだ。彼女は貧しさのあまり彼を学校に通わせ続けることができなかったが，それでもいつも彼に本を読み聞かせた。「母は私に毎晩物語を読み聞かせてくれました」とグティエレスは語った。彼はこれまでにメキシコとチリで開催されたブックフェアを訪れて，捨てられた読み物を集めて図書館を始めるという自身の体験を皆に語っている。「私にとって，本とは最高の発明品であり，本との出合いは1人の人間に起こりうる最良の出来事なのです」〉

1．グティエレス氏が捨てられた本を集め始めたのは「ほぼ20年前」と述べられている。英語の almost は「ほとんど，ほぼ」と訳されるが，その数には満たないことを表すので，「20年以上前」は誤り。また，彼がごみ箱から拾った本を売って生計を立てていたとは述べられていない。

2．ボゴタに19の図書館があることは正しいが，「より貧しい地域からだいたいは遠く離れた場所にある」と述べられている。

3．グティエレス氏の母親が彼に本の読み聞かせをしたことは述べられているが，家庭は貧しかったと述べられており，「旅行のたびに本を買って」読み聞かせたという記述はない。

4．第2段落に「本は私たちにとって救済となるもの」だというグティエレス氏の発言は述べられているが，「救済について書かれた本」については本文中にまったく述べられていない。

5．妥当である。第3段落の内容と合致する。

正答　**5**

文章理解
課題処理
数的処理
資料解釈
数学
物理
化学
生物
地学

次の文の内容と合致するものとして最も妥当なのはどれか。

Scientists and historians will use artificial intelligence to recreate what the world smelled like hundreds of years ago.

Called Odeuropa, the pioneering study will begin in January, take three years and use AI to build an online "Encyclopaedia of Smell Heritage" of Europe in the 1500s to the early 1900s. The AI will be trained to search historical books and documents for mentions of smells. It will also be able to scan images — such as paintings — for objects that would have had a smell. The project is being undertaken by scientists, historians and artificial intelligence experts at universities across Europe and the UK.

Project leader Ingeer Leemans in the Netherlands said the work would trace the meaning of scents and olfactory* practices and a more complete sense of what a place was like in the past.

"This database will become an archive for the olfactory heritage of Europe, enabling future generations to access and learn about the scented past," she wrote on a post on the project's website.

Dr William Tullett of Anglia Ruskin University in Cambridge, UK, uses the example of tobacco, smoked in pipes and cigarettes. When it was introduced into Europe in the 1500s it was an exotic smell from a far-off place. By the 1700s, people were complaining about the smell of tobacco smoke in theatres. It's now a smell that is disappearing from what is called our olfactory landscape as laws tighten around the world about where people can smoke.

Chemists and perfumers will also recreate some of the smells.

It's hoped that in the future, visitors to exhibitions at museums, for instance, will be able to experience the smells of the past rather than just the sights and sounds.

（注）＊ olfactory：嗅覚の

1 「匂いの遺産の百科事典」オンライン版は，3 年後の 1 月に完成し，展示会が開催される予定である。

2 将来的には，歴史を匂いでも感じられるようになることが期待されている。

3 AI は，歴史文書の画像をスキャンすることで，それをデジタル化して現代語に表現することができる。

4 1500年代，タバコの匂いはエキゾチックなものとして，特に若者に人気があった。

5 1700年代，劇場での喫煙を禁止する法律がヨーロッパ各地で制定された。

解説

出典は"Study using AI to make scents of history", Donna Coutts

全訳〈何百年も前には世界がどのような匂いだったかを再現するために，科学者や歴史家は人工知能（AI）を使うことになるだろう。

オデウロパ（訳注：「匂い」と「ヨーロッパ」を組み合わせた造語）と称する先駆的な研究が1月に始まり，3年をかけて，1500年代から1900年代前半に至るヨーロッパの「匂いの遺産の百科事典」オンライン版を，AIを使って制作する予定だ。AIは，匂いに言及している歴史文書を検索するよう（機械学習の）調整をされる。また，匂いを有していたであろう物，たとえば絵画などの物の画像をスキャン（精査）することもできる。このプロジェクトには，ヨーロッパおよびイギリス全域の大学の科学者，歴史家，AI専門家たちが乗り出している。

プロジェクトリーダーであるオランダのインゲール=レーマンス氏は，この研究によって，匂いや嗅覚に関わる慣習が意味していたものや，過去においてある場所がどんな様子であったのかについて，より全体像に近いものが明らかになるだろうと語った。

「このデータベースは，ヨーロッパにおける嗅覚の遺産の保存記録となって，将来の世代が匂いを伴った過去に触れて学ぶことを可能にするでしょう」と，彼女はこのプロジェクトを紹介するウェブサイト上に寄稿している。

イギリスのケンブリッジにあるアングリア=ラスキン大学のウィリアム=タレット博士は，パイプに詰めたり紙に巻いたりして吸われたタバコの例を活用している。1500年代にヨーロッパにもたらされた当時，タバコの匂いははるか彼方から到来したエキゾチックな（異国を感じさせる）匂いだった。1700年代になる頃には，人々は劇場でのタバコの煙の匂いに不平を言うようになっていた。そして現在，法律によって人々が喫煙できる場所が世界中で狭まる中，タバコの匂いは私たちの嗅覚の風景ともいえるものの中から消えつつある。

また化学者や調香師は，過去の匂いのいくつかを再現することになるだろう。

将来は，たとえば博物館の展示への来訪者が，単に視覚や音にとどまらず，過去の匂いをも体験できるようになることが望まれている〉

1．最終段落に「将来は，たとえば博物館の展示への来訪者が……過去の匂いをも体験できるようになることが望まれている」という記述はあるが，「匂いの遺産の百科事典」オンライン版の展示会が開催される予定であるとは述べられていない。

2．妥当である。

3．AIが画像をデジタル化して「現代語に表現する」といった内容については述べられていない。

4．「特に若者に人気があった」という内容の記述はない。

5．1700年代に喫煙を禁止する法律が制定されたという内容は述べられていない。

正答　**2**

次の文の内容と合致するものとして最も妥当なのはどれか。

In Montgomery, Alabama, African American passengers were legally required to sit further back on the bus, in the "colored" section. Moreover, they had to yield those seats to white riders if the "white" section at the front of the bus filled up. Public transportation was therefore not entirely "public," but rather a divided or even forbidden space for African Americans.

On December 1, 1955, Rosa Parks, an African American woman, refused to give up her bus seat to a white male passenger. While on similar occasions drivers had requested that she get off the bus, on this ride, the driver decided to call the police. Parks remained in that seat until the police arrived and arrested her. This arrest set in motion a 381-day boycott of the Montgomery Bus System and transformed Martin Luther King Jr., then a local pastor[1], into a national leader in the struggle for civil rights.

《中　略》

As Parks later explained, "The only tired I was, was tired of giving in[2]." Her unwillingness to relinquish that seat triggered in thousands of others the shared exhaustion of "giving in" and all of its contingent humiliations[3] and sorrows.

（注）[1] pastor：牧師　　　[2] give in：屈服する　　　[3] humiliation：屈辱

1 1955年当時，アラバマ州のモンゴメリーでは法律により，アフリカ系アメリカ人はバスの座席に座ることを禁じられていた。

2 ローザ・パークスは，バスの運転手の要請を無視して車内で演説を行ったため警察に逮捕された。

3 ローザ・パークスの逮捕をきっかけに，マーティン・ルーサー・キング・ジュニアは公民権運動の国民的指導者となった。

4 ローザ・パークスは，仕事でとても疲れていたので座席を譲ることができなかったと説明した。

5 アフリカ系アメリカ人は，381日間もバスのボイコット運動を続けたため，モンゴメリーのバス会社の経営は悪化した。

解 説

出典は "Tired of Giving in", Rosa Parks

　全訳〈アラバマ州のモンゴメリーでは，アフリカ系アメリカ人の乗客は法律によって，バスの最後部にある「有色人種」の区画に座ることを要求されていた。さらには，バスの前方にある「白人」の区画の座席が満員になった場合，彼らは自分たちの席を白人に譲らなければならなかった。それゆえ，公共交通機関は本当の意味での「公共」ではなく，アフリカ系アメリカ人にとってはむしろ分断された，あるいは禁じられた空間ですらあった。

　1955年12月1日，アフリカ系アメリカ人女性のローザ=パークスは，バスで自分の座席を白人男性の乗客に譲ることを拒んだ。同様の状況では，運転手が彼女にバスを降りるよう要請していたところだが，その運転手は警察を呼ぶことにした。パークスは警察が到着するまでその席にとどまり，彼女は逮捕された。この逮捕をきっかけに，381日にわたるモンゴメリー市営バスのボイコット運動が起こり，当時地元の牧師だったマーティン=ルーサー=キング=ジュニアを公民権運動の国民的指導者へと変貌させた。

〈中略〉

　パークスは後に，「何に疲れていたかって，屈服することに疲れていたのさ」と述懐している。彼女がバスの座席を明け渡そうとしなかったことは，他の何千という人が共有していた「屈服すること」への疲労と，それに付随する屈辱や悲哀といった思いのすべてを駆り立てたのだった〉

1．アフリカ系アメリカ人は「バスの最後部にある『有色人種』の区画に座ることを要求されていた」と述べられており，座席に座ること自体が禁止されていたわけではない。

2．ローザ=パークスが車内で演説を行ったとは述べられていない。

3．妥当である。

4．ローザ=パークスが座席を譲らなかった理由として，「仕事でとても疲れていた」という内容は述べられていない。第3段落のパークスの発言は，正しい文法でいうなら "The only thing I was tired of was that I was tired of giving in." などとすべきところで，直訳は「唯一の疲れは，私が屈服することに疲れていた〔うんざりしていた〕ということだった」となるが，be tired of 〜は「〜に飽きる，うんざりする」という意味である。

5．ボイコット運動によってモンゴメリーのバス会社の経営が悪化したとは述べられていない。

　　　　　　　　　　　　　　　　　　　　　　　　　　　　　　　　　　正答　3

次の文の内容と合致するものとして最も妥当なのはどれか。

Mary Anning was born in 1799 in a small English seaside town called Lyme Regis. Her family was very poor, so to make ends meet she would help her father collect fossils[*1] to sell to rich tourists. It was dangerous work. Despite this, 11-year-old Mary took over the fossil business when her father died.

There was a time when people had never heard of dinosaurs and thought it was impossible for any animal species to go extinct[*2]. Mary helped to prove this wrong, and her discoveries began at a young age.

《中　略》

Despite her scientific accomplishments, she was not allowed to publish because she was a woman. Doctors and geologists respected her ideas and used her findings in their own work. Her name would be edited out, or never included to begin with. Although this was unfair, it was remarkable in Victorian England that she, a working class woman, was even allowed to mingle[*3] with educated gentlemen.

Mary Anning's discoveries introduced us to the age of the reptiles[*4].

(注)　*1 fossil：化石　*2 extinct：絶滅した　*3 mingle：交流する　*4 reptile：爬虫類

1　Mary の父親は，Mary が生まれたときは貧乏だったが，恐竜の化石を見つけたことで裕福になった。

2　Mary が生まれた Lyme Regis という海辺の町は，多くの観光客が訪れる英国有数のリゾート地であった。

3　Mary は，いかなる動物種も絶滅しないという世間の人々の考えが誤りであることを示すのに貢献した。

4　Mary は，研究者に転職して，恐竜が絶滅した爬虫類の仲間であることを学会で発表した。

5　Mary は，爬虫類の時代の始まりがいつであったかを研究した最初の科学者であった。

解 説

出典は "WOMEN IN SCIENCE ―50 FEARLESS PIONEERS WHO CHANGED THE WORLD", RACHEL IGNOTOFSKY

全訳〈メアリー゠アニングは1799年，ライム゠レジスと呼ばれるイングランドの小さな海辺の町で生まれた。彼女の家族はとても貧しかったので，家計のやりくりのために，彼女はよく父親が化石を集めて裕福な観光客に売る手伝いをした。それは危険な仕事だった。にもかかわらず，父親が亡くなったとき，11歳のメアリーは化石の商売を引き継いだ。

当時は人々が恐竜のことを聞いたこともなく，いかなる動物種も絶滅することなどありえないと思っていた時代だった。メアリーはそれが誤りであることを証明するのに貢献したのだが，彼女の発見はまだ年少の頃に始まった。

〈中略〉

彼女の科学における功績にもかかわらず，女性であるという理由で彼女が研究発表することは認められなかった。医者や地質学者たちは彼女の着想を尊重し，彼女の発見を自分たちの仕事に利用した。だが彼女の名前は編集段階で削除されるか，そもそも最初から言及されることがなかった。これは不当なことであったが，ヴィクトリア朝のイングランドにおいては，彼女のような労働者階級の女性が教養ある男性と交流することが許されたことですらも異例のことだった。

メアリー゠アニングの数々の発見が，私たちを爬虫類の時代へと導いたのだ〉

1．メアリーの父親が裕福になったとは述べられていない。

2．ライム゠レジスが裕福な観光客の訪れる地だったことは述べられているが，「英国有数のリゾート地」といえるような記述はない。

3．妥当である。

4．メアリーが研究者に転職したことは述べられていない。また，彼女は女性であるがゆえに研究発表することは認められなかったと述べられており，後半部分も誤り。

5．本文全体から，メアリーが化石を採掘する仕事を通じて恐竜の化石を発見し，それが「爬虫類の時代」がかつて存在したという科学上の知見に大いに貢献したことは読み取れるが，彼女が「爬虫類の時代の始まりがいつであったかを研究した最初の科学者であった」といえるような記述はない。

正答 **3**

次の文の内容と合致するものとして最も妥当なのはどれか。

Balancing work and life is a strange aspiration*¹. It suggests work is bad and life is good. But they are not opposites. Work has uplifting moments and those that drag us down. It's more useful to treat it the same way you do life: by maximizing what you love.

The simplest way to do this is to spend a week in love with your job. This sounds odd, but all it really means is to take a pad around with you for an entire week at work, and assign any activity you can to one of two columns: "Loved It" or "Loathed*² It."

Our research reveals that 73% of us claim we have the freedom to modify our job to fit our strengths better, but only 18% of us do so. Your challenge is to change the content of your job over time, so it contains more things you love doing and fewer you ache to escape.

The most helpful categories for us are not "work" and "life"; they are "love" and "loathe." Our goal should be, little by little, to intentionally*³ imbalance all aspects of our work toward the former and away from the latter.

（注）　*¹ aspiration：切望　*² loathe：～を嫌う　*³ intentionally：意図的に

1 仕事は悪で生活は善なので，自分が愛する生活に費やす時間を最大化するのが望ましい。

2 仕事のことが好きになる最も簡単なやり方は，「好きな仕事」と「嫌いな仕事」の二つの記事のうち前者を読むことだ。

3 自分の強みを生かした仕事をしたいと考えている人のうち，実際にそれに値する能力があるのは18％にすぎない。

4 残業の中身を挑戦的なものに変えるには，仕事から逃げてしまうことを減らさなければならない。

5 仕事と生活というカテゴリーで考えるのではなく，仕事の嫌いな側面よりも好きな側面に目を向けるようにすることが望ましい。

解説

出典は "Forget work-life balance", Marcus Buckingham and Ashley Goodall

全訳〈仕事と生活のバランスを取るというのは，おかしな望みである。それは暗に，仕事は悪で生活は善だということをいっている。だが，この２つは相反するものではない。仕事には，気持ちが高揚する瞬間と，気持ちが落ち込む瞬間がある。仕事は，むしろ生活と同じようにとらえたほうが有益だろう。具体的には，自分が大好きなことを最大化することによってだ。

そのようにする最も簡単な方法は，１週間仕事に恋をしながら過ごすことだ。これは奇妙に聞こえるだろうが，実際にしてほしいことは，仕事の場でまる１週間の間メモ帳を持ち歩き，分類できるどんな行動も「大好きな仕事」「大嫌いな仕事」の２つの欄のどちらかに割り当てることだ。

私たちの調査によると，私たちの73％は自分の仕事をもっと自分の長所に合ったものに修正する自由があると考えているが，実際にそうしているのは18％にすぎなかった。あなたの課題は，自分の仕事の中身を，するのが大好きなことが多く，逃れたいと切望することが少なくなるように，時間をかけて変えていくことだ。

私たちにとって最も有益なカテゴリーは「仕事」と「生活」ではなく，「大好き」と「大嫌い」だ。私たちの目標は，少しずつ，自分の仕事のあらゆる側面を，後者から離れて前者に向かうように意図的に傾斜させていくことであるべきだ〉

1. 筆者は，仕事は悪で生活は善と考えるのではなく，仕事も生活と同じようにとらえて，自分の大好きなことを最大化していくのがよいと述べている。

2. 文中にある column は「コラム記事」のことではなく「（縦の）欄」の意味である。本文では，自分のしている仕事上の行動を「好きな仕事」と「嫌いな仕事」に分類し，前者を増やし後者を減らすようにすべきだと述べている。

3. 後半部分について，18％という数字は，本文では「実際に自分の仕事をもっと自分の長所に合ったものに修正している」と答えた人の割合として述べられている。また，この割合は「調査対象の18％」であり，「……と考えている人のうちの18％」ではない。

4. このような内容は述べられていない。文中にある over time は「残業」のことではなく「時とともに，時間をかけて」という意味の表現である。また，challenge は「（困難な）課題」という意味の名詞であり，challenging「挑戦的な」とは異なる。

5. 妥当である。

正答 **5**

国家一般職[高卒・社会人]

No. 37 文章理解 英文の内容把握 令和元年度

次の文の内容と合致するものとして最も妥当なのはどれか。

Ben and Jackee Belnap had been saving money to pay back Ben's parents for University of Utah football season tickets. They had the $1,060 ready in an envelope but were left searching the home when it disappeared over the weekend.

"I'm digging through the trash and she hollers[*1] and says, 'I found it,'" Ben told us. "She's holding the shredder and she says, 'I think the money is in here.'"

As the couple emptied the container, their money tumbled out like confetti[*2].

"We just, for like five minutes, we just shuffled through it, not talking," Jackee told us. "We didn't know what to do and then I broke the silence and I'm like, 'Well, this will make a great wedding story one day.'"

Who would shred money?

The couple suspects their curious son, Leo, was copying what he saw his mom do. "Leo helps me shred junk mail and just things with our name on it, or important documents we want to get rid of," she said.

There's good news for the family, though. They can submit the money to the US Department of Treasury Mutilated Currency Division for exchange. It will take some time for the department to piece it all together and verify the amount.

"I called the guy the next morning and he said, 'Oh, we might be able to help you here,' and I was shocked," Ben said. "He said, 'Bag it up in little plastic bags, mail it to D.C., and in one to two years, you'll get your money back.'"

（注）　[*1]holler：叫ぶ　　[*2]confetti：紙吹雪

1 Ben は，チケットを見付けられず，週末開催されたフットボールの試合を観戦できなかった。

2 Leo は，Ben の両親へ返すために Belnap 夫妻が貯めていた現金を細断したと疑われている。

3 Jackee は，Ben との結婚の良き思い出を，Leo に話すことにした。

4 Jackee は，ダイレクトメールと間違えて，重要な書類を処分してしまった。

5 Belnap 夫妻は，政府の当局に事情を説明したところ，失った現金を直ちに取り戻すことができた。

解説

出典は "Toddler shreds over $1,000 his parents saved to pay a debt", CNN（2018. 10. 5)

　全訳〈夫ベンと妻ジャッキーのベルナップ夫妻は，ベンの両親から借りたユタ大学のフットボールの年間チケット代を返すためにお金をためていた。2人はその代金1,060ドルを封筒に入れて用意していたのだが，週末の間に行方がわからなくなってしまい，家中を捜すはめになった。

　「僕がごみ箱をあさっていたら，妻が『見つけた』って叫んだんだ」とベンは語った。「シュレッダーを抱えながら『お金はこの中にあると思うわよ』って言ったんだ」

　2人が容器を空けてみたところ，紙吹雪のようになったお金が転がり出た。

　「私たちはただ，5分くらいの間かな，何もしゃべらず，ただそれをかき集めてたわ」とジャッキーは語った。「どうしたらいいかわからなくてさ，それから沈黙を破って私が言ったのよ，『まあ，いつかいい2人の思い出話になるわよ』とかなんとか」

　いったい誰がお金を細断したのだろうか。

　夫妻は，好奇心あふれる息子のレオが，母親のやっていることを見てまねたのではないかと考えている。「ダイレクトメールとか，私たちの名前が書かれた紙とか，いらなくなった重要書類とかを，私が細断するのをレオは手伝ってくれるからね」と妻は語った。

　だが，家族にとってよい知らせがある。そのお金を米国財務省の損傷紙幣課に提出すれば，交換に応じてくれるのだ。ばらばらになったお金をつなぎ合わせて，その額を正確に確認するにはしばらく時間がかかる。

　「次の朝に担当者に電話したら，『こちらでお役に立てるかもしれません』と言ったんだけどさ，話を聞いてあきれたよ」とベンは語った。「『小さなポリ袋にまとめて入れて，ワシントンD.C.まで郵送してください。1，2年後にはお金がお手元に戻ると思います』だってさ」〉

1．ベンがなくしたのはチケットではなく，両親から借りたフットボールの年間チケットの代金が入った封筒である。週末にフットボールの試合を観戦できたかどうかは，本文には述べられていない。

2．妥当である。

3．お金がシュレッダーで細断されてしまった今回の一件について「いつかいい2人の思い出話になるだろう」とジャッキーが語ったことは述べられているが，ベンとの結婚のよき思い出をレオに話すことにした，とは述べられていない。

4．ジャッキーが重要な書類を間違えて処分してしまったという内容は述べられていない。

5．失った現金を取り戻すには1，2年かかると言われたことが述べられており，直ちに取り戻してはいない。

正答　**2**

次の文の内容と合致するものとして最も妥当なのはどれか。

　　With any luck, the future will bring more self-driving cars and flying drones to deliver pizza and other goodies.　For those robots to get around safely, though, they need to both see their surroundings and understand what they're seeing.　A new kind of camera developed by engineers in California may help them do just that.　It sees more than what meets our eyes.

　　The new camera combines two powerful traits.　First, it takes exceptionally wide images. Second, it collects data about all the light bouncing around the scene.　Then, an onboard computer uses those data to quickly analyze what the camera sees.　It can calculate the distance to something in the picture, for example.　Or it can refocus a specific spot within the image.

　　Such calculations would help self-driving cars or drones better recognize what's around them.　What kinds of things?　These might include other vehicles, obstacles, intersections and pedestrians.　The technology could be used to build cameras that help their host vehicle make faster decisions — and use less power — than do the cameras on drones and vehicles now.　A car might then use those data to navigate more safely.

1　カリフォルニアでは，運がよければ，自動走行車やドローンがピザなどを運ぶ実験が行われる様子を見ることができる。

2　技術者たちによって新しい種類のカメラが開発され，このカメラは，自動走行車やドローンが周囲の状況を理解するために役立つ可能性がある。

3　新しい種類のカメラが付いている自動走行車やドローンには，高度な計算を行う二つの強力なコンピュータが搭載されている。

4　カメラから出た光が物に反射し，その光をとらえたコンピュータが，障害物や交差点までの距離を算出する。

5　既存の自動走行車やドローンに新しい種類のカメラを搭載すると，より速い移動，より安全な操縦を行うことができる。

解説 ━━━━━━━━━━━━━━━━━━━━━━━━━━━━━━━━━

出典は "Seeing the world through a robot's eyes", Science News for Students

　全訳〈運がよければ，将来はピザなどの食料雑貨を運ぶ自動走行車や空飛ぶドローンの数が増えているだろう。だが，そうしたロボットが安全に動き回るためには，周囲の状況を見て，目にしているものを理解する必要がある。カリフォルニアの技術者たちが開発した新しい種類のカメラは，ロボットがまさにそれをするのに役立つかもしれない。そのカメラには，私たちの目に映る以上のものが見えている。

　その新しいカメラは，2つの強力な特徴を併せ持っている。第1に，このカメラのとらえる映像は並外れて広角である。第2に，このカメラはとらえた景色の周囲で反射しているあらゆる光についてのデータを収集する。そして，カメラに搭載されたコンピュータがそれらのデータを用いて，カメラがとらえているものを素早く解析するのだ。たとえば，写っているものとの距離を算出したり，映像の中の特定の地点に改めて焦点を当てることができる。

　そのような計算によって，自動走行車やドローンは周囲にあるものをよりよく認識できるようになるだろう。どういったものを認識できるのだろうか。それにはおそらく，他の乗り物や障害物，交差点，そして歩行者といったものが含まれるかもしれない。この技術を利用することで，現在ドローンや車に付いているカメラよりも，搭載される乗り物がより速い判断を行うことができ，しかも消費電力が少ないカメラを製造することが可能になるだろう。そうなれば，車は（カメラに搭載されたコンピュータから）得られるデータを用いてより安全な走行を行うようになるだろう〉

1. 本文冒頭では，「運がよければ，将来はピザなどの食料雑貨を運ぶ自動走行車や空飛ぶドローンの数が増えているだろう」と述べられており，実験が行われるという記述はない。また地域を限定する記述もない。本文の「カリフォルニア」は，車やドローンに搭載される新しいカメラが開発された場所である。

2. 妥当である。

3. 本文で述べられているのは，「新しい種類のカメラに搭載された（1つの）コンピュータ」が「2つの強力な特徴を併せ持っている」という内容であり，自動走行車やドローンに2つの強力なコンピュータが搭載されているという記述はない。

4. 本文で述べられているのは，カメラが「とらえた景色の周囲で反射しているあらゆる光についてのデータを収集」して，写っているものとの距離を算出するという内容であり，カメラが光を出すという記述はない。

5. 新しい種類のカメラを搭載することによって，乗り物は「より速い判断を行うことができ」，「より安全な走行を行うようになるだろう」という記述はあるが，「より速い移動」については述べられていない。

正答　**2**

次の文の内容と合致するものとして最も妥当なのはどれか。

　　The British set up many of their salt-making sites on the coast and at inland brine springs[*1] at Cheshire and Worcestershire at the time of the Roman Conquest.　Salt was a vital commodity[*2] to the Roman army, so the demand was met by setting up military salt works.　Roman soldiers were partially paid in salt.　In fact, the word soldier derives from "*saldare*," which means to give salt.　It's from the same Latin source as the word salary: "*salarium*."

　　Ancient man got his salt from eating animal meat.　As he turned to agriculture and his diet changed, he found that salt — probably in the form of sea water — gave his vegetables a nice salty flavor as well.

　　Scores of small salt-producing companies were operating around Middlewich and North Cheshire in England by the 18th and 19th centuries.　Before today's more sophisticated[*3] salt production methods, Cheshire salt works produced two grades of salt: fine and common.

　　Then, by the 19th century, chemists discovered ways of using salt to make a whole range of new chemicals.　Today, manufacturers claim there are more than 14,000 uses for salt. Most people probably think of it as simply a white granular seasoning found in a salt shaker on many dining tables.　Salt is that, but it's also far more.　It's an essential element in the diet of humans, animals and even many plants.

　（注）　[*1]brine springs：塩水泉　　　　[*2]vital commodity：生活必需品
　　　　　[*3]sophisticated：高度な

1　ローマ時代，ローマ軍は，生活必需品である塩をローマから英国まで運ばせた。
2　英国では，18世紀から19世紀にかけて，工場労働者の給料の一部は塩で支払われていた。
3　古代人は，獣の肉から塩分を摂取していたが，農耕で食生活が変わると塩分不足に陥った。
4　製塩方法が高度になると，Cheshire の工場は，貴族向けと庶民向けの塩の製造を始めた。
5　塩は，単なる調味料と思われているが，そのほかにも多くの用途がある。

解　説

出典は “Salt Role in History”, North American Salt Company

　全訳〈ローマ帝国の植民地時代，イギリス人はチェシャー州およびウスターシャー州にある海岸沿いや塩水泉に多くの製塩所を造った。塩はローマ軍の生活必需品であったので，需要は軍が製塩所を造ることで満たされた。ローマ軍の兵士の給料の一部は塩で支払われた。実際のところ，兵士（ソルジャー）という語は，塩を与えるという意味の「サルダーレ」に由来する。これは，給料（サラリー）の語源である「サラリウム」と同様のラテン語に由来する語である。

　古代人は動物の肉を食べることで塩分を摂取した。やがて農業に従事するようになり，食生活が変化すると，人々は塩（おそらくは海水という形での）を加えることで作物の野菜もちょうどよい塩味になることに気づいた。

　18世紀から19世紀頃までには，イングランドの（チェシャー州にある）ミドルウィッチおよびノースチェシャー周辺では多くの小規模の製塩会社が操業を行うようになっていた。今日行われている，より高度な製塩法を採用する以前は，チェシャーの製塩工場では2つの品質，すなわち粒の細かい塩と一般的な塩が作られていた。

　その後19世紀までに，化学者が塩を使ってあらゆる種類の化学物質を作る方法を発見した。今日では，製塩業者によると1万4千を超える塩の用途がある。おそらく大多数の人は，塩は多くの食卓にある塩入れ容器に入っている，白い粒状の単なる調味料だと思っているだろう。その通りではあるが，塩にはそれよりはるかにたくさんの用途がある。人間や動物の食生活において，さらには多くの植物（訳注：塩性植物・吸塩植物と呼ばれる種類の植物）の成長においてすらも，塩は欠かせない成分なのである〉

1. ローマ軍はイギリス国内において製塩を行ったと述べられている。

2. 給料の一部が塩で支払われていたというのはローマ軍の兵士に関する記述であり，イギリスの工場労働者の給料の一部が塩で支払われていたという記述はない。

3. 生産した野菜に塩を加えることで味がよくなることに気づいたと述べられており，塩分不足に陥ったという記述はない。

4. 「貴族向けと庶民向けの塩」という区分をうかがわせる記述はない。製塩方法が高度になる「以前は」，「粒の細かい塩と一般的な塩」の2つの品質の塩が作られていたと述べられている。

5. 妥当である。

正答　**5**

次の文の内容と合致するものとして最も妥当なのはどれか。

　　Pigeon racing is a big sport that dates back almost 2,000 years.　All over the world, there are people with the hobby of training and racing a special kind of homing pigeon.　They take their caged pigeons to a spot that is a carefully measured distance from their home.　Then they open the cages and time how long it takes for the pigeons to fly home.　The pigeon with the shortest time gets the prize — or rather its owner gets the prize.　The pigeon just gets tired, since it has flown as fast as it could for 60-600 miles or more（100 to 1000 kilometers）!

　　But how do the pigeons know where home is?

　　It has taken a lot of scientific study to figure it out, and there are still questions.　One thing that seems certain is that the pigeons can detect Earth's magnetic* field lines.

　　Earth is like a big magnet, with lines of magnetic force that loop around Earth from one magnetic pole to the other.　A compass needle will line up along the magnetic lines of force.　That's how humans can know which way is north.　The pigeons seem to have a compass too, but it is "built in," so they always know in which direction they are flying.　We know they are not navigating by the position of the Sun in the sky, because they fly straight home even at night or in cloudy conditions when they can't see the Sun.

（注）＊magnetic：磁気の

1　ハトレースでは，同じ地点から飛び立ち，最も早くゴールラインに達したハトが優勝となる。

2　ハトレースで優勝するようなハトは，時速100キロメートルで飛ぶことができる。

3　ハトについての研究は数多く行われており，ハトが家まで正確に飛ぶ仕組みの全容が明らかになった。

4　ハトは，地球の磁力線を感知することで，常に自分の飛んでいる方角を把握していると思われる。

5　太陽に向かって飛ぶハトの習性を利用することで，ハトを目的地に飛んで行かせることができる。

解説 ━━━━━━━━━━━━━━━━━━━━━━━━━━

出典は "Bad（space）weather cancels pigeon races!", NASA Space Place

　全訳〈ハトレースは，ほぼ2,000年前にさかのぼる歴史を持つ一大娯楽である。世界中に，特別な種類の伝書鳩を訓練してレースに出すことを趣味にしている人々がいる。彼らはかごに入ったハトを，家から綿密に測定した距離にある場所まで運ぶ。そこで彼らはかごを開け放し，ハトが家まで飛ぶのにどれぐらいかかるかを計測するのである。最短の時間で戻ったハトが賞を得るが，むしろその飼い主が賞を得るといったほうがよい。ハトは60〜600マイルかそれ以上（100〜1,000キロメートル）を可能な限りの速さで飛んできたので，ただ疲れてしまうだけだ。

　だが，ハトは家のある場所をどのようにして知るのだろうか？

　それを解明するためには数多くの科学研究が必要だったが，今なお疑問は残っている。一ついえるであろう確かなことは，ハトは地球の磁力線を感知することができるということだ。

　地球は大きな磁石のような存在で，いくつもの磁力線が，一方の磁極からもう一方の磁極へ向かって地球を取り巻いている。コンパスの針には，磁力線に沿った方向を向く性質がある。それゆえ人間はどの方向が北なのかを知ることができるのである。ハトもコンパスを持っているらしいのだが，それは体に「埋め込まれて」いる。だからハトは常に自分がどの方向に飛んでいるのかを知っているのだ。私たちは，ハトが空にある太陽の位置によって飛行しているのではないことがわかっている。ハトは夜であったり，太陽が見えない曇った状況でも，本拠地までまっすぐ飛んで戻るからだ〉

1．ハトレースについては第1段落に述べられているが，「家から綿密に測定した距離にある場所」からハトが家まで飛ぶ時間を計測し，最短の時間で戻ったハトが賞を得るとある。同じ地点から飛び立ってゴールラインをめざすレースについては，述べられていない。

2．ハトレースでハトが飛ぶ距離については「100〜1,000キロメートル」という記述があるが，速度については述べられていない。

3．前半部分は正しいが，後半部分については，今なお疑問があると述べられている。

4．妥当である。

5．ハトの飛行に太陽の位置は影響を与えていないことが述べられている。

正答　**4**

No. 41 課題処理 形式論理 令和4年度

一つの図形が描かれたカードが多数あり，描かれた図形について，形は「三角形」，「四角形」，「丸」，色は「赤」，「青」，「黄」，大きさは「大」，「中」，「小」のそれぞれ3種類に分類することができる。描かれた図形について次のことが分かっているとき，論理的に確実にいえることとして最も妥当なのはどれか。

○ 形が「三角形」ならば，大きさは「大」である。

○ 形が「四角形」ならば，色は「赤」又は「青」である。

○ 色が「赤」ならば，大きさは「大」又は「中」である。

○ 色が「青」ならば，大きさは「小」である。

○ 色が「黄」ならば，形は「丸」である。

○ 大きさが「大」ならば，色は「赤」又は「黄」である。

1 形が「三角形」かつ大きさが「大」ならば，色は「黄」である。

2 形が「四角形」かつ大きさが「小」ならば，色は「青」である。

3 形が「丸」かつ色が「黄」ならば，大きさは「大」である。

4 色が「赤」かつ大きさが「中」ならば，形は「三角形」である。

5 色が「黄」かつ大きさが「中」の図形は存在しない。

解説

描かれている図形は，形について3通り，色について3通り，大きさについて3通りなので，全部で，$3^3 = 27$通りある。この27通りを一覧表にしてしまうのがよい。表を作成してしまえば，その後は単純作業となるので，楽に処理できる。まず，一覧表として**表I**を用意する。この**表I**に対して，『形が「三角形」ならば，大きさは「大」である』から，②，③，⑤，⑥，⑧，⑨は可能性がなく消去される。『形が「四角形」ならば，色は「赤」又は「青」である』から，⑯，⑰，⑱が消去される。『色が「赤」ならば，大きさは「大」又は「中」である』からは，⑫，㉑が消去される。『色が「青」ならば，大きさは「小」である』からは，④，⑬，⑭，㉒，㉓が消去される。『色が「黄」ならば，形は「丸」である』から，⑦が消去される。そして，『大きさが「大」ならば，色は「赤」又は「黄」である』については，可能性のない組合せはすでに消去されている。この結果，**表II**に示すとおり，可能性がある組合せは，①，⑩，⑪，⑮，⑲，⑳，㉔〜㉗の10通りである。ここから選択肢を検討すればよい。

1．形が「三角形」かつ大きさが「大」ならば，色は「赤」である（①）。

2．妥当である。形が「四角形」かつ大きさが「小」ならば，色は「青」しかない（⑮）。

3．形が「丸」かつ色が「黄」の場合，大きさは「大」，「中」，「小」いずれも可能性がある（㉕〜㉗）。

4．②は消去されており，色が「赤」かつ大きさが「中」ならば，形は「三角形」である可能性はない。

5．㉖は可能性がある。

表Ⅰ

	三	四	丸	赤	青	黄	大	中	小
①	○			○			○		
②	○			○				○	
③	○			○					○
④	○				○		○		
⑤	○				○			○	
⑥	○				○				○
⑦	○					○	○		
⑧	○					○		○	
⑨	○					○			○
⑩		○		○			○		
⑪		○		○				○	
⑫		○		○					○
⑬		○			○		○		
⑭		○			○			○	
⑮		○			○				○
⑯		○				○	○		
⑰		○				○		○	
⑱		○				○			○
⑲			○	○			○		
⑳			○	○				○	
㉑			○	○					○
㉒			○		○		○		
㉓			○		○			○	
㉔			○		○				○
㉕			○			○	○		
㉖			○			○		○	
㉗			○			○			○

表Ⅱ

	三	四	丸	赤	青	黄	大	中	小
①	○			○			○		
②	○			○				○	
③	○			○					○
④	○				○		○		
⑤	○				○			○	
⑥	○				○				○
⑦	○					○	○		
⑧	○					○		○	
⑨	○					○			○
⑩		○		○			○		
⑪		○		○				○	
⑫		○		○					○
⑬		○			○		○		
⑭		○			○			○	
⑮		○			○				○
⑯		○				○	○		
⑰		○				○		○	
⑱		○				○			○
⑲			○	○			○		
⑳			○	○				○	
㉑			○	○					○
㉒			○		○		○		
㉓			○		○			○	
㉔			○		○				○
㉕			○			○	○		
㉖			○			○		○	
㉗			○			○			○

文章理解　課題処理　数的処理　資料解釈　数学　物理　化学　生物　地学

正答　**2**

ある高校の生物部では，アヒル，カメ，金魚，グッピー，メダカの5種類の生き物を飼育しており，部員であるA〜Eの5人は，これらの飼育係である。5人はそれぞれ2種類の生き物を担当しており，その組合せが同じ者はいない。次のことが分かっているとき，確実にいえることとして最も妥当なのはどれか。

○　アヒルを担当している者は3人であり，金魚を担当している者は2人である。また，3人以上に担当されている生き物は，アヒルのみである。

○　メダカを担当している者は，Cのみである。

○　Aは，カメを担当しており，金魚は担当していない。

○　A，B，Dが担当する生き物は，アヒル，カメ，金魚の3種類のうちのどれかである。ただし，同じ生き物をA，B，Dの3人で担当してはいない。

○　Eは，グッピーを担当している。

1　アヒルを担当していない者は，BとCである。
2　AとEは，ある同じ生き物を担当している。
3　BとDは，アヒルを担当している。
4　Cは，金魚を担当している。
5　Eは，カメを担当している。

解説

5人が2種類ずつ担当しているので，5×2＝10より，延べ10である。アヒルの担当が3人，メダカの担当は1人で，3人以上が担当しているのはアヒルだけだから，カメ，金魚，グッピーの担当は2人ずつとなる。

まず，「メダカを担当しているのはCのみ」，「Aは，カメを担当しており，金魚は担当していない」，「A，B，Dが担当する生き物は，アヒル，カメ，金魚の3種類のうちのどれか」，「Eはグッピーを担当している」までをまとめると，表Ⅰとなる。

表Ⅰ

	アヒル	カメ	金魚	グッピー	メダカ	
A	○	○	×	×	×	2
B				×	×	2
C	×	×	×	○	○	2
D				×	×	2
E				○	×	2
	3	2	2	2	1	

ここで，「同じ生き物をA，B，Dの3人で担当してはいない」ので，アヒルをA，B，Dの3人で担当することはない。つまり，Eはアヒルを担当している。アヒルとカメのもう1人の担当は，表Ⅱ，表Ⅲの2通りの可能性がある。

表Ⅱ

	アヒル	カメ	金魚	グッピー	メダカ
A	○	○	×	×	×
B	○	×	○	×	×
C	×	×	×	○	○
D	×	○	○	×	×
E	○	×	×	○	×

表Ⅲ

	アヒル	カメ	金魚	グッピー	メダカ
A	○	○	×	×	×
B	×	○	○	×	×
C	×	×	×	○	○
D	○	×	○	×	×
E	○	×	×	○	×

この表Ⅱおよび表Ⅲより，正答は**2**である。

正答　**2**

AとBがじゃんけんを 5 回する。あいこの場合も 1 回と数えることとし，1 回ごとに表のとおり得点を与え，5 回の合計得点をそれぞれ算出することとした。次のことが分かっているとき，確実にいえることとして最も妥当なのはどれか。

- ○　Aは 5 回中 3 回勝った。
- ○　3 回目はAがグーで勝った。
- ○　Bはグーを出さなかった。
- ○　あいこは 4 回目だけであった。
- ○　2 人とも同じ手を続けて出さなかった（例えば，パーを出した次の回にはパーを出さなかった。）。

じゃんけんの結果	得点
パーで勝った場合	＋3
チョキで勝った場合	＋2
グーで勝った場合	＋1
パーで負けた場合	－3
チョキで負けた場合	－2
グーで負けた場合	－1
あいこの場合	0

1　Aは 5 回中 1 回だけパーを出した。
2　1 回目はAが勝った。
3　5 回目はBが勝った。
4　合計得点はBの方が高かった。
5　AとBの合計得点の差は 6 点である。

解説

「Bはグーを出さなかった」，「2 人とも同じ手を続けて出さなかった」のだから，Bはパーとチョキを交互に出したことになる。そして，「3 回目はAがグーで勝った」のだから，Bは 1 回目，3 回目，5 回目にチョキ，2 回目，4 回目にパーを出している。Aは 5 回中 3 回勝っているので，1 回目にパーを出して負けたとすると，2 回目，3 回目，5 回目に勝って**表Ⅰ**のような結果となる。

表Ⅰ

		A			B	
1	P	－3	×	○	＋2	C
2	C	＋2	○	×	－3	P
3	G	＋1	○	×	－2	C
4	P	0	△	△	0	P
5	G	＋1	○	×	－2	C
計		＋1			－5	

　Aが 2 回目に負けたとすると**表Ⅱ**，5 回目に負けたとすると**表Ⅲ**のようになるが，どちらの場合もAが同じ手を連続して出すことになり，条件に反する。

表Ⅱ

		A			B	
1	G	＋1	○	×	－2	C
2	G	－1	×	○	＋3	P
3	G	＋1	○	×	－2	C
4	P	0	△	△	0	P
5	G	＋1	○	×	－2	C
計		＋2			－3	

表Ⅲ

		A			B	
1	G	＋1	○	×	－2	C
2	C	＋2	○	×	－3	P
3	G	＋1	○	×	－2	C
4	P	0	△	△	0	P
5	P	－3	×	○	＋2	C
計		＋1			－5	

　したがって，成り立つのは**表Ⅰ**の場合だけであり，この**表Ⅰ**より正答は**5**である。

正答　**5**

ある動物園では，キツネ，サル，タヌキをそれぞれ 1 匹飼っており，ニンジン，バナナ，トウモロコシの 3 種類の餌を食べさせることとした。

　ある日の午前に，ニンジン，バナナ，トウモロコシをそれぞれ 6 本用意し，餌場に合計18本の餌を置いたところ，3 匹の動物は，それぞれ 3 種類全ての餌を食べ，その合計は，キツネは 7 本，サルは 6 本，タヌキは 5 本であった。

　その日の午後に，新たにニンジン，バナナ，トウモロコシをそれぞれ 1 本用意し，餌場に合計 3 本の餌を置いて自由に食べさせた。

　その結果，1 日（午前と午後の合計）で，3 匹の動物が食べた 3 種類の餌の合計は，キツネは 9 本，サルは 6 本，タヌキは 6 本となった。次のことが分かっているとき，確実にいえることとして最も妥当なのはどれか。

○　午前に食べられた餌についてみたとき，それぞれの動物が食べた餌の数は，3 種類とも全て異なっていた（例えば，ニンジンを，キツネが 2 本，サルが 2 本，タヌキが 2 本食べたということや，バナナを，キツネが 4 本，サルが 1 本，タヌキが 1 本食べたということはなかった。）。

○　1 日（午前と午後の合計）で食べられた餌についてみたとき，それぞれの動物が食べた餌の数は，3 種類とも全て異なっていた。

○　午後に，タヌキはバナナを食べた。

○　サルが 1 日で食べた餌は，ニンジン 2 本，バナナ 2 本，トウモロコシ 2 本であった。

1　キツネは午前に，ニンジンを 2 本食べた。

2　キツネは 1 日で，トウモロコシを 3 本食べた。

3　タヌキは 1 日で，バナナを 3 本食べた。

4　キツネが 1 日で食べたバナナの数と，タヌキが 1 日で食べたトウモロコシの数は同じであった。

5　キツネが午前に食べたバナナとトウモロコシの数の合計は，3 本だった。

解　説 ━━━━━━━━━━━━━━━━━━━━━━

午前に食べられた餌は，それぞれの動物が食べた餌の数が3種類ともすべて異なっていたので，いずれも3本食べた動物，2本食べた動物，1本食べた動物がいることになる。また，午後の餌については，キツネがニンジンとトウモロコシ，タヌキがバナナを食べている。サルは午前中にニンジン，バナナ，トウモロコシを2本ずつ食べているので，キツネは3本，3本，1本で7本，タヌキは1本，1本，3本で5本となる。ここまでで**表I**のようになる。

表I

	午前			計	午後			計	合計
	ニンジン	バナナ	トウモロコシ		ニンジン	バナナ	トウモロコシ		
キツネ				7	1		1	2	9
サル	2	2	2	6				0	6
タヌキ				5		1		1	6
計	6	6	6	18	1	1	1	3	21

午前中にキツネとタヌキが食べた餌の本数として，**表II～IV**まで3通りの組合せがある。

表II

	午前			計	午後			計	合計
	ニンジン	バナナ	トウモロコシ		ニンジン	バナナ	トウモロコシ		
キツネ	3	3	1	7	1		1	2	9
サル	2	2	2	6				0	6
タヌキ	1	1	3	5		1		1	6
計	6	6	6	18	1	1	1	3	21

表III

	午前			計	午後			計	合計
	ニンジン	バナナ	トウモロコシ		ニンジン	バナナ	トウモロコシ		
キツネ	1	3	3	7	1		1	2	9
サル	2	2	2	6				0	6
タヌキ	3	1	1	5		1		1	6
計	6	6	6	18	1	1	1	3	21

表IV

	午前			計	午後			計	合計
	ニンジン	バナナ	トウモロコシ		ニンジン	バナナ	トウモロコシ		
キツネ	3	1	3	7	1		1	2	9
サル	2	2	2	6				0	6
タヌキ	1	3	1	5		1		1	6
計	6	6	6	18	1	1	1	3	21

　しかし，**表II**，**表III**の場合，サルとタヌキが食べたバナナの本数が2本で等しくなってしまい，「1日（午前と午後の合計）で食べられた餌についてみたとき，それぞれの動物が食べた餌の数は，3種類とも全て異なっていた」という条件を満たせない。この条件を満たせるのは**表IV**の場合だけである。

　この**表IV**より，正答は**4**である。

正答　**4**

モモ，カキ，オレンジ，リンゴ，ナシの5種類の果物の重量について以下のことが分かっているとき，確実にいえることとして最も妥当なのはどれか。

- ○　モモとカキの重量差は80グラムであり，カキの方が重い。
- ○　カキとオレンジの重量差は40グラムである。
- ○　オレンジとリンゴの重量差は20グラムである。
- ○　リンゴとナシの重量差は40グラムである。
- ○　ナシとモモの重量差は20グラムである。
- ○　カキは200グラムである。

1　最も重いのがカキである場合，最も軽いのはリンゴである。
2　2番目に重いのがオレンジである場合，3番目に重いのはモモである。
3　3番目に重いのがリンゴである場合，2番目に軽いのはモモである。
4　2番目に軽いのがナシである場合，最も重いのはリンゴである。
5　最も軽いのがモモである場合，3番目に重いのはカキである。

解　説

モモとカキの場合以外は，重量差のみ示されその軽重は示されていない。このようなときは，両開樹形図を利用するとよい。カキの重量は200gとわかっているので，カキを中心として樹形図を作成する。カキとオレンジの重量差は40gなので，オレンジについては240g，160gの2通りが考えられる。この樹形図から，「リンゴとナシの重量差は40g」という条件を考えると，（リンゴ180g，ナシ140g），（リンゴ140g，ナシ100g）の2通りとなり，5種類について表の2通りの組合せが出来上がる。

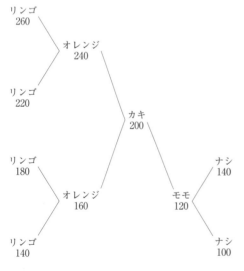

	1	2	3	4	5
I	カキ 200	リンゴ 180	オレンジ 160	ナシ 140	モモ 120
II	カキ 200	オレンジ 160	リンゴ 140	モモ 120	ナシ 100

　この表のIおよびIIより，正答は**3**である。

正答　**3**

図のような網掛け部分がある正方形を，直線上を滑ることなく回転させた
とき，網掛部分が描く軌跡として最も妥当なのはどれか。

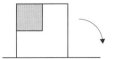

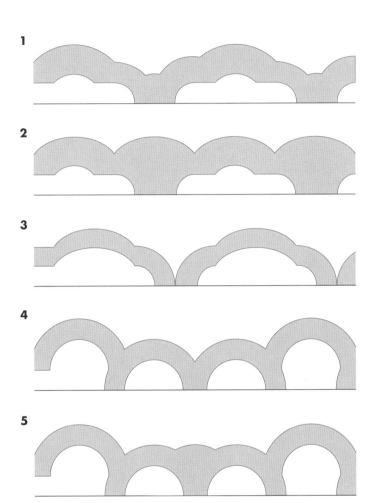

1

2

3

4

5

解説

正方形が 1 回転するまでを検討すれば，その後は反復図形である。正方形が 1 回転＋90°回転
するまでを描いてみると図のようになり，正答は **1** である。

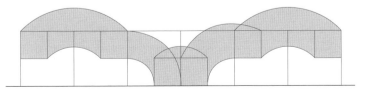

正答　**1**

ある紙を点線どおりに折っていった場合，最後に重なって一つの三角形になるのはどれか。

　ただし，三角形は全て合同な直角二等辺三角形で，点線以外のところで折ってはならず，また，折らない点線があってはならないものとする。

1

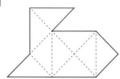

2

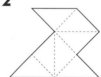

3

4

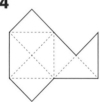

5

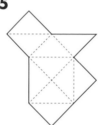

解説

隣り合う2枚の直角二等辺三角形が，図Ⅰ，図Ⅱのように点線部分で線対称となる場合，点線で折って重ね合わせることが可能である。しかし，隣り合う2枚の直角二等辺三角形が，図Ⅲのように線対称とならない場合は，点線で折って重ね合わせることができない。選択肢の図では，**4**だけが図Ⅰ，図Ⅱの並びだけで構成されており，折って1つの三角形とすることが可能である。

したがって，正答は**4**である。

図Ⅰ　　　　　　　図Ⅱ　　　　　　　図Ⅲ

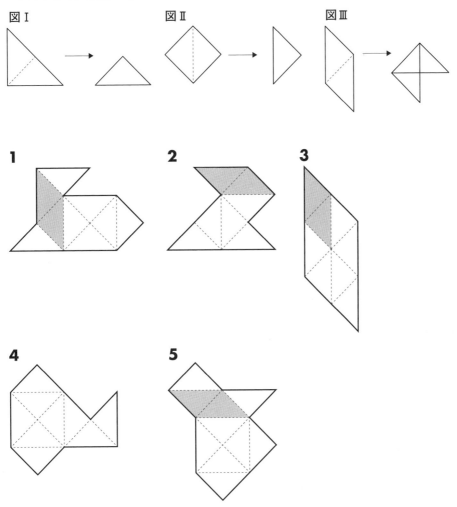

1　　**2**　　**3**　　**4**　　**5**

正答　**4**

あるクラスの児童について次のことが分かっているとき，論理的に確実にいえることとして最も妥当なのはどれか。

- ○　逆上がりができる人は，平泳ぎができる。
- ○　前転ができない人は，逆上がりができない。
- ○　二重跳びができない人は，平泳ぎができない。

1　逆上がりができる人は，二重跳びができる。

2　前転ができない人は，二重跳びができない。

3　二重跳びができる人は，前転ができる。

4　平泳ぎができる人は，前転ができる。

5　二重跳びができる人は，逆上がりができる。

解説

与えられた命題を論理式で表すと，次のようになる。

ア：「逆上がり→平泳ぎ」

イ：「前転→$\overline{逆上がり}$」

ウ：「$\overline{二重跳び}$→$\overline{平泳ぎ}$」

次に，このア〜ウの対偶はエ〜カである。

エ：「$\overline{平泳ぎ}$→$\overline{逆上がり}$」

オ：「逆上がり→前転」

カ：「平泳ぎ→二重跳び」

これらア〜カより，各選択肢を検討していく。

1．正しい。ア，カより，「逆上がり→平泳ぎ→二重跳び」という三段論法が成り立ち，「逆上がりができる人は，二重跳びができる」は確実に推論できる。

2．イより，「$\overline{前転}$→$\overline{逆上がり}$→」となるが，その先に三段論法を構成する命題が存在せず，推論できない。

3．「二重跳び→」となる命題が存在しないので，推論できない。

4．カより，「平泳ぎ→二重跳び→」となるが，その先が推論できない。

5．3と同様で，「二重跳び→」となる命題が存在しないので，推論できない。

正答　**1**

No. 49 課題処理　数量相互の関係　令和3年度

A〜Dの4人が，旅行先で絵はがきを購入し，それぞれ何枚かを友人に送った。次のことが分かっているとき，確実にいえることとして最も妥当なのはどれか。

ただし，4人とも未使用の絵はがき以外は全て送ったものとする。

- ○　Aは3枚，Bは5枚，Cは6枚，Dは4枚購入した。
- ○　4人とも1枚以上送った。
- ○　B，C，Dの3人は，いずれもAが送った枚数の4倍以上の枚数を送った。
- ○　4人のうち2人には未使用の絵はがきがあった。また，1人の未使用枚数は，もう1人の未使用枚数の2倍であった。

1　Bが送った枚数とCが送った枚数の差は，2枚である。
2　送った枚数が最も多かった者と最も少なかった者の枚数の差は，4枚である。
3　A〜Dの4人が送った枚数の合計は，14枚である。
4　CとDの2人が送った枚数の合計は，9枚である。
5　未使用枚数は，Aが最も多い。

解説

最も購入枚数が多いCでも，その購入枚数は6枚である。ここから，B，C，Dの3人は，いずれもAが送った枚数の4倍以上の枚数を送ったという条件を考えると，Aが使用した枚数は1枚（2枚は未使用），B，C，Dが送った枚数は，それぞれ4枚以上でなければならない。そして，1人の未使用枚数は，もう1人の未使用枚数の2倍という条件から，B，C，Dの中に未使用が4枚（Aの2倍）となる者はいない（最多で2枚）から，B，C，Dの中に未使用1枚の者が1人いる（もう1人の未使用者はA）。しかし，Dは4枚購入して4枚送っていなければならないから，BまたはCのどちらかが1枚未使用ということになる。Bが1枚未使用の場合は**表Ⅰ**，Cが1枚未使用の場合は**表Ⅱ**となる。この**表Ⅰ**および**表Ⅱ**より，確実にいえるのは「未使用枚数は，Aが最も多い」であり，正答は**5**である。

表Ⅰ

	購入	使用	未使用
A	3	1	2
B	5	4	1
C	6	6	0
D	4	4	0

表Ⅱ

	購入	使用	未使用
A	3	1	2
B	5	5	0
C	6	5	1
D	4	4	0

正答　5

A〜Dの 4 人は，国語，数学，英語の 3 教科について，教科ごとに 1 点刻みで10点満点のテストを受けた。その点数と順位について次のことが分かっているとき，確実にいえることとして最も妥当なのはどれか。

○　平均点は，国語が 6 点，数学が 5 点，英語が 4 点であった。

○　各教科において，他の者の点及びその教科の平均点と同点の者はおらず，また，全ての教科において， 3 点の者と 7 点の者がそれぞれいた。

○　Aの点数は，国語が 3 点，数学が 4 点，英語が 7 点であった。

○　Bの順位は，国語で 2 位，数学で 2 位，英語で 3 位であった。

○　各教科のCとDの点数の差は，いずれも 4 点であり，国語と英語ではCが上位，数学ではDが上位であった。

1　3 教科の合計点では，Aは 4 位であった。
2　3 教科の合計点では，Bは 3 位であった。
3　3 教科の合計点では，Cは 1 位であった。
4　3 教科の合計点では，Dは 2 位であった。
5　いずれかの教科で 5 点を取った者の人数は， 1 人だけであった。

解説

平均点は，国語が 6 点，数学が 5 点，英語が 4 点なので， 4 人の得点合計を科目別に見ると，国語は24点，数学は20点，英語は16点である。これにAの得点までをまとめると，**表Ⅰ**となる。CとDの点数の差は，いずれの教科でも 4 点なので，一方が 3 点なら他方が 7 点という関係になる。各教科とも，他の者と同点の者はいないので，国語および英語ではC，Dはいずれも 3 点， 7 点ではなく，国語はBが 7 点，英語はBが 3 点である。そうすると，国語ではCとDの得点合計は14点で，Cのほうが 4 点高いので，Cが 9 点，Dが 5 点である。英語はCとDの合計が 6 点で，Cが 4 点高いのでCが 5 点，Dが 1 点である。数学ではDのほうが上位なので，Cが 3 点，Dが 7 点であり，Bが 6 点ということになる（**表Ⅱ**）。この**表Ⅱ**より，正答は**3**である。なお，Bの順位に関する条件は不要である。

表Ⅰ

	国語	数学	英語	計
A	3	4	7	14
B				
C				
D				
計	24	20	16	60

表Ⅱ

	国語	数学	英語	計
A	3	4	7	14
B	7	6	3	16
C	9	3	5	17
D	5	7	1	13
計	24	20	16	60

正答　**3**

1～7の互いに異なる数字が一つずつ書かれた7枚のカードがある。これらのカードのうち，6枚をA，Bの2人に3枚ずつ配ったところ，Aに6のカードが配られ，AとBに配られたカードの数字の和は等しかった。さらに，AとBがカードを1枚交換したところ，Aが持っているカードの数字の和は，Bが持っているカードの数字の和の3倍となった。このとき，配られなかったカード1枚と，交換したカード2枚の，合計3枚のカードに書かれた数字の和はいくらか。

1 9
2 10
3 11
4 12
5 13

解説

AとBに配られた3枚ずつのカードに書かれた数の和は等しいので，その和は偶数である。1～7の総和は28だから，配られた6枚のカードに書かれた数の和は26（2が配られない），24（4が配られない），22（6が配られない）のいずれかである。そして，A，Bがカードを1枚交換したところ，Aが持っているカードに書かれた数の和は，Bが持っているカードに書かれた数の和の3倍（A：B＝3：1）となっているので，AとBに配られた6枚のカードに書かれた数の和は4の倍数でなければならない。26，24，22のうち，4の倍数は24だけである。つまり，最初に3枚のカードが配られた段階では，その3枚のカードに書かれた数の和は，AもBも12ということになる。AとBがカードを1枚交換すると，Aの3枚に書かれた数の和は18，Bの3枚に書かれた数の和は6となる。Aが6増えてBが6減るのだから，Aが1と書かれたカードをBに渡し，Bが7と書かれたカードをAに渡したことになる。したがって，配られなかったカードは4，交換したカード2枚のカードは1と7であり，その和は，4＋1＋7＝12である。

　以上から，正答は**4**である。

正答 **4**

図のように、半径3の円筒Aと半径1の円筒Bが接しており、Bは固定された円筒Cの内側と接している。Aが中心軸を中心に回転すると、BはAとCに対して滑ることなく回転する。はじめにCと接していたB上の点Pが描く軌跡（**太線**）として最も妥当なのは次のうちではどれか。

ただし、AとCの中心軸は同一であり、AとBの中心軸は平行であるものとする。

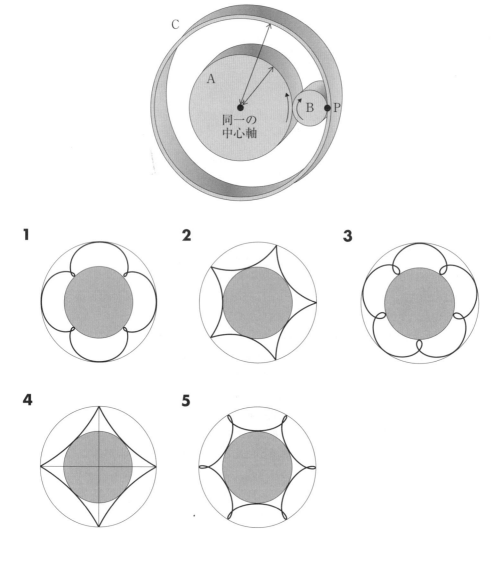

（左側縦タブ）文章理解　課題処理　数的処理　資料解釈　数学　物理　化学　生物　地学

解説

円Bの中心は，**図Ⅰ**のように半径4の円周上を移動することになるので，1周するとその距離は8πとなる。円Bの半径は1だから，その円周は2πであり，$8\pi \div 2\pi = 4$より，円Bは1周で4回転することになる。つまり，90°移動するごとに1回転するのであり，**図Ⅱ**のようになる。ここでは半周した状態を考えてみるだけでよい。

　以上から，正答は**2**である。

図Ⅰ

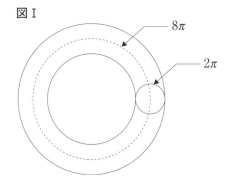

図Ⅱ

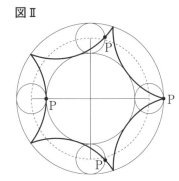

正答　**2**

全面が白又は青のいずれか一色で塗られた同じ大きさの立方体が，合わせて30個ある。これらの立方体を，接する面どうしの色が異なるように積み上げ，図のような立体を作った。Ａの立方体の色が青であるとき，白の立方体の個数から青の立方体の個数を引いた数はいくらか。

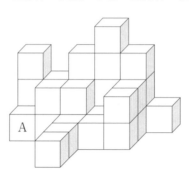

1 　0
2 　1
3 　2
4 　3
5 　4

真上から見た状態で，各段に区切って考えればよい。最下段のＡ立方体が青なので，ここから青と白を交互に配置すればよい。いわゆる市松模様である。2段目は，最下段の青い立方体の上なら白，白い立方体の上なら青の立方体となり，やはり市松模様となる。3段目および最上段も同様に考えればよい。この結果，白い立方体が16個，青い立方体が14個となるので，その差は2である。

　したがって，正答は**3**である。

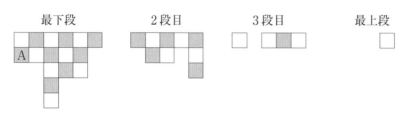

図のように六つの区画に仕切られた容器があり，各区画には国産豚肉，国産牛肉，米国産豚肉，米国産牛肉，豪州産牛肉のうちのいずれか1種類のみが盛られている。次のことが分かっているとき，確実にいえることとして最も妥当なのはどれか。

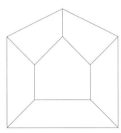

- ○ 国産の肉が盛られた二つの区画どうしは隣り合っていた。
- ○ 米国産の肉が盛られた区画は二つあり，それらは隣り合っていなかった。同様に，豪州産の肉が盛られた区画は二つあり，それらも隣り合っていなかった。
- ○ 国産牛肉が盛られた区画と米国産牛肉が盛られた区画がそれぞれ一つあり，それらは隣り合っていなかった。

1 豚肉が盛られた二つの区画どうしは隣り合っていなかった。
2 米国産牛肉が盛られた区画は，豪州産牛肉が盛られた区画と隣り合っていた。
3 国産豚肉と豪州産牛肉は隣り合っていなかった。
4 牛肉が盛られた区画は三つあった。
5 牛肉が盛られた区画のうちの一つは，牛肉が盛られた他の三つの区画と隣り合っていた。

解 説

図Ⅰのように，6区画をそれぞれA～Fとしてみる。条件から，国産豚肉，国産牛肉，米国産豚肉，米国産牛肉がそれぞれ1区画，豪州産牛肉が2区画ある。D区画は他の5区画すべてと隣り合っているので，米国産および豪州産の肉はD区画ではない。また，国産牛肉が盛られた区画と米国産牛肉が盛られた区画は隣り合っていないので，国産牛肉もD区画ではない。ここから，D区画は国産豚肉である。そして，米国産豚肉と米国産牛肉の区画，豪州産牛肉2区画がいずれも隣り合っていないので，配置の例として**図Ⅱ**あるいは**図Ⅲ**が考えられる。ここから，各選択肢を検討していく。

1．国産豚肉はD区画に決まるので，豚肉の2区画は必ず隣り合うことになる。
2．正しい。米国産牛肉の区画は，国産牛肉，米国産豚肉の区画と隣り合っていないので，必ず豪州産牛肉の区画と隣り合っている。
3．国産豚肉はD区画なので，他のすべての区画と隣り合っている。
4．牛肉は4区画ある。
5．国産豚肉がD区画なので，牛肉の区画が他の牛肉3区画と隣り合うことはない。

図Ⅰ

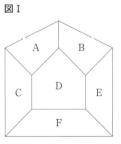

図Ⅱ

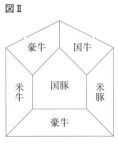

図Ⅲ

正答 **2**

文章理解

課題処理

数的処理

資料解釈

数学

物理

化学

生物

地学

ある会社の社員について，次のことが分かっている。

　○　会計課にいたことがある社員は，表計算ソフトが得意である。

　○　営業課にいたことがある社員は，プレゼンテーションソフトが得意である。

　このとき，「営業課にいたことがある社員は，表計算ソフトが得意ではない。」ことが確実にいえるためには，次のうちどの条件が必要か。

1　会計課と営業課の両方にいたことがある社員はいない。

2　表計算ソフトとプレゼンテーションソフトの両方が得意である社員はいない。

3　表計算ソフトが得意でない社員は，営業課にいたことがある。

4　プレゼンテーションソフトが得意でない社員は，会計課にいたことがある。

5　プレゼンテーションソフトが得意である社員は，会計課にいたことがない。

解説

ベン図を利用して検討していくのがよい。「会計課にいたことがある社員は，表計算ソフトが得意である」，および「営業課にいたことがある社員は，プレゼンテーションソフトが得意である」という2つの命題からベン図を作成すると，図Ⅰのようになる。このベン図においては，会＝会計課にいたことがある社員，表＝表計算ソフトが得意である，営＝営業課にいたことがある社員，プ＝プレゼンテーションソフトが得意であることを意味する。あらかじめ与えられた2つの命題だけでは，「営業課にいたことがある社員で，表計算ソフトが得意な社員」がいることを排除していないのである。この2つの命題に，さらに選択肢の命題を追加するとどうなるかを考えていく。

1．「会計課と営業課の両方にいたことがある社員はいない」が追加されると，図Ⅱとなる。「営業課にいたことがある社員で，表計算ソフトが得意な社員」がいる可能性がある。

2．正しい。「表計算ソフトとプレゼンテーションソフトの両方が得意である社員はいない」を追加すると図Ⅲとなり，「営業課にいたことがある社員は，表計算ソフトが得意ではない」が確実にいえるようになる。

3．「表計算ソフトが得意でない社員は，営業課にいたことがある」を追加すると，図Ⅳとなる。斜線部分は「表計算ソフトが得意な社員」を表す。「表」は「表計算ソフトが得意ではない社員」を表す。

4．「プレゼンテーションソフトが得意でない社員は，会計課にいたことがある」を追加すると，図Ⅴとなる。斜線部分は「プレゼンテーションソフトが得意な社員」を表す。

5．「プレゼンテーションソフトが得意である社員は，会計課にいたことがない」を追加すると，図Ⅵとなる。斜線部分は「プレゼンテーションソフトが得意ではない社員」を表す。この場合も，「営業課にいたことがある社員で，表計算ソフトが得意な社員」がいる可能性がある。

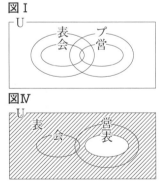

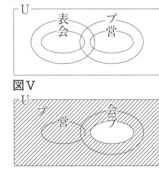

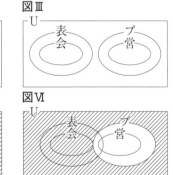

正答 **2**

国家一般職［高卒・社会人］

No. 56 課題処理　対応関係　令和2年度

A〜Dの4人は，福袋に入っていた雑貨やお菓子を持ち寄って交換することにした。4人が持ち寄ったものは互いに異なっており，帽子，手袋，クッキー，キャンディーのいずれか一つであり，各人は自分が持ってきたものとは異なるものを受け取った。次のことが分かっているとき，確実にいえるのはどれか。

- ○　Aは，キャンディーを持ってきた。
- ○　Bは，帽子を受け取った。
- ○　Cが持ってきたものも受け取ったものも，お菓子ではなかった。
- ○　持ってきたものも受け取ったものもお菓子であったのは，1人だけであった。

1　Aが持ってきたものを，Dが受け取った。
2　Bが持ってきたものを，Cが受け取った。
3　Cは，手袋を持ってきた。
4　Dは，クッキーを持ってきた。
5　クッキーを持ってきた者は，キャンディーを受け取った。

解説

まず，「Aは，キャンディーを持ってきた」，「Bは，帽子を受け取った」，「Cが持ってきたものも受け取ったものも，お菓子ではなかった」までをまとめると**表I**となる。

表I

	持ってきたもの				受け取ったもの			
	帽子	手袋	クッキー	キャンディー	帽子	手袋	クッキー	キャンディー
A	×	×	×	○	×			×
B	×			×	○	×	×	×
C			×	×	×		×	×
D				×	×			

この結果，手袋を受け取ったのはCである。そうすると，Cは手袋を持ってこなかったので，Cが持ってきたのは帽子である。そして，Aが受け取ったものはクッキー，Dが受け取ったものはキャンディーとなる。「持ってきたものも受け取ったものもお菓子であったのは，1人だけ」であり，これはAと決まったので，Dが持ってきたものは手袋となり，Bが持ってきたものはクッキーである。この結果，**表II**のように確定する。

表II

	持ってきたもの				受け取ったもの			
	帽子	手袋	クッキー	キャンディー	帽子	手袋	クッキー	キャンディー
A	×	×	×	○	×	×	○	×
B	×	×	○	×	○	×	×	×
C	○	×	×	×	×	○	×	×
D	×	○	×	×	×	×	×	○

よって，正答は**1**である。

正答　**1**

ある係では，図のような①～⑥の座席のいずれかにA～
Eの5人の職員が配置されており，いま，残り一つの座
席に男性の新人が配置された。次のことが分かっている
とき，新人の座席である可能性のあるもののみを挙げて
いるのはどれか。

○　⑥の座席には女性が配置されている。

○　Aは男性で，BとDは女性である。

○　Aの座席の隣はBの座席である。

○　Cの座席の真向かいの隣の座席にいる人は，男性である。

○　Dの座席の真向かいは新人の座席であり，その新人の座席の隣はBの座席である。

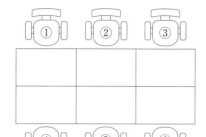

1　①，②

2　①，③

3　②，⑤

4　③，④

5　④，⑤

解 説

「Aの座席の隣はBの座席」，「新人の座席の隣はBの座席」なので，「A－B－新人」，「新人－B－A」のいずれかの並びとなる。⑥の座席は女性，Aおよび新人はいずれも男性なので，Aも新人も⑥の座席ではない。つまり，「A＝①，B＝②，新人＝③」，「新人＝①，B＝②，A＝③」のいずれかの配置となり，各人の座席配置は，図Ⅰ，図Ⅱのいずれかである。

　よって，正答は**2**である。

図Ⅰ

①	②	③
A	B	新人
男性	女性	男性
④	⑤	⑥
E	C	D
		女性

図Ⅱ

①	②	③
新人	B	A
男性	女性	男性
④	⑤	⑥
D	C	E
女性		女性

正答　**2**

文章理解　課題処理　数的処理　資料解釈　数学　物理　化学　生物　地学

No. 58　課題処理　　順序関係　　令和2年度

A～Fの6人は，部活動の準備運動としてグラウンドを3周走った。6人は，進行方向に縦一列に並んで走り，1周するごとに，一番後ろを走っていた者は他の5人を追い抜いて一番前に出ることとなっており，これ以外では，いずれの者も追い抜かれることはなかった。次のことが分かっているとき，確実にいえるのはどれか。

○　Aは，1周目はBより前を走った。

○　Eは，2周目はAのすぐ後ろを走っており，3周目は一番前を走った。

○　Fは，3周目はCのすぐ前を走った。

1　1周目，Bは一番後ろを走った。

2　1周目，CはAのすぐ前を走った。

3　2周目，Dは前から2番目を走った。

4　2周目，EはBより前を走った。

5　3周目，Fは前から3番目を走った。

解説

まず，Eは3周目に1番前を走っているので，2周目は1番後ろを走っており，Eのすぐ前がAである。そうすると，1周目はAが前から4番目，Eが前から5番目であり，「Aは，1周目はBより前」を走っているので，1周目のBは1番後ろ（2周目は1番前）となる（**図Ⅰ**）。C，D，Fについては，1周目から3周目まで3人の順番は変化せず，FはCのすぐ前なので，**図Ⅱ**に示す2通りである。この**図Ⅰ**，**図Ⅱ**より，**2**，**3**，**5**は確定できず，**4**は誤りとなる。

よって，正答は**1**である。

図Ⅰ

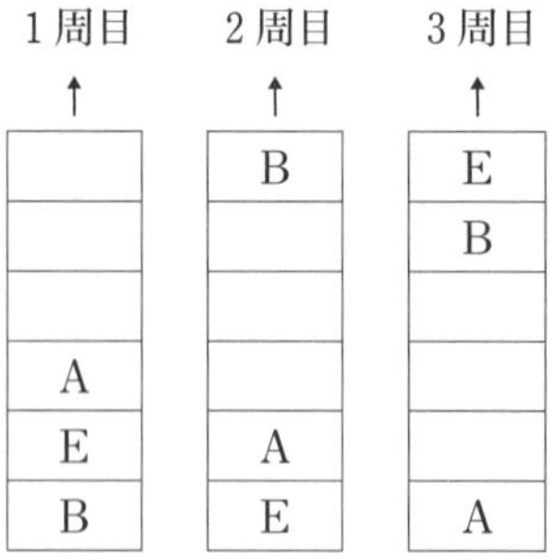

	1周目		2周目		3周目
↑		↑		↑	
		B		E	
				B	
A					
E		A			
B		E		A	

図Ⅱ

↑		↑
F		D
C		F
D		C

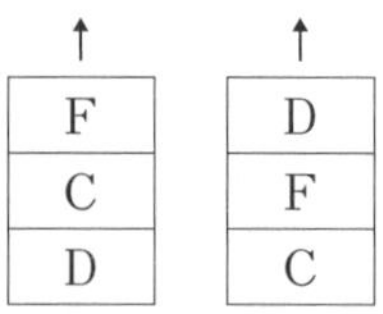

正答　1

五つのサッカーチームA〜Eが総当たりのリーグ戦を行った。各試合の結果は，勝利，敗戦，引き分けのいずれかであり，各試合の勝ち点は，勝利の場合は3点，敗戦の場合は0点，引き分けの場合は1点である。次のことが分かっているとき，確実にいえるのはどれか。

○　勝ち点の合計は，5チームで互いに異なっており，いずれも偶数であった。
○　Aチームの勝ち点の合計は，8点であった。
○　引き分けの試合は，Aチーム対Bチーム，Aチーム対Cチームの2試合のみであった。
○　Dチームは，Aチームとは勝利数が，Cチームとは敗戦数が，それぞれ同じであった。

1　Aチームは，Dチームに敗戦した。
2　Bチームは，Eチームに勝利した。
3　Cチームの勝ち点は，6点であった。
4　Dチームの敗戦数は，1であった。
5　Eチームの勝利数は，4であった。

解説

引き分けはA対B，A対Cの2試合で，各チームの勝ち点は互いに異なり，すべて偶数なので，あり得る結果は，3勝1分0敗＝勝ち点10，2勝2分＝勝ち点8，2勝2敗＝勝ち点6，1勝1分2敗＝勝ち点4，0勝0分4敗＝勝ち点0，という組合せである。このうち，Aの勝ち点は8なので，2勝2分0敗であり，AはD，Eに勝っている。Dは引き分けがなく，勝利数がAと同じ2なので，Dの結果は2勝2敗である。CとDは敗戦数が同じなので，Cの結果は1勝1分2敗となる（**表I**）。そうすると，3勝1分0敗＝勝ち点10となるのはBであり，BはC，D，Eに勝っている。また，0勝0分4敗＝勝ち点0はEとなり，B，C，DはEに勝っている。DはA，Bに負けているので，Cには勝っている。ここまでで**表II**のようにすべての結果が確定する。この**表II**より，正答は**2**である。

表I

	A	B	C	D	E	勝	分	敗	点
A		△	△	○	○	2	2	0	8
B	△							1	
C	△					1	1	2	4
D	×					2	0	2	6
E	×								

表II

	A	B	C	D	E	勝	分	敗	点
A		△	△	○	○	2	2	0	8
B	△		○	○	○	3	1	0	10
C	△	×		×	○	1	1	2	4
D	×	×	○		○	2	0	2	6
E	×	×	×	×		0	0	4	0

正答　**2**

文章理解

課題処理

数的処理

資料解釈

数学

物理

化学

生物

地学

図のような，1辺の長さが3cmの正三角形がある。この正三角形を，1辺の長さが6cmの正六角形の辺に沿って，滑ることなく回転させた。このとき，正三角形の頂点Pが描く軌跡（**太線**）として最も妥当なのは，次のうちではどれか。

1

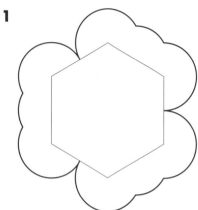

2

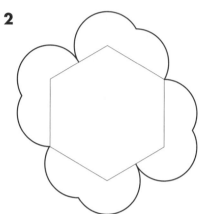

3

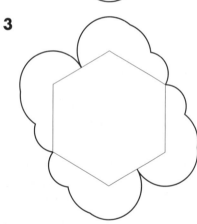

4

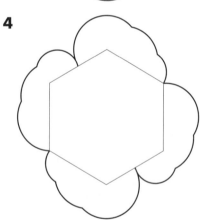

5

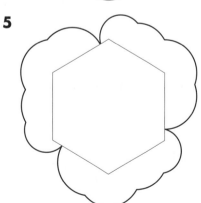

1辺3cmの正三角形なので，この正三角形が回転するとき，頂点Pは9cm移動するごとに正六角形に接することになる。また，頂点Pが回転するとき，その回転の中心は頂点P以外の2つの頂点であり，軌跡としての弧が3種類以上できることはない。この2つのことから，**1**，**3**，**4**，**5**はいずれも誤りであり，正答は**2**である。

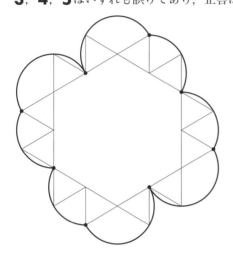

正答　**2**

文章理解

課題処理

数的処理

資料解釈

数学

物理

化学

生物

地学

Yさんが，図のような全てのマスが白又は黒に色分けされた縦5マス×横5マスのゲーム盤に駒を置いた。次のことが分かっているとき，確実にいえるのはどれか。

ただし，「？」が書かれているマスの色がどちらなのかは，Yさん以外には分からないものとする。

○　各行，各列に二つずつ，白いマスのみに駒を置いた。
○　斜めに連続して三つ駒を置くことはなかった。

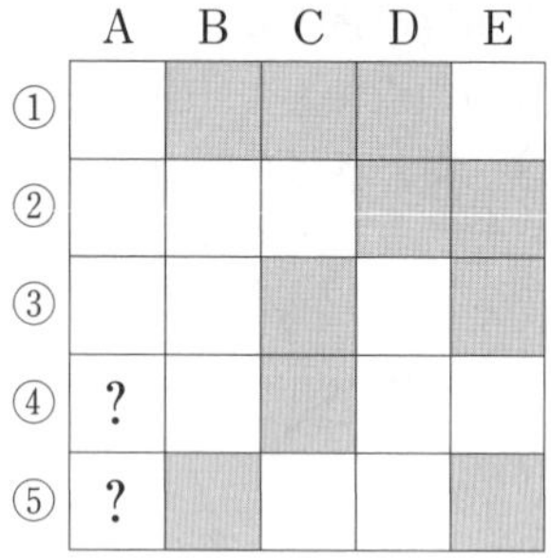

1　A列②行目に駒を置いた。
2　A列④行目に駒を置いた。
3　A列⑤行目に駒を置いた。
4　B列②行目に駒を置いた。
5　B列④行目に駒を置いた。

解説

まず，「各行，各列に2つずつ，白いマスのみに駒を置いた」という条件から，「A列①行目」，「E列①行目」，「C列②行目」，「E列④行目」，「C列⑤行目」に駒が置かれていることは確実である（**図Ⅰ**）。次に，「斜めに連続して3つ駒を置くことはなかった」ことから，「D列③行目」には駒が置かれていない。そうすると，「A列③行目」，「B列③行目」，「D列④行目」，「D列⑤行目」には駒が置かれていることになる。この結果，「A列②行目」，「A列④行目」，「A列⑤行目」には駒が置かれておらず，「B列②行目」には駒が置かれている（**図Ⅱ**）。

したがって，正答は**4**である。

図Ⅰ

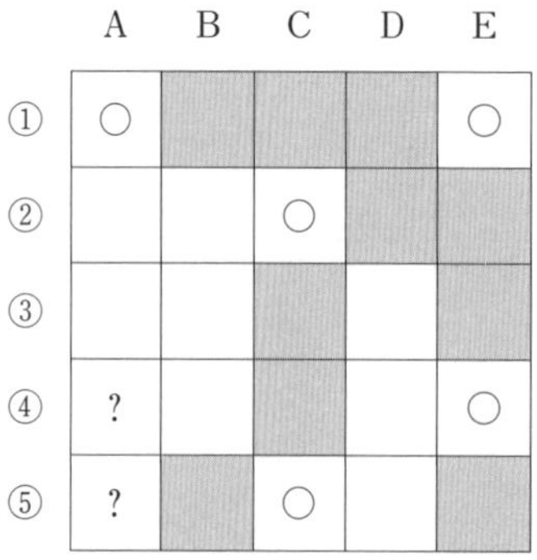

図Ⅱ

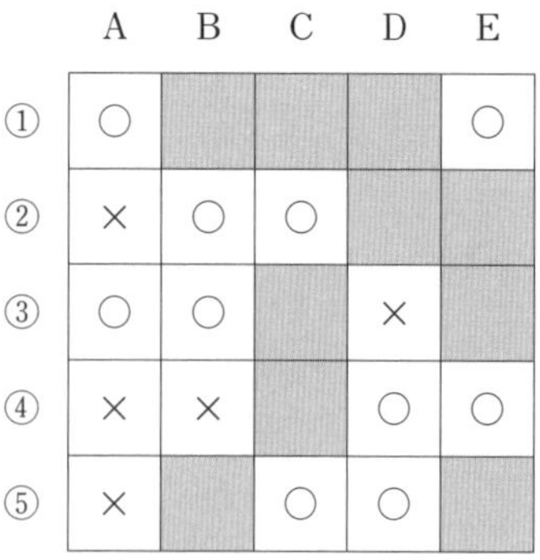

正答　**4**

図Ⅰのように，表面のみに線が描かれた，長辺が2cm，短辺が1cmの長方形の厚紙A〜Eが2枚ずつある。これら10枚のうち9枚を使って，縦6cm，横3cmの枠に，図Ⅱのように厚紙の表面が見えるようにはめ込んだところ，厚紙の上に描かれた線は閉じた1本の線となってつながっていた。このとき，使われずに余った厚紙はどれか。

1 A
2 B
3 C
4 D
5 E

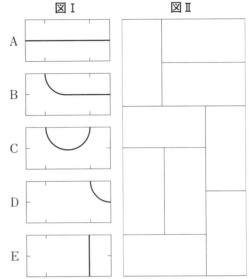

図Ⅰ　図Ⅱ

A
B
C
D
E

解説

まず，上部に置く3枚を考えると，**図1**のようになると考えられる。ここから**図2**とすると，A，B，Eはそれぞれ2枚ずつ使われている。最後に**図3**とすれば，紙の上に描かれた線は閉じた1本の線となる。

　したがって，使われずに余った1枚の厚紙はCであり，正答は**3**である。

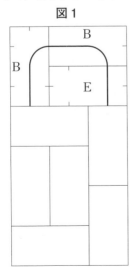

図1

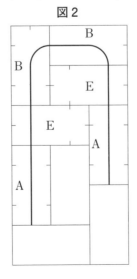

図2

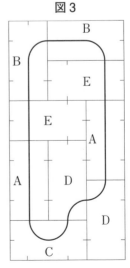

図3

正答　**3**

No. 63 課題処理　　命　題　　令和元年度

あるクラスの生徒について，次のことが分かっているとき，論理的に確実にいえるのはどれか。

○ 体育が好きな生徒は，ダンスが好きであり，かつ，音楽が好きである。

○ 音楽が好きな生徒は，ダンスが好きであるか，又は，英語が好きである。

1 音楽が好きな生徒は，体育が好きである。

2 英語が好きな生徒は，体育が好きである。

3 英語が好きではない生徒は，音楽が好きではない。

4 ダンスが好きではなく，かつ，英語が好きではない生徒は，体育が好きではない。

5 体育が好きな生徒は，ダンスが好きであり，かつ，英語が好きである。

解説

与えられた2つの命題をA，Bとして，次のように論理式で表してみる。

A「体育→（ダンス∧音楽)」

B「音楽→（ダンス∨英語)」

ここで，命題Aは分割可能なので，次のようにすることができる。

A_1「体育→ダンス」

A_2「体育→音楽」

次に，これらの命題について，その対偶を取ると，以下のようになる。

C「($\overline{ダンス}$∨$\overline{音楽}$)→$\overline{体育}$」

D「($\overline{ダンス}$∧$\overline{英語}$)→$\overline{音楽}$」

C_1「$\overline{ダンス}$→$\overline{体育}$」

C_2「$\overline{音楽}$→$\overline{体育}$」

これらA～Dを利用して，各選択肢を検討すればよい。

1．命題Bより，「音楽→（ダンス∨英語）→」となるが，その先が推論できない。

2．「英語→」となる命題がないので，推論することができない。

3．「英語→」となる命題がないので，推論することができない。命題Aと異なり，命題Dは分割することができない。

4．正しい。命題DおよびC_2より，「($\overline{ダンス}$∧$\overline{英語}$)→$\overline{音楽}$→$\overline{体育}$」となるので，「ダンスが好きではなく，かつ，英語が好きではない生徒は，体育が好きではない」は，確実に推論できる内容である。

5．命題AおよびBより，「体育→（ダンス∧音楽）→（ダンス∨英語）」となるが，「（ダンス∨英語)」の部分は分割できないので，「英語が好きである」と確定することはできない。

正答　**4**

A～Dの4人が受講している夏期講習では，受講者が1時間目，2時間目，3時間目に英語，国語，理科，社会の4科目からそれぞれ任意の1科目を選んで受講することになっている。次のことが分かっているとき，確実にいえるのはどれか。

ただし，同一の科目を複数回受講した者はいなかったものとする。

○　AとBは，1時間目は互いに異なる科目を受講したが，2時間目は一緒に英語を，3時間目は一緒に国語を受講した。

○　C，Dは，他の人と，同じ時間には同じ科目を受講しなかった。

○　Cは国語を受講しなかった。また，Dは社会を受講しなかった。

1　Aは，1時間目に理科を受講した。

2　Bが1時間目に受講した科目は，Cが2時間目に受講した科目と同じだった。

3　Cが1時間目に受講した科目は，Dが3時間目に受講した科目と同じだった。

4　Cは，3時間目に英語を受講した。

5　4人全員が理科を受講した。

解説

AとBは2時間目に英語，3時間目に国語を受講しているが，1時間目は互いに異なる科目を受講しているので，一方が理科で他方が社会を受講している。そうすると，CとDは他の人と同じ時間には同じ科目を受講しなかったので，1時間目は英語または国語を受講しているが，Cは国語を受講していないので，Cは1時間目に英語を受講し，Dは1時間目に国語を受講している。Cは(2時間目，3時間目)＝(理科，社会)，Dは(2時間目，3時間目)＝(英語，理科)となるが，A，Bが2時間目に英語を受講しているので，Dが英語を受講したのは3時間目，したがって，2時間目に受講したのは理科となる。ここから，Cが理科を受講したのは3時間目で，2時間目に受講したのは社会となり，次の表のようになる。

	1時間目	2時間目	3時間目
A	理科・社会	英語	国語
B		英語	国語
C	英語	社会	理科
D	国語	理科	英語

この表より，**1**，**2**は不確定，**4**，**5**は誤りで，確実にいえるのは**3**だけである。

以上から，正答は**3**である。

正答　**3**

A～Eの5人の選手が，それぞれ黒，白，赤，青，緑の互いに異なる色の車に乗り，カーレースを行った。次のことが分かっているとき，確実にいえるのはどれか。

　○　Aの車は，Bの車よりも先にゴールした。
　○　黒の車は，Dの車よりも後にゴールした。
　○　白の車は，Eの車よりも2台前にゴールした。
　○　青の車は，Cの車から4台後にゴールした。
　○　緑の車は，4番目にゴールした。

1　黒の車は，赤の車の次にゴールした。
2　白の車は，最初にゴールした。
3　青の車に乗っていたのは，Bだった。
4　Aの車は，緑の車よりも先にゴールした。
5　Eの車は，4番目にゴールした。

解説

与えられている条件をそれぞれ図にしてみると，①～④のようになる。④より，1位はC，4位は緑の車，5位は青の車である（表Ⅰ）。この表Ⅰで②を考えると，Dは2位，黒の車は3位と決まる。次に③を考えると，白の車が1位，または白の車が2位のいずれかとなる。白の車が1位の場合は表Ⅱとなり，白の車が2位の場合は表Ⅲとなる。この表Ⅱおよび表Ⅲより，**1**，**2**，**4**，**5**は不確定であり，確実にいえるのは**3**だけである。
　以上から，正答は**3**である。

①
A	...	B

②
D	...	
		黒

③
		E
白		

④
C				
			緑	青

表Ⅰ
1	2	3	4	5
C				
			緑	青

表Ⅱ
1	2	3	4	5
C	D	E	A	B
白	赤	黒	緑	青

表Ⅲ
1	2	3	4	5
C	D	A	E	B
赤	白	黒	緑	青

正答 **3**

図のような八つの部屋があるホテルに，A～Fの6人が一つの部屋につき1人ずつ宿泊しており，二つの部屋は空室である。次のことが分かっているとき，確実にいえるのはどれか。

1号室		5号室
2号室	廊	6号室
3号室	下	7号室
4号室		8号室

○　Aの部屋の隣には，空室が少なくとも一つある。また，Bの部屋の隣にも，空室が少なくとも一つある。

○　Aの部屋と廊下を挟んで真向かいにある部屋の隣は，Dの部屋である。

○　Bの部屋と廊下を挟んで真向かいにある部屋は，Eの部屋である。

○　Dの部屋と廊下を挟んで真向かいにある部屋は，空室である。

○　Cの部屋とEの部屋は，それぞれ5号室と7号室又は7号室と5号室である。

1　1号室はBの部屋である。　　**2**　2号室は空室である。　　**3**　3号室はAの部屋である。

4　6号室はDの部屋である。　　**5**　8号室は空室である。

解説

まず，B，C，Eの部屋についての関係を考えると，次の図Ⅰ，図Ⅱの2通りとなる。これに，A，Dの部屋についての関係を加えると，図Ⅰについては図Ⅰ-2，図Ⅱについては図Ⅱ-2と図Ⅲ-3の2通りとなる。図Ⅰ-2および図Ⅱ-2では，Dが6号室で2号室が空室（×），4号室と8号室のうちの一方がF，他方が空室（×）となる。図Ⅱ-3では，Dが8号室，Fが6号室で，2号室および4号室が空室（×）である。

以上から，**1**，**3**，**4**，**5**は確実とはいえず，正答は**2**である。

図Ⅰ

1号室		C	5号室
2号室	廊		6号室
3号室 B	下	E	7号室
4号室			8号室

図Ⅱ

1号室	B	E	5号室
2号室	廊		6号室
3号室	下	C	7号室
4号室			8号室

図Ⅰ-2

1号室 A		C	5号室
2号室 ×	廊	D	6号室
3号室 B	下	E	7号室
4号室 (F)		(F)	8号室

図Ⅱ-2

1号室	B	E	5号室
2号室 ×	廊	D	6号室
3号室 A	下	C	7号室
4号室 (F)		(F)	8号室

図Ⅱ-3

1号室	B	E	5号室
2号室 ×	廊	F	6号室
3号室 A	下	C	7号室
4号室 ×		D	8号室

正答　**2**

国家一般職[高卒・社会人]

No.
67
課題処理
命　題
平成30年度

文章理解

課題処理

数的処理

資料解釈

数学

物理

化学

生物

地学

ある会社の社員について，次のことが分かっているとき，論理的に確実にいえるのはどれか。
- ○　市外から通勤している社員は，自動車で通勤していない。
- ○　自動車で通勤している社員は，早出勤務をしていない。
- ○　早出勤務をしている社員は，市外から通勤していない。
- ○　通勤時間が1時間以上の社員は，自動車で通勤しているか，又は，市外から通勤している。

1　市外から通勤している社員は，早出勤務をしている。

2　市外から通勤していない社員は，通勤時間が1時間未満である。

3　自動車で通勤している社員は，市外から通勤している。

4　自動車で通勤していない社員は，早出勤務をしている。

5　早出勤務をしている社員は，通勤時間が1時間未満である。

解説

与えられている命題を上から順にそれぞれ論理式で表すと，
- A：市外→$\overline{\text{自動車}}$
- B：自動車→$\overline{\text{早出勤務}}$
- C：早出勤務→$\overline{\text{市外}}$
- D：1時間以上→（自動車∨市外）

となる。次に，これらの対偶を考えると，以下のようになる。
- E：自動車→$\overline{\text{市外}}$
- F：早出勤務→$\overline{\text{自動車}}$
- G：市外→$\overline{\text{早出勤務}}$
- H：$\overline{(\text{自動車}\wedge\text{市外})}$→1時間未満

これらをもとにして選択肢を検討していけばよい。

1. Gより，「市外から通勤している社員は，早出勤務をしていない」となる。

2. Hを「$(\overline{\text{自動車}}→1時間未満)\wedge(\overline{\text{市外}}→1時間未満)$」と分割することはできないので，「市外から通勤していない社員は，通勤時間が1時間未満である」かどうかを確実に推論することはできない。

3. Eより，「自動車で通勤している社員は，市外から通勤していない」となる。

4. **2**と同様で，Hは分割できないので，「自動車で通勤していない社員は，早出勤務をしている」かどうかを確実に推論することはできない。

5. 正しい。C「早出勤務→$\overline{\text{市外}}$」，F「早出勤務→$\overline{\text{自動車}}$」より，「早出勤務→$(\overline{\text{自動車}}\wedge\overline{\text{市外}})$」が成り立つ。そうすると，これとHより，「早出勤務→$(\overline{\text{自動車}}\wedge\overline{\text{市外}})$→1時間未満」となるので，「早出勤務をしている社員は，通勤時間が1時間未満である」は確実に推論できる。

正答　**5**

A～Fの6人がバーベキューを行った。6人は，肉2種類（牛肉，豚肉）のうち1種類と，野菜4種類（ピーマン，玉ねぎ，にんじん，なす）のうち2種類の合計3種類を組み合わせて，それぞれ1本の串に刺した。次のことが分かっているとき，確実にいえるのはどれか。

○ 6人の串をみると，牛肉がある串は4本，豚肉がある串は2本，ピーマンがある串は3本，玉ねぎがある串は4本，にんじんがある串は2本，なすがある串は3本であった。

○ 6人の串は，肉と野菜の3種類の組合せが互いに異なっていた。

○ Aの串には，ピーマンと玉ねぎがあった。

○ Bの串には，豚肉があった。また，BとEの串の野菜は2種類とも同じであった。

○ CとDの串は，ピーマンのみが同じであった。

○ Fの串は牛肉，玉ねぎ，にんじんの組合せであった。また，牛肉とにんじんの両方がある串はFの串以外にはなかった。

1 Aの串には，豚肉があった。
2 Bの串には，にんじんがあった。
3 Cの串には，牛肉があった。
4 Dの串には，玉ねぎがあった。
5 Eの串には，なすがあった。

解説

まず，「牛肉＝4本，豚肉＝2本，ピーマン＝3本，玉ねぎ＝4本，にんじん＝2本，なす＝3本」，「Aにはピーマンと玉ねぎ」，「Bには豚肉」，「CとDはピーマンのみ同じ」，「Fには牛肉，玉ねぎ，にんじん」を表にまとめてみる。また，Bは豚肉で，BとEは野菜が2種類とも同じなので，Eには牛肉が入り，したがって，BとEににんじんはないことになる。ここまでが次の**表Ⅰ**である。

そうすると，「E＝牛肉，玉ねぎ，なす」（この時点で正答は**5**と決まってしまう），「B＝豚肉，玉ねぎ，なす」が決まる。CとDについて，一方がにんじん，他方がなす，そして，にんじんなら豚肉，なすなら牛肉，となるがこの点は確定しない。また，豚肉はBと（C∨D）の2人なので，Aは牛肉と決まる（**表Ⅱ**）。

表Ⅰ

	牛肉	豚肉	ピーマン	玉ねぎ	にんじん	なす
A			○	○	×	×
B		○	×		×	
C			○			
D			○			
E	○		×		×	
F	○	×	×	○	○	×
	4	2	3	4	2	3

表Ⅱ

	牛肉	豚肉	ピーマン	玉ねぎ	にんじん	なす
A	○	×	○	○	×	×
B	×	○	×	○	×	○
C			○	×		
D			○	×		
E	○	×	×	○	×	○
F	○	×	×	○	○	×
	4	2	3	4	2	3

以上から，正答は**5**である。

正答 **5**

いずれも異なった年齢であるA～Fの6人について次のことが分かっているとき，確実にいえるのはどれか。

○　6人が年齢順に並んだとき，隣り合う者との年齢差はそれぞれ異なり，その値は2，3，4，5，6のいずれかであった。

○　Aは最も年長で40歳であり，Cは最も年少で20歳であった。

○　AとAの次に年齢の高い者との年齢差は6歳であった。

○　AとFの年齢差とCとDの年齢差は同じであり，DとFの年齢差は4歳であった。

○　BとEの年齢差の値はBとCの年齢差の値の2倍未満であった。

○　EはDとFより年上であった。

1　BとCの年齢差は5歳であった。

2　DとEの年齢差は6歳であった。

3　EとFの年齢差は2歳であった。

4　2番目に年齢が高いのはBであった。

5　3番目に年齢が高いのはFであった。

解説

EはD，Fより年長で，BとEの年齢差はBとCの年齢差の値の2倍未満であることから，EはB，D，Fより年長である。つまり，Aの次に年齢が高いのはEで，34歳である。AとCの年齢差が20で，AとFの年齢差とCとDの年齢差は同じであり，DとFの年齢差は4歳であることを考えると，$(20+4)÷2=12$より，Dが32歳でFが28歳の場合と，$(20-4)÷2=8$より，Fが32歳でDが28歳の場合の2通りとなる。このどちらも，Bが25歳で条件を満たす（表Ⅰ，表Ⅱ）。

　以上から，**2**，**3**，**5**は確実とはいえず，**4**は誤りで，正答は**1**である。

表Ⅰ

	A	E	D	F	B	C
年齢	40	34	32	28	25	20
差		6	2	4	3	5

表Ⅱ

	A	E	F	D	B	C
年齢	40	34	32	28	25	20
差		6	2	4	3	5

正答　**1**

ある高校では，生徒が第二外国語の履修科目としてフランス語又はドイツ語のいずれかを選択している。この高校の1年生と2年生について次のことが分かっているとき，確実にいえるのはどれか。

○　この高校の1年生と2年生は，合わせて400人である。

○　1年生の男子は，100人である。

○　2年生の男子は，90人である。

○　ドイツ語を選択している男子と女子は，同数である。

○　フランス語を選択している男子は，2年生の女子と同数である。

○　フランス語を選択している女子は，90人である。

1　1年生の女子は，90人である。

2　2年生の女子は，80人である。

3　フランス語を選択している男子は，70人である。

4　ドイツ語を選択している男子は，100人である。

5　ドイツ語を選択している女子は，110人である。

解説

次のような表（キャロル表）を利用して考えるとよい。まず，1年生の男子100人，2年生の男子90人，フランス語を選択している女子90人を表に記入する。そうすると，男子は1，2年生合計で190人だから，女子の1，2年生合計は210人。したがって，ドイツ語を選択している女子は120人である。ここまでで**表Ⅰ**となる。

さらに，ドイツ語を選択している男子と女子は同数だから，ドイツ語を選択している男子は120人で，フランス語を選択している男子は70人である。そして，フランス語を選択している男子は2年生の女子と同数だから，2年生の女子は70人で，1年生の女子は140人となる（**表Ⅱ**）。この**表Ⅱ**より，正答は**3**である。

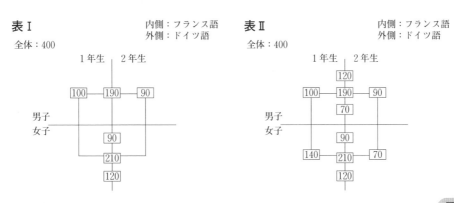

表Ⅰ
全体：400
内側：フランス語
外側：ドイツ語

表Ⅱ
全体：400
内側：フランス語
外側：ドイツ語

正答　**3**

国家一般職［高卒・社会人］

No. 71　課題処理　対応関係　平成29年度

赤，青，黄の3色のカードが，それぞれ2枚，4枚，2枚の合計8枚ある。この8枚のカードが，A～Dの4人に2枚ずつ配られた後，AとBは手持ちのカードを1枚交換し，また，CとDも手持ちのカードを1枚交換した。次のことが分かっているとき，確実にいえるのはどれか。

○　交換する前，AとCは赤のカードを持っていた。
○　交換した後，Aは2枚の同色のカードを持っており，また，Cも2枚の同色のカードを持っていたが，AとCのカードの色は異なっていた。
○　交換した後，Bのカードの色の組合せは，Dと同じであった。

1　交換する前，Aのカードの色の組合せは，Cと同じであった。
2　交換する前，Bのカードの色の組合せは，Dと同じであった。
3　交換する前，Dは黄のカードを1枚持っていた。
4　交換する前，2枚の同色のカードを持っていた者がいた。
5　交換した後，Cは青のカードを2枚持っていた。

解説

赤のカードは2枚しかないので，交換前に赤のカードを持っていたのはAとCだけである。そして，交換後にAとCは2枚の同色のカードを持っているので，これは，青2枚または黄2枚（ただし，AとCのカードの色は異なる）である。この青2枚または黄2枚について，AとCで場合分けをすると，表I，表IIの2通りとなる。

この表I，表IIから，**1**，**2**は誤りで，**3**，**5**は不確実だが，BまたはDのどちらかが交換前に青のカード2枚を持っていたのは確実である。

よって，正答は**4**である。

表I

	交換前		交換後	
A	赤	黄	黄	黄
B	青	黄	赤	青
C	赤	青	青	青
D	青	青	赤	青

表II

	交換前		交換後	
A	赤	青	青	青
B	青	青	赤	青
C	赤	黄	黄	黄
D	青	黄	赤	青

正答　**4**

図のように，正五角形に対角線を引き，その内側にできる正五角形にも対角線を引く。このとき，正五角形の辺や対角線（又はその一部）を用いて作られる三角形のうち，図の灰色に塗られた部分の図形と相似となるのは，その図形も含めて何個あるか。

1 30個
2 40個
3 50個
4 60個
5 70個

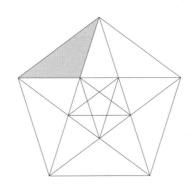

解説

まず，問題図の灰色部分の二等辺三角形に関しては，外側の正五角形の各辺に1個ずつ，計5個ある（**図Ⅰ**）。次に，**図Ⅱ**のように正五角形の各対角線に2個ずつ（対角線の両側に1個ずつ），計10個の相似三角形がある。この**図Ⅰ**，**図Ⅱ**の二等辺三角形については，内側の正五角形内にも同様に相似三角形として存在するので，ここまでで（5+10）×2＝30より，30個の相似三角形がある。さらに，外側の正五角形の各対角線に，**図Ⅲ**のような相似三角形が2個ずつ，計10個存在する。したがって，存在する相似三角形は全部で40個ある。

　　よって，正答は**2**である。

図Ⅰ　　　　　　　図Ⅱ　　　　　　　図Ⅲ

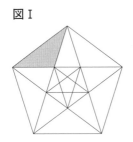 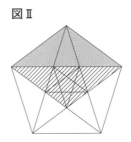 

注：ここで「相似」という場合，そこには「合同」も含まれる。

正答　**2**

No. 73 課題処理 　形式論理　 平成29年度

あるクラスの生徒の通学手段，通学時間，読書量について次のことが分かっているとき，確実にいえるのはどれか。

　○　電車を利用している生徒は，月に3冊以上の本を読む。
　○　バスを利用している生徒は，自転車を利用していない。
　○　通学時間が30分未満の生徒は，自転車を利用しており，かつ月に1冊以上の本を読む。
　○　月に5冊以上の本を読む生徒は，バスを利用している。

1　電車を利用している生徒は，自転車も利用している。
2　バスを利用していない生徒は，通学時間が30分未満である。
3　自転車を利用していない生徒は，月に3冊以上の本を読む。
4　月に3冊以上の本を読む生徒は，バスを利用している。
5　月に5冊以上の本を読む生徒は，通学時間が30分以上である。

解説

与えられた4命題を，上から順にA～Dとし，次のような論理式で表してみる。

　A：「電車→3冊以上」
　B：「バス→$\overline{\text{自転車}}$」
　C：「30分未満→（自転車∧1冊以上）」
　　Cについては，次のように分割することが可能である。
　C_1：「30分未満→自転車」
　C_2：「30分未満→1冊以上」
　　上のA～D，およびC_1，C_2について，それぞれの対偶E～H，G_1，G_2を考えると，
　E：「$\overline{\text{3冊以上}}$→$\overline{\text{電車}}$」
　F：「自転車→$\overline{\text{バス}}$」
　G：「$\overline{(\text{自転車}\vee\text{1冊以上})}$→$\overline{\text{30分未満}}$」
　H：「$\overline{\text{バス}}$→$\overline{\text{5冊以上}}$」
　G_1：「$\overline{\text{自転車}}$→$\overline{\text{30分未満}}$」
　G_2：「$\overline{\text{1冊以上}}$→$\overline{\text{30分未満}}$」

となる。以上を前提に各選択肢を検討すればよい。

1．Aより「電車→3冊以上→」であるが，その先が推論できない。
2．Hより「$\overline{\text{バス}}$→$\overline{\text{5冊以上}}$→」であるが，これもその先が推論できない。
3．G_1より「$\overline{\text{自転車}}$→$\overline{\text{30分未満}}$→」であるが，これもその先が推論できない。
4．「3冊以上→」となる命題が存在しないので，判断することができない。
5．正しい。D，B，G_1より「5冊以上→バス→$\overline{\text{自転車}}$→$\overline{\text{30分未満}}$」であり，これは，「月に5冊以上の本を読む生徒は，通学時間が30分未満ではない」，つまり，「月に5冊以上の本を読む生徒は，通学時間が30分以上である」となる。

正答 **5**

ある店でA～Fの6人が，それぞれ，オレンジジュースと紅茶の2種類の飲み物からいずれか一つ，ワッフル，ドーナツ，タルトの3種類の菓子からいずれか一つを注文した。次のことが分かっているとき，確実にいえるのはどれか。

- ○ A，D，Fは紅茶を注文した。
- ○ Aはドーナツを注文しなかったが，Eはドーナツを注文した。
- ○ BとFはタルトを注文した。
- ○ BとEは，注文した飲み物と菓子の少なくとも一方が同じであった。また，CとFも，注文した飲み物と菓子の少なくとも一方が同じであった。
- ○ 6人中2人は，注文した飲み物と菓子が両方とも同じであり，他にそのような2人はいなかった。
- ○ ワッフル，ドーナツ，タルトを注文したのは，それぞれ2人であった。

1 Bは紅茶を注文した。
2 Cはドーナツを注文した。
3 Dはワッフルを注文した。
4 Eはオレンジジュースを注文した。
5 オレンジジュースを注文したのは，3人であった。

解説

まず，表を用意し，「A，D，Fは紅茶を注文した」「Aはドーナツを注文しなかったが，Eはドーナツを注文した」「BとFはタルトを注文した」を記入してみる。そして，「ワッフル，ドーナツ，タルトを注文したのは，それぞれ2人であった」より，Aが注文した菓子はワッフルと決まる。ここまでが**表I**である。

次に，「CとFは，注文した飲み物と菓子の少なくとも一方が同じ」であるが，2人が注文した菓子は異なっているので，飲み物が同じということになり，Cは紅茶を注文している。そして，「BとEは，注文した飲み物と菓子の少なくとも一方が同じ」であるが，注文した菓子は異なっているので，BとEが注文した飲み物は同じである。このとき，2人が注文した飲み物が紅茶だと，BとFは注文した飲み物と菓子が両方とも同じになる。ところが，AとC，またはAとDのどちらかは，注文した飲み物と菓子が両方とも同じになるので，BとEが注文した飲み物が紅茶だと，「6人中2人は，注文した飲み物と菓子が両方とも同じであり，ほかにそのような2人はいなかった」という条件に反することになる。したがって，BとEが注文した飲み物はオレンジジュースである。最後に，CとDが注文した菓子は，一方がワッフル，他方がドーナツであるが，これについては，**表II**，**表III**のようにどちらも成り立つ。この**表II**，**表III**より，**1**，**5**は誤り，**2**，**3**は不確実。

よって，正答は**4**である。

表I

	オレンジジュース	紅茶	ワッフル	ドーナツ	タルト
A	×	○	○	×	×
B			×	×	○
C					×
D	×	○			×
E			×	○	×
F	×	○	×	×	○
			2人	2人	2人

表II

	オレンジジュース	紅茶	ワッフル	ドーナツ	タルト
A	×	○	○	×	×
B	○	×	×	×	○
C	×	○	○	×	×
D	×	○	×	○	×
E	○	×	×	○	×
F	×	○	×	×	○
			2人	2人	2人

表III

	オレンジジュース	紅茶	ワッフル	ドーナツ	タルト
A	×	○	○	×	×
B	○	×	×	×	○
C	×	○	×	○	×
D	×	○	○	×	×
E	○	×	×	○	×
F	×	○	×	×	○
			2人	2人	2人

正答 **4**

No. 75 課題処理 数量相互の関係 平成28年度

A～Eの5人は，回転ずし店で夕食をとった。すしの値段は表のとおりであった。次のことが分かっているとき，確実にいえるのはどれか。

皿の色 （値段）	ネタ	
赤皿 （200円）	いか	たこ
黒皿 （300円）	いくら	まぐろ
金皿 （400円）	うに	たい

- ○ 5人は，それぞれ3皿以上注文した。
- ○ 5人が注文した金額の合計は5,000円であった。また，注文した金額が最も多かったのはAで，1,600円であった。
- ○ 5人とも，「まぐろ」を注文した。
- ○ A，B，Cは，「いくら」を注文した。
- ○ Dは，赤皿を2皿，黒皿を1皿，金皿を1皿の合計4皿を注文した。
- ○ 同じネタを2皿以上注文した者はいなかった。

1 Aは「たこ」を注文した。
2 Bは赤皿を2皿注文した。
3 Cが注文した金額は800円であった。
4 Dは「うに」を注文した。
5 Eは金皿を1皿注文した。

解説

まず，5人とも「まぐろ」を注文しており，A，B，Cは「いくら」を注文している。Aは，注文した金額が1,600円であるが，これは300円と400円の皿がそれぞれ2皿と，200円の皿が1皿の組合せしかない。また，Dは「いか」と「たこ」を注文し，「うに」と「たい」のどちらかを注文している。ここまでを示すと，次の**表I**のようになる（各人の△はどちらか一方を注文したことを示す）。

AとDで合計2,700円注文しているので，B，C，Eの3人で2,300円の注文となる。全員が3皿以上注文しているので，B，Cはいずれも「いか」と「たこ」のうちの一方を注文し（注文金額の合計は各800円），Eは「いか」と「たこ」を両方注文していなければならない（注文金額の合計は700円）。ここまでで**表II**のようになる。

この**表II**より，**1**，**4**は不明確，**2**，**5**は誤りで，正答は**3**である。

表I

	赤皿		黒皿		金皿		金額
	200円		300円		400円		
	いか	たこ	いくら	まぐろ	うに	たい	
A	△	△	○	○	○	○	1,600
B			○	○			
C			○	○			
D	○	○	×	○	△	△	1,100
E				○			
						計	5,000

表II

	赤皿		黒皿		金皿		金額
	200円		300円		400円		
	いか	たこ	いくら	まぐろ	うに	たい	
A	△	△	○	○	○	○	1,600
B	△	△	○	○			800
C	△	△	○	○			800
D	○	○	×	○	△	△	1,100
E	○	○		○			700
						計	5,000

正答 **3**

男子2人，女子4人のA～Fの6人の生徒が，図のように机を正六角形になるよう配置し，一人ずつ中心に向かって座った。この6人は，学級委員，環境委員，給食委員，生活委員，体育委員，図書委員のうち，それぞれ異なる一つの委員を担っていた。次のことが分かっているとき，確実にいえるのはどれか。

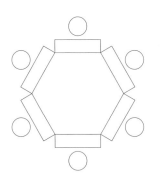

○ Aは男子で，真向かいには図書委員が座っていた。
○ Bは生活委員で，両隣にはEとFが座っていた。
○ Cは女子で，隣には図書委員が座っていた。
○ Dの右隣には，Aが座っていた。
○ 環境委員の隣には，学級委員の男子が座っていた。
○ 学級委員の真向かいには，給食委員が座っていた。

1 Aは環境委員で，Aの右隣にはEが座っていた。
2 Cは給食委員で，Cの右隣にはDが座っていた。
3 Dは体育委員で，真向かいにはFが座っていた。
4 Eは学級委員で，Eの左隣にはAが座っていた。
5 Fは図書委員で，Fの左隣にはBが座っていた。

解説

まず，A（男子）の席を次の図Ⅰのように決めると，その真向かいが図書委員，Aの左隣がDである。ここで，両隣にEとFが座っているB（生活委員）の席を考えると，図書委員の左隣しかない。ただし，EとFの席は確定しない。そうすると，C（女子）の席は，図書委員の右隣である。そして，学級委員と給食委員は向かい合っているので，これはCとその真向かいということになるが，学級委員は男子なのでCではなく，Aの右隣が学級委員（男子）で，Aが環境委員ということになる。この結果，Cは給食委員で，D（女子）は体育委員である。ここまでで図Ⅱのようになる。

　この図Ⅱから，**1**，**4**，**5**は不明確，**3**は誤りで，正答は**2**である。

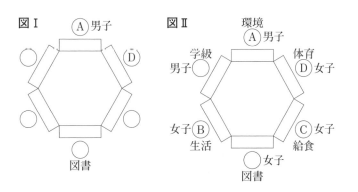

正答　**2**

文章理解　課題処理　数的処理　資料解釈　数学　物理　化学　生物　地学

文章理解

課題処理

数的処理

資料解釈

数学

物理

化学

生物

地学

No. 77 課題処理 順序関係 平成28年度

食堂に8人席のテーブルがあり，ある日の昼食時間帯の利用状況をみると，A〜Eの5組が，座席を交替で利用していた。A〜Eの各組の人数は，それぞれ5人，4人，3人，3人，2人であった。次のことが分かっているとき，5組のうち最後から2番目に利用を開始したのは，どの組か。なお，同じ組の者は必ず同時に利用しており，また，同じ組が二度以上利用することはなかった。

○ テーブル全体で，交替時を除き，常に7人以上が利用していた。

○ 初めにA〜Eのうち2組が利用しており，そのうち1組が先に退席して，別の1組と交替した。その後は，常に，先に利用を開始した組の方が先に退席して，別の1組と交替したが，最後の2組は昼食時間の終了と同時に退席した。

○ Dは，A，Bとそれぞれ同時に利用していた時間があった。

○ Eは，満席のため，しばらく席が空くのを待つ時間があった。

1 A **2** B **3** C **4** D **5** E

解 説

A，Bが同時に利用していた時間があるとすると，どうしてもC，D，Eのうちの2組が同時に利用していた時間があることになるが，それだと「常に7人以上が利用していた」という条件を満たせない。したがって，AとBが同時に利用していた時間はなく，そして，「常に7人以上が利用していた」という条件を満たすためには，A，Bのどちらかが必ず利用していたことになる。また，Eは2人なので，Aと同時に利用しないと「7人」という条件を満たせない。さらに，Eは「満席のため，しばらく席が空くのを待つ時間があった」のだから，最初に利用を開始した組ではない。このことから，最後に退席した2組はAとEである（EはAより後に利用を開始しているので，Aより先に退席することはないが，Aが退席した後も残ったとすると，「7人」という条件を満たせない）。これに，「Dは，A，Bとそれぞれ同時に利用していた時間があった」という条件を加えると，5組の利用状況は次の図のようになる。この図より，最後から2番目に利用を開始したのはAである。

よって，正答は**1**である。

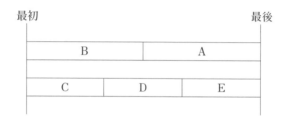

正答 **1**

A～Eの5人が旅行のため，午前9時00分に駅の改札口前で待ち合わせることとなった。次のことが分かっているとき，確実にいえるのはどれか。

ただし，各人の時計は，正確な時刻からずれている可能性があるが，そのずれは一定であるものとする。

○　Bの時計は，Cの時計よりも2分遅れていたが，Eの時計よりも3分進んでいた。
○　Eの時計は，Aの時計よりも7分遅れていたが，Dの時計よりも1分進んでいた。
○　Aは，自分の時計で午前9時10分に到着し，それはBの到着の5分後であった。
○　Cは，自分の時計で午前9時05分に到着した。
○　Eは，自分の時計で午前8時50分に到着し，それはDの到着の15分前であった。

1　Aは，2番目に到着した。
2　Bは，自分の時計で午前9時03分に到着した。
3　Cは，4番目に到着した。
4　Dは，自分の時計で午前9時05分に到着した。
5　自分の時計で午前9時00分より前に到着したのは，1人のみであった。

解説

Aの時計でAが到着したのは9時10分，Bが到着したのは9時05分である。Cが到着したのは，Cの時計で9時05分，Eの時計でEが到着したのは8時50分，Dが到着したのは9時05分となる。ここまでをまとめたのが次の**表Ⅰ**である。これに，Bの時計はCの時計より2分遅れており，Eの時計より3分進んでいる，Eの時計はAの時計よりも7分遅れており，Dの時計よりも1分進んでいる，という条件を加えると，**表Ⅱ**のようになる。この**表Ⅱ**より，Aが到着したのは4番目なので**1**は誤り，Bは自分の時計で9時01分に到着しているので**2**も誤り，Cが到着したのは3番目なので**3**も誤り，Dは自分の時計で9時04分に到着しているので**4**も誤りとなる。自分の時計で9時00分より前に到着したのはE（8時50分）だけなので，**5**は正しい。

　　よって，正答は**5**である。

表Ⅰ

	A	B	C	D	E
Aの時計	9:10	9:05			
Bの時計					
Cの時計			9:05		
Dの時計					
Eの時計				9:05	8:50

表Ⅱ

	A	B	C	D	E
Aの時計	9:10	9:05	9:07	9:12	8:57
Bの時計	9:06	9:01	9:03	9:08	8:53
Cの時計	9:08	9:03	9:05	9:10	8:55
Dの時計	9:02	8:57	8:59	9:04	8:49
Eの時計	9:03	8:58	9:00	9:05	8:50

正答　**5**

図Ⅰの図形A及びB上に点ア～オが与えられている。A又はBを，一直線上を滑ることなく回転させたとき，その図形上の点が描く軌跡が図Ⅱのようになった。このときの点として最も妥当なのはどれか。

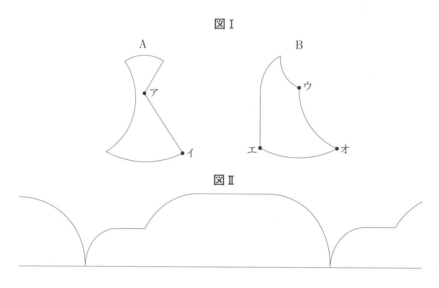

図Ⅰ

図Ⅱ

1 ア　　**2** イ　　**3** ウ　　**4** エ　　**5** オ

解説

問題の**図Ⅱ**の軌跡から考えると，図形上の点は次の図の②のように直線と接するので，点アは妥当ではない。点イ，点オの場合は，①の部分が円弧ではなくサイクロイド曲線でなければならない。また，点エの場合は，①と③の円弧の半径がほぼ等しくなる。点ウであれば，②で直線と接するなら，①の円弧は③の円弧より大きく，③の円弧の次に直線との平行線，その後に円弧，再び平行線となり，**図Ⅱ**の軌跡と一致する。

　よって，点ウが最も妥当であり，正答は**3**である。

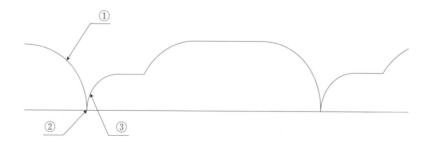

正答　**3**

図のような，同じ大きさの白と黒の小立方体の計64個を交互に積み上げて作った立方体がある。この立方体を，頂点A，B，Cを通る平面で切断するとき，切断される黒の小立方体の数はいくつか。

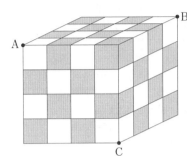

1　6個
2　8個
3　10個
4　12個
5　14個

大立方体を，3点A，B，Cを通る平面で切断すると，切断線は次の**図Ⅰ**のようになる。切断される小立方体については，**図Ⅱ**のように各段に区切って考えればよい（図の斜線部が切断面）。切断される黒い小立方体の個数は，最上段で3個，2段目で2個，3段目で1個であり，合計6個となる。

　よって，正答は**1**である。

図Ⅰ

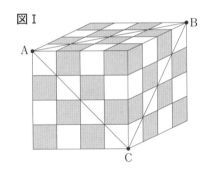

図Ⅱ

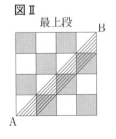
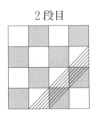
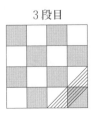
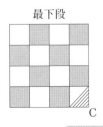

最上段　　　2段目　　　3段目　　　最下段

正答　**1**

国家一般職［高卒・社会人］

No. **81** 課題処理　　　**形式論理**　　平成28年度

文章理解

課題処理

数的処理

資料解釈

数学

物理

化学

生物

地学

次のA～Dの推論のうち，論理的に正しいもののみを挙げているのはどれか。

　A：ピアノを習っている人は，音楽が好きである。

　　　ピアノを習っている人は，ギターも習っている。

　　　したがって，音楽が好きな人は，ギターを習っている。

　B：水泳が得意な人は，バスケットボールも得意である。

　　　バレーボールが得意な人は，バスケットボールが得意ではない。

　　　したがって，水泳が得意な人は，バレーボールが得意ではない。

　C：ハンバーグもエビフライも好きな人は，オムライスも好きである。

　　　カレーライスが好きな人は，エビフライが好きではない。

　　　したがって，カレーライスが好きではない人は，オムライスも好きではない。

　D：バイクが好きな人は，自動車も自転車も好きである。

　　　電車が好きではない人は，自動車も好きではない。

　　　したがって，バイクが好きな人は，電車も好きである。

1 A, B　　**2** A, C　　**3** B, C　　**4** B, D　　**5** C, D

解説

A：ベン図で表すと次の**図Ⅰ**のようになり，「音楽が好きな人は，ギターを習っている」と推論することはできない。

B：正しい。「水泳が得意な人は，バスケットボールも得意である」，および「バレーボールが得意な人は，バスケットボールが得意ではない」の対偶である，「バスケットボールが得意な人は，バレーボールが得意ではない」から，三段論法により，「水泳が得意な人は，バレーボールが得意ではない」と推論することができる。

C：ベン図で表すと**図Ⅱ**のようになり，「カレーライスが好きでない人は，オムライスも好きではない」と推論することはできない。

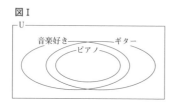

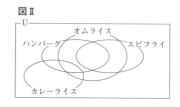

D：正しい。「バイクが好きな人は，自動車も自転車も好きである」という命題は，①「バイクが好きな人は，自動車も好きである」と，②「バイクが好きな人は，自転車も好きである」に分割可能である。この①と，「電車が好きでない人は，自動車も好きではない」の対偶である「自動車が好きな人は，電車も好きである」から，三段論法により，「バイクが好きな人は，電車も好きである」と推論することが可能である。

　したがって，A～Dのうち，論理的に正しい推論といえるのはBとDであり，正答は**4**である。

正答　**4**

ある会議の出席者は10人で，いずれも黒，青，赤の3種類のペンのうち少なくとも1種類を持っている。次のことが分かっているとき，確実にいえるのはどれか。

○　3種類とも持っている人は3人である。
○　赤のみを持っている人はいない。
○　黒と青の2種類のみを持っている人がおり，その数は，黒と赤の2種類のみを持っている人の数と同じである。
○　青のみを持っている人がおり，その数は，青と赤の2種類のみを持っている人の数と同じである。
○　持っている人の数が一番多い種類は，青である。

1　黒のみを持っている人はいない。
2　黒を持っていない人は4人である。
3　青を持っている人は7人である。
4　青を持っていない人は1人である。
5　赤を持っている人は5人である。

解説

黒，青，赤の3種類とも持っている人が3人，黒と青の2種類のみ持っている人と，黒と赤の2種類のみ持っている人が同数（これを x とする），青のみを持っている人と，青と赤の2種類のみ持っている人が同数（これを y とする），赤のみを持っている人は0人なので，ここまでをまとめると次の**表Ⅰ**のようになる。

　ここで，$x=3$ とすると，3種類とも持っている人，黒と青の2種類のみを持っている人，黒と赤の2種類のみを持っている人で9人となってしまうので，条件を満たせない（**表Ⅱ**）。

　$x=2$ とすると，$y=1$ となり，黒のみを持っている人が1人となる。しかし，これだと黒を持っている人が8人，青を持っている人が7人で，青を持っている人より黒を持っている人のほうが多くなってしまう（**表Ⅲ**）。

　$x=1$ とすると，$y=1$ または $y=2$ であるが，$y=1$ だと黒のみを持っている人が3人となり，黒を持っている人が8人，青を持っている人が6人で，やはり条件を満たせない（**表Ⅳ**）。$x=1$，$y=2$ のとき，黒のみを持っている人は1人で，この場合は，黒のみを持っている人が6人，青のみを持っている人が8人となり，条件を満たす（**表Ⅴ**）。この**表Ⅴ**より，黒を持っていない人は4人となる。

　よって，正答は**2**である。

表Ⅰ

黒	青	赤	人数
○	○	○	3
○	○		x
○		○	x
	○	○	y
○			
	○		y
		○	0

表Ⅱ

黒	青	赤	人数
○	○	○	3
○	○		3
○		○	3
	○	○	
○			
	○		
		○	0

表Ⅲ

黒	青	赤	人数
○	○	○	3
○	○		2
○		○	2
	○	○	1
○			1
	○		1
		○	0
8	7	6	

表Ⅳ

黒	青	赤	人数
○	○	○	3
○	○		1
○		○	1
	○	○	1
○			3
	○		1
		○	0
8	6	5	

表Ⅴ

黒	青	赤	人数
○	○	○	3
○	○		1
○		○	1
	○	○	2
○			1
	○		2
		○	0
6	8	6	

正答　**2**

No. 83 課題処理　形式論理　平成27年度

ある書店で客が購入した書籍や雑誌について次のことが分かっているとき，論理的に確実にいえるのはどれか。

- ○　文庫本を購入した人は，雑誌を購入しなかった。
- ○　新書を購入しなかった人は，文庫本を購入しなかった。
- ○　新書を購入した人は，単行本を購入しなかった。
- ○　単行本を購入した人は，雑誌を購入した。

1　新書を購入した人は，文庫本を購入した。
2　雑誌を購入した人は，新書を購入しなかった。
3　単行本を購入しなかった人は，新書を購入した。
4　文庫本を購入した人は，単行本を購入しなかった。
5　新書を購入しなかった人は，雑誌を購入した。

解 説

与えられた命題を，上から順に次のA～Dのように論理式で表してみる。

A：「文庫本→$\overline{雑誌}$」
B：「$\overline{新書}$→$\overline{文庫本}$」
C：「新書→$\overline{単行本}$」
D：「単行本→雑誌」

このA～Dの対偶をそれぞれE～Hとする。

E：「雑誌→$\overline{文庫本}$」
F：「文庫本→新書」
G：「単行本→新書」
H：「$\overline{雑誌}$→$\overline{単行本}$」

これらA～Hから各選択肢を検討する。

1. Cより，「新書→$\overline{単行本}$→」となるが，その先が推論できない。
2. Eより，「雑誌→$\overline{文庫本}$→」となるが，その先が推論できない。
3. 「$\overline{単行本}$→」となる命題が存在しないので，確実なことは判断できない。
4. 正しい。AおよびHより，「文庫本→$\overline{雑誌}$→$\overline{単行本}$」，FおよびCより，「文庫本→新書→$\overline{単行本}$」となり，いずれにしても「文庫本を購入した人は，単行本を購入しなかった」というのは確実にいえる。
5. Bより，「$\overline{新書}$→$\overline{文庫本}$→」となるが，その先が推論できない。

正答　**4**

ある店で，A～Eの5人がそれぞれ一つずつクレープを注文した。この店のクレープは，まず生クリーム又はカスタードクリームの2種類のクリームからいずれか一つを選び，その上でトッピングとして次の三つのうちから一つを選択して追加できる。

①アーモンドスライスを追加

②イチゴ又はバナナのうちいずれか一つを追加

③アーモンドスライスを追加し，さらにイチゴ又はバナナのうちいずれか一つを追加

この5人が注文したクレープについて，次のように発言したとき，確実にいえるのはどれか。

A：「生クリームを選んだのは私を含めて2人で，どちらもイチゴを追加した。」

B：「私はアーモンドスライスだけを追加した。」

C：「私はBと違うクリームを選んだ。」

D：「私はバナナだけを追加し，私以外は全員アーモンドスライスを追加した。」

E：「私はカスタードクリームを選んだ。」

1 AとCはクリームもトッピングも同じものを注文した。

2 Bはイチゴを追加した。

3 Cはカスタードクリームを選んだ。

4 Dは生クリームを選んだ。

5 Eはバナナを追加した。

　解説

Aともう1人が生クリームを選び，この2人はイチゴを追加している。Cの発言より，BとCは違うクリームを選んだことがわかるので，生クリームを選んだもう1人はBかCのいずれかである。Bはアーモンドスライスだけを追加したと述べているのでイチゴは選んでいない。すなわち，Bが選んだのはカスタードクリームで，CはBと違うクリームなので生クリームである。ここまでで，生クリームを選んだ2人はAとCに決まり，D，Eはカスタードクリームを選んでおり，また，Cはイチゴを追加していることになる。Dはバナナだけを追加し，D以外の4人はアーモンドスライスを追加している。Eに関しては，イチゴまたはバナナを追加したかどうかは不明（△）で，次の表のようになる。

この表から，確実にいえるのは「AとCはクリームもトッピングも同じものを注文した」で，正答は**1**である。

なお，Bは「私はアーモンドスライスだけを追加した」と述べているので，**2**は検討する必要がない。また，A～Dの発言でEはカスタードクリームを選んだことが決まってしまうので，Eの発言も検討の必要はない。

	生クリーム	カスタードクリーム	アーモンドスライス	イチゴ	バナナ
A	○		○	○	
B		○	○		
C	○		○	○	
D		○			○
E		○	○	△	△

正答　**1**

各辺2cmの正方形の枠（5枠×7枠）で仕切られた2月のカレンダーを，次のように2回半分に折り，破線に沿ってはさみで切り取った。斜線の部分を広げたときに，正方形として残っている枠に書かれている数字の和はいくらか。

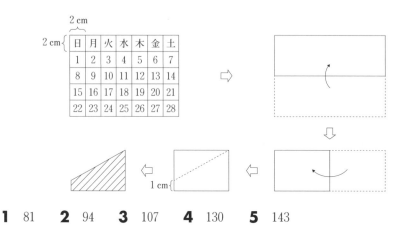

1 81　**2** 94　**3** 107　**4** 130　**5** 143

（解説）

次の図Ⅰのように，カレンダーを2回折って灰色部分を切り取った状態から，元のように開いていく。

図Ⅰ

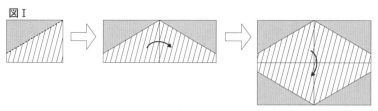

　この図をカレンダーに当てはめると**図Ⅱ**となり，正方形として残っている枠に書かれている数字の和は，3＋4＋5＋8＋9＋10＋11＋12＋13＋14＋17＋18＋19＝143，となる。
　よって，正答は**5**である。

図Ⅱ

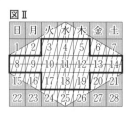

正答　**5**

図のように二つの直方体を組み合わせて作った立体
の表面積はいくらか。

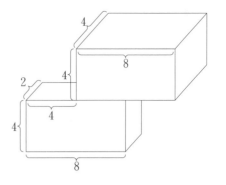

1　256
2　264
3　272
4　280
5　288

解説

立体を 3 方向から見た投影図で表してみればよい。正面図の面積は，32×2＝64，平面図の面積は，8＋32＝40，側面図の面積は，16＋8＝24，となる。立体の表面積は，この 3 図それぞれに両面があることから，(64＋40＋24)×2＝256，となる。

　　よって，正答は**1**である。

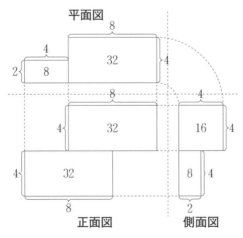

正答　**1**

No.
87 課題処理　　　**形式論理**　　　平成26年度

ある集団を対象として持ち物について尋ねたところ，次のことが分かった。このとき，論理的に確実にいえるのはどれか。

○　ライターを持っている人は，タバコを持っている。
○　ハンカチを持っていない人は，手帳を持っていない。
○　タバコを持っている人は，手帳と折りたたみ傘の両方を持っている。

1　手帳を持っていない人は，ハンカチを持っていない。
2　手帳を持っている人は，ライターを持っている。
3　タバコを持っていない人は，折りたたみ傘を持っていない。
4　ライターを持っている人は，ハンカチを持っている。
5　折りたたみ傘を持っている人は，タバコを持っている。

解　説

与えられた3命題を，次のように論理式A，B，Cで表してみる。

A：ライター→タバコ
B：$\overline{ハンカチ}$→$\overline{手帳}$
C：タバコ→（手帳∧折り畳み傘）

命題Cは分割可能なので，

C₁：タバコ→手帳
C₂：タバコ→折り畳み傘

とする。

次に，これらの対偶をそれぞれ命題D，E，Fとすると，次のようになる（命題Cはド・モルガンの法則を用いる）。

D：$\overline{タバコ}$→$\overline{ライター}$
E：手帳→ハンカチ
F：$\overline{(手帳∧折り畳み傘)}$→$\overline{タバコ}$
　⇒「ド・モルガンの法則」$\overline{(手帳∨折り畳み傘)}$→$\overline{タバコ}$
F₁：$\overline{手帳}$→$\overline{タバコ}$
F₂：$\overline{折り畳み傘}$→$\overline{タバコ}$

これら命題A〜F₂より，各選択肢について三段論法が成り立つかどうかを検討すればよい。

1．F₁，Dより，「手帳→$\overline{タバコ}$→$\overline{ライター}$→」となるが，その先が推論できない。「手帳→ハンカチ」は命題Bの逆（命題Eの裏）であるが，原命題が真であっても，その逆あるいは裏が真である保証はない。

2．Eより，「手帳→ハンカチ→」となるが，その先が推論できない。

3．Dより，「$\overline{タバコ}$→$\overline{ライター}$→」となるが，その先が推論できない。「$\overline{タバコ}$→$\overline{折り畳み傘}$」はC₂の裏（命題F₂の逆）であるが，**1**で述べたように，原命題が真であっても，その逆あるいは裏が真である保証はない。

4．A，C₁，Eより，「ライター→タバコ→手帳→ハンカチ」となり，「ライターを持っている人は，ハンカチを持っている」は確実に推論できる。

5．「折り畳み傘→」となる命題が存在しないので，推論できない。

正答　**4**

A～Eの5人に目隠しをし，白又は赤の帽子をかぶせた。帽子の正面には1～5のそれぞれ異なる数字が一つだけ書かれている。目隠しを外し，自分以外の4人がかぶっている帽子について，A～Dが次のように述べているとき，確実にいえるのはどれか。

A：「白，赤の帽子をかぶっている者がそれぞれ2人おり，白の帽子に書かれた数字の和は5である。」

B：「白，赤の帽子をかぶっている者がそれぞれ2人おり，白の帽子に書かれた数字の和と赤の帽子に書かれた数字の和は等しい。」

C：「4人の帽子に書かれた数字の和は11である。」

D：「白の帽子をかぶっている者が3人いる。また，赤の帽子をかぶっている者が1人おり，その帽子に書かれた数字は5である。」

1　Aは数字の2が書かれた白の帽子をかぶっている。
2　Bは数字の1が書かれた白の帽子をかぶっている。
3　Cは数字の4が書かれた赤の帽子をかぶっている。
4　Dは数字の3が書かれた赤の帽子をかぶっている。
5　Eは数字の2が書かれた白の帽子をかぶっている。

解説

まず，Aから見ても，Bから見ても白2人，赤2人なので，AとBがかぶっている帽子の色は同じである。そして，Dから見ると白3人（赤1人）なので，AとBがかぶっている帽子の色は白でなければならない。また，Dがかぶっている帽子の色は赤である。

次に，1～5の総和は15なので，Cから見て4人の帽子に書かれた数字の和が11ならば，Cの帽子に書かれた数字は4である（表I）。そうすると，Dから見て赤の帽子をかぶっている者は5なので，これはEである（A，Bは白，Cは4）。ここから，Cは白の帽子をかぶっている。

さらに，Aから見て，白の帽子をかぶっている2人の数字の和は5なので，Cが4であることからBは1である。Bが1だと，残りの4人の帽子に書かれた数字の和は14，白と赤は数字の和が等しいのだから，白2人，赤2人の数字の和はそれぞれ7となる。

したがって，A（白）の帽子に書かれた数字は3，D（赤）の帽子に書かれた数字は2で，表IIのように確定する。

よって，正答は**2**である。

表I

	白	赤	1	2	3	4	5
A	○	×				×	
B	○	×				×	
C			×	×	×	○	×
D	×	○				×	
E						×	

表II

	白	赤	1	2	3	4	5
A	○	×	×	×	○	×	×
B	○	×	○	×	×	×	×
C	○	×	×	×	×	○	×
D	×	○	×	○	×	×	×
E	×	○	×	×	×	×	○

正答　**2**

文章理解
課題処理
数的処理
資料解釈
数学
物理
化学
生物
地学

図のような道路がある町において，道路を進む際，進むことのできる道路の方向が東方向，北方向及び北東方向の3方向に限られるとき，図のA地点からB地点を経由してC地点へ行く道順は何通りあるか。

1　65通り

2　78通り

3　84通り

4　91通り

5　98通り

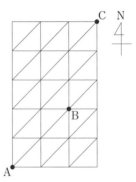

解説

出発点から1つ先の交差点までの最短経路数を順次加算していけばよい。A地点からB地点までの最短経路数は，次の図Ⅰのように13通り，B地点からC地点までの経路数は，図Ⅱのように7通りである。

したがって，A地点からB地点を経由してC地点へ行く道順は91通り（＝13×7）となり，正答は**4**である。

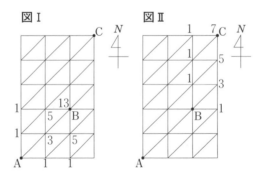

図Ⅰ　　　図Ⅱ

正答　**4**

図のように，一辺の長さが 1 の二つの正方形が重なり合っている。このとき，斜線部分の面積はいくらか。

1 $\dfrac{\sqrt{2}-1}{2}$

2 $\sqrt{2}-1$

3 $\dfrac{\sqrt{2}}{4}$

4 $\dfrac{\sqrt{2}}{2}$

5 $\dfrac{\sqrt{2}+1}{2}$

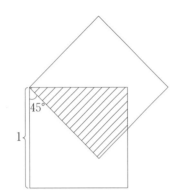

解　説

次の図のように，△ACD は正方形 ABCD の $\dfrac{1}{2}$ なので，その面積は $1^2 \times \dfrac{1}{2} = \dfrac{1}{2}$ である。そして，

□AEFD ＝△ACD －△CEF ＝ $\dfrac{1}{2}$ －△CEF である。△CEF は直角二等辺三角形であり，

CE ＝ FE ＝ AC － AE ＝ $(\sqrt{2}-1)$ である（1 辺の長さ 1 の正方形の対角線の長さは $\sqrt{2}$）。

　ここから，△CEF ＝ $(\sqrt{2}-1)^2 \times \dfrac{1}{2} = \dfrac{3-2\sqrt{2}}{2}$ となるので，

□AEFD ＝ $\dfrac{1}{2} - \dfrac{3-2\sqrt{2}}{2} = \dfrac{2\sqrt{2}-2}{2} = \sqrt{2}-1$

　よって，正答は **2** である。

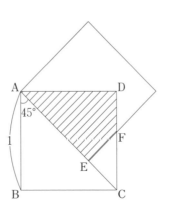

正答　**2**

文章理解

課題処理

数的処理

資料解釈

数学

物理

化学

生物

地学

一辺の長さが1の線分を三つ組み合わせてできる次の図形A，B，Cのうち，同じものを四つ用いることで図のような一辺の長さが1の正六面体（辺のみ）ができるもののみを全て挙げているのはどれか。

A 　　　　B 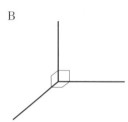　　　　C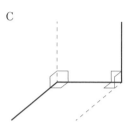

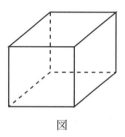

図

1 A
2 A，B，C
3 A，C
4 B
5 B，C

解説

AおよびBに関しては特に難しいことはなく，4つで正六面体とすることが可能と判断できそうである。Cに関しては，次の図のように①，②が取り出せれば，残りの2つが見やすくなる。このように，A，B，Cいずれも4つで正六面体とすることが可能で，正答は**2**である。

A 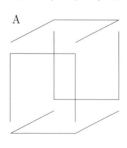　　　B 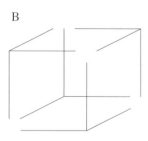　　　C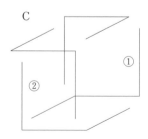

正答　**2**

あるクラスの生徒について次のことが分かっているとき，確実にいえるのはどれか。
- ○　運動部に所属している生徒は，アルバイトをしている。
- ○　生徒会に所属している生徒は，塾に通っている。
- ○　文化部に所属している生徒は，生徒会に所属しておりかつ運動部に所属していない。
- ○　ボランティア活動をしている生徒は，運動部に所属している。

1 文化部に所属している生徒は，アルバイトをしていない。
2 塾に通っている生徒は，文化部に所属している。
3 運動部に所属していない生徒は，塾に通っている。
4 ボランティア活動をしている生徒は，文化部に所属していない。
5 文化部に所属していない生徒は，ボランティア活動をしている。

解説

まず，与えられた4命題を次のA〜Dのように論理式で表してみる。
- A．運動部→アルバイト
- B．生徒会→塾
- C．文化部→（生徒会∧$\overline{運動部}$）
- D．ボランティア→運動部

ここで，命題Cは次のように分割することが可能である。
- C1．文化部→生徒会
- C2．文化部→$\overline{運動部}$

次に，この命題A〜Dについて，その対偶を考えるとE〜Hのようになる。
- E．$\overline{アルバイト}$→$\overline{運動部}$
- F．$\overline{塾}$→$\overline{生徒会}$
- G．（$\overline{生徒会}$∨運動部）→$\overline{文化部}$
- H．$\overline{運動部}$→$\overline{ボランティア}$

分割した命題C1，C2についても同様に対偶を考えると，次のG1，G2になる。
- G1．$\overline{生徒会}$→$\overline{文化部}$
- G2．運動部→$\overline{文化部}$

　このA〜Hより，**1**〜**5**のそれぞれについて三段論法が組めるかどうか，検討してみればよい。

1．C1，Bより「文化部→生徒会→塾→」，C2，Hより「文化部→$\overline{運動部}$→$\overline{ボランティア}$→」となるが，どちらもその先が推論できない。

2．「塾→」となる命題が与えられていないので，判断できない。

3．Hより「$\overline{運動部}$→$\overline{ボランティア}$→」であるが，やはりその先が推論できない。

4．D，Aだと「ボランティア→運動部→アルバイト→」となるが，D，G2で三段論法を組めば「ボランティア→運動部→$\overline{文化部}$」となり，「ボランティア活動をしている生徒は，文化部に所属していない」というのは確実に推論できる。

5．「$\overline{文化部}$→」となる命題が与えられていないので，判断できない。

正答 **4**

文章理解
課題処理
数的処理
資料解釈
数学
物理
化学
生物
地学

国家一般職[高卒]・社会人(午後)

No. 93 課題処理 **順序関係** 平成 **25年度**

A～Fの6人が長距離走を行った結果について次のことが分かっているとき，確実にいえるのはどれか。

- ○ A～Fのうち，男性は4人，女性は2人だった。
- ○ Aは男性の中では4位だった。
- ○ Bは3位であり，その前に男女1人ずつがゴールした。
- ○ Cは，Dよりもゴールしたのが早かったがBよりも遅かった。
- ○ Dの直前にゴールしたのは女性だった。
- ○ Eがゴールした後，男女1人ずつを挟んでDがゴールした。

1 Aは5位だった。
2 Bの直前にゴールしたのはEだった。
3 Cは男性である。
4 Eは1位だった。
5 Fは男性である。

解説

Bの3位は決まっており，Aは4人いる男性の中で4位であるが，Bの前に女性が1人ゴールしているので，Aの順位は5位または6位である。

Cは，「Dよりもゴールしたのが早かったが，Bよりも遅かった」ので，C，Dは4位～6位であるが，Cのほうが早くゴールしているので，Cは6位ではなく（4位または5位），Dは4位ではない（5位または6位）。

ここで，EとDの間に男女1人ずつ（＝2人）がゴールしていることを考えると，Dが6位だとEが3位となってしまうので，Eは2位，Dが5位でなければならない。ここからCが4位（したがってCは女性），Aが6位である。残る1位はFであるが，1位のFと2位のEについて，どちらが男性でどちらが女性であるかは確定しない。

以上をまとめると，次の表のようになる。**1**，**3**，**4**は誤りで，**5**は確実とはいえない。

よって，正答は**2**である。

	1	2	3	4	5	6	
A	×	×	×	×	×	○	男
B	×	×	○	×	×	×	男
C	×	×	×	○	×	×	女
D	×	×	×	×	○	×	男
E	×	○	×	×	×	×	
F	○	×	×	×	×	×	

正答 **2**

あるレストランのコースメニューでは，メイン料理を魚又は肉から，デザートをプリン，シャーベット又はケーキから，飲み物をコーヒー又は紅茶からそれぞれ選んで注文する。コースの基本料金は1,000円で，メイン料理に肉を選んだ場合と，デザートにケーキを選んだ場合には，それぞれ500円の追加料金がかかる。

数名のグループでレストランに行き，それぞれコースメニューを注文したところ，メイン料理，デザート，飲み物の組合せが同じだった者はおらず，料理の合計は8,000円であった。

このとき，支払金額が1,000円であった者，1,500円であった者，2,000円であった者の人数の組合せは何通りあるか。

1 2通り

2 4通り

3 5通り

4 8通り

5 12通り

解説

メイン料理，デザート，飲み物の組合せは，次の表Ⅰのように全部で12通りである。メイン料理，デザート，飲み物の組合せが同じだった者はいないので，支払金額が1,000円であった者は4人以内，1,500円であった者は6人以内，2,000円であった者は2人以内になる。

この人数の制限の下で，料金の合計が8,000円となるのは，次の表Ⅱの①～⑤の5通り。つまり，①「2,000円＝0人，1,500円＝4人，1,000円＝2人」，②「2,000円＝1人，1,500円＝2人，1,000円＝3人」，③「2,000円＝1人，1,500円＝4人，1,000円＝0人」，④「2,000円＝2人，1,500円＝0人，1,000円＝4人」，⑤「2,000円＝2人，1,500円＝2人，1,000円＝1人」。

よって，正答は**3**である。

表Ⅰ

肉	魚	プリン	シャーベット	ケーキ	コーヒー	紅茶	金額
○		○			○		¥1,500
○		○				○	¥1,500
○			○		○		¥1,500
○			○			○	¥1,500
○				○	○		¥2,000
○				○		○	¥2,000
	○	○			○		¥1,000
	○	○				○	¥1,000
	○		○		○		¥1,000
	○		○			○	¥1,000
	○			○	○		¥1,500
	○			○		○	¥1,500

表Ⅱ

	¥2,000	¥1,500	¥1,000
①	0	4	2
②	1	2	3
③	1	4	0
④	2	0	4
⑤	2	2	1

正答 **3**

ある会社に今年採用されたA〜Fの6人は，那覇支社，札幌支社，大阪支社のいずれかに配属された。6人について次のことが分かっているとき，確実にいえるのはどれか。

- ○ 札幌支社に配属されたのはCだけで，那覇支社に配属されたのはDとEの2人だけである。
- ○ 6人はそれぞれ1種類のペットを飼っており，1人は鳥，2人は猫，3人は犬を飼っている。
- ○ Bは猫を飼っているが，Eが飼っているのは猫ではない。
- ○ 犬を飼っている3人の配属先は異なっている。
- ○ 猫を飼っている2人の配属先は異なっている。
- ○ 6人はインドア派かアウトドア派のいずれかであり，インドア派は3人，アウトドア派はEを含む3人で，アウトドア派の3人の配属先は異なっている。
- ○ 猫を飼っている2人のうち，アウトドア派は1人である。

1 Aはインドア派で犬を飼っている。
2 Bはアウトドア派で猫を飼っている。
3 Dはインドア派で犬を飼っている。
4 Eはアウトドア派で鳥を飼っている。
5 Fはアウトドア派で鳥を飼っている。

解説

6人の配属先については，Cが札幌，DとEが那覇で，A，B，Fが大阪である。ペットに関しては，猫（2人），犬（3人）とも飼っている者の配属先が異なっているので，札幌に配属されたCが飼っているのは犬であり，大阪に配属されたBが猫を飼っているので，A，Fが飼っているのは猫ではない。

また，猫を飼っている2人のうち，1人の配属先は那覇でなければならないが，Eが飼っているのは猫ではないので，Dが猫を飼っており，犬を飼っている3人の配属先は異なるのだから，Eが飼っているのは犬である。

さらに，大阪に配属された残りの2人（AとF）は，一方が鳥，他方が犬を飼っているが，この点についてはどちらなのか確定できない。インドア派，アウトドア派に関しては，Eを含む3人がアウトドア派で，その3人の配属先は異なっているから，Dはインドア派，Cはアウトドア派で，猫を飼っている2人のうち1人はアウトドア派なので，Bがアウトドア派である。したがって，A，Fはインドア派となる。

ここまでをまとめると次の表のようになり，**1**，**5**は不確実，**3**，**4**は誤り。
よって，正答は**2**である。

	那覇	札幌	大阪	鳥	猫	犬	インドア	アウトドア
A	×	×	○		×		○	×
B	×	×	○	×	○	×	×	○
C	×	○	×	×	×	○	×	○
D	○	×	×	×	○	×	○	×
E	○	×	×	×	×	○	×	○
F	×	×	○		×		○	×
				1	2	3	3	3

正答 **2**

同じ大きさの小さな立方体を27個積み重ねて作った大きな立方体がある。この大きな立方体に，図Ⅰのように黒く塗られた小さな立方体がある場合，黒く塗られた面に対して垂直な方向に押し抜くと，押し抜いた立方体の上に積み重なっている立方体が下に落ちて，図Ⅱのようになる。このとき，図Ⅲの大きな立方体から，同様に面アを黒く塗られた小さな立方体及びその下にある小さな立方体を全て取り除いた上で，黒く塗られた面イ，ウ，エの順にそれぞれの面に対して垂直な方向に押し抜いたとき，残った立方体に使われている小さな立方体の個数はいくつか。

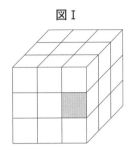
図Ⅰ

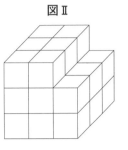
図Ⅱ

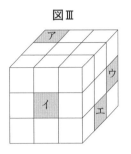
図Ⅲ

1　15個

2　16個

3　17個

4　18個

5　19個

解説

次の図のように，大きな立方体（問題の図Ⅲ）を上から見た状態で，ア～エの順に小さな立方体を押し抜いて取り除いたとき，それぞれの箇所に何個の小さな立方体が残るかを考えていけばよい。次の図Ⅲのア～エについて小さな立方体を取り除いていくと，16個の小さな立方体が残ることになる（図エ）。

　　よって，正答は**2**である。

図Ⅲ

3	3	3
3	3	3
3	3	3

⇒

ア

0	3	3
3	3	3
3	3	3

⇒

イ

0	2	3
3	2	3
3	2	3

⇒

ウ

0	1	2
3	2	3
3	2	3

⇒

エ

0	1	2
2	1	2
3	2	3

正答　**2**

文章理解　課題処理　数的処理　資料解釈　数学　物理　化学　生物　地学

文章理解

課題処理

数的処理

資料解釈

数学

物理

化学

生物

地学

醤油と本みりんが同量あり，これらを使用して蕎麦つゆと煮物を作る。蕎麦つゆには醤油と本みりんを 4：5 の割合で使用し，煮物には醤油と本みりんを 1：1 の割合で使用する。

　初めに，蕎麦つゆを作った。このとき，残った醤油の量と残った本みりんの量の比は 8：7 であった。次に，蕎麦つゆに使用した醤油と同量の醤油と本みりんを使って，煮物を作った。このとき，残った醤油の量と残った本みりんの量の比はいくらか。

　　残った醤油の量：残った本みりんの量

1　　　7　　：　　　6
2　　　6　　：　　　5
3　　　5　　：　　　4
4　　　4　　：　　　3
5　　　3　　：　　　2

解説

最初にあった醤油と本みりんの量をそれぞれ x とし，蕎麦つゆに使う醤油の量を $4a$ と本みりんの量を $5a$ とすると，$(x-4a):(x-5a)=8:7$，$8(x-5a)=7(x-4a)$，$8x-40a=7x-28a$，$x=12a$ となり，最初にあった醤油と本みりんの量 x は $12a$ である。そうすると，$12a-4a×2=4a$，$12a-(4a+5a)=3a$ となり，残った醤油の量は $4a$，残った本みりんの量は $3a$ なので，その比は 4：3 であり，正答は**4**である。

正答　**4**

図のように，直角二等辺三角形を直線 l を軸として1回転させたときにできる立体の体積として正しいのはどれか。

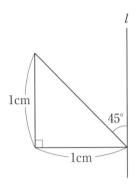

1 $\dfrac{1}{3}\pi\,\text{cm}^3$　　**2** $\dfrac{1}{2}\pi\,\text{cm}^3$　　**3** $\dfrac{2}{3}\pi\,\text{cm}^3$

4 $\dfrac{5}{6}\pi\,\text{cm}^3$　　**5** $\pi\,\text{cm}^3$

解説

図のような底面半径1cm，高さ1cmの円柱から，斜線部分の円錐の体積を取り除けばよい。

円錐部分の体積は円柱の $\dfrac{1}{3}$ なので，$\dfrac{2}{3}$ が残ることになる。つまり，$1\times1\times\pi\times1-1\times1\times\pi\times1$

$\times\dfrac{1}{3}=\pi-\dfrac{1}{3}\pi=\dfrac{2}{3}\pi$ であり，正答は**3**である。

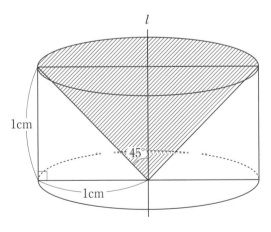

正答　**3**

国家一般職［高卒・社会人］

No.99 数的処理　速さ・時間・距離　令和4年度

A，Bの2人がそれぞれ自動車を使って地点Xを出発し，地点Yを経由して，地点Zにその日のうちに到着した。次のことが分かっているとき，区間XY及び区間YZのそれぞれの距離の和はいくらか。

ただし，各人は各区間をそれぞれ一定の速さで移動していたものとする。

○　Aは午前10時00分に地点Xを出発し，区間XYを時速40kmで移動し，地点Zに午前11時45分に到着した。

○　Bは午前9時00分に地点Xを出発し，区間YZを時速30kmで移動し，地点Zに午前11時30分に到着した。

○　区間XYの距離は，区間YZの距離の半分であった。

○　区間YZにおけるAの速さは，区間XYにおけるBの速さと同じであった。

1　80 km

2　90 km

3　100 km

4　110 km

5　120 km

解説

区間XYの距離をa，区間YZの距離を$2a$，区間YZにおけるAの速さおよび区間XYにおけるBの速さをxとすると，

$$\frac{a}{40}+\frac{2a}{x}=\frac{7}{4}, \quad \frac{a}{x}+\frac{2a}{30}=\frac{10}{4}, \quad \frac{2a}{x}=\frac{7}{4}-\frac{a}{40}, \quad \frac{a}{x}=\frac{10}{4}-\frac{2a}{30}, \quad \frac{20}{4}-\frac{4a}{30}=\frac{7}{4}-\frac{a}{40}, \quad 600-16a=$$

$210-3a$，$13a=390$，$a=30$となり，区間XYの距離は30kmであり，区間YZの距離は60kmである。

したがって，その和は90kmであり，正答は**2**である。

正答　**2**

ある部署において，商品A〜Dの4種類の文房具を購入したところ，商品Aと商品Bの購入金額の合計が1,800円，商品Cと商品Dの購入金額の合計が8,400円であった。商品A〜Dの単価はそれぞれ160円，90円，140円，450円であったとき，購入した商品A〜Dの個数の合計はいくつか。

ただし，商品A〜Dはいずれも1個以上購入したものとする。

1 38個
2 40個
3 42個
4 44個
5 46個

解説

商品Aの購入個数をa，商品Bの購入個数をb，商品Cの購入個数をc，商品Dの購入個数をdとすると，$160a+90b=1800$，$140c+450d=8400$，$16a+9b=180$，$14c+45d=840$である。ここで，$9b$，180は9の倍数なので，aは9の倍数であり，また，$16a$，180は4の倍数なので，bは4の倍数である。そこで，$a=9$，$b=4$を代入してみると，$16×9+9×4=144+36=180$となり条件を満たす。一方，$45d$，840は15の倍数なので，cは15の倍数であり，$14c$，840は14の倍数なので，dは14の倍数である。そこで，$c=15$，$d=14$を代入してみると，$14×15+45×14=210+630=840$となり，これも条件を満たす。

したがって，$a=9$，$b=4$，$c=15$，$d=14$，$9+4+15+14=42$となり，正答は**3**である。

正答 **3**

No.101　数的処理　　比と割合　　令和 3 年度

A，B，Cは，3人合わせて345万円の所持金を持っている。Aは12％，Bは10％，Cは 8 ％の年利率で全所持金を銀行に預けたところ，1年後に，Aの利息とBの利息とCの利息の比は，3：2：1となった。このとき，A，B，Cが受け取った利息の合計はいくらか。

ただし，利息に係る税金は無視するものとする。

1　30万円
2　32万円
3　34万円
4　36万円
5　38万円

解説

A，B，Cの所持金を，それぞれ a, b, c とすると，

$a+b+c=345$　…①

$0.12a：0.10b：0.08c=3：2：1$　…②

である。

②より，

$12a：10b=3：2,\ 24a=30b,\ 4a=5b,\ b=\dfrac{4}{5}a$

$12a：8c=3：1,\ 12a=24c,\ c=\dfrac{1}{2}a$

となる。ここから，

$a+b+c=a+\dfrac{4}{5}a+\dfrac{1}{2}a=\dfrac{23}{10}a=345$ となり，$a=150$, $b=120$, $c=75$ である。

これにより，

$0.12a=18$, $0.10b=12$, $0.08c=6$ となるので，A，B，Cが受け取った利息の合計は，18+12+6=36 より，36万円である。

したがって，正答は**4**である。

正答　**4**

1 ～ 6 の異なる数字が各面に一つずつ書かれた立方体のサイコロが 2 個ある。この 2 個のサイコロを同時に投げて，出た目の数の和が 3 の倍数になる確率はいくらか。

1 $\dfrac{1}{6}$

2 $\dfrac{1}{5}$

3 $\dfrac{1}{4}$

4 $\dfrac{1}{3}$

5 $\dfrac{1}{2}$

解説

2 個のサイコロを同時に投げて，出た目の数の和が 3 の倍数になるのは，3 となるのが 2 通り，6 となるのが 5 通り，9 となるのが 4 通り，12 となるのが 1 通りで，計 12 通りである。サイコロ 2 個を同時に投げたとき，その目の出方は 36 通り（＝ 6^2）であるから，出た目の数の和が 3 の倍数になる確率は，$\dfrac{12}{36}=\dfrac{1}{3}$ である。

　したがって，正答は **4** である。

	1	2	3	4	5	6
1	2	3	4	5	6	7
2	3	4	5	6	7	8
3	4	5	6	7	8	9
4	5	6	7	8	9	10
5	6	7	8	9	10	11
6	7	8	9	10	11	12

正答　**4**

図のような縦12cm, 横21cmの長方形 ABCD があり, 辺 AB の中点を E とし, 辺 CD の中点を F とする。点 P は線分 FE 上を点 F の位置から毎秒1cmの速度で, 点 Q は辺 BC 上を点 B の位置から毎秒2cmの速度で同時に移動する。このとき, 三角形 APQ の面積が, 最初に長方形 ABCD の面積の7分の1になるのは, 点 P 及び点 Q が移動を始めてから何秒後か。

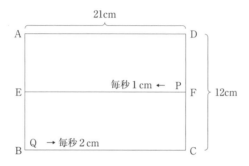

1 6秒後　**2** 6.5秒後　**3** 7秒後　**4** 7.5秒後　**5** 8秒後

点 P, Q が移動を始めてから x 秒後, 三角形 APQ の面積が最初に長方形 ABCD の面積の $\frac{1}{7}$ (= 36) になるとする。図のように△APQ を考えると, その面積は,

$$PR \times AE \times \frac{1}{2} + PR \times EB \times \frac{1}{2} = PR \times AB \times \frac{1}{2}$$

$$= PR \times 12 \times \frac{1}{2}$$

$$= 6PR$$

と表すことができる。6PR＝36より, PR＝6となればよい。

PF＝x, ER＝$\frac{1}{2}$BQ＝$2x \times \frac{1}{2}$＝x だから, PR＝AD－(ER＋PF)＝21－2x＝6 であり,

$$2x = 21 - 6$$
$$x = 7.5$$

となる。

以上から, 正答は**4**である。

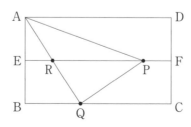

正答　**4**

n は 5 で割ると 3 余る正の整数，m は 5 で割ると 2 余る正の整数である。このとき，$n^{11}+m^{11}$ を 5 で割ったときの余りはいくらか。

1　0

2　1

3　2

4　3

5　4

解説

$n=(5p+3)$，$m=(5q+2)$ と表してみる。$n^2=(5p+3)^2=25p^2+30p+9=5(5p^2+6p+1)+4$ より，n^2 は 5 で割ると 4 余る数である。このようにしてみると，n^a を 5 で割ったときの余りは，末尾の整数部分だけを考えればよいことがわかる。そうすると，n^a を 5 で割ったときの余りを n^1 から順次考えると，$n^1 \to 3$，$n^2 \to 4$，$n^3 \to 2$，$n^4 \to 1$，$n^5 \to 3$ となり，n^5 で余りは 3 に戻ることになる。つまり，5 で割ったときの余りは，3，4，2，1 で循環する。ここから，n^{11} を 5 で割ったときの余りは 2 である。同様に，m^b を 5 で割ったときの余りは，$m^1 \to 2$，$m^2 \to 4$，$m^3 \to 3$，$m^4 \to 1$，$m^5 \to 2$ となり，m^5 で余りは 2 に戻ることになる。つまり，5 で割ったときの余りは，2，4，3，1 で循環する。そうすると，m^{11} を 5 で割ったときの余りは 3 である。$n^{11}=(5s+2)$，$m^{11}=(5t+3)$ とすれば，$n^{11}+m^{11}=(5s+2)+(5t+3)=5s+5t+5=5(s+t+1)$ となり，$n^{11}+m^{11}$ を 5 で割ったときの余りは 0 である。

　したがって，正答は **1** である。

正答　**1**

1〜9の互いに異なる数字が一つずつ表面のみに書かれた9枚のカードがある。これらのカードが裏面を上にして置かれており，そのうち2枚のカードをめくったところ，書かれていた数字は4と7であった。その後，残り7枚のカードのうち3枚をめくったとき，それらの3枚のカードに書かれている数字の積が偶数になる確率はいくらか。

1 $\dfrac{19}{35}$

2 $\dfrac{22}{35}$

3 $\dfrac{5}{7}$

4 $\dfrac{4}{5}$

5 $\dfrac{31}{35}$

解説

残った7枚のカードに書かれている数字は，1，2，3，5，6，8，9である。ここでは，3枚のカードに書かれている数字の積が奇数になる確率（余事象の確率）を考えたほうがよい。積が奇数になるのは奇数どうしを掛けたときだけなので，7枚あるうち，1，3，5，9の4枚の中から3枚がめくられたときである。その確率は，$\dfrac{4}{7} \times \dfrac{3}{6} \times \dfrac{2}{5} = \dfrac{4}{35}$ となる。

したがって，3枚のカードに書かれている数字の積が偶数になる確率は，$1 - \dfrac{4}{35} = \dfrac{31}{35}$ であり，正答は**5**である。

正答 **5**

ある診療所にはAとBの二つの水槽があり，メダカ，エビ，グッピーの3種類の生き物が飼育されている。次のことが分かっているとき，Aの水槽で飼育されている生き物の数とBの水槽で飼育されている生き物の数の比はいくらか。

○　Aの水槽で飼育されている生き物の数の$\frac{3}{4}$はメダカであり，エビはそのメダカの$\frac{1}{5}$の数であり，グッピーは2匹である。

○　Bの水槽で飼育されている生き物の数の$\frac{2}{3}$はメダカであり，グッピーはそのメダカの$\frac{1}{5}$の数であり，エビは6匹である。

　　　　Aの水槽：Bの水槽
1　　　1　：　　1
2　　　1　：　　2
3　　　2　：　　1
4　　　2　：　　3
5　　　2　：　　5

解 説

Aの水槽で飼育されている生き物の数をxとすると，

$x=\frac{3}{4}x+\frac{3}{4}x\times\frac{1}{5}+2$，　$x=\frac{3}{4}x+\frac{3}{20}x+2$，　$x=\frac{15}{20}x+\frac{3}{20}x+2$，　$\frac{1}{10}x=2$，　$x=20$より，Aの水槽で飼育されている生き物の数は20匹である。

　Bの水槽で飼育されている生き物の数をyとすると，

$y=\frac{2}{3}y+\frac{2}{3}y\times\frac{1}{5}+6$，　$y=\frac{2}{3}y+\frac{2}{15}y+6$，　$y=\frac{10}{15}y+\frac{2}{15}y+6$，　$\frac{1}{5}y=6$，　$y=30$より，Bの水槽で飼育されている生き物の数は30匹である。

　これにより，A：B＝20：30＝2：3であり，正答は**4**である。

正答　**4**

ある商店街では，歳末セールにおいて福引を実施して，1 等から 5 等の景品を出すことにした。景品 1 個当たりの金額は，2 等は 1 等の半分，3 等は 2 等の 3 分の 1，4 等は 3 等の 4 分の 1，5 等は 4 等の 5 分の 1 とした。また，景品の数は，1 等と 2 等が 1 個ずつ，3 等が 3 個，4 等が 6 個，5 等が20個としたところ，景品の合計金額は14,500円となった。このとき，1 等の景品の金額はいくらか。

1　4,800円
2　5,400円
3　6,000円
4　6,600円
5　7,200円

解 説

1 等の景品の金額を x とすると，2 等は $\frac{1}{2}x$，3 等は $\frac{1}{2}x \times \frac{1}{3} = \frac{1}{6}x$，4 等は $\frac{1}{6}x \times \frac{1}{4} = \frac{1}{24}x$，5 等は $\frac{1}{24}x \times \frac{1}{5} = \frac{1}{120}x$ という金額になる。景品の個数は，1 等と 2 等が 1 個ずつ，3 等が 3 個，4 等が 6 個，5 等が20個だから，$x + \frac{1}{2}x + \frac{1}{6}x \times 3 + \frac{1}{24}x \times 6 + \frac{1}{120}x \times 20 = 14500$，

$x + \frac{1}{2}x + \frac{1}{2}x + \frac{1}{4}x + \frac{1}{6}x = 14500$，$\frac{29}{12}x = 14500$，$x = 6000$ となる。

　よって，1 等の景品の金額は6,000円であり，正答は **3** である。

正答　**3**

A，Bの2人は，X地点とY地点を直線で結ぶ8kmのコースをウォーキングし，この2地点間を往復している。Aは，X地点から出発し，時速5kmで歩く。Bは，Y地点から出発し，時速3kmで歩く。2人が同時に出発したとき，2人が初めてすれ違ってから，2回目にすれ違うまでにかかる時間はいくらか。

　　ただし，2人ともそれぞれ一定の速さで歩くものとする。

1　60分
2　90分
3　120分
4　150分
5　180分

解説

AがX地点から，BがY地点から同時に出発して最初にすれ違うとき，A，Bの進んだ距離の和は8kmである。AとBの進む速さの比は，A：B＝5：3だから，Aが5km，Bが3kmを進んだところで最初に出会う。Aが5km進むのにかかる時間（＝Bが3km進むのにかかる時間）は1時間だから，A，Bは出発してから1時間で初めてすれ違う。A，Bが初めてすれ違ってから，2回目にすれ違うまでに2人が進んだ距離の和は，8×2＝16より16kmである。2人の進んだ距離の和が8kmとなるのに1時間かかるので，2人の進んだ距離の和が16kmとなるのには，2時間＝120分かかることになる。

　　よって，正答は**3**である。

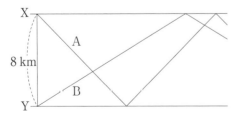

国家一般職[高卒・社会人]

No. 109 数的処理 **場合の数** 令和 元年度

20円切手が３枚，120円切手が３枚，140円切手が２枚ある。これらから合計が380円となるように任意の切手を選んで，封筒に縦一列に貼りたい。貼る切手の並べ方（並べる順番）は何通りあるか。

　ただし，同じ金額の切手どうしは区別しないものとする。

1　 7通り
2　12通り
3　15通り
4　18通り
5　24通り

解説 ━━━━━━━━━━━━━━━━━━━━━━━━━━━━━━

20円切手３枚，120円切手３枚，140円切手２枚から380円となるように選ぶと，「20円切手１枚，120円切手３枚」または「120円切手２枚，140円切手１枚」のいずれかである。縦１列に切手を貼ると，「20円切手１枚，120円切手３枚」の場合は，20円切手を上から何番目に貼るかで４通り，「120円切手２枚，140円切手１枚」の場合は，140円切手を上から何番目に貼るかで３通りある。

　したがって，全部で７通りあることになり，正答は**1**である。

正答　**1**

国家一般職［高卒・社会人］

No. 110 数的処理　割　合　令和元年度

男女合わせて70名のサークルで，一番好きな季節についてアンケート調査を行ったところ，「秋」と回答した者は48名で，そのうち$\frac{2}{3}$が女子であり，女子全体の$\frac{4}{5}$を占めていた。このとき，このサークル全体に占める男子の割合はいくらか。

1　$\frac{1}{5}$

2　$\frac{1}{3}$

3　$\frac{3}{7}$

4　$\frac{2}{3}$

5　$\frac{4}{5}$

解説

「秋」が好きと回答した48名のうち，女子は$\frac{2}{3}$だから，32名$\left(=48\times\frac{2}{3}\right)$である。この32名が女子全体の$\frac{4}{5}$だから，女子は40名$\left(=32\div\frac{4}{5}\right)$いることになる。70名のうち，40名が女子なので，男子は30名ということになり，このサークル全体に占める男子の割合は$\frac{3}{7}$である。

以上から，正答は**3**である。

正答　3

文章理解

課題処理

数的処理

資料解釈

数学

物理

化学

生物

地学

2機のドローン⑦，①を用いた飛行実験を，A～Dの4地点間で行うことを考える。次のことが分かっているとき，ドローン①が最短の時間でドローン⑦とB地点で出会うためには，ドローン⑦をA地点から出発させてから何分後にドローン①をD地点から出発させればよいか。

　ただし，ドローン⑦は，各地点で止まることなく，定められた速さで飛行し続けるものとし，各ドローンの飛行中の高度は考えないものとする。

　○　AB間の距離は9km，BC間の距離は18km，BD間の距離は12kmである。

　○　ドローン⑦は，A地点→B地点→C地点→B地点→A地点の順に飛行する。

　○　ドローン⑦の速さは，AB間では分速0.90km，BC間では分速0.72kmである。

　○　ドローン①は，D地点からB地点の方向に分速0.80kmで飛行する。

1　36分後
2　42分後
3　45分後
4　48分後
5　50分後

解説

ドローン⑦が，AB間を飛行するのにかかる時間は，9÷0.90＝10より10分，BC間を飛行するのにかかる時間は，18÷0.72＝25より25分である。一方，ドローン①がBD間を飛行するのにかかる時間は，12÷0.80＝15より15分である。問題文から，ドローン①はドローン⑦が出発した後に出発するので，ドローン⑦が最初にB地点を通過するときにB地点で出会うことは不可能である（B地点に到達するのにドローン⑦は10分，ドローン①は15分かかる）。ドローン⑦が2回目にB地点を通過するのは，10＋25×2＝60よりドローン⑦がA地点を出発してから60分後である。ドローン①はBD間を飛行するのに15分かかるから，60−15＝45よりドローン⑦をA地点から出発させてから45分後に，ドローン①をD地点から出発させればよいことになる。

　以上から，正答は**3**である。

正答　**3**

文章理解
課題処理
数的処理
資料解釈
数学
物理
化学
生物
地学

あるレストランのメニューは、カレー、オムライス、ハンバーグの3種類であり、それぞれの価格は800円、1,000円、1,300円である。ある日の注文件数の合計は80件であり、売上げの合計は77,200円であった。また、この日のハンバーグの注文件数は、カレーの注文件数の $\frac{2}{5}$ であった。

　このとき、この日のオムライスとハンバーグの注文件数の合計はいくらか。

1　30件
2　35件
3　40件
4　45件
5　50件

解説

カレーの注文件数を x、オムライスの注文件数を y とすると、ハンバーグの注文件数は $\frac{2}{5}x$ となる。注文件数の合計は80件だから、$x+y+\frac{2}{5}x=80$、$\frac{7}{5}x+y=80$、$y=80-\frac{7}{5}x$ である。また、売上げの合計は77,200円なので、$800x+1000y+1300\times\frac{2}{5}x=77200$、$800x+1000y+520x=77200$、$1320x+1000y=77200$ である。これに $y=80-\frac{7}{5}x$ を代入すると、$1320x+1000\left(80-\frac{7}{5}x\right)=77200$、$80x=2800$、$x=35$ となり、カレーの注文件数は35件となる。

　したがって、この日のオムライスとハンバーグの注文件数の合計は、$80-35=45$ より、45件であり、正答は**4**である。

正答　**4**

箱の中に赤玉が3個，白玉が5個，青玉が2個の合計10個の玉が入っている。この箱から同時に3個の玉を取り出したとき，それら3個の玉が全て同一の色にならない確率はいくらか。

1 $\dfrac{31}{40}$

2 $\dfrac{97}{120}$

3 $\dfrac{101}{120}$

4 $\dfrac{7}{8}$

5 $\dfrac{109}{120}$

解説

ここでは余事象（3個の玉がすべて同一の色になる）の確率を考えてみるとよい。3個の玉がすべて同一の色になるのは，赤玉3個が1通り，白玉3個となるのは，5個の中から3個を選ぶ組合せだから，${}_5C_3 = {}_5C_2 = \dfrac{5 \times 4}{2 \times 1} = 10$より，10通りである。青玉3個となることはないので，3個の玉がすべて同一の色になるのは，全部で11通りとなる。10個の中から3個を選ぶ組合せは，${}_{10}C_3 = \dfrac{10 \times 9 \times 8}{3 \times 2 \times 1}$ $=120$より，120通りある。したがって，3個の玉がすべて同一の色にならない場合は，120−11=109より，109通りある。その確率は$\dfrac{109}{120}$となり，正答は**5**である。

正答 **5**

ある企業はAとBの2部門から構成されており，企業全体の売上げは，2部門の売上げの合計である。A部門の商品aは，企業全体の売上げの40％を占め，A部門の売上げの60％を占めている。また，B部門の商品bは，企業全体の売上げの20％を占めている。このとき，商品bはB部門の売上げの何％を占めているか。

1　30％
2　40％
3　50％
4　60％
5　70％

解説

A部門の商品aは企業全体の売上げの40％$=\dfrac{2}{5}$を占め，これがA部門の売上げの60％$=\dfrac{3}{5}$だから，

$\dfrac{2}{5}\div\dfrac{3}{5}=\dfrac{2}{3}$より，A部門の売上げは企業全体の売上げの$\dfrac{2}{3}$を占めている。したがって，B部門

の売上は企業全体の売上げの$\dfrac{1}{3}$である。B部門の商品bは企業全体の売上げの20％$=\dfrac{1}{5}$を占めて

いるのだから，商品bがB部門の売上げに占める割合は，$\dfrac{1}{5}\div\dfrac{1}{3}=\dfrac{3}{5}=60$％となり，正答は**4**

である。

正答　**4**

図のような円形のコースがあり，Aはa地点から時計回りに，Bはa地点から反時計回りに，それぞれ一定の速さで歩くこととした。まずBが先に出発し，その2分後にAが出発したところ，Aが出発して1分後にb地点で，2人は初めてすれ違った。Aは30m/分の速さで歩いており，b地点ですれ違った時点で，AはBが歩いた距離の0.2倍の距離を歩いたことが分かっているとき，次に2人がすれ違うのはb地点ですれ違ってから何分何秒後か。

1　2分10秒後
2　2分15秒後
3　2分20秒後
4　2分25秒後
5　2分30秒後

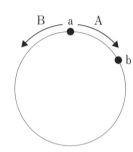

解説

Aはa地点を出発して1分後にb地点でBとすれ違っており，Aの歩く速さは30m/分だから，Aが歩いたのは30mである。これはBが歩いた距離の0.2倍なので，BがAとb地点ですれ違うまでに歩いた距離は150m（＝30÷0.2）である。Bは3分間で150m歩いているので，Bが歩く速さは50m/分（＝150÷3）となる。したがって，この円形のコースは1周180m（＝150＋30）であり，AとBがb地点ですれ違ってから，次にすれ違うまでにかかる時間は，180÷（30＋50）＝$\frac{9}{4}$より，$\frac{9}{4}$分＝2分15秒であり，正答は**2**である。

注：Aは1分間に30m歩き，Bは1分間に50m歩くから，2人合わせて1分間に80m歩く。b地点ですれ違った後に，2人の歩いた距離の和が180mとなったとき，2人は2回目にすれ違うことになるので，180÷（30＋50）とすればよい。

正答　**2**

図のように，一つの小さな円の周りに，同じ大きさの円が六つ重ならないように接しており，さらに，その六つの円が一つの大きな円に接している。網掛けの部分の面積が$2\,\mathrm{m}^2$であることが分かっているとき，大きな円の面積はいくらか。

1 $6\,\mathrm{m}^2$
2 $7\,\mathrm{m}^2$
3 $8\,\mathrm{m}^2$
4 $9\,\mathrm{m}^2$
5 $10\,\mathrm{m}^2$

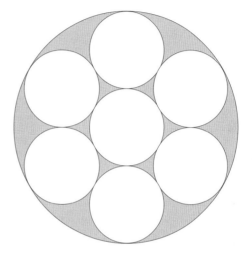

解説

次の図のように，小円の半径をrとすると，大円の半径は$3\,r$である。そうすると，小円の面積はπr^2，これが7個あるので$7\,\pi r^2$，大円の面積は$9\,\pi r^2$となる。大円の面積と網掛け部分の面積の比は，$9\,\pi r^2:(9\,\pi r^2 - 7\,\pi r^2) = 9\,\pi r^2:2\,\pi r^2 = 9:2$となる。ここから，大円の面積は$9\,\mathrm{m}^2$となり，正答は**4**である。

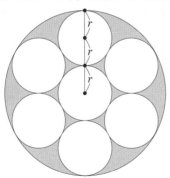

正答 **4**

ある小学校では，1～6年の各学年にそれぞれ1組，2組，3組の三つのクラスがあり，どのクラスにも図書委員が1人いる。

これらの図書委員を全学年1組，全学年2組，全学年3組の3グループに分け，各グループから1人ずつ計3人の代表をくじ引きで選出することとなった。このとき，3人の代表に5年と6年の両方の学年の児童が含まれ，かつ，それ以外の学年の児童が含まれない確率はいくらか。

1　$\dfrac{1}{108}$

2　$\dfrac{1}{72}$

3　$\dfrac{1}{54}$

4　$\dfrac{5}{216}$

5　$\dfrac{1}{36}$

解説

全学年1組，全学年2組，全学年3組のそれぞれに6人ずつの図書委員がいるので，それぞれから1人ずつの代表を選ぶと，その組合せは$6^3=216$より，216通りある，このうち，「5年と6年の両方の児童が含まれ，かつ，それ以外の学年の児童が含まれない」のは，「5年，5年，6年」について3通り（どの組が6年になるか），「5年，6年，6年」について3通り（どの組が5年になるか）の計6通りがある。したがって，その確率は$\dfrac{6}{216}=\dfrac{1}{36}$となる。

よって，正答は**5**である。

正答　**5**

図Ⅰのように，A，B，Cに整数を一つずつ入力すると，DにはAとBの値の和を，EにはBとCの値の和を，FにはDとEの値の和を表示するプログラムがある。例えば，図Ⅱのように，Aに5，Bに7，Cに10を入力すると，Dには12，Eには17，Fには29が表示される。

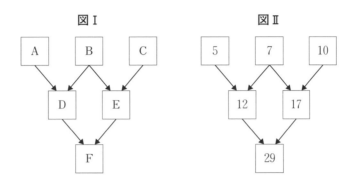

A，B，Cに整数を一つずつ入力したところ，次のことが分かった。このとき，Fの値はいくらか。

○　Fの値はBの値の4倍である。

○　Eの値からAの値を引くと，8となる。

○　Eの値からDの値を引くと，2となる。

1　20
2　24
3　28
4　32
5　36

解説

「Fの値はBの値の4倍」だから，F＝D＋E＝A＋B＋B＋C＝A＋C＋2B＝4Bとなり，A＋C＝2Bである。次に，「Eの値からDの値を引くと，2」より，E－D＝（B＋C）－（A＋B）＝C－A＝2となる。そして，「Eの値からAの値を引くと，8」より，E－A＝（B＋C）－A＝B＋（C－A）＝8となるが，C－A＝2だから，B＋2＝8，B＝6となる。この結果，F＝4B＝4×6＝24となる。

　　よって，正答は**2**である。

正答　**2**

文章理解

課題処理

数的処理

資料解釈

数学

物理

化学

生物

地学

国家一般職[高卒・社会人]

No. 119 数的処理 仕事算 平成29年度

ある水槽には，A，Bの2本の給水管があり，この水槽を空の状態から満水にするのにA管では60分，B管では40分かかる。また，満水の水槽を栓を抜いて空にするのに120分かかる。

この水槽を空の状態から満水にするため，最初はB管のみで給水していたが，水槽の栓をしておらず排水していることに途中で気付いた。すぐに栓をすると同時にA管とB管の両方で給水をしたところ，栓をしてから20分後に満水となった。栓をしたのは最初の給水を開始してから何分後か。

ただし，A管からの給水，B管からの給水及び水槽からの排水は常に一定であるものとする。

1 10分後

2 12分後

3 14分後

4 16分後

5 18分後

解説

水槽を空の状態から満水にするのにA管では60分，B管では40分かかり，満水の水槽を栓を抜いて空にするのに120分かかるので，この水槽の満水量を120（＝40，60，120の最小公倍数）と考えるとわかりやすい。

このようにすると，A管で毎分2，B管で毎分3だけ給水し，毎分1だけ排水することになる。栓をしてから20分間はA管，B管の両方を使用しているので，この間に給水した量は，（2＋3）×20＝100である。したがって，栓をする前に給水した量は20（＝120－100）であるが，B管のみで給水し，しかも栓をしていなかったので，給水量は毎分2（＝3－1）である。ここから，栓をするまでに，20÷2＝10より，10分かかっていることになるので，栓をしたのは最初の給水を開始してから10分後となる。

よって，正答は**1**である。

正答 **1**

年齢の異なるA，B，Cの3人がいる。AとBの年齢の比は，今から8年前には6：5であったが，今から8年後には10：9となる。また，AとCの年齢の比は，今から8年前には2：1であった。このとき，BとCの年齢の差はいくらか。

1 2歳
2 4歳
3 6歳
4 8歳
5 10歳

解 説

8年前におけるAの年齢を$6x$，Bの年齢を$5x$としてみる。そうすると，現在のAの年齢は$(6x+8)$，Bの年齢は$(5x+8)$であり，8年後には，Aの年齢は$(6x+16)$，Bの年齢は$(5x+16)$ということになり，$(6x+16):(5x+16)=10:9$である。ここから，$9(6x+16)=10(5x+16)$，$54x+144=50x+160$，$4x=16$，$x=4$となり，8年前におけるAの年齢は$4\times6=24$，Bの年齢は$4\times5=20$である。AとCの年齢の比は，今から8年前には2：1であったのだから，8年前におけるCの年齢は12である。したがって，BとCの年齢の差は，$20-12=8$より，8歳となる。

　よって，正答は**4**である。

正答 **4**

正六面体のサイコロを3回投げ，次の①及び②に従って計算したとき，その計算結果が16以上となる確率はいくらか。

①　1回目，2回目に出た目が共に奇数の場合は，出た目を掛け合わせる。それ以外の場合は，出た目を足し合わせる。

②　①の結果に，3回目に出た目を足し合わせる。

1 $\dfrac{1}{36}$　　**2** $\dfrac{1}{12}$　　**3** $\dfrac{1}{8}$　　**4** $\dfrac{1}{6}$　　**5** $\dfrac{1}{4}$

解説

1回目，2回目に出たサイコロの目について，①の条件に従うと，その結果は次の表のようになる。これに3回目に出た目を足して16以上となるのは，①の結果が10以上のときである。①の結果が10のとき，②で16以上となるのは，3回目の目が6でなければならないから1通り，①の結果が11のとき，②で16以上となるのは，3回目の目が5，6の2通り，①の結果が12のとき，②で16以上となるのは，3回目の目が4，5，6の3通りである。①の結果が15以上となっていれば，3回目の目がいくつであっても16以上となるので，それぞれ6通りとなる。そうすると，全部で，$1 \times 2 + 2 \times 2 + 1 \times 3 + 3 \times 6 = 27$より，27通りあることになる。サイコロを3回投げたとき，その目の出方は，$6^3 = 216$より，216通りである。

したがって，求める確率は，$\dfrac{27}{216} = \dfrac{1}{8}$となり，正答は**3**である。

		2回目					
		1	2	3	4	5	6
1回目	1	1	3	3	5	5	7
	2	3	4	5	6	7	8
	3	3	5	9	7	15	9
	4	5	6	7	8	9	10
	5	5	7	15	9	25	11
	6	7	8	9	10	11	12

正答　**3**

ある図書館では，今月，新たに550冊の図書を購入し，古くなった150冊の図書を廃棄した。この結果，この図書館の今月末時点の蔵書数は，先月末時点の蔵書数の1.1倍となった。また，蔵書に占める児童書の割合をみると，先月末時点では18％であったが，今月末時点では20％となった。さらに，今月廃棄した図書のうち，16％は児童書であった。このとき，**今月購入した児童書**は何冊か。

　　ただし，蔵書数は図書の購入又は廃棄以外での変動はなかったものとする。

1　172冊
2　176冊
3　180冊
4　184冊
5　188冊

解　説

550冊の図書を購入し，150冊を廃棄したのだから，蔵書数は400冊増加している。400冊増加して1.1倍となったのだから，400冊が0.1倍ということであり，先月末時点の蔵書数は4,000冊，今月末時点では4,400冊である。児童書に関しては，先月末時点では，4000×0.18＝720，今月末時点で，4400×0.2＝880となっている。廃棄した児童書は，150×0.16＝24より24冊だから，880−(720−24)＝184より，今月購入した児童書は184冊である。

　　よって，正答は**4**である。

正答　**4**

文章理解

課題処理

数的処理

資料解釈

数学

物理

化学

生物

地学

AとBは，図のように分速50mで真っすぐに流れている川と，この川に平行している片道1,200mの道をそれぞれボートと自転車を使って往復した。

　Aは自転車に乗って分速300mでスタート地点を出発し，折り返し地点からボートに乗ってスタート地点まで川を下流に向かって戻った。

　一方，Bはボートに乗ってスタート地点から川を上流に向かって出発し，折り返し地点から6分間自転車に乗ってスタート地点まで戻った。

　また，AとBが，それぞれスタート地点に戻ってくるまでの所要時間の差は18分であった。さらに，AとBが乗ったボートの速さは，川の流れがない場合に同じであった。このとき，川の流れがない場合のボートの速さはいくらか。

　ただし，ボートや自転車の速さは，AとBのそれぞれで一定であるものとし，ボートや自転車の乗換えに要する時間はなかったものとする。

1　分速75m
2　分速100m
3　分速125m
4　分速150m
5　分速175m

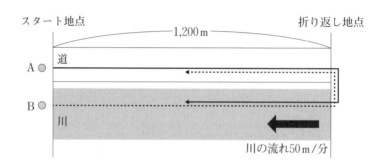

解　説

Aが自転車に乗ってスタート地点から折り返し地点まで行くときの速さは分速300mだから，1200÷300＝4より，4分かかる。一方，Bは自転車で6分かかっている。そして，A，Bの乗ったボートの速さは，川の流れがない場合は同じなので，川を上るBのほうが遅いことになり，ボートに乗っている時間はBのほうが長い。自転車の場合も，時間が長いのはBなので，所要時間の差である18分から考えると，Bがボートに乗っている時間は，Aより16分長いことになる。

　ここで選択肢を考えると，ボートの速さが分速75mだった場合，川を下るAの速さは分速125（＝75＋50）mだから，1200÷125＝9.6より，9.6分かかり，川を上るBは分速25（＝75−50）mだから，1200÷25＝48より，48分となって両者の差が16分とはならない。ボートの速さが分速100mだった場合，Aは，1200÷（100＋50）＝8より8分，Bは，1200÷（100−50）＝24より24分で，両者の差が16分となり，条件に合致する。

　よって，川の流れがない場合のボートの速さは分速100mで，正答は**2**である。

正答　**2**

紙粘土を用い，各辺の長さが70cmである中身の詰まった底面が正方形の四角錐を作ることとした。そのもととなる紙粘土の塊が1個700cm³であるとき，この四角錐を作るために必要な紙粘土の塊は最低で何個か。

ただし，$\sqrt{2}=1.41$とする。また，紙粘土は，変形させても，体積が変わらないものとする。

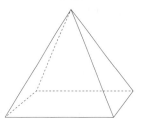

1 106個
2 116個
3 126個
4 136個
5 146個

解説

次の図のように四角錐A-BCDEとすると，BDは1辺70cmの正方形の対角線なので，その長さは$70\sqrt{2}$cmである。△ABDは，AB＝AD＝70cm，BD＝$70\sqrt{2}$cmだから，∠BAD＝90°の直角二等辺三角形であり，頂点Aから辺BDに垂線AHを引くと，AH＝BH＝DH＝$35\sqrt{2}$cmとなる。このAHが四角錐A-BCDEの高さだから，四角錐A-BCDEの体積は，$70\times70\times35\sqrt{2}\times\frac{1}{3}\fallingdotseq80605$より，約80,605cm³である。紙粘土の塊は1個700cm³だから，80605÷700＝115.15より，116個必要である。

よって，正答は**2**である。

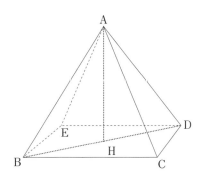

正答 **2**

ある試験におけるA〜Eの5人の得点の合計は340点であり，最高点のAと最低点のDとの間には53点の差があった。また，B，C，Eの3人の平均点は69点であり，Bの得点はDの得点の2倍より5点高く，DとEの得点の合計はCの得点より20点高かった。このとき，A〜Eの得点に関する記述として正しいのはどれか。

1 Aの得点は93点である。

2 Bの得点は81点である。

3 Cの得点は72点である。

4 Dの得点は32点である。

5 Eの得点は54点である。

解説

B，C，E3人の平均点は69点だから，3人の得点合計は，69×3＝207，より，207点である。A，Dの得点合計は133（＝340−207）点であり，（133＋53）÷2＝93，133−93＝40，より，Aの得点は93点，Dの得点は40点となる（この時点で正答は**1**と決まる）。Bの得点は，40×2＋5＝85，より85点，したがって，CとEとの得点合計は122（＝207−85）点である。DとEの得点の合計はCの得点より20点高いので，D＋E＝C＋20，40＋E＝C＋20，C−E＝20，である。Cの得点は，（122＋20）÷2＝71，より71点，Eの得点は51（＝122−71）点となる。

　よって，正答は**1**である。

正答 **1**

図のような上面の半径が 5 cm，底面の半径が10cm，高さが12cm の円錐台がある。この円錐台を側面が平面に接するように置いた状態で平面上を滑らないように転がし，1 周させ，平面上の元の位置に戻したとき，円錐台が平面上に描く軌跡の面積はいくらか。

1 $75\pi cm^2$

2 $120\pi cm^2$

3 $432\pi cm^2$

4 $507\pi cm^2$

5 $540\pi cm^2$

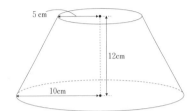

解説

問題の円すい台は，次の**図Ⅰ**における直角三角形 ABC から直角三角形 ADE を取り除き，EC を軸として 1 回転させたものである。したがって，この円すい台の側面を平面上で 1 周させることを考えるならば，△ABC を 1 回転させてできる円すいの側面を平面上で回転させ，そこから，△ADE を 1 回転させてできる円すいの側面を平面上で回転させた部分を取り除けばよい。

　△ABC ∽ △ADE（∵ 2 角相等）で，BC：DE＝10：5＝2：1 より，AC＝24，AE＝12，である。△ABC は，BC＝10，AC＝24の直角三角形だから，その 3 辺の比は5：12：13であり，AB＝26，AD＝13，となる。

　この円すい台の側面を平面上で 1 周させると，**図Ⅱ**のように，半径26cmの円から，中心部分の半径13cmの円を取り除いた図となる。その面積は，$26^2\pi - 13^2\pi = 676\pi - 169\pi = 507\pi$。

　よって，正答は**4**である。

図Ⅰ

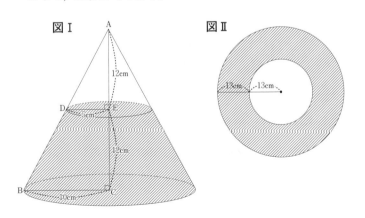

図Ⅱ

正答　**4**

あるハムスターは，回し車を1秒間に2回転させる。ある時，このハムスターが，回し車を10秒間回転させた後，休み，再び10秒間回転させて，休むというように10秒間回転させることと休むことを交互に繰り返した。休みの時間は，最初が2秒間で，その後はその時点までの回し車の総回転数に比例して長くなっていった。18秒間の休みの直後に，10秒間回転し終えた時点における，最初に回し車を回転させてからの回し車の総回転数はいくらか。

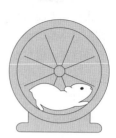

1　200回転
2　240回転
3　280回転
4　320回転
5　360回転

解説

回し車を1秒間に2回転させるのだから，10秒間では20回転させる。また，休みの時間は最初が2秒間で，その後はその時点までの総回転数に比例して長くなるのだから，2回目の休みは4秒間，3回目の休みは6秒間，……，となり，休む秒数はそれまでの総回転数の数値の$\frac{1}{10}$となる。したがって，18秒間の休みの前までに回し車を180回転させている。そこからさらに20回転させるのだから，総回転数は200回転となる。

　よって，正答は**1**である。

回転数	20		20		20		20		20		20		20		20		20		20
回転数の総和		40		60		80		100		120		140		160		180		200
休む時間	2		4		6		8		10		12		14		16		18	

正答　1

1500枚の資料を印刷するのに，印刷機Aは3時間かかる。また，3000枚の資料を印刷するのに，印刷機Aを1時間使用し，その後印刷機Bも併せて使用したところ，印刷機A及び印刷機Bを併せて使用し始めてから1時間で印刷を終えた。いま，印刷機Bを使用して5000枚の資料を印刷した場合にかかる時間はいくらか。

　　ただし，1枚の資料を印刷する時間は資料の種類によらず，印刷機A及び印刷機Bのそれぞれで一定であるとする。

1　2時間
2　2時間15分
3　2時間30分
4　2時間45分
5　3時間

解説

印刷機Aで1,500枚の資料を印刷するのに3時間かかるのだから，1時間に500枚印刷することになる。3,000枚の資料を印刷するのに，印刷機Aを2時間，印刷機Bを1時間使用しているので，印刷機Aが印刷したのは1,000枚で，印刷機Bは1時間で2,000枚印刷している。ここから，5000÷2000＝2.5，となり，印刷機Bを使用して5,000枚の資料を印刷した場合にかかる時間は2.5時間＝2時間30分。

　　よって，正答は**3**である。

正答　**3**

国家一般職［高卒・社会人］

No. 129　数的処理　仕事算　平成 26 年度

ある工場ではA，B，Cの3人の従業員がそれぞれ単独で製品を作っている。仮に休まずに製品を作ったとすると，1,000個目の製品が作られるのは，それぞれ最短で，AとBの2人では42日目，AとCの2人では48日目，BとCの2人では53日目である。この3人が同日に作り始め，かつ，3日働くと1日休むこととすれば，1,000個目の製品が作られるのは最短で何日目か。

　なお，A，B，Cが1日に作る製品の個数はそれぞれ一定であり，また，日をまたいで1個の製品を作ることはしないものとする。

1　42日目
2　43日目
3　44日目
4　45日目
5　46日目

解説

1,000個の製品を作るのに，AとBの2人では最短で42日目だから，$1000 \div 42 \fallingdotseq 23.8$ より，1日に24個作れることになる（1日に23個では42日で終わらない）。これを，

　$A + B = 24$　……①

と表しておく。

　AとCの2人では48日目だから，$1000 \div 48 \fallingdotseq 20.8$ より，

　$A + C = 21$　……②

BとCでは53日目なので，$1000 \div 53 \fallingdotseq 18.9$ より，

　$B + C = 19$　……③

となる。①＋②＋③を考えると，

　$(A + B) + (A + C) + (B + C) = 2(A + B + C) = 24 + 21 + 19 = 64$

　$A + B + C = 32$

となる。これは，A，B，Cの3人で，1日に32個の製品が作れることを意味する。これを3日続けると96個となるので，1日の休みを加えて4日で96個作るというサイクルを繰り返すことになる。そして，これを10回繰り返す（＝40日）ことにより960個の製品が作られるので，41日目で992個となり，42日目には1,000個目の製品が作られることになる。

　よって，正答は**1**である。

正答　**1**

4桁の正の整数Nがある。この整数Nの百の位の数字と十の位の数字は同じであり，一の位から千の位までの各位の数字の和は17である。また，千の位の数字は，百の位の数字の2倍であり，一の位と千の位の数字を入れ替えた整数は，元の整数Nより6993小さい。元の整数Nの一の位の数字はどれか。

1　1
2　2
3　3
4　4
5　5

解説

整数Nの百の位の数字と十の位の数字は同じなので，千の位の数字をa，百の位と十の位の数字をb，一の位の数字をcとすると，$a+2b+c=17$，$a<10$ より，$b<5$ である。

　また，一の位と千の位の数字を入れ替えた整数は，元の整数Nより6,993小さくなるので，$a>c$ である。

　ここから，$b=2$ だと $a=4$，$c=9$ で条件を満たさないので，$b=3$，$b=4$ のどちらかである。$b=3$ のとき，$a=6$，$c=5$ で，$6335-5336=999$ で条件を満たさない。$b=4$ のとき，$a=8$，$c=1$ で，$8441-1448=6993$ となり，これが条件を満たす数である。

　よって，整数Nの一の位の数字は1で，正答は**1**である。

正答　**1**

文章理解
課題処理
数的処理
資料解釈
数学
物理
化学
生物
地学

長さ240m の列車Aと長さ120m の列車Bがトンネルの両側から同時に入った。列車Aの最前部がトンネルに入ってから最後部がトンネルに入るまでに10秒かかった。両列車がトンネル内ですれ違い始めてからすれ違い終わるまでに 9 秒かかり，その後，列車Aは15秒後に，列車Bは45秒後に，それぞれ最前部がトンネルの出口に到達した。このとき，トンネルの長さは何 m か。ただし，両列車の速さはそれぞれ一定であるものとする。

1 1,280m

2 1,360m

3 1,440m

4 1,520m

5 1,600m

解説

長さ240m の列車Aの最前部がトンネルに入ってから最後部がトンネルに入るまでに10秒かかっているので，列車Aの速さは秒速24m である。

また，長さ240m の列車Aと長さ120m の列車Bがすれ違い始めてからすれ違い終わるまでに，列車Aと列車Bが進む距離の和は，それぞれの列車の長さの和に等しく，360m である。列車Aは 9 秒間に216m（＝24×9）進むから，この間に列車Bが進んだ距離は144m で，144÷9＝16 より，列車Bの速さは秒速16m である。

列車Aと列車Bがすれ違い終わってから，列車Aは360m（＝24×15），列車Bは720m（＝16×45）進んでいる。この360m と720m に両列車の長さを加えた合計がトンネルの長さだから，360＋720＋240＋120＝1440 より，トンネルの長さは1,440m となる。

よって，正答は**3**である。

正答 **3**

ある調査機関は，子ども743人と保護者1,058人を対象に携帯電話に関するアンケートを行った。図は，そのアンケート結果をまとめたものである。これから確実にいえることとして最も妥当なのはどれか。

ただし，全員が以下の質問に答えたものとし，その他の回答や無回答はなかったものとする。

【図 携帯電話に関するアンケート結果】

Q1：(子ども・保護者に対する質問) 自分自身の携帯電話の利用時間をどのように感じていますか？

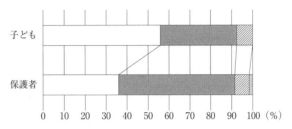

Q2：(子どもに対する質問) 携帯電話に気を取られて，自分の保護者が自分との会話に集中していないと感じることがどのくらいありますか？

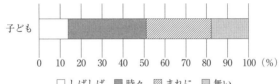

Q3：(保護者に対する質問) 携帯電話に気を取られて，自分の子どもが自分との会話に集中していないと感じることがどのくらいありますか？

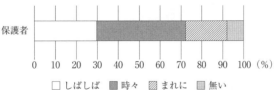

1 Q1で「多すぎる」と回答した子どもと保護者の数は，合計900人以上である。
2 Q3で「しばしば」と回答した保護者の数は，Q2で「しばしば」と回答した子どもの数の2倍未満である。
3 Q1で「少なすぎる」と回答した子どもの数と，Q3で「無い」と回答した保護者の数の差の絶対値は10未満である。
4 Q1で「ちょうど良い」と回答した保護者の数は，Q2で「しばしば」と回答した子どもと「時々」と回答した子どもの数の合計よりも100人以上多い。
5 Q1で「多すぎる」と回答した保護者のうち，40%以上がQ3で「しばしば」と回答した。

解説

1. 図から判断して，Q1で「多すぎる」と回答した子どもの数は，743×0.56≒416，保護者の数は，1058×0.37≒391であり，416＋391＝807より，900人未満である。

2. Q2で「しばしば」と回答した子どもの数は，743×0.14≒104，Q3で「しばしば」と回答した保護者の数は，1058×0.30≒317であり，3倍を超えている。

3. Q1で「少なすぎる」と回答した子どもの数は，74.3×0.08≒59，Q3で「無い」と回答した保護者の数は，1058×0.08≒85であり，その差は26である。

4. 妥当である。Q1で「ちょうど良い」と回答した保護者の数は，1058×0.54≒571，Q2で「しばしば」と回答した子どもと「時々」と回答した子どもの数の合計は，743×(0.14＋0.37)≒379，571−379＝192であり，100人以上多い。

5. Q1とQ3の関連性については判断できない。

正答 **4**

No. **133** | 資料解釈 | **デジタル化の取組状況の調査結果** 令和 **4 年度**

表は、2020年度末時点での各業種におけるデジタル化の取組状況の調査結果であり、調査に回答した会社数とその割合を業種ごとに示したものである。これから確実にいえることとして最も妥当なのはどれか。ただし、各業種の会社数は2020年度末時点におけるものである。

取組状況　　　業種	会社数（社）	会社数の割合（%）				
		2018年度以前から実施している	2019年度から実施している	2020年度から実施している	2020年度末時点で実施していないが、今後実施を検討している	2020年度末時点で実施しておらず、今後も予定はない
製造業	3,700	16	4	3	20	57
情報通信業	1,700	31	7	7	19	36
エネルギー・インフラ	4,400	15	4	4	19	59
商業・流通業	4,600	17	3	4	19	57
サービス業・その他	6,100	10	3	3	15	69

（注）四捨五入の関係により、割合の合計が 100% とならない場合がある。

1 「情報通信業」において、2019年度末時点で取組を実施している会社数は、2018年度末時点でのそれより200社以上多い。

2 2018年度以前から取組を実施している会社数が400社以下の業種は、一つである。

3 取組を実施している会社数の合計が初めて5,000社以上となったのは、2019年度である。

4 2020年度末時点で取組を実施している会社数が最も多い業種は、「製造業」である。

5 2020年度末時点で取組を実施していない会社数の合計は、10,000社以上である。

解説

1. 「情報通信業」において、2019年度末時点で取組を実施している会社数の、2018年度末時点からの増加数は、2019年度から実施している会社数である。1700×0.07＝119より、119社であり、200社に達しない。

2. 「エネルギー・インフラ」、「商業・流通業」、「サービス業・その他」の 3 業種は、会社数がそれぞれ4,000社を超え、2018年度以前から取組を実施している会社数の割合がいずれも10％を超えているので、400社を超えている。「製造業」は、3700×0.16＝592、「情報通信業」は、1700×0.31＝527であり、400社以下の業種は1つもない。

3. 5 業種の会社数合計は、3700＋1700＋4400＋4600＋6100＝20500であるから、5,000社だとその約$\frac{1}{4}$＝25〔%〕である。2019年度までに取組を実施している会社数の割合が25％を超えているのは「情報通信業」だけであり、「情報通信業」の会社数は1,700社で最も少ない。会社数が6,100社で最も多い「サービス業・その他」は13％で、残る 3 業種もそれぞれ20％程度である。したがって、2019年度時点で取組を実施している会社数の合計は5,000社未満である。

4. 「製造業」の場合、3700×（0.16＋0.04＋0.03）＝3700×0.23である。これに対し、「商業・流通業」では、4600×（0.17＋0.03＋0.04）＝4600×0.24であり、3700×0.23＜4600×0.24より、「商業・流通業」のほうが多い。

5. 妥当である。5 業種の会社数合計は20,500社であり、いずれの業種も2020年度末時点で取組を実施している会社数の割合は50％未満である。したがって、2020年度末時点で取組を実施していない会社数の合計は、20,500社の50％を超えるので、その数は10,000社以上である。

正答　**5**

No. 134 資料解釈　日本の消費者事故等の項目別件数　令和 3 年度

表は，2015～2019年度における我が国の消費者事故等の件数を項目別に示したものである。これからいえることとして最も妥当なのはどれか。

(件)

	2015年度	2016年度	2017年度	2018年度	2019年度
消費者事故等	12,282	10,186	10,952	11,616	11,944
生命身体事故等	2,897	2,905	2,680	2,695	2,632
重大事故等	1,304	1,286	1,280	1,159	1,391
重大事故等を除く生命身体事故等	1,593	1,619	1,400	1,536	1,241
財産事案	9,385	7,281	8,272	8,921	9,312

1 2015～2019年度において，いずれの年度でも「重大事故等」の件数は，「消費者事故等」のそれの1割以上を占めている。

2 2015～2019年度において，「重大事故等を除く生命身体事故等」の件数がこの期間における同項目の平均を超えている年度は，三つある。

3 2015～2019年度において，いずれの年度でも「財産事案」の件数は，「生命身体事故等」のそれの3倍以上である。

4 2015年度と2019年度を比較すると，「重大事故等」，「重大事故等を除く生命身体事故等」，「財産事案」のうち，「消費者事故等」の件数に占める割合の増減幅が最も大きい項目は，「重大事故等」である。

5 2016～2019年度において，「消費者事故等」の件数が前年度より増加している年度では，「重大事故等」の件数も前年度より増加している。

解説

1. 2018年度の場合，$11616 \times 0.1 \fallingdotseq 1162 > 1159$ であり，1割未満である。

2. 正しい。$(1593＋1619＋1400＋1536＋1241) \div 5 \fallingdotseq 7400 \div 5＝1480$ より，平均は約1,480件である。したがって，2015，2016，2018年度が平均を超えている。

3. 2016年度の場合，$2905 \times 3＝8715 > 7281$ であり，3倍に満たない。

4. 2015年度の場合，「消費者事故等」の件数に占める割合は，「重大事故等」が約10.6％，「重大事故等を除く生命身体事故等」が約13.0％，「財産事案」が約76.4％である。2019年度は「重大事故等」が約11.6％，「重大事故等を除く生命身体事故等」が約10.4％，「財産事案」が約78.0％であり，増減幅は，「重大事故等」が約0.01，「重大事故等を除く生命身体事故等」が約0.026，「財産事案」が約0.016である。したがって，増減幅は「重大事故等」が最も小さい。

5. 2017，2018年度の場合，「消費者事故等」の件数は前年度より増加しているが，「重大事故等」の件数は前年度より減少している。

正答　**2**

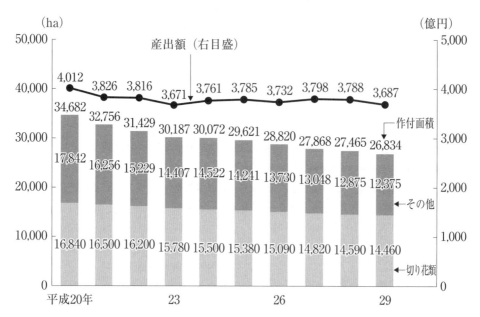

図Ⅰは，我が国の花きの作付面積と産出額を，図Ⅱは，我が国の花きの産出額の内訳（平成29年）をそれぞれ示したものである。これらからいえることとして最も妥当なのはどれか。

図Ⅰ　花きの作付面積と産出額

（注）四捨五入の関係により，切り花類とその他の合計が作付面積の値と一致しない場合がある。

図Ⅱ　花きの産出額の内訳（平成29年）

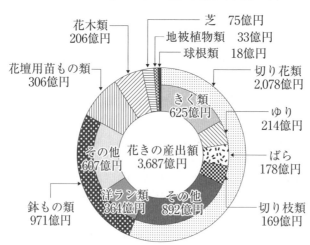

1 平成20〜22年における，花きの作付面積全体に占める切り花類の割合は，年々減少している。

2 平成20〜29年における，花きの作付面積は，一貫して減少しており，その要因の一つとして農業従事者の高齢化による離職が挙げられる。

3 平成29年の花きの産出額の内訳についてみると，切り花類は全体の60％以上を占めている。

4 平成29年の花きの産出額に占める花壇用苗もの類の割合は，15％を超えている。

5 平成29年の花きの産出額における，鉢もの類に占める洋ラン類の割合は，30％を超えている。

解説

1. 平成20年における，花きの作付面積全体に占める切り花類の割合は50％未満である。これに対し，平成21，22年における花きの作付面積全体に占める切り花類の割合は50％を超えている。

2. この資料からは，数値の原因を判断することはできない。

3. 3687×0.6≒2200＞2078 であり，60％に満たない。

4. 3687×0.15≒550＞306 であり，15％に満たない。

5. 正しい。971×0.30≒291＜364 であり，30％を超えている。

正答 **5**

文章理解

課題処理

数的処理

資料解釈

数学

物理

化学

生物

地学

図は，ある国における音楽ソフトの売上額の推移を，アナログディスク，カセットテープ，CD，配信の四つの媒体別に示したものである。これから確実にいえるのはどれか。

なお，1988年及び1998年には配信の売上額はなく，1998年，2008年のアナログディスク及び2018年のカセットテープの売上額が四つの媒体の合計売上額に占める割合は，いずれも0.5％未満である。

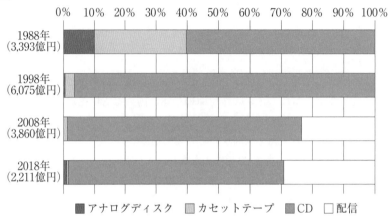

■ アナログディスク ▨ カセットテープ ▨ CD □ 配信

1 1988年におけるカセットテープの売上額は，1,500億円を上回っている。

2 1998年におけるCDの売上額は，2018年のそれの5倍を上回っている。

3 2008年に，音楽ソフトの配信での販売が始まった。

4 2008年におけるCDの売上額は，1988年におけるアナログディスクの売上額の10倍を上回っている。

5 2018年における配信の売上額は，2008年のそれを下回っている。

解説

1. 1988年における売上額に占めるカセットテープの構成比は30％未満である。1988年の場合，33.3〔％〕≒$\frac{1}{3}$あったとしても，約1,130億円であるから，1,500億円を上回ることはない。

2. 1998年におけるCDの構成比は，2018年におけるCDの構成比の約1.4倍である。売上額の合計は，1998年が2018年の約2.8倍となっている。2.8×1.4＝3.92であり，5倍を上回ることはない。

3. 1998年に配信が行われていないことはわかるが，2008年までの間の何年に始まったのかは判断できない。

4. 1988年におけるアナログディスクの売上額は約340億円ある（3,393億円の約10％）。その10倍を上回るならば，2008年におけるCDの売上額は，少なくとも3,000億円を上回っていなければならない。

5. 正しい。図から判断して，2018年は2211×0.28≒620，2008年は3860×0.23≒888となり，2018年における配信の売上額は，2008年のそれを下回っている。

正答 **5**

No. 137 資料解釈　一般世帯の総数および家族類型別の割合　令和 2 年度

表は，我が国の一般世帯の総数及び家族類型別の割合を示したものである。これから確実にいえるのはどれか。

一般世帯の家族類型		2005年	2010年	2015年
総数　　　　　（単位：千世帯）		49,063	51,842	53,332
単独世帯		29.5％	32.4％	34.6％
核家族世帯	夫婦のみの世帯	19.6％	19.8％	20.1％
	夫婦と子供から成る世帯	29.8％	27.9％	26.9％
	ひとり親と子供から成る世帯	8.3％	8.7％	8.9％
その他の世帯		12.8％	11.1％	9.4％

(注) 四捨五入等のため割合の合計が100％にならない場合がある。

1 2005年，2010年，2015年を比較すると，核家族世帯の割合は，一貫して増加している。

2 2015年の夫婦のみの世帯数が核家族世帯数に占める割合は，3割を超えている。

3 2005年と2015年を比較すると，「その他の世帯」の減少数は，単独世帯の増加数よりも大きい。

4 2005年から2015年までの一般世帯の総数の年平均増加率は，10％を超えている。

5 2010年のひとり親と子供から成る世帯数は，5,000千世帯を超えている。

解説

1. 単独世帯とその他の世帯の割合は，2005年が29.5＋12.8＝42.3，2010年が32.4＋11.1＝43.5であり，2010年は2005年より両者の割合が増加している。つまり，核家族世帯の割合は減少していることになる。

2. 正しい。2015年における核家族世帯の割合は，20.1＋26.9＋8.9＝55.9である。55.9×0.3＝16.77＜20.1であり，3割を超えている。

3. 「その他の世帯」の減少数は，$(49063 \times 0.128 - 53322 \times 0.094)$，単独世帯の増加数は，$(53322 \times 0.346 - 49063 \times 0.295)$ で求められる。$(49063 \times 0.128 - 53322 \times 0.094) - (53322 \times 0.346 - 49063 \times 0.295) = 49063 \times 0.128 + 49063 \times 0.295 - 53322 \times 0.094 - 53322 \times 0.346 = 49063 \times 0.423 - 53322 \times 0.440 < 0$ であり，「その他の世帯」の減少数は単独世帯の増加数よりも小さい。

4. 年平均増加率が10％を超えていると，10年間では$49063 \times 1.1^{10} > 49063 \times 2$ となってしまう。

5. $51842 \times 0.087 ≒ 4500$であり，5,000千世帯未満である。

正答　**2**

文章理解
課題処理
数的処理
資料解釈
数学
物理
化学
生物
地学

図は，ある国において，東空港，西空港，南空港，北空港から入国した外国人の延べ人数及び国籍別構成比を示したものである。これらから確実にいえるのはどれか。

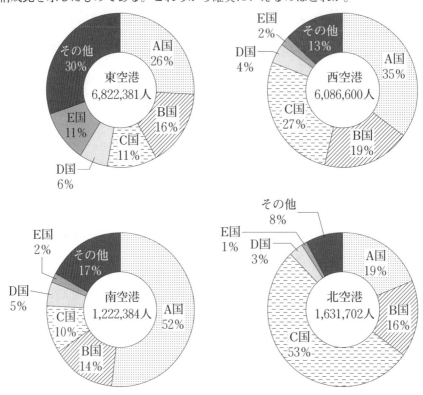

1　東空港から入国したE国籍の者の延べ人数は，北空港から入国したB国籍の者の延べ人数より多い。

2　西空港から入国したA国籍の者の延べ人数は，南空港から入国したA国籍の者の延べ人数より少ない。

3　東空港から入国したB国籍の者の延べ人数と，北空港から入国したB国籍の者の延べ人数との差は5万人以下である。

4　四つの空港から入国したC国籍の者の延べ人数を合計すると，600万人を超える。

5　四つの空港の中で，複数回入国したD国籍の者の人数が最も多いのは東空港である。

1. 正しい。東空港から入国した外国人の延べ人数（6,822,381人）は，北空港から入国した外国人の延べ人数（1,631,702人）の4倍を超えている。東空港から入国したE国籍の者の延べ人数の構成比が，北空港から入国したB国籍の者の延べ人数の構成比の$\frac{1}{4}$を超えていれば，東空港から入国したE国籍の者の延べ人数が，北空港から入国したB国籍の者の延べ人数より多くなる。$16×\frac{1}{4}=4<11$であるから，東空港から入国したE国籍の者の延べ人数は，北空港から入国したB国籍の者の延べ人数より多い。

2. **1**と同様に考えると，西空港から入国した外国人の延べ人数（6,086,600人）は，南空港から入国した外国人の延べ人数（1,222,384人）の約5倍である。したがって，西空港から入国したA国籍の者の延べ人数が，南空港から入国したA国籍の者の延べ人数より少ないならば，西空港から入国したA国籍の者の延べ人数の構成比が，南空港から入国したA国籍の者の延べ人数の構成比の$\frac{1}{5}$より小さくなければならない。$52×\frac{1}{5}≒10<35$より，西空港から入国したA国籍の者の延べ人数は，南空港から入国したA国籍の者の延べ人数より多い。

3. $6822381×0.16-1631702×0.16≒6800000×0.16-1600000×0.16=（6800000-1600000）×0.16=5200000×0.16>800000$であり，その差は80万人より多い。

4. 概算で検討すれば十分である。$6822381×0.11+6086600×0.27+1222384×0.10+1631702×0.53≒750000+1700000+120000+870000=3440000$であり，600万人を下回っている。

5. 延べ人数から複数回入国した者を判断することはできない。

正答 **1**

表は，ある地域における絶滅のおそれのある野生動物種のリストに掲載された種数等を分類群別に示したものである。これから確実にいえるのはどれか。

分類群	評価対象種	絶滅	野生絶滅	絶滅危惧種	絶滅危惧I類	IA類	IB類	絶滅危惧II類	準絶滅危惧	情報不足	掲載種計
哺乳類	160	7	0	33	24	12	12	9	18	5	63
鳥類	700	15	1	97	54	23	31	43	21	17	151
爬虫類	100	0	0	37	14	5	9	23	17	4	58
両生類	76	0	0	29	17	4	13	12	22	1	52
汽水・淡水魚類	400	3	1	169	125	71	54	44	35	37	245
昆虫類	32,000	4	0	363	177	71	106	186	350	153	870

1　六つの分類群のいずれにおいても，掲載種に占める絶滅危惧種の割合は，それぞれ5割を超えている。

2　六つの分類群のうち，絶滅危惧種に占める絶滅危惧I A類の割合が最も高いのは，哺乳類である。

3　六つの分類群の合計でみると，絶滅危惧II類の数は，絶滅危惧I類の数より多い。

4　六つの分類群の合計でみると，評価対象種に占める掲載種の割合は1割未満である。

5　六つの分類群のうち，準絶滅危惧と情報不足の合計の評価対象種に占める割合が最も低いのは，鳥類である。

解説

1.　昆虫類の場合，$363 \times 2 = 726 < 870$ であり，5割未満である。

2.　哺乳類の場合，$33 \times 0.4 = 13.2 > 12$ より，絶滅危惧種に占める絶滅危惧I A類の割合は4割未満である。これに対し，汽水・淡水魚類では，$169 \times 0.4 = 67.6 < 71$ であり，4割を超えている。

3.　絶滅危惧I類と絶滅危惧II類の差を見ると，哺乳類が$+15$，鳥類が$+11$，爬虫類が-9，両生類が$+5$，汽水・淡水魚類が$+81$，昆虫類が-9である。$+15+11-9+5+81-9 > 0$ より，絶滅危惧I類のほうが多い。

4.　正しい。評価対象種は昆虫類だけで32,000種あるので，その1割でも3,200種である。掲載種の合計は，$63+151+58+52+245+870 < 2000$ であり，1割未満である。

5.　鳥類の場合，$(21+17) \div 700 \fallingdotseq 0.054$ である。これに対し昆虫類では，$(350+153) \div 32000 \fallingdotseq 0.015$ であり，昆虫類のほうが割合は低い。

正答　**4**

文章理解　課題処理　数的処理　資料解釈　数学　物理　化学　生物　地学

図は，我が国における平成25～28年度のクマ類の出没情報の件数及び四半期ごとの割合について示したものである。これから確実にいえるのはどれか。

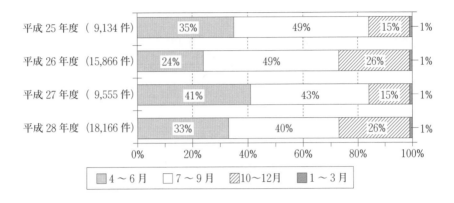

平成25年度（ 9,134件）　35%　49%　15%　1%

平成26年度（15,866件）　24%　49%　26%　1%

平成27年度（ 9,555件）　41%　43%　15%　1%

平成28年度（18,166件）　33%　40%　26%　1%

0%　20%　40%　60%　80%　100%

□4～6月　□7～9月　◪10～12月　■1～3月

1 平成25年度7～9月の件数は，平成26年度10～12月の件数を下回っている。

2 平成27年度4～9月の件数は，平成26年度4～9月の件数を上回っている。

3 平成28年度10～12月の件数は，平成27年度10～12月の件数の3倍を上回っている。

4 平成28年度の件数が前年度の件数を上回っているのは，平年より気温が高い日が前年度より多かったためである。

5 4～6月の件数についてみると，平成26～28年度のうち対前年度増加率が最も小さいのは，平成26年度である。

解説

1. 平成25年度7～9月の件数は，9134×0.49≒9000×0.5＝4500，平成26年度10～12月の件数は，15866×0.26≒16000×0.25＝16000×$\frac{1}{4}$＝4000であり，平成25年度7～9月の件数は，平成26年度10～12月の件数を上回っている。9134×0.49≒4476，15866×0.26≒4125であるが，上に示した程度の計算処理で十分である。

2. 15866÷9555≒1.66より，平成26年度におけるクマ類出没情報件数は平成27年度の約1.66倍である。したがって，平成27年度4～9月の件数が平成26年度4～9月の件数を上回っているためには，平成27年度4～9月の割合が平成26年度4～9月の割合に対して，その1.66倍を上回っていることが必要である。(41+43)÷(24+49)≒1.15であるから，平成27年度4～9月の件数は平成26年度4～9月の件数を下回っている。

3. 正しい。平成28年度におけるクマ類出没情報件数は，平成27年度の約1.9倍である。平成28年度10～12月の割合は，平成27年度10～12月の1.7倍を超えているので，1.9×1.7＝3.23より，3倍を超えているというのは正しい。

4. この資料からクマ類出没情報件数の増減原因を判断することはできない。

5. 平成25年度4～6月の件数は，9134×0.35≒3197，平成26年度4～6月の件数は，15866×0.24≒3808，平成27年度4～6月の件数は，9555×0.41≒3918である。平成26年度は前年度の約3,200件から約600件の増加，平成27年度は前年度の約3,800件から約100件の増加であり，増加率は平成27年度のほうが小さい。

正答 **3**

表は，A～Jの10都道府県について，平成27年の農業産出額，産出額が上位3位までの品目及びその品目の各都道府県の農業産出額における構成比を示したものである。これから確実にいえるのはどれか。

都道府県	農業産出額 (億円)	1 位品目		2 位品目		3 位品目	
		品目	構成比 （%）	品目	構成比 （%）	品目	構成比 （%）
A	11,852	生乳	29.9	米	9.7	肉用牛	8.2
B	1,237	みかん	16.4	米	10.9	豚	10.4
C	1,011	みかん	27.4	うめ	10.2	かき	8.5
D	2,191	米	16.9	いちご	9.5	鶏卵	6.5
E	2,723	米	19.2	生乳	12.7	いちご	10.0
F	2,204	みかん	11.5	茶（生葉）	8.9	米	8.3
G	935	肉用牛	20.0	さとうきび	17.3	豚	12.8
H	2,420	米	17.4	レタス	12.4	りんご	11.5
I	3,348	トマト	13.9	肉用牛	11.2	米	10.8
J	3,068	りんご	26.8	米	13.8	豚	8.4

1　AとEの米の産出額は，いずれも500億円を超えている。

2　肉用牛の産出額についてみると，AはIの3倍を超えている。

3　A～Jのうち，みかんの産出額が最も大きいのは，Bである。

4　Gのさとうきびの産出額は，Dのいちごの産出額を超えている。

5　りんごの産出額についてみると，JはHの4倍を超えている。

解 説

1. 正しい。Aについては，11852×0.097＞1000より，1,000億円を超えている。Eについては，2723×0.192≒523より，500億円を超えており，両者とも500億円を超えている。

2. Aについては，11852×0.082≒972，Iについては，3348×0.112≒375である。375×3＞1000だから，Aにおける肉用牛の産出額はIの3倍未満である。

3. Bにおけるみかんの産出額は，1237×0.164≒203より，約203億円である。これに対しCは，1011×0.274≒277より，約277億円であり，CはBより多い。

4. Gにおけるさとうきびの産出額は，935×0.173≒162，Dにおけるいちごの産出額は，2191×0.095≒208であり，Gにおけるさとうきびの産出額よりDにおけるいちごの産出額のほうが多い。

5. Jにおけるりんごの産出額は，3068×0.268≒822，Hにおけるりんごの産出額は，2420×0.115≒278であり，278×4＞1000だから，Jにおけるりんごの産出額は，Hにおけるりんごの産出額の4倍未満である。

正答　**1**

図は，我が国における宿泊旅行について，延べ宿泊者数（全体），日本人延べ宿泊者数，外国人延べ宿泊者数の対前年増減率の推移を示したものである。これから確実にいえるのはどれか。

ただし，延べ宿泊者数（全体）は，日本人延べ宿泊者数と外国人延べ宿泊者数の合計である。

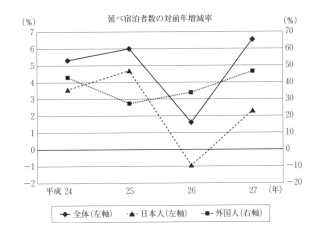

延べ宿泊者数の対前年増減率

1 平成24〜27年のうち，外国人延べ宿泊者数が前年を下回った年は，平成25年だけである。
2 平成25年についてみると，日本人延べ宿泊者数は外国人延べ宿泊者数を下回っている。
3 平成26年についてみると，外国人延べ宿泊者数の前年からの増加数は，日本人延べ宿泊者数の前年からの減少数を上回っている。
4 平成27年の延べ宿泊者数（全体）に占める外国人延べ宿泊者数の割合は，前年のそれを下回っている。
5 平成27年の日本人延べ宿泊者数は，平成23年のそれを下回っている。

解説

1. 問題の図は，対前年の増減「率」を表したグラフなので，縦軸の0より上に位置する年は，宿泊「数」が前年を上回っている。平成25年における外国人延べ宿泊者数は，前年より30％弱の増加である。

2. この資料では実数値としての宿泊者数が与えられていないので，異なる項目間でその大小を比較することはできない。

3. 正しい。平成26年について，それぞれの対前年増減数を見ると，延べ宿泊者数（全体）＝増加，日本人延べ宿泊者数＝減少，外国人延べ宿泊者数＝増加である。このとき，日本人延べ宿泊者の減少数が外国人延べ宿泊者の増加数より多ければ，延べ宿泊者数（全体）は減少する。つまり，日本人延べ宿泊者数が減少しているのに，延べ宿泊者数（全体）が増加しているということは，外国人延べ宿泊者数の前年からの増加数が，日本人延べ宿泊者数の前年からの減少数を上回っているからである。

4. 平成27年における対前年増加率は，日本人延べ宿泊者数より外国人延べ宿泊者数のほうが大きい。したがって，平成27年の延べ宿泊者数（全体）に占める外国人延べ宿泊者数の割合は，前年のそれを上回っている。

5. 平成23年を100とすると，平成27年は図から判断する限り，$100 \times (1+0.035) \times (1+0.048) \times (1-0.009) \times (1+0.023) \fallingdotseq 100 \times (1+0.035+0.048-0.009+0.023) = 100 \times (1+0.097) > 100$ となり，平成27年は平成23年を上回っている。

正答 **3**

No. 143 **資料解釈** **土産店での購入者数と売上個数からいえること** 平成28年度

図は，土産店における，ある年の1月〜12月の間の購入者数と土産物の売上個数を示したものであるが，これから確実にいえるのはどれか。

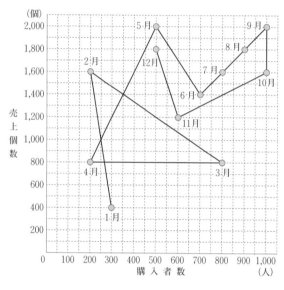

1 2月〜12月のうち，前月からの売上個数の増加率が最も大きいのは5月であった。

2 2月〜12月のうち，購入者数が前月より減少したのは3回であった。

3 7月，8月，9月は，購入者1人当たりの売上個数が，いずれも前月より増加していた。

4 売上個数が連続して1,600個以上となっていた期間は，最長で5か月間であった。

5 11月及び12月は，購入者1人当たりの売上個数が，いずれも前月より増加していた。

解説

1. 5月の売上個数は2,000個，4月の売上個数は800個だから，2000÷800＝2.5より，2.5倍である。これに対し，1月の売上個数は400個，2月の売上個数が1,600個だから，1600÷400＝4より，2月の売上個数は1月の4倍となっている。したがって，前月からの増加率は5月より2月のほうが大きい。

2. グラフ平面上で，前月より左側にあれば，購入者数が減少している。つまり，2月，4月，11月，12月の4回である。

3. 6月は1400÷700＝2，7月は1600÷800＝2，8月は1800÷900＝2，9月は2000÷1000＝2となっており，購入者1人当たりの売上個数は変わっていない。

4. 売上個数が連続して1,600個以上となっていた期間は，7月，8月，9月，10月の4か月が最長である。

5. 正しい。10月は1600÷1000＝1.6，11月は1200÷600＝2となっており，11月における購入者1人当たりの売上個数は10月より増加している。また，12月は11月より購入者数が減少して売上個数は増加しているのだから，12月における購入者1人当たりの売上個数は11月より増加している。

正答 **5**

表は，ある国における機械受注に関する調査結果である。これから確実にいえるのはどれか。

需要者 ＼ 期・月	対前期比（％）			対前月比（％）			受注額（億円）
	2015年4-6月期	7-9月期	10-12月期	2015年8月	9月	10月	2015年7月
受注総額	▲5.8	▲2.2	0.4	▲14.1	8.4	21.1	24,600
民需	▲9.0	▲6.3	2.8	▲5.5	2.2	24.3	9,800
製造業	12.1	▲15.3	6.0	▲3.2	▲5.5	14.5	3,600
官公需	4.0	▲16.2	▲0.4	▲1.8	57.6	▲39.7	2,000
外需	▲5.7	5.2	▲1.9	▲26.1	4.8	41.6	11,800
代理店	1.1	7.6	1.8	18.2	1.6	▲2.8	1,000

（注）　▲はマイナスを表す。

1　2015年 1 - 3 月期の官公需の受注額は，6,000億円を超えている。

2　2015年 6 月の外需の受注額は，同年同月の民需の受注額を超えている。

3　2015年 9 月の民需の受注額に占める製造業の受注額の割合は，4 割を超えている。

4　2015年10月の代理店の受注額は，同年同月の官公需の受注額を超えている。

5　2015年10 - 12月期の受注総額は，8 兆円を超えている。

解説

1. 正しい。2015年 7 月における官公需の受注額は2,000億円で，8 月は$2000 \times (1-0.018) = 1964$，9 月は$1964 \times (1+0.576) = 3095$だから，7 - 9 月期の受注額は約7,059億円である。2015年 1 - 3 月期の官公需の受注額を6,000億円とすると，7 - 9 月期は$6,000 \times (1+0.04) \times (1-0.162) < 6000$より，6,000億円未満となってしまう。つまり，2015年 1 - 3 月期の官公需の受注額は，6,000億円を超えていなければならない。

2. この資料から 6 月の受注額を知ることはできない。

3. 2015年 7 月における民需の受注額に占める製造業の受注額の割合は，$3600 \div 9800 = 0.367$だから，4 割未満である。7 月に対する 9 月の増減率を見ると，$(1-0.055) \times (1+0.022) > (1-0.032) \times (1-0.055)$ となるので，製造業のほうが減少率は大きく，9 月も 4 割未満である。

4. 2015年10月における代理店の受注額は$1000 \times (1+0.182) \times (1+0.016) \times (1-0.028) = 1167$，官公需の受注額は$2000 \times (1-0.018) \times (1+0.576) \times (1-0.397) = 1866$となり，官公需の受注額のほうが大きい。

5. 2015年 7 月の受注総額が24,600億円，8 月は$24600 \times (1-0.141) = 21131$，9 月は$21131 \times (1+0.084) = 22906$だから，2015年 7 - 9 月期の受注総額は，$24600+21131+22906=68637$より，約 6 兆8,637億円である。$68637 \times (1+0.004) < 80000$より，2015年10-12月期の受注総額は 8 兆円未満である。

正答　**1**

図は，ある地域における幼稚園数，幼稚園在園者数，保育所数及び保育所利用児童数を示したものであるが，これから確実にいえるのはどれか。

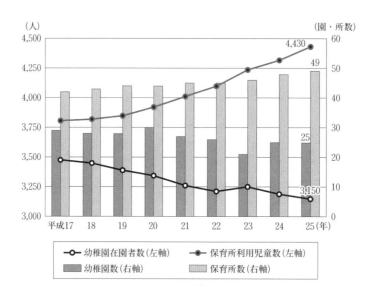

1 幼稚園数と保育所数を合わせた数は，平成20年以降，毎年減少している。

2 幼稚園1園当たりの在園者数は，平成17年以降，毎年減少している。

3 保育所利用児童数は，平成23年以降，この地域における保育所全体の定員を上回っている。

4 平成17年における保育所利用児童数は，幼稚園在園者数の2倍未満であったが，平成21年以降は3倍以上である。

5 平成25年における幼稚園1園当たりの在園者数は，保育所1か所当たりの利用児童数よりも多い。

解説

1. 平成24年は，幼稚園数，保育所数とも前年より増加している。

2. 平成23年は，前年より幼稚園数は減少しているが，幼稚園在園者数は増加しており，幼稚園1園当たりの在園者数は平成22年より増加している。

3. 保育所の定員については，この資料からは判断できない。

4. 平成21年の場合，問題の図から判断して，4000÷3250＜2，であり，保育所利用児童数は，幼稚園在園者数の2倍未満である。

5. 正しい。平成25年における幼稚園1園当たりの在園者数は，3150÷25＝126，保育所1か所当たりの利用児童数は，4430÷49≒90，であり，幼稚園1園当たりの在園者数は，保育所1か所当たりの利用児童数よりも多い。

正答 **5**

表Ⅰ，Ⅱは，1か月の読書量等に関する調査結果を示したものであるが，これらから確実にいえるのはどれか。なお，表Ⅱは2013年の調査結果のみが示されている。

表Ⅰ
1か月に1冊も本を読まない人の割合
(%)

調査年 年齢階級	2002	2008	2013
16～19歳	34.8	47.2	42.7
20歳代	31.3	38.0	40.5
30歳代	29.6	42.4	45.5
40歳代	28.5	38.9	40.7
50歳代	39.0	38.8	44.3
60歳代	44.4	50.0	47.8
70歳以上	51.3	60.7	59.6

表Ⅱ
今後読書量を増やしたいと思わない人の割合 (2013年) (%)

性別 年齢階級	男	女
16～19歳	13.6	28.9
20歳代	11.2	29.7
30歳代	16.0	23.8
40歳代	11.1	30.8
50歳代	22.4	27.4
60歳代	31.2	51.5
70歳以上	54.6	63.5

1 三つの調査年の間の変化をみると，20歳代以上の各年齢階級について，1か月に1冊も本を読まない人の割合は一貫して増大した。

2 三つの調査年のいずれにおいても，1か月に1冊も本を読まない人の割合が最大の年齢階級は70歳以上であり，最小の年齢階級は40歳代であった。

3 2013年において，1か月に1冊も本を読まない人のうち，70歳以上の年齢階級には，今後読書量を増やしたいと思わない人がいる。

4 2013年において，1か月に1冊も本を読まない人の割合が最大の年齢階級と，今後読書量を増やしたいと思わない人の割合が最小の年齢階級は一致する。

5 2013年において，今後読書量を増やしたいと思わない人の割合の男女差が最大の年齢階級は40歳代で，その男女差は19.7％ポイントであった。

解説

1. 50歳代の2002年→2008年，60歳代の2008年→2013年，70歳以上の2008年→2013年では，1か月に1冊も本を読まない人の割合は減少している。

2. 「1か月に1冊も本を読まない人の割合が最大の年齢階級は70歳以上である」というのは正しい。しかし，最小の年齢階級については，2008年の40歳代が38.9％であるのに対して，50歳代は38.8％，20歳代は38.0％である。また，2013年においても，40歳代が40.7％であるのに対して，20歳代は40.5％である。

3. 正しい。2013年において，70歳以上で，今後読書量を増やしたいと思わない人の割合は，男性54.6％，女性63.5％だから，全体では54.6％を超えている。そして，1か月に1冊も本を読まない人の割合が59.6％あるので，1か月に1冊も本を読まない人のうち，今後読書量を増やしたいと思わない人は確実にいるといえる。逆に考えると，1か月に1冊以上本を読む40.4％がすべて今後読書量を増やしたいと思わないとしても，今後読書量を増やしたいと思わない残りの10数％は1か月に1冊も本を読まない人ということになる。

4. 2013年において，1か月に1冊も本を読まない人の割合が最大の年齢階級は70歳以上で，この70歳以上は，今後読書量を増やしたいと思わない人の割合が最大の年齢階級でもある。

5. 40歳代の男女差が19.7％であるというのは正しいが，60歳代の男女差は20.3ポイントで，40歳代より大きい。

正答 **3**

図は，A国，B国，C国の3か国について，ある年における1人当たりの食用魚介類の年間供給量及びその内訳（上位5種類）等を示したものである。これから確実にいえるのはどれか。

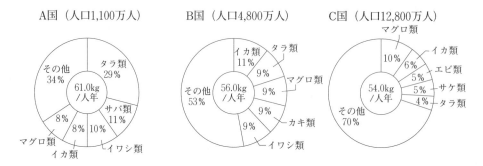

1 マグロ類の1人当たりの年間供給量が最も多い国はB国である。

2 イワシ類の年間供給量は，多い順にB国，A国，C国である。

3 3か国の中で「その他」の年間供給量が最も多いC国は，供給される食用魚介類の種類も最も多い。

4 C国の食用魚介類の年間供給量は，A国の約8倍である。

5 3か国合計のイカ類の年間供給量は，タラ類のそれより多い。

解説

1. B国の場合，56.0×0.09＝5.04 であるが，C国は，54.0×0.10＝5.40 で，C国のほうが多い。

2. C国の人口は，A国の人口の約11.6倍（＝12800÷1100）ある。そして，C国の場合はその他が70％を占めており，イワシ類の割合がタラ類の割合である4％より小さい3％であっても，3÷10×11.6＝3.48，そして，1人当たりの年間供給量が，C国はA国の約0.89倍（＝54.0÷61.0）だから，3.48×0.89≒3.1 となる。したがって，イワシ類の年間供給量は，A国よりC国のほうが多い可能性がある。

3. C国において，「その他」に分類される種類の割合がすべて3％であれば，約23種類である。これに対し，B国において，「その他」に分類される種類の割合がすべて1％であれば，53種類となる。

4. 1人当たりの年間供給量が，C国はA国の約0.89倍，人口は，C国がA国の約11.6倍であるから，0.89×11.6≒10.3となり，約10倍である。

5. 正しい。A国においては，61.0×(0.29−0.08)×1100≒14100 より，タラ類のほうが約14.1万 t 多い。C国では，54.0×(0.06−0.04)×12800≒13800 より，イカ類のほうが約13.8万 t 多い。そして，B国が，56.0×(0.11−0.09)×4800≒5400 より，イカ類のほうが5.4万 t 多い。したがって，3か国合計ではイカ類のほうが多い。

正答 5

文章理解
課題処理
数的処理
資料解釈
数学
物理
化学
生物
地学

$a^2 \times (a^2)^x = a^3 \div (a^3)^x$ のとき，x の値はいくらか。ただし，$a > 1$ とする。

1 $\dfrac{1}{5}$

2 $\dfrac{1}{3}$

3 $\dfrac{2}{5}$

4 $\dfrac{1}{2}$

5 $\dfrac{2}{3}$

解 説

$$a^2 \times (a^2)^x = a^3 \div (a^3)^x, \quad a > 1$$

左辺と右辺の指数はそれぞれ1次式として整理することができ，

$$a^{2+2x} = a^{3-3x}$$

底は a で共通なので，指数における x の1次方程式として解けばよい。

$$2 + 2x = 3 - 3x$$

x について解くと，$x = \dfrac{1}{5}$ となる。

　よって，正答は**1**である。

正答　**1**

40mのロープを全て使って，短辺がam，長辺がa^2m（$0<a<40$）の長方形を作るとき，その長方形の面積はいくらか。

ただし，ロープは引っ張ること等により伸縮しないものとし，またロープの太さは無視できるものとする。

1　32m^2
2　40m^2
3　64m^2
4　75m^2
5　80m^2

解　説

短辺がam，長辺がa^2m（$0<a<40$）の長方形を作ると図のようになる。

ロープの長さは40mであるから
$$2(a^2+a)=40$$
である。よって，
$$a^2+a=20$$
$$a^2+a-20=0$$
$$(a+5)(a-4)=0$$
$0<a<40$より，$a=4$

したがって，短辺が4m，長辺が$4^2=16$mであるから，長方形の面積は，
$$4\times16=64\,[\text{m}^2]$$
となり，**3**が正答である。

正答　3

$x + 2y = 6$の関係が成り立つとき，$x^2 + 2y^2$の最小値はいくらか。

1 　3
2 　6
3 　9
4 　12
5 　15

解説

$x + 2y = 6$より，$x = 6 - 2y$

$x^2 + 2y^2$に代入すると

$$x^2 + 2y^2 = (6 - 2y)^2 + 2y^2$$
$$= 6y^2 - 24y + 36$$
$$= 6(y^2 - 4y) + 36$$
$$= 6\{(y-2)^2 - 4\} + 36$$
$$= 6(y-2)^2 + 12$$

よって，$x^2 + 2y^2$は，$y = 2$，$x = 2$のとき最小値12となり，正答は**4**である。

正答　**4**

次の連立不等式の解として正しいのはどれか。

$$\begin{cases} 5x+2 \leqq 2(x+4) \\ x-6 < 3x+4 \end{cases}$$

1　$x < -5$
2　$-5 < x \leqq 2$
3　$-4 < x \leqq 2$
4　$x \leqq 2$
5　$x \geqq 5$

解説

$$\begin{cases} 5x+2 \leqq 2(x+4) & \cdots\cdots① \\ x-6 < 3x+4 & \cdots\cdots② \end{cases}$$

①より，

　$5x+2 \leqq 2x+8$

　$5x-2x \leqq 8-2$

　$3x \leqq 6$

　$x \leqq 2$

②より，

　$x-3x < 4+6$

　$-2x < 10$

　$x > -5$

数直線で表すと次のようになる。

●は含む，○は含まない。

上図の灰色の部分が解であるから，

　$-5 < x \leqq 2$

となり，正答は**2**である。

正答　**2**

2次関数 $y=x^2-x+2$ のグラフを x 軸方向に -2，y 軸方向に -2 だけ平行移動して得られる放物線が，直線 $y=x+a$ と接するとき，a の値はいくらか。

1 　-1
2 　1
3 　3
4 　5
5 　7

解説

$y=x^2-x+2=\left(x-\dfrac{1}{2}\right)^2+\dfrac{7}{4}$ であるから，放物線 $y=x^2-x+2$ の頂点の座標は $\left(\dfrac{1}{2},\dfrac{7}{4}\right)$ となる。

　平行移動により，この点は $\left(\dfrac{1}{2}-2,\ \dfrac{7}{4}-2\right)$，すなわち $\left(-\dfrac{3}{2},\ -\dfrac{1}{4}\right)$ に移動するから，平行移動して得られる二次関数は，

$$y=\left(x+\dfrac{3}{2}\right)^2-\dfrac{1}{4}=x^2+3x+2$$

となる。

　$y=x^2+3x+2$ と $y=x+a$ が接するとき，

　連立方程式 $\begin{cases} y=x^2+3x+2 \\ y=x+a \end{cases}$ が重解を持つから，

y を消去して，

$x^2+3x+2=x+a$

$x^2+2x+2-a=0$

この二次方程式の判別式を D とすると，

$D=2^2-4(2-a)=-4+4a$

重解を持つとき，$D=0$ であるから，

$-4+4a=0$

　よって，$a=1$ となり，正答は**2**である。

正答　**2**

図のような各辺の長さが13，14，15の三角形 ABC がある。このとき，$\cos B$ の値はいくらか。

1 $\dfrac{4}{13}$

2 $\dfrac{5}{14}$

3 $\dfrac{5}{13}$

4 $\dfrac{3}{7}$

5 $\dfrac{6}{13}$

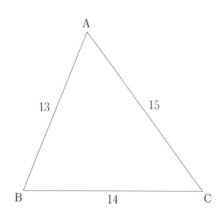

解 説

次のように，$\triangle$ ABC の各頂点の対辺の長さをそれぞれ a，b，c とする。

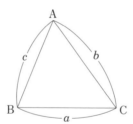

余弦定理より，

$$\cos B = \frac{a^2 + c^2 - b^2}{2ac}$$

$$= \frac{14^2 + 13^2 - 15^2}{2 \times 14 \times 13}$$

$$= \frac{196 + 169 - 225}{2 \times 14 \times 13}$$

$$= \frac{140}{2 \times 14 \times 13}$$

$$= \frac{5}{13}$$

よって，正答は**3**である。

正答　**3**

図のように，上空にドローンXが飛行しており，Xの真下の地点Yと地点A，地点Bとの間には，AB間の距離＝200m，∠BAY＝30°，∠ABY＝105°という関係が成り立っている。また，∠XBY＝45°である。

このとき，ドローンXの高度は何mか。

ただし，地点A，B，Yは高度0mの平面上にあるものとする。

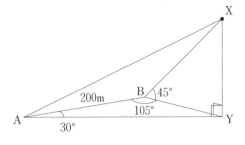

1 $50\sqrt{3}$ m

2 100 m

3 $50\sqrt{6}$ m

4 $100\sqrt{2}$ m

5 $100\sqrt{3}$ m

 解説

問題に与えられた図が，実際は立体で三角錐であることに注意して解く必要がある。

次の図Ⅰの，高度0mの平面上にある△ABYで，BよりAYに垂線BHを引くと，AB＝200〔m〕より，BH＝100〔m〕，BY＝$100\sqrt{2}$〔m〕となる。

図Ⅰ

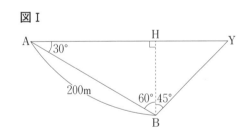

また図Ⅱの△BYXに着目すると，これは直角二等辺三角形であるから，BY＝XYである。したがって，XY＝$100\sqrt{2}$〔m〕で，ドローンXの高度は$100\sqrt{2}$〔m〕となる。

よって，正答は**4**である。

図Ⅱ

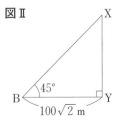

正答 **4**

2次方程式 $x^2 - 10x + m = 0$ の一つの解が他の解の4倍であるとき，定数 m の値はいくらか。

1　0
2　2
3　4
4　8
5　16

解説

与えられた2次方程式の1つの解を α とすると，もう1つの解は 4α と表される。

　2次方程式 $ax^2 + bx + c = 0$（$a \neq 0$）の2つの解を α, β とすると，解と係数の関係により，

$$\alpha + \beta = -\frac{b}{a}, \quad \alpha\beta = \frac{c}{a}$$

であるから，

$$\alpha + 4\alpha = 10 \quad \cdots\cdots ①, \quad \alpha \times 4\alpha = m \quad \cdots\cdots ②$$

①より，$5\alpha = 10$

　よって，$\alpha = 2$

これを②に代入して，$2 \times 8 = m$

　したがって，$m = 16$ となり，正答は **5** である。

正答　**5**

$90° \leqq \theta \leqq 180°$ で, $\tan\theta = -\dfrac{1}{2}$ のとき, $\cos\theta$ の値はいくらか。

1 $-\dfrac{\sqrt{3}}{2}$

2 $-\dfrac{\sqrt{5}}{5}$

3 $-\dfrac{2\sqrt{5}}{5}$

4 $\dfrac{1}{2}$

5 $\sqrt{3}$

解 説

$1 + \tan^2\theta = \dfrac{1}{\cos^2\theta}$ より,

$$\dfrac{1}{\cos^2\theta} = 1 + \left(-\dfrac{1}{2}\right)^2 = \dfrac{5}{4}$$

よって, $\cos^2\theta = \dfrac{4}{5}$ である。

$90° \leqq \theta \leqq 180°$ より, $\cos\theta < 0$ であるから,

$$\cos\theta = -\sqrt{\dfrac{4}{5}} = -\dfrac{2}{\sqrt{5}} = -\dfrac{2\sqrt{5}}{5}$$

となり, 正答は**3**である。

正答 **3**

左側縦書き：
文章理解　課題処理　数的処理　資料解釈　数学　物理　化学　生物　地学

次は，エネルギーについての記述であるが，A～Dに当てはまるものの組合せとして最も妥当なのはどれか。

　私たちは，様々なエネルギーを，必要に応じて使いやすい形に変換して利用している。例えば，　A　によって力学的エネルギーが熱エネルギーに変換されたり，　B　によって光エネルギーが化学エネルギーに変換される。

　電気エネルギーについてみると，火力発電では，ボイラーにおいて化石燃料の　C　エネルギーが熱エネルギーに変換され，さらにタービンと発電機によって電気エネルギーに変換される。

　こうしたエネルギーの変換において，次の法則が成り立つ。

　「あるエネルギーがどのような形のエネルギーに変わっても，エネルギーの総量は　D　。」

	A	B	C	D
1	燃焼	LED	化学	常に増大する
2	燃焼	LED	核	常に一定に保たれる
3	燃焼	植物の光合成	核	常に一定に保たれる
4	摩擦	LED	核	常に増大する
5	摩擦	植物の光合成	化学	常に一定に保たれる

解説

A：「摩擦」が正しい。摩擦によって，力学的エネルギーは熱エネルギーに変わる。「燃焼」は，化学エネルギー（化学反応により取り出されるエネルギー）が熱エネルギーに変わる化学反応である。

B：「植物の光合成」が正しい。植物の光合成とは，太陽の光を受けて葉緑体でデンプンを作り出す働きで，反応式は以下となる。

　　$6CO_2 + 6H_2O + （光エネルギー） \rightarrow C_6H_{12}O_6 + 6O_2$

　これは，物理的に光エネルギーを化学エネルギーに変換する過程である。「LED」は Light Emitting Diode の略で，日本語で発光ダイオードとして知られている。発光ダイオードは，電気エネルギーから光エネルギーに変換する素子である。

C：「化学」が正しい。火力発電は，化石燃料を燃焼させて高温・高圧の水蒸気を作り，その水蒸気で蒸気タービンを回し，タービンに接続された発電機を回転させて電気を生む仕組みである。

　　「核」エネルギーを熱エネルギーに変換する仕組みがあるのは，原子力発電である。核エネルギーは，核分裂や核融合によって得られるエネルギーで，原子力エネルギーともいう。

D：「常に一定に保たれる」が正しい。エネルギーにはいろいろな種類があり，それらは互いに移り変わることができる。これは「エネルギーの変換において，それに関係したすべてのエネルギーの和が一定に保たれる（＝エネルギー保存の法則）」を意味する。エネルギーの総量が「常に増大する」のは，永久機関である。永久機関の例として，エネルギーを与えなくても仕事をする機械やエネルギーを増やす装置が考案されたが，そのような機械は作ることができないと認識されている。

　よって，正答は**5**である。

正答　**5**

小球をある速さで鉛直上向きに投げ上げたところ，投げ上げた瞬間から小球が最高点に到達するまでの時間は，2.5秒であった。このとき，投げ上げた速さはいくらか。

　ただし，重力加速度の大きさを10m/s²とし，また，空気抵抗は考えないものとする。

1　4.0m/s

2　12m/s

3　15m/s

4　25m/s

5　50m/s

解　説

鉛直投上げ運動の t 秒後における速度 v〔m/s〕を求める公式は，等加速度運動の公式「$v=v_0+at$」より，鉛直上向きを正とすると加速度は負になるので，重力加速度を g とすると「$v=v_0-gt$」と導かれる。最高点では $v=0$，$g=10$，$t=2.5$ を代入すると，$0=v_0-10×2.5$。

　よって，$v_0=25$〔m/s〕となる。

　したがって，正答は**4**である。

正答　**4**

波に関する記述として最も妥当なのはどれか。

1　図のような正弦波において，媒質が1回振動するのに要する時間を周期といい，周期の単位にはヘルツ（Hz）を用いる。周期を一定とした場合，波長が長くなると波の速さは小さくなる。

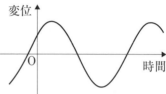

2　直線上を互いに逆向きに進んできた二つの正弦波がぶつかると，エネルギーが相殺され，波長の小さい方の波が消えて，波の進む方向は波長の大きい方のものだけになる。この現象を張力という。

3　電磁波は，電気の波と磁気の波の総称である。波長の短い電波は電気だけの波であり，波長の長いX線は磁気だけの波であり，可視光線は電気の波と磁気の波が合わさった波である。

4　音は，媒質の種類によって伝わる速さが異なる。一般に，媒質が気体の場合が最も速く，次いで液体，固体の順である。真空の場合，音の速さは光の速さに近い。

5　地震波には，縦波（疎密波）であるP波と横波であるS波などがある。P波は，S波よりも波の速さが大きい。

解説

1. 正弦波において，媒質が1回振動するのに要する時間を周期といい，その単位は（秒）であるが，1周期で1波長分進むので，周期が同じであれば波長の長いほうが波の速さは大きくなる。

2. 互いに向かい合って進んできた正弦波は，ぶつかったときは重ね合わせの原理で求められる波形を示し，重なり合った後は互いの影響を受けることなく進む。これを波の独立性という。

3. 電磁波は電界と磁界が交互に発生しながら伝わっていくもので，波長に関係なく電気の波と磁気の波を伝える。また，X線は波長が短く，電波は波長が長い。

4. 音は媒質によって伝わる速さが異なるが，一般に，媒質が固体の場合が最も速く，次いで液体，気体の順である。また，真空中は音を伝える媒質がないので音は伝わらない。

5. 妥当である。一般に，媒質が同じであれば波の伝わる速さは横ずれのない縦波のほうが速い。

正答　5

熱に関する記述として最も妥当なのはどれか。

1　物質を構成する原子や分子は不規則な運動をしている。この運動は，熱運動と呼ばれ，物質の温度が高くなるほど激しくなる。絶対零度に近い温度では，原子や分子はほとんど熱運動をしない。

2　温度の異なる二つの物体を接触させると，高温の物体の熱運動のエネルギーが低温の物体に移動する。この移動するエネルギーの量を熱量と呼び，その単位にはワット（W）が用いられる。

3　同じ熱量を与えても，物体によって温度上昇の度合いは異なる。この度合いは，物体の熱容量と呼ばれ，熱容量が大きい物体ほど，あたたまりやすく，冷めやすい。

4　氷が融解して水に変化している間，外部から加えられる熱は物質の状態を変化させるために使われるため，一定の割合で加熱すれば，温度は一定の割合で上昇する。

5　外部と熱のやり取りを行わない材料で出来たポットに少量の水を入れた場合，外部と熱のやり取りがないので，ポットをいくら激しく振り続けても中の水の温度は変化しない。

解説

1．妥当である。熱運動の大きさで温度が決まり，絶対零度に近い温度では原子や分子はほとんど熱運動をしない。

2．前半の記述は妥当で，この移動するエネルギーの量を熱量というが，その単位はジュール（J）である。ワット（W）は仕事率や電力（消費電力）を表す単位である。

3．熱容量は物体全体の温度を $1\,K$ 上昇させるのに必要な熱量で，熱容量が大きい物体ほど，あたたまりにくく，冷めにくい。その単位はジュール毎ケルビン（J/K）である。

4．外部から加えられた熱で，固体から液体のように状態が変化しているときは，加えられた熱は状態の変化だけに使われ，温度は上昇しない。

5．ポットを激しく振り続けると，加えた振動の一部が水の分子に伝わり，水の分子の熱運動が激しくなるため，ポットの中の水の温度は上昇する。

正答　**1**

電気や磁気に関する記述として最も妥当なのはどれか。

1　種類の違う物質どうしをこすり合わせると，摩擦によって，一方の物質の電子と他方の物質の陽子が交換され，二つの物質は静電気力により互いに反発する。

2　電磁波は，電気と磁気の振動の波であり，電磁波が真空中を伝わる速さは周波数に比例するため，電波より周波数の高いγ線などは，光より速く真空中を伝わる。

3　真っすぐな導線に電流を流すと電流と平行な向きの磁場が生じる。このため，コイルに電流を流すと，コイルの周囲では磁場が互いに打ち消し合い，磁場の強さが0になる。

4　モーターは，電気エネルギーを力学的エネルギーに変換する装置であるが，直流電源に接続しても回転させ続けることができないため，交流電源に接続する必要がある。

5　絶縁体と導体の中間の抵抗率を持つ物質は半導体と呼ばれ，シリコンやゲルマニウムなどがある。半導体は，ダイオードやトランジスタなどの電子部品の材料に用いられている。

解説

1．摩擦によって物質間を移動するのは電子である。電子を失った物質がプラス，電子を得た物質がマイナスに帯電した状態になり，このことにより互いに引っ張り合う静電気力が生じる。

2．電磁波は，電気と磁気の振動の波であるが，電磁波が真空中を伝わる速さは周波数に関係なく同じである。なお，光は電磁波の一種である。

3．真っすぐな導線に電流を流すと，導線に垂直な平面内で導線を中心とする同心円状の磁場ができる（右ねじの法則）。コイルにおいては電流の流れる向きより右ねじの法則から考えると，コイル全体が棒磁石と同じ磁界を持つことになり，コイルの周囲の磁場の強さが0になることはない。

4．モーターには交流用と直流用の両方がある。直流用モーターでは，半回転ごとに電流の向きを変えることによって，回転させ続けることができる。

5．妥当である。

正答　**5**

物理　**物体の運動やエネルギー**　平成**29**年度

物体の運動やエネルギーに関する記述として最も妥当なのはどれか。

1　物体に生じる加速度が物体に働く力に比例し，物体の質量に反比例することを慣性の法則といい，この法則に従う物体は等加速度直線運動をする。

2　斜方投射された物体の運動を水平方向と鉛直方向に分解すると，水平方向には等速直線運動をし，鉛直方向には鉛直投げ上げと同様の運動をしていることが分かる。

3　粗い水平面上に静止した物体が動き出すのを妨げるように働く摩擦力を動摩擦力といい，この摩擦力の大きさは，接触面の面積に比例する。

4　滑らかな斜面や動滑車などの道具を使えば重い物体でも小さな力で動かすことができ，仕事の総量が小さくなるが，これを仕事の原理という。

5　物体の運動エネルギーと位置エネルギーの大きさは等しく，その和である力学的エネルギーは，等速直線運動においては一定に保たれるが，放物運動においては増加する。

解説

1.　物体に生じる加速度が物体に働く力に比例し，物体の質量に反比例することは「運動の法則」という。慣性の法則とは，物体に外部から力が働かない，もしくは働いていても合力が0のとき，静止している物体は等速度運動を続けることをいう。

2.　妥当である。斜方投射された物体に働く力は鉛直方向の重力だけである。したがって，水平方向には力が働かないので等速直線運動をし，鉛直方向には鉛直投げ上げと同様の運動をする。

3.　粗い水平面上に静止した物体が動き出すのを妨げるように働く摩擦力は「静止摩擦力」で，この摩擦力の大きさは，接触面の面積に関係しない。「動摩擦力」とは，動き出してから働く摩擦力のことである。

4.　滑らかな斜面や動滑車などの道具を使えば重い物体でも小さな力で動かすことができることを仕事の原理というが，道具を使っても仕事の総量は同じである。

5.　物体の運動エネルギーと位置エネルギーは物体の速度や位置で変化するもので，大きさが等しいとは限らない。また，その和である力学的エネルギーは物体に外から重力や弾性力以外の力によって仕事がされない限り，どのような運動でも一定に保たれる。

正答　**2**

国家一般職［高卒・社会人］

No. 163　物理　**熱やエネルギー**　平成28年度

熱やエネルギーに関する記述として最も妥当なのはどれか。

1　絶対温度とは，1気圧の下で氷が水になる温度と水が沸騰する温度を基準として決められた温度をいい，単位にはケルビン（K）が用いられる。

2　熱力学の第1法則とは，物体の熱量は物体にした仕事と物体の内部エネルギーの変化との和に等しいことをいい，外部から物体に対して仕事をすると，その物体の熱量は増加する。

3　熱量の保存とは，物体が持つ熱は，他の物体との接触がなければ移動しないことをいい，また，物体が持つことができる熱量の上限を熱容量という。

4　潜熱とは，物体が潜在的に持っている固有の熱量をいい，固体から液体になるときの方が，液体から気体になるときよりも潜熱は大きい。

5　比熱とは，単位質量の物質の温度を1K上昇させるのに必要な熱量をいう。同じ質量の異なる二つの物質を比較した場合，比熱の大きい物質ほど，同じ熱量を加えたとき，温まりにくい。

解　説

1．1気圧の下で氷が水になる温度と水が沸騰する温度を基準として決められた温度は，セルシウス温度である。絶対零度（−273℃）を基準（ゼロ）とし，目盛間隔をセルシウス温度と同じにしたものが絶対温度で，単位にはケルビン（K）が用いられる。

2．熱力学の第一法則とは，物体の内部エネルギーの変化は物体に与えた熱量と物体にした仕事の和に等しいことをいい，外部から物体に対して仕事をすると，その物体の内部エネルギーが増加する。

3．熱量の保存とは，高温物体と低温物体を接触させたとき，外部との熱の出入りがなければ高温物体が失った熱量と低温物体が得た熱量が等しいことをいい，熱容量は物体の温度を1K上げるのに必要な熱量のことである。

4．潜熱とは，融解熱や蒸発熱のように物質の状態変化に伴う熱量をいい，通常では固体から液体になるとき（融解熱）より，液体から気体になるとき（気化熱）のほうが潜熱は大きい。

5．妥当である。比熱は，単位質量の物質の温度を1K上昇させるのに必要な熱量をいう。同じ質量の異なる2つの物質を比較した場合，同じだけ温度を上げるには，比熱の大きい物質のほうが多くの熱量を必要とするから，同じ熱量を加えたとき，比熱の大きい物質ほど温まりにくいことになる。

正答　**5**

次は，弾性力と力のつり合いに関する記述であるが，A，B，Cに当てはまるものの組合せとして最も妥当なのはどれか。

　ばねにおもりをつるすと，ばねはもとの長さ（自然の長さ）に戻ろうとして，おもりに対し伸びと反対向きの力を及ぼす。このように力が加わって変形した物体がもとの状態に戻ろうとする力を弾性力という。ばねの弾性力の大きさは，伸びの長さに　A　する。これを　B　という。

　いま，図のように，質量Mの物体アと質量2Mの物体イとを軽くて伸びない糸とばね定数kの軽いばねを使ってつなぎ，滑らかに回る軽い滑車を通して物体イのみを机の上に静止させた。重力加速度をgとすると，このときのばねのもとの長さからの伸びは　C　である。

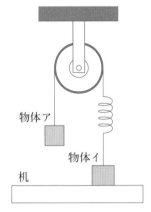

物体ア

物体イ

机

	A	B	C
1	比例	フックの法則	$\dfrac{Mg}{k}$
2	比例	フックの法則	$\dfrac{2Mg}{k}$
3	比例	ジュールの法則	$\dfrac{2Mg}{k}$
4	反比例	フックの法則	$\dfrac{k}{2Mg}$
5	反比例	ジュールの法則	$\dfrac{Mg}{k}$

解　説

ばねの弾性力の大きさは，ばねの伸びの長さに比例（A）する。これをフックの法則（B）といい，弾性力を F，ばね定数を k，ばねの伸びを x とすると，$F=kx$ となる。問題の図では，ばねは物体イに固定されていて物体アの重力によって伸びていると考えると，質量Mの物体に働く重力は Mg だから，$Mg=kx$ より，$x=\dfrac{Mg}{k}$（C）となる。

　よって，A：比例，B：フックの法則，C：$\dfrac{Mg}{k}$，を組み合わせた**1**が正答である。

正答　**1**

図のような傾斜角30°の滑らかな斜面を小物体が滑っている。このとき，小物体の加速度の大きさはいくらか。

ただし，重力加速度の大きさを10m/s^{2}とする。

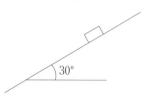

1 3 m/s^2

2 5 m/s^2

3 5$\sqrt{2}$ m/s^2

4 5$\sqrt{3}$ m/s^2

5 10m/s^2

解説

物体に働く重力を，斜面に平行な成分と垂直な成分に分解する。

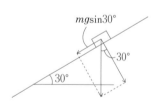

小物体の質量を m とすると，小物体に働く重力の斜面に水平な成分は $mg\sin30°$ であり，このとき質量 m の小物体に働く加速度は $g\sin30°$ となる。$g=10$〔m/s^2〕，$\sin30°=\dfrac{1}{2}$ だから，

$$g\sin30°=10\times\dfrac{1}{2}=5〔\text{m/s}^2〕$$

よって，正答は**2**である。

正答 **2**

文章理解
課題処理
数的処理
資料解釈
数学
物理
化学
生物
地学

中和反応に関する記述として最も妥当なのはどれか。

1 酸と塩基が反応し互いの性質を打ち消し合うことを中和といい，塩酸と水酸化ナトリウムの水溶液が完全に中和すると，水溶液中の塩素とナトリウムは，イオンとして存在しなくなる。

2 指示薬を用いることで，中和が完了したことを知ることができる。塩酸でアンモニア水を中和した場合，フェノールフタレインは黄色に，赤色リトマス紙は青色になる。

3 弱酸である酢酸の水溶液中に，電離している水素イオンは少ない。しかし，塩基を加えて中和していくと次々と電離して水素イオンを生じ，最終的には全ての酢酸の水素イオンが中和される。

4 中和で水と共に生じる物質を塩という。塩の水溶液は全て中性であり，塩の水溶液は電気を通さないが，水溶液を熱して水を蒸発させると，塩は結晶となり電気を通す性質を持つようになる。

5 濃度が未知の硫酸 10mL を過不足なく中和するのに，濃度 1mol/L の水酸化ナトリウム 2mL を要した場合，この硫酸の濃度は，4mol/L である。

解説

1. 塩酸と水酸化ナトリウム水溶液が完全に中和しても，塩素は塩化物イオン，ナトリウムはナトリウムイオンとして存在している。

2. 塩酸でアンモニア水を中和すると，中和点では塩化アンモニウム水溶液となっていて，その水溶液は酸性を示す。したがって，フェノールフタレイン溶液は無色のままとなり，赤色リトマス紙は変色しない。

3. 妥当である。中和においては，電離度が小さな酸でも塩基でも，最終的にはすべてがイオンとなって電離し中和される。

4. 塩の水溶液は，もとの酸や塩基の強弱によって，酸性・中性・塩基性を示す。また，塩の水溶液は電気を通すが，水分を除いて得られた結晶は電気を通さない。

5. 硫酸のモル濃度を x[mol/L]とすると，次式が成り立つ。

$2 \times x$[mol/L]$\times 10$[mL]$= 1 \times 1$[mol/L]$\times 2$[mL]

これより，$x = 0.10$[mol/L]となり，4[mol/L]とはならない。

正答 **3**

国家一般職[高卒・社会人]

No. 167 化学　　化学結合　　令和3年度

イオン結合や共有結合に関する記述として最も妥当なのはどれか。

1 ナトリウムと塩素が反応して塩化ナトリウムとなる際，ナトリウム原子は1個の価電子を放出して陰イオンとなり，塩素原子は1個の電子を受け取って陽イオンとなる。

2 イオンから成る物質は，粒子の間にはたらくイオン結合が強く，金属同様に延性や展性を有している。また，一般に融点は0℃であるものが多く，融解しやすい。

3 融解したイオンから成る物質は，電離する電解質と電離しない非電解質の二種類に分けられる。前者にはスクロース（ショ糖）があり，後者には硫酸がある。

4 窒素は，二組の共有電子対をもち，これらの電子対による共有結合を二重結合という。アンモニアは，三組の共有電子対をもち，これらの電子対による共有結合を三重結合という。

5 塩化水素は，1個の水素原子と1個の塩素原子が共有結合してできている。塩化水素中の水素原子は，ヘリウム原子と同じ電子配置をとる。

解 説

1. 塩化ナトリウムが生成する際は，ナトリウム原子は陽性の強い元素なので，価電子を1個放出して1価の陽イオンとなり，塩素原子は陰性の強い元素なので，価電子を1個受け取って1価の陰イオンとなって1：1の数の比で結合する。一般に，周期表の左下ほど陽性が強く，貴ガス元素を除いて右上ほど陰性が強いことを覚えておくとよい。

2. イオンからなる物質を形成するイオン結合は強い結合であるが，外力によってわずかにずれると，同符号のイオンどうしが反発するため壊れやすい。これを劈開という。よって，展性や延性を持たない。融点は比較的高いほうである。

3. イオンからなる物質や分子の一部は電離するものがあり，電解質と呼ばれる。分子は電離しない非電解質が多い。スクロース（ショ糖）は非電解質，硫酸は分子であるが，水中でH^+とSO_4^{2-}などに電離するので電解質である。

4. 窒素分子の電子式は :N⋮N: で表され，共有電子対は同じところに3組あるから三重結合である。アンモニアは H:N:H で表され，3組の共有電子対を持つ。これは，単結合が3つ
　　　　　　　　　　　　　　　H

存在するだけで，三重結合とはいわない。

5. 妥当である。塩化水素は H:Cl: で表され，水素原子と塩素原子が1個ずつの共有結合でできている。水素原子はヘリウム，塩素原子はアルゴンに似た電子配置である。一般に，共有結合した後の電子配置は，原子番号が最も近い貴ガス（希ガス）元素と似ている。

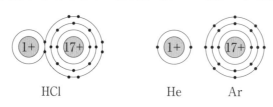

HCl　　　　　　　He　　Ar

正答 **5**

次の記述A～Dにおける下線部の物質が酸性又は塩基性のどちらの性質を示すかを正しく組み合わせているのはどれか。

A：廃油などの油脂に水酸化ナトリウム水溶液を加えると脂肪酸のナトリウム塩ができ，それを固めるとセッケンになる。セッケンを水に溶かしたものが<u>セッケン水</u>である。

B：食物は，消化器官で分泌される消化液によって分解される。分泌される場所によって消化液は異なっており，胃では<u>胃液</u>が分泌される。

C：米を蒸して，米麹，水，酵母を加えることで酒の状態にし，それに「種酢」を混ぜ合わせて加温・発酵させることで<u>食酢</u>が作られる。

D：消石灰の飽和水溶液は<u>石灰水</u>といい，二酸化炭素を吹き込むと白色沈殿を生じる。この反応は二酸化炭素の検出に利用される。

	A	B	C	D
1	塩基性	酸性	酸性	塩基性
2	塩基性	酸性	塩基性	酸性
3	酸性	酸性	酸性	塩基性
4	酸性	塩基性	酸性	酸性
5	酸性	塩基性	塩基性	塩基性

解説

A：油脂を水酸化ナトリウムと反応させると，加水分解反応により脂肪酸のナトリウム塩とグリセリンが生成する。この脂肪酸のナトリウム塩はセッケンのことであり，その水溶液は弱酸と強塩基からできた塩なので pH が10程度の塩基性を示す。

B：消化液にはさまざまなものがあり，胃からは胃液が分泌される。胃液には塩酸が含まれていて，pH が1.5程度の強い酸性を示す。

C：麹は米の中のデンプンを分解してグルコース（ブドウ糖）をつくり，酵母はグルコースをアルコール発酵によりエタノールに変える。この時点ではいわゆる「お酒」であるが，さらに酒が酸化されるとお酢になる。その酢酸発酵を助ける物質は「種酢」と呼ばれ，発酵の済んだもろみや酢酸菌からなる。食酢は，酢酸を 5 ％程度含み，pH が 3 程度の酸性である。

D：消石灰とは水酸化カルシウム $Ca(OH)_2$ のことであり，飽和溶液は石灰水と呼ばれる。石灰水に二酸化炭素を通じると水に不溶な炭酸カルシウム $CaCO_3$ を生じるので白濁し，二酸化炭素の検出に用いられる。水酸化カルシウムは強い塩基性を示す物質である。

よって，正答は**1**である。

正答 **1**

文章理解　課題処理　数的処理　資料解釈　数学　物理　化学　生物　地学

三大栄養素に関する記述として最も妥当なのはどれか。

1 炭水化物（糖類）の一つであるコラーゲンの分子の構造は、多数のグルコース分子が直鎖状につながったアミロペクチンと枝分かれが多いアミロースの2種類がある。

2 デンプンは、穀類やいも類に多く含まれる炭水化物であり、体内においてビタミンに分解され、主にエネルギー源として利用される。

3 油脂を構成する脂肪酸は、飽和脂肪酸と不飽和脂肪酸があり、飽和脂肪酸は大豆油などの植物性油脂に、不飽和脂肪酸は豚脂（ラード）などの動物性油脂に、それぞれ多く含まれている。

4 タンパク質は、肉類、魚類、牛乳などに多く含まれ、ヒトの体内では骨と歯のほとんどがタンパク質で出来ている。

5 ヒトのタンパク質は、約20種類のアミノ酸から構成されている。そのうち、体内では合成できないものや、合成できても微量なものを必須アミノ酸という。

解　説

1. 炭水化物は糖類とも呼ばれ、多数のα-グルコース（ブドウ糖）分子が鎖状に結合したもので、枝分かれのないアミロースと枝分かれが多いアミロペクチンからなる。コラーゲンはタンパク質の一つで、炭水化物ではない。

2. デンプンは、穀類やいも類に多く含まれる炭水化物で、化学的にはアミロースやアミロペクチンの混合体である。体内では酵素によってグルコースに分解され、主にエネルギー源として利用される。ビタミンはまったく別の物質である。

3. 油脂は、脂肪酸とグリセリンがエステル結合により結びついたもので、構成する脂肪酸はさまざまであるが、飽和脂肪酸と不飽和脂肪酸とに大別される。一般に、植物性油脂は不飽和脂肪酸の割合が高く、動物性油脂は飽和脂肪酸の割合が高いといえる。

4. タンパク質は、肉類、魚類、牛乳、卵等に多く含まれる栄養素であるが、ヒトの体内では筋肉や臓器等の多くの部位の構成成分である。骨にはタンパク質が約40％含まれるが、「ほとんど」とはいえない。また、歯は大部分がヒドロキシアパタイトという無機物質からなる。

5. 妥当である。タンパク質の分子構造は、多数のα-アミノ酸がペプチド結合で縮合重合したものが主体で、約20種類のアミノ酸のほか、いくつかの成分から成り立っている。このアミノ酸のうち、生体内で合成されないか、または合成されにくいアミノ酸は、食品から摂取する必要がある。これらのアミノ酸を必須アミノ酸という。必須アミノ酸の種類と必要摂取量は動物の種によって異なり、ヒトの場合は9種類、乳幼児では10種類である。

正答　**5**

共有結合でできた物質に関する記述として最も妥当なのはどれか。

1 塩化水素は，黄緑色で無臭の有毒な気体で，空気よりも軽く，水に非常によく溶ける。2個の原子が直線状に結合しており，極性を互いに打ち消し合っている。

2 ベンゼンは，無色で特有のにおいを持つ液体であり，水に溶けにくい。6個の炭素原子が環状となった正六角形の構造をしており，化学工業製品の原料として利用される。

3 ヨウ素は，無色の液体で，水に溶けやすく，温めると昇華する。ヨウ素の分子は，分子間力が他の共有結合より強いため，固体になると体積が増える。

4 黒鉛は，炭素原子の4個の価電子が他の炭素原子と共有結合して正四面体形の立体的な構造を作っており，硬くてもろい。価電子が自由に動くため電気を導く。

5 ポリエチレンは，分子中に二重結合を持つ高分子化合物であり，炭素，酸素，水素が共有結合している。フリース衣料やペットボトルなどに利用される。

解説

1. 塩化水素は，無色の刺激臭を持つ有毒な気体で，空気よりも重く，水に非常によく溶ける。HとClの2個の原子が直線状に結合しているが，異なる原子ゆえに極性を互いに打ち消し合うことはない。なお，塩素Cl_2は，緑黄色で特有の刺激臭を持つ有毒な気体で，空気より重く，水に少し溶ける無極性の分子である。

2. 妥当である。ベンゼンはC_6H_6で表される代表的な有機化合物で，さまざまな化学工業製品の合成原料として使われている。分子は正六角形の平面形で無極性の分子である。

3. ヨウ素I_2は黒紫色の固体で，分子間力が比較的弱いため昇華性を持つ代表的な物質である。ほとんどの物質は，液体より固体のほうが同質量では体積が小さくなるので，密度は大きくなる。液体より固体の体積が増えるのは水のほか2，3の物質しか知られていない。

4. 炭素の同素体に黒鉛とダイヤモンドがある。黒鉛は，3個の価電子を用いた六角形の網目状の平面が積み重なった構造をしていて，共有結合結晶では例外として，軟らかいうえ，残った1個ずつの価電子が移動できるため，電気伝導性を持つ。ダイヤモンドは，炭素の価電子4個を用いた正四面体の立体構造を持つ共有結合結晶で非常に硬い。

5. ポリエチレンは，エチレンC_2H_4の二重結合が開いて多数の分子が共有結合で繋がった構造を持つが，酸素原子は含まれない。フィルム・容器など，身近な家庭用品にも広く使われている。

正答 **2**

No. 171 化学 物質の状態変化 平成29年度

物質の状態変化に関する記述として最も妥当なのはどれか。

1 固体，液体，気体の間の変化を状態変化といい，状態変化では物質の形や体積は変化するが，物質の種類や性質，密度は変化しない。

2 固体が液体になる現象を融解といい，そのときの温度を融点という。純物質では，融解が始まってから固体が全て液体になるまでの間，温度は一定に保たれる。

3 分子は温度が低くなるほど熱運動が穏やかになり，分子間の距離が大きくなるため，液体を冷やして固体にすると，一般に，体積は液体のときより大きくなる。

4 液体が沸騰するときの温度を沸点というが，沸点未満の温度では，液体が蒸発して気体になることはない。

5 固体が液体を経て気体になる現象を昇華といい，常温常圧の下でも昇華しやすい物質には，ナフタレンや炭酸ナトリウムなどがある。

解説

1. 状態変化とは，1つの物質が温度と圧力の変化によって，固体・液体・気体に変化することをいう。物質の種類は変化しないので，一般に化学式も変わらないが，形や体積は大きく変化し，場合によっては化学的性質も変化する。同質量でも体積の変化は必然であり，それによって密度も大きく変化する。

2. 妥当である。融解は，物質が固体から液体に変化することであり，圧力一定の下で，純物質では，融解が始まってからすべて融解し終わるまで温度は一定に保たれる。その温度を融点という。

3. 熱運動の大きさは温度に依存する。高温では激しいが，低温では穏やかになり，分子間の距離は小さくなる。したがって，水以外の物質は固体のときのほうが液体のときより分子間の距離は小さくなる。よって，体積は固体のほうが小さく，密度は大きくなる。水だけは例外で，この性質が逆になる。

4. 液体表面にある，エネルギーの大きな分子は，液体からの分子間力に打ち勝って表面から空間へ飛び出す。これを蒸発といい，何℃でも起こる現象で，温度が高いほど盛んになる。大気圧の下で液体の中からも盛んに蒸発が起こることを沸騰といい，その温度を沸点という。

5. 固体が液体を経ずに気体になる現象が昇華である。この性質が顕著な物質には，ドライアイスをはじめ，防虫剤のナフタレンや p-ジクロロベンゼンなどがある。炭酸ナトリウムなどのイオン結合の物質には昇華性を持つ物質はない。

正答 **2**

原子に関する記述として最も妥当なのはどれか。

1 原子では，内側の電子殻にある電子ほど原子核に強く引き付けられ，安定した状態になるため，電子は，一般に，内側の電子殻から順に配置される。

2 原子核には，一般に，その元素に固有の数の陽子と，陽子の2倍の数の中性子が含まれ，陽子と中性子の数の和を原子番号という。

3 質量数が同じで，原子番号が異なる原子どうしを互いに同位体（アイソトープ）であるという。同位体どうしは，化学的性質が大きく異なる。

4 原子は，半径1nm（1×10^{-9}m）程度の球状の粒子であり，電荷を持たない原子核と，負の電荷を持つ電子から構成されている。

5 価電子の数が同じ原子どうしは，よく似た化学的性質を示す。フッ素（F）や塩素（Cl）の原子は，価電子を1個持ち，価電子を失う反応を起こしやすい。

解説

1. 妥当である。原子核は正の電荷を持ち，電子殻にある電子は負の電荷を持つので，互いは強く引き合っている。その大きさは，互いに距離が短いほど強くなるため，内側の電子殻にある電子ほど原子核に強く引き付けられて安定するので，電子は内側の電子殻から順に配置される。

2. 原子核に存在する陽子の数によって原子は特定される（種類が決まる）。すなわち，原子番号＝陽子の数である。また，中性子の数は，0個のものもあり，陽子の数近くの原子も多いが，必ずしもそうなるとは限らない。また，陽子の数と中性子の数の和は質量数という。

3. 同位体（アイソトープ）は，原子番号が同じで質量数が異なるものをいう。同位体の化学的性質は，互いにほとんど同じである。

4. 原子の半径はおよそ，0.1nm〜0.3nm程度である（水素原子は例外で，これより非常に小さい）。原子は，正の電荷を持つ原子核と，負の電荷を持つ電子から構成されている。原子核は陽子と中性子からなるが，質量数1の水素原子（${}^1_1$H）だけは中性子を持たない。

5. 価電子の数が同じ元素は同族元素と呼ばれ，典型元素においては，よく似た化学的性質を示す。ハロゲン元素であるフッ素（F）・塩素（Cl）・臭素（Br）・ヨウ素（I）が持つ価電子の数は7個であり，ほかから電子を1個受け入れて，安定な1価の陰イオンになりやすい。

正答　**1**

No. 173 化学 ナトリウムの性質と特徴 平成27年度

ナトリウムの性質や特徴に関する記述A〜Dのうち，妥当なもののみを挙げているのはどれか。

A：ナトリウムはハロゲン元素であり，周期表の1族に属し，アルミニウムや亜鉛と類似の性質を有している。

B：単体のナトリウムは，銀白色の融点が高い軽い金属であり，ステンレスやジュラルミンなどの合金の材料として使われる。

C：ナトリウムはイオン化傾向が比較的大きく，水や空気中の酸素と容易に反応するため，天然には単体として存在しない。

D：ある種の元素を含んだ物質を炎の中に入れたとき，その元素に特有の発色が見られる現象を炎色反応といい，ナトリウムの炎色反応の色は黄色である。

1 A，B
2 A，D
3 B，C
4 B，D
5 C，D

解説

A：ナトリウムは，ハロゲン元素ではなくアルカリ金属元素であり，周期表の1族に属する。両性としての性質を持たないので，アルミニウムや亜鉛との類似性は低いといえるが，金属としての展性・延性，電気伝導性などは類似している。

B：単体のナトリウムは，銀白色で融点が低く水に浮くような軽い金属である（水とは反応する）。合金の材料に使われることはない。ステンレスは鉄にクロムやニッケルを混ぜた合金，ジュラルミンはアルミニウムに銅や亜鉛・マグネシウムなどを混ぜた合金である。

C：妥当である。ナトリウムはリチウム，カリウム，カルシウムに次いでイオン化傾向が大きく，水とは激しく反応し，空気にも容易に酸化されるので，化合物としてしか天然に存在しない。単体として得るのは融解塩電解によっている。

D：妥当である。炎色反応は，化合物を無色の高温の炎に入れたとき，元素特有の色を示すことで，これによって物質中の元素を推定する。この現象を示す元素は多くはないが，ナトリウムは黄色で，煮物の吹きこぼれなどの色として有名である。

よって，妥当なのはCとDで，正答は**5**である。

正答 **5**

金属に関する記述として最も妥当なのはどれか。

1　鉄は，鉄鉱石を高温で酸化することによって得ることができる。電気や熱をよく伝えるため，電線や調理器具などに用いられる。

2　アルミニウムは，アルマイトを高温で溶かし，ボーキサイトに精製した後，電気分解することによって得ることができる。軽くて加工しやすく，飲料用缶などに用いられる。

3　トタンは，鉄の表面をスズによってめっきしたものである。表面に傷がついて鉄が露出するとめっきの効果がなくなってしまうため，主に水に濡れにくい場所で用いられる。

4　ブリキは，銅の表面を亜鉛によってめっきしたものである。表面に傷がついた場合でも，銅よりも亜鉛が先に酸化されるため，めっきの効果が持続される。缶詰などに用いられる。

5　ステンレス鋼は，鉄にクロムやニッケルを加えた合金である。主にクロムの酸化物の薄い膜が表面を保護する。台所用品や鉄道車両などに用いられる。

解説

1. 黄鉄鉱や磁鉄鉱などの鉄鉱石を，石灰石やコークスとともに溶鉱炉に入れ，高温の空気を吹き込むと，コークスから生じた一酸化炭素によって鉄鉱石が還元されて鉄が得られる。鉄鉱石を酸化するのではない。得られた鉄は銑鉄といい，硬くてもろいので，転炉に移して酸素により不純物を除いて得られた鋼が，普通に「鉄」と呼ばれているものである。電気や熱をよく伝え，電線や調理器具に用いられるのは銅である。

2. アルミニウムは，鉱石であるボーキサイトを化学的に処理して酸化アルミニウム（アルミナ）とし，氷晶石とともに高温で電気分解（融解塩電解）して得られる。アルミニウムは軽くて加工しやすく，飲料缶などに用いられている。アルマイトは，アルミニウムの表面に緻密な酸化膜を人工的に厚く形成させて腐食しにくくしたもので，調理器などに用いられる。

3. トタンは，鉄の表面に亜鉛をめっきしたものである。深い傷がついて中の鉄が露出しても，亜鉛のほうがイオン化傾向が大きいため，鉄は腐食されずめっきした亜鉛が酸化されて犠牲になり，鉄を保護する。身近によく見られる足場パイプなど，雨に直接当たる鉄製品は亜鉛めっきが施されている。

4. ブリキは，銅ではなく鉄の表面にスズをめっきしたものである。スズは比較的安定な金属で腐食しにくいといえるが，深い傷がついて中の鉄が露出すると，鉄のほうがイオン化傾向が大きいため，鉄は腐食されてしまう。缶詰など食品が接触する場所で用いられるのは，スズの安定性が高いことと，トタンでは有毒な亜鉛イオンが溶出するが，ブリキでは無害といえる鉄イオンが溶出するだけなので，安全といえるからである。最近は，表面を合成樹脂でコーティングしているので，イオンの溶出は考慮しなくてもよいといえる。

5. 妥当である。鉄にクロムだけや，クロムとニッケルの両方を混ぜて合金としたものがステンレスで，用途によってさまざまな組成の物が用いられる。クロムは表面に緻密な酸化膜を形成して不動態となり，内部まで酸化が進行しないので，ステンレスでも同様な性質が得られる。ステンレスのうち，磁石につかないものの組成が最も腐食に強いといわれる。

正答　**5**

遺伝情報と細胞分裂に関する記述として最も妥当なのはどれか。

1 ハーシーとチェイスは，DNAの構造は2本のヌクレオチド鎖が直線かつ平行に並んだはしご構造であることを突き止めた。

2 DNAを構成するヌクレオチドの糖は，アデニン，ウラシル，グアニン，シトシンの四つで構成されており，糖どうしはランダムに結合する。

3 体細胞分裂の間期は，G_1期，S期，G_2期に分かれる。間期に細胞分裂は行われないためDNAの複製は行われないが，DNAの複製の準備のためG_2期に染色体の複製が行われる。

4 体細胞分裂の分裂期（M期）では，最初に核が分裂する核分裂が起こり，続いて細胞質が分裂する細胞質分裂が起こる。

5 遺伝情報は，RNA→DNA→タンパク質へと必ず一方向に流れる。この流れはどの生物にも例外はなく，この遺伝情報の流れのことをセントラルドグマという。

解説

1. ハーシーとチェイスは，T_2ファージと呼ばれるウイルスと放射性同位元素を用いて，1950年代当初論争になっていた「遺伝子の本体は，タンパク質かDNAか」の議論に決着をつけ，遺伝子の本体がDNAであることを証明した。また，DNAの構造は，2本のヌクレオチド鎖が塩基を内側にして平行に並び，塩基どうしは塩基対を作って結合したはしご状になっている。ただし，2本のヌクレオチド鎖は直線ではなく，らせん状にねじれた二重らせん構造をとっている。

2. DNAを構成するヌクレオチドの糖はデオキシリボースである。アデニン，ウラシル，グアニン，シトシンはヌクレオチドを構成する4種類の塩基であるが，DNAの場合は，ウラシルではなくチミンが入る。ウラシルはRNAのヌクレオチドを構成する塩基であり，DNAのチミンの代わりに入る。これらの塩基どうしは塩基対を作るが，その組合せはランダムではなく，アデニンはチミンと，グアニンはシトシンと相補的に塩基対を作る。

3. 細胞分裂に備えてDNAが複製されるのは間期のS期（DNA合成期）である。G_1期はDNA合成準備期，G_2期は分裂準備期であり，G_2期にはS期に複製されて2倍になったDNAがタンパク質とともに染色体を構成する。そのため，DNAは複製されるが，「染色体の複製」は間違いである。

4. 妥当である。体細胞分裂を繰り返す細胞では，間期と分裂期（M期）が繰り返され，この周期性は細胞周期と呼ばれる。分裂期には，最初に核分裂が起こり，続いて細胞質分裂が起こる。分裂期は核の形態変化などに基づいて，さらに前期，中期，後期，終期に分けられる。

5. セントラルドグマとは，「生物において遺伝情報は一方向へのみ流れる」という原則で，この場合の情報の流れは「DNA→RNA→タンパク質」という一方向への流れが正しい。ただし，生物と定義されないウイルスの中には，RNA→DNA→RNA→タンパク質という情報の流れを持つものがおり，それらはレトロウイルスと呼ばれる。

正答 **4**

生物のエネルギーと代謝に関する記述A～Dのうち，妥当なもののみを挙げているのはどれか。

A：代謝において，生体内に存在する化学的に複雑な物質が，より簡単な物質に分解される過程を異化といい，呼吸は代表的な異化の例である。

B：代謝の過程で，ATP（アデノシン三リン酸）によるエネルギーの受渡しが行われるのは，脊椎動物特有のものであり，他の生物では行われない。

C：植物の葉緑体に含まれる色素のうち，緑色の色素であるカロテノイドが最も多くの太陽光を吸収し，吸収した光エネルギーによって，二酸化炭素からデンプンなどの有機物が合成される。

D：動物のように，外界の有機物を利用して自身の生命活動に必要な物質を合成したり，エネルギーを得たりして生きている生物を従属栄養生物という。

1　A，C
2　A，D
3　B，C
4　B，D
5　C，D

解説

A：妥当である。生命活動における物質の分解や合成などの化学反応全体を代謝と呼ぶ。異化反応はエネルギーの放出を伴う。逆に生物が単純な物質から複雑な物質を合成する過程は同化であり，エネルギーの吸収を伴う。光合成は代表的な同化の例である。

B：細菌からわれわれ脊椎動物まで，すべての生物は代謝に伴うエネルギーのやり取りにATPを用いる。このため，ATPは「生命活動におけるエネルギー通貨」とたとえられることもある。呼吸では，物質の分解過程で取り出したエネルギーでADP（アデノシン二リン酸）とリン酸を高エネルギーリン酸結合と呼ばれる化学結合で結合させATPを合成する。逆に，筋肉運動や生体物質の合成時には，ATPが消費され，ADPとリン酸に分解される。

C：葉緑体に含まれる光合成色素のうち緑色の色素はクロロフィルであり，これが太陽光吸収の中心的な働きをしている。カロテノイドはカロテン（橙色）やキサントフィル（黄色）といった光合成色素をまとめた呼び名である。カロテノイドは，クロロフィルが吸収しきれない波長の光を吸収し，光合成に利用している。

D：妥当である。動物以外では菌類（カビ・キノコ）などが従属栄養生物である。これに対し，外界から取り入れた無機物から有機物を合成して生活する生物を独立栄養生物という。光合成を行う植物や化学合成細菌などがその例である。

以上から，妥当なものはAとDであり，**2**が正答となる。

正答　**2**

ヒトの体内環境の維持に関する記述として最も妥当なのはどれか。

1 肝臓は，血液中のグルコース（ブドウ糖）をグリコーゲンに合成して蓄えたり，グリコーゲンをグルコースに分解して血液中に放出したりすることで，血糖値を調節している。

2 体液の濃度調節において，肝臓は，イオンの濃度や水の排出量を調整し，腎臓は，血しょう中のタンパク質など，主に有機物の濃度を調節している。

3 血しょうに含まれる物質のうち，分子の大きなタンパク質や脂質は，腎臓内でボーマンのうへろ過されて原尿に含まれた後，必要な量だけ血しょう側へと再吸収される。

4 インスリンは，体内でできた有害なアンモニアを毒性の低い尿素に変える際に生成される物質で，肝臓で作られ，すい臓に胆汁の形で貯蔵・濃縮された後に，体外に排出される。

5 大脳で発生する熱エネルギーは，肝臓や筋肉で発生する熱エネルギーより大きく，体の全熱発生量の約5割を占め，体温の調節に役立っている。

解説

1. 妥当である。肝臓は血糖値が平常より高くなると血しょう中のグルコースを取り込んでグリコーゲンを合成して蓄える。逆に血糖値が平常より低下すると，蓄えていたグリコーゲンを分解しグルコースにして血しょう中に放出する。グリコーゲンに合成する情報はすい臓から分泌されるホルモンのインスリンであり，グルコースを分解する情報はすい臓から分泌されるホルモンのグルカゴンなどである。

2. 血液を含めた体液のイオン濃度や水分量を調節する器官は腎臓である。腎臓は尿量や尿成分を調節することによって体液濃度を一定に保っている。肝臓は，グリコーゲンやタンパク質などの合成・分解に関わり，それらの有機物の体液中での濃度調節を行っている。

3. 腎臓の糸球体（毛細血管）からボーマンのうへろ過される血しょう成分は分子量の小さな物質で，高分子物質のタンパク質はろ過されない。ろ過された原尿中には，水，グルコース，イオン，尿素，尿酸などが含まれる。原尿がボーマンのうに続く細尿管を通過する間に，必要な物質は細尿管を取り巻く毛細血管へ再吸収される。健康な状態であれば，グルコースは100%，水も99%以上毛細血管へ再吸収される。老廃物である尿素などは再吸収率が低いため，濃縮されて尿として体外に排出される。

4. インスリンは，すい臓のランゲルハンス島と呼ばれる組織のB細胞で合成され血液中に分泌されるホルモンである。**1**の解説で述べたように，血糖値を下げる情報として肝臓などに働きかけ，グリコーゲン合成やグルコースの細胞への吸収・分解を促進させる。アンモニアを毒性の低い尿素に変える生化学反応回路はオルニチン回路と呼ばれ，肝臓に存在する。胆汁は肝臓でつくられ，胆のうで貯蔵・濃縮される，脂質を乳化して消化・吸収を助けるため，必要に応じて胆管を通じて十二指腸に分泌される。

5. 安静時に発生する熱が一番多い臓器は肝臓であり，約50%を占める。通常の活動時には筋肉による熱生産が一番多く60%を占める。脳も熱を割合多く産生するが，臓器の中で一番ではなく，安静時で15%程度である。

正答　**1**

微生物に関する記述として最も妥当なのはどれか。

1　微生物は，核を持つが DNA を持たない細胞から成る真核生物と，DNA を持つが核を持たない細胞から成る原核生物に大別される。大腸菌は真核生物で，パン酵母は原核生物である。

2　乳酸発酵は，乳酸菌が，酸素を利用して ATP から ADP への合成を行いエネルギーを得るものであり，その過程で乳酸が生成される。

3　食酢の主成分である酢酸は，植物や動物に含まれる細胞壁を酢酸菌が分解する過程で生産され，特に米やフナを原料としたものが品質が良いとされている。

4　地衣類は，菌類とコケ植物が一体となって生活する集合体であり，栄養塩類が乏しい環境でも生活できる。アオカビやシイタケは地衣類に分類される。

5　大気中の窒素を栄養分として直接利用できる生物は少ない。しかし，マメ科植物の根に共生している根粒菌は，窒素を植物が利用できるアンモニウムイオンに変えることができる。

解説

1. 基本的に DNA を持たない生物（細胞）はいない。真核細胞は，核膜で DNA が包まれた核を持つ細胞であり，真核細胞からできている生物が真核生物である。多細胞生物やパン酵母は真核生物である。原核細胞は，DNA が細胞質に裸で存在する細胞で，核膜に包まれた核はない。大腸菌などの細菌類やシアノバクテリアなどが原核細胞からできている原核生物である。細胞は原核細胞から真核細胞へと進化した。

2. 乳酸発酵は，乳酸菌が酸素を用いずにグルコースを分解し，そのとき出るエネルギーで ADP から ATP を合成する反応であり，その過程で乳酸が生成される。

3. 酢酸発酵は，酢酸菌が酸素を用いてアルコールを分解し，そのとき出るエネルギーで ATP を合成する反応であり，その過程で酢酸が生成される。米酢は，米を原料としてアルコール発酵で日本酒をつくり，それを酢酸発酵させることでつくられる。ワインを原料に酢酸発酵を行った結果できるのがワインビネガーである。

4. 地衣類は，菌類が藻類と共生した共生体である。菌類は，藻類から光合成産物を得て生活している。一方，藻類は菌類から水分や生活場所を得ている。地衣類は，木の幹や岩，コンクリート塀の表面など，さまざまな場所に着生している。ウメノキゴケやサルオガセが有名である。アオカビは子のう菌類，シイタケは担子菌類で，どちらも菌類である。

5. 妥当である。根粒菌はマメ科植物の根に共生し，大気中の窒素ガスをアンモニウムイオンに変換し窒素肥料として植物に供給する。一方，植物は光合成産物を根粒菌に与える。このため，マメ科植物は窒素栄養の少ない土地でも生育できる。

正答　**5**

文章理解
課題処理
数的処理
資料解釈
数学
物理
化学
生物
地学

植生等に関する記述として最も妥当なのはどれか。

1 熱帯多雨林は，年降水量が多く，一年中気温が高い熱帯で発達する。多くの種類の植物が存在し，発達した階層構造を持つ。また，そこに生息する動物の種類も多様である。

2 夏緑樹林は，温帯のうち比較的寒冷な冷温帯で発達する。我が国にも夏緑樹林が分布し，主にエゾマツやカエデ類などの常緑広葉樹が優占種である。

3 ステップは，地中海沿岸など夏に雨が多く冬に雨が少ない地域で発達する。ステップでは，オリーブなどの落葉広葉樹が生育している。

4 針葉樹林は，年平均気温が−5℃以下となる寒帯で発達し，ミズナラなどの落葉針葉樹が優占種である。針葉樹林に生息する動物の代表例として，トナカイが挙げられる。

5 ツンドラは，年平均降水量が200mm以下の乾燥地域で発達する。ツンドラでは，地衣類やコケ植物のほか，耐乾燥性を有するサボテン類が生育している。

解説

1. 妥当である。高温・多湿の環境では森林が発達し，森林内部も最上部の林冠層から林床までさまざまな高さの樹木が存在するため，植物の多様性が高い。その結果，植物を食料やすみかとして利用する動物の多様性も高くなる。

2. 日本の冷温帯で発達する夏緑樹林で優占する樹種は，ブナ，ミズナラ，カエデ類などの落葉広葉樹である。東北から北海道南西部が夏緑樹林帯に当たる。エゾマツはもう少し年平均気温が低い北海道東部地域の亜寒帯で優占種となる樹木で，常緑針葉樹である。常緑広葉樹が優占するのは，温帯のうち比較的温暖な暖温帯で，日本では関東以西，九州南部までがそれに当たる。優占種はシイ類，カシ類などで，葉が厚く光沢を持つため照葉樹とも呼ばれる。

3. ステップは温帯草原であり，温帯地域で降水量が少なく森林が成立しない地域に存在する。ユーラシア大陸中央部や北アメリカ大陸中央部に見られ，イネ科の草本が主体で，樹木はほとんど生育しない。地中海沿岸などの夏に雨が多く冬に雨が少ない地域に成立し，オリーブやオレンジなどの葉が小さくて硬い常緑広葉樹が優占する植生は，硬葉樹林である。

4. 年平均気温が−5℃以下になる寒帯で発達する植生はツンドラである。ツンドラは土壌も未発達で栄養塩類が少ないため，地衣類やコケ植物が主体で，コケモモのような樹高の極めて低い木本が見られる程度である。トナカイはヨーロッパのツンドラの代表的な動物である。針葉樹林はもう少し年平均気温の高い亜寒帯に成立する植生で，モミ類やトウヒ類などの針葉樹が優占する。ミズナラは夏緑樹林で優占種となる落葉広葉樹である。

5. 年平均降水量が200mm以下の乾燥地域で発達する植生は砂漠である。サボテンやトウダイグサなど，厳しい乾燥に適応した植物が点在するだけである。

正答 **1**

生態系に関する記述として最も妥当なのはどれか。

1   光合成を行う植物は，太陽からの光エネルギーを熱エネルギーに変えて有機物中に蓄える。その
エネルギーは，形を変えて生態系の中を循環する。

2   生態系を構成する生物のうち，鳥類やヒトなどは分解者と呼ばれ，呼吸によって有機物を無機物
に分解する。

3   生物が，特定の有害物質を体内で濃縮させ，無害の物質にする現象を生物濃縮という。濃縮され
た物質は，短期間で分解され，体外に排出される。

4   二酸化炭素中の炭素は，植物に吸収され，その植物を動物が食べることで移動するが，最後は遺
骸や排出物となり消滅するため，生態系の中を循環しない。

5   生態系において，食物連鎖の各段階を栄養段階といい，栄養段階ごとの生物の個体数は，一般に
栄養段階が上がるにつれて少なくなる。

解説

1. 光合成では，光は葉緑体チラコイド上のクロロフィルに吸収され，光エネルギーはチラコイド上
の光化学系Ⅰおよび光化学系Ⅱと呼ばれる仕組みでATPの化学エネルギーへと変換される。この
ATPを用いて，カルビン・ベンソン回路で二酸化炭素が固定され，有機物であるグルコースの合成
が行われる。有機物中に蓄えられた化学エネルギーは食物連鎖を通じて生態系内を移動するが，最
終的には熱エネルギーの形で生態系外へ放出されるため循環はしない。

2. 生態系において，無機物から有機物を合成する植物などの独立栄養生物は生産者と呼ばれる。そ
れに対し，外界から有機物を取り入れ，それを利用し生活する動物や菌類・細菌などの従属栄養生
物は消費者と呼ばれる。消費者は，体内へ摂取した有機物を呼吸などで無機物に分解する過程に関
わるため，分解者と呼ばれることもある。そのため，「鳥類やヒト」を分解者ととらえることは，
現在の生態学の考え方では間違いではない。ただ，一般的には菌類・細菌類，土中や水中の小動物
のように，生物の死骸や落ち葉，フンなどから有機物を得て生活している生物を分解者とすること
が多いため，この場合は「鳥類やヒト」は消費者ではあるが，分解者とは考えない。

3. 生物濃縮は，生体内で分解されにくかったり，排出されにくい物質が体内に取り込まれ，周りの
環境より高濃度で蓄積される現象をいう。生物濃縮を起こす有害物質が環境中に排出されると，食
物連鎖を通じて，より高次の消費者体内で有害物質濃度が高くなるため，大きな影響が出る。アメ
リカのロングアイランドにおけるDDT（農薬）の生物濃縮の例は有名であり，「沈黙の春」（レイチ
ェル＝カーソン著）にも取り上げられている。

4. 生物の遺骸や排出物に含まれる有機物中の炭素は，最終的には菌類や細菌などの分解者の働きで，
二酸化炭素となり大気中（水中）に放出される。その二酸化炭素を生産者である植物が吸収し利用
するので，炭素は生態系の中を循環する。

5. 妥当である。栄養段階は，下から生産者，生産者を食べる動物を一次消費者，一次消費者を食べ
る動物を二次消費者というように段階的に分けることができる。食う食われるの関係があるため，
食われる者の個体数より食う者の個体数のほうが少なくなるのが一般的であるが，寄生関係の場合
などは個体数が逆転することがある。たとえば，1本のサクラの木に多数の毛虫がつき，個々の毛
虫に寄生蜂が多数の卵を産みつけた場合は，栄養段階が上がるほど個体数が多くなる。

正答 **5**

文章理解　課題処理　数的処理　資料解釈　数学　物理　化学　生物　地学

文章理解

課題処理

数的処理

資料解釈

数学

物理

化学

生物

地学

次は，生体防御の仕組みに関する記述であるが，A，B，Cに当てはまるものの組合せとして最も妥当なのはどれか。

　体内に異物が侵入すると樹状細胞などが異物を取り込んで分解し，分解された異物がこれらの細胞上に抗原として提示される。この抗原を認識した　A　は増殖し，同じ抗原を認識した　B　を活性化する。増殖した　B　は抗体産生細胞となり，大量の抗体を産生し，分泌するようになる。抗原は分泌された抗体と特異的に結合した後に，マクロファージによって処理される。このような抗体による免疫を　C　という。

	A	B	C
1	ヘルパーT細胞	キラーT細胞	体液性免疫
2	ヘルパーT細胞	キラーT細胞	細胞性免疫
3	ヘルパーT細胞	B細胞	体液性免疫
4	キラーT細胞	B細胞	体液性免疫
5	キラーT細胞	B細胞	細胞性免疫

解説

A：樹状細胞が提示した抗原を認識して活性化され増殖するリンパ球は，ヘルパーT細胞，キラーT細胞とも当てはまる。ただし，同一の抗原を認識した　B　を活性化し増殖させる働きを持つことが解答決定のポイントとなる。　B　が確定すれば，　A　も確定する。

B：　B　は抗体産生細胞になるので，リンパ球のB細胞である。同一の抗原を認識したB細胞を活性化する働きを持つのはヘルパーT細胞であるため，　A　はヘルパーT細胞となる。

C：B細胞から分化した抗体産生細胞は，自身が認識した抗原と特異的に結合できる抗体を大量に産生し，体液中に分泌する。体液中の抗体は抗原と抗原抗体反応を起こし，抗原抗体複合体を生成して抗原を排除する。このように，抗体を用いて抗原を排除する免疫は体液性免疫と呼ばれる。それに対し，キラーT細胞が，病原体が感染した細胞などを直接攻撃し排除する免疫は，細胞性免疫と呼ばれる。

　よって，A：ヘルパーT細胞，B：B細胞，C：体液性免疫が当てはまり，正答は**3**である。

正答　**3**

次は，生態系における物質の循環等に関する記述であるが，A～Eに当てはまるものの組合せとして最も妥当なのはどれか。

生物体の有機物を構成している A は，もとをたどれば，大気中や水中に含まれる二酸化炭素に由来する。二酸化炭素は生産者の B によって取り込まれ，有機物に変えられる。有機物の一部は，食物連鎖を通して高次の栄養段階の消費者に移動する。最終的に有機物の一部は生産者や消費者の C によって二酸化炭素に分解され，再び大気中や水中に戻る。

一方，生産者が B によって有機物中に蓄えた D は，食物連鎖を通して各栄養段階の消費者へ移動するが，最終的には，生産者，消費者の活動により生じる E となって生態系外へ放出される。

	A	B	C	D	E
1	炭素	光合成	呼吸	熱エネルギー	化学エネルギー
2	炭素	光合成	呼吸	化学エネルギー	熱エネルギー
3	炭素	呼吸	光合成	化学エネルギー	熱エネルギー
4	酸素	光合成	呼吸	熱エネルギー	化学エネルギー
5	酸素	呼吸	光合成	熱エネルギー	化学エネルギー

解説

A：有機物の定義は簡単にいえば，「炭素を骨格とする化合物」である。ただし，一酸化炭素や二酸化炭素などの構造が単純なものは無機物に分類される。有機物は酸素，窒素，硫黄，リンなども含むが，あくまでも炭素が中心となる。

B：生態系の生産者である植物が二酸化炭素を取り込む生命現象は光合成である。光合成では，無機物である二酸化炭素と水から，光エネルギーを用いて有機物であるグルコースが合成される。

C：生産者や消費者がグルコースなどの有機物を二酸化炭素にまで分解する生命現象は呼吸である。その際，酸素を消費し，有機物中の化学エネルギーをATPの化学エネルギーに変換する。呼吸の目的はATPの生成である。ATPは，筋収縮や神経活動，生体内での物質合成などに用いられるエネルギー貯蔵物質で，細菌からヒトまでが共通に利用している。

D：光合成の本質は，光エネルギーを化学エネルギーに変換することである。光合成で生成された有機物（グルコース）は，その中に化学エネルギーの形でエネルギーを蓄えている。

E：生態系内では，エネルギーは各生物間を食物連鎖を通じて有機物の形で移動する。各生物の呼吸で有機物の化学エネルギーはATPの化学エネルギーに変換されるが，その過程で一部が熱エネルギーとして失われ，最終的にはすべてが熱エネルギーとなって生態系外へ放出される。炭素や窒素などの物質は生態系内を循環するが，エネルギーは光エネルギーとして生態系に取り込まれて，生態系内を流れ，最終的に生態系外へ出ていく。

よって，A：炭素，B：光合成，C：呼吸，D：化学エネルギー，E：熱エネルギーがそれぞれ当てはまり，正答は**2**である。

正答 2

太陽系に関する記述として最も妥当なのはどれか。

1 太陽は，太陽系の中心に位置する恒星であり，水素の核融合反応でエネルギーを生成している。太陽の表面には黒点が見られ，黒点は周囲よりも温度が低い。

2 金星は，地球のすぐ内側に位置する惑星で，大気がほとんどなく表面にはクレーターが多数見られる。気圧が低く，表面温度は−100℃を下回る。

3 土星は，太陽系では水星に次いで小さい惑星であるが，大きな環（リング）を持つ。窒素を主成分とする大気があり，表面には大気のしま模様や大赤斑と呼ばれる渦が見られる。

4 天王星は，太陽系の一番外側を周回する惑星であり，太陽系外縁天体にも分類されている。惑星の中で一番密度が高く，鉄やニッケルを中心とした核を持つ。

5 月は，地球の衛星であり，二酸化炭素を主成分とする薄い大気がある。月の公転により，太陽，地球，月の順に一直線上に並ぶと日食が起こる。

解説

1. 妥当である。

2. 金星は二酸化炭素の分厚い大気層が特徴である。そのため気圧が非常に高く，気温は460℃程度にも達する。

3. 土星は二番目に大きな半径，質量を持つ。しま模様や大赤斑は木星の特徴である。木星型惑星の特徴である主な化学組成は水素，ヘリウムである。

4. 一番外側の軌道を公転するのは海王星である。後半の密度や中心部分である核の説明は地球のものである。天王星は自転軸がほぼ横倒しであることを特徴として挙げられることが多い。

5. 月にはほぼ大気がない。日食になるのは太陽，月，地球の順に並ぶときである。

正答　**1**

火山に関する記述として最も妥当なのはどれか。

1　日本列島はプレートの沈みこみ帯にできた弧状列島で，火山は，海溝から一定距離だけ離れた場所から現れ始め，海溝とほぼ平行に帯状に分布する。

2　大陸での火山活動は，ホットスポットと呼ばれる狭い地点に限定され，プレートの境界部で起こるのが特徴である。そのため，オーストラリア大陸では各地に火山が点在している。

3　噴火の激しさは，マグマの粘性とマグマ中のガスの量によって決まる。高温で二酸化ケイ素（SiO_2）の量が少ないマグマほど，粘性が低く流動しにくいため，噴火は爆発的になる。

4　溶岩は，火山の噴火により放出された火山砕屑物の一つであり，マグマの性質や固まる場所の違いなどによって，縄状，柱状，チャートなどの形態を示す。

5　日本には，溶岩が繰り返し放出されることによってできた，円錐形のカルデラ火山が多く存在しており，富士山や阿蘇山はその代表例である。

解　説

1. 妥当である。日本列島付近には北から千島海溝，日本海溝，相模トラフ，駿河トラフ，伊豆・小笠原海溝，南海トラフ，南西諸島海溝，沖縄トラフがある。地図で確認すること。

2. ホットスポットはマントル内の熱対流の上昇地点の先端がプレートを突き抜け火山を形成したものである。現在の分布は大洋部に多く見られ，またアフリカ地溝帯などにも見られる。大陸での火山活動はプレートの沈み込み帯で多く見られるが，これはホットスポットには当たらない。

3. 問題文の「粘性が低く流動しにくい」を「粘性が低く流動しやすい」とし，「噴火は爆発的」を「噴火は穏やか」にすれば正しい。

4. 溶岩はマグマの噴出したものであり火山砕屑物ではない。火山砕屑物とは噴火により山体の一部などが吹き飛ばされたもので，火山礫や火山砂，火山灰などがある。縄状とは，高温のマグマの流出により冷却したとき縄のような幾重もの模様が見られるものであり，柱状に関連するものとしては，玄武岩等の冷却環境により六角柱状に割れてくるものがある（柱状節理）。チャートは放散虫の遺骸（骨格，殻）の堆積によりできる堆積岩である。ほかの成因も説があるが，化学組成は二酸化ケイ素である。

5. 富士山は成層火山でありカルデラではない。

正答　**1**

地球の大気に関する記述として最も妥当なのはどれか。

1 地球の大気の組成（体積比）で最も多いのは酸素で，次いで二酸化炭素である。この二つの気体は，生物の生存に欠かすことができないが，地球以外の太陽系の惑星には，ほとんど存在しない。

2 海面と同じ高さの地点の気圧は平均すると1気圧である。ある地点の気圧は，その地点より上にある大気の重さによって生じるため，高度が上がるほど気圧は低くなる。

3 大気圏の最上部の熱圏にはオゾン濃度が高い層があり，これをオゾン層という。オゾン層は，太陽からの可視光の一部を反射するので，高緯度地域ではオーロラがみられる。

4 雲は，大気中に生じた小さな水滴や氷の粒の集まりである。特に，水蒸気が飽和していない対流圏の大気に下降気流が生じると，凝結が起こり氷晶が生じて，雲が形成されやすい。

5 風は大気の流れである。北半球の場合，低緯度では西風の偏西風が吹き，中緯度ではジェット気流とも呼ばれる東風の季節風が吹き，高緯度では西風の貿易風が吹く。

解説

1. 大気の組成は，多い順に窒素，酸素，アルゴン，二酸化炭素である。地球外で二酸化炭素は金星，火星などにみられる。

2. 妥当である。

3. オゾン層は対流圏の次の層である成層圏上部にあり，太陽からの紫外線を吸収するため大気温度が高くなっている。オーロラは太陽からの荷電粒子（プラズマ）が一部地球磁場にとらえられ，両極上空の熱圏に侵入し，大気と衝突，発光する現象である。

4. 雲が生じるのは，未飽和の大気が上昇し温度が露点以下になることで生じる。

5. 大気の大循環は，低緯度地域では貿易風，中緯度で偏西風（ジェット気流も），高緯度で極東風である。

正答　**2**

太陽系の天体に関する記述として最も妥当なのはどれか。

1 太陽系の惑星には，半径は大きいが平均密度が小さく，岩石の表面を持つ地球型惑星と，半径は小さいが平均密度が大きく，気体の表面を持つ木星型惑星があり，土星は地球型惑星である。

2 水星は，太陽系の惑星の中で半径が最も小さく，平均密度も最も小さい。自転周期が公転周期より長いことから，太陽側とその反対側とで表面温度に極端な差がある。

3 火星は，地球と比べて，半径が小さく重力も小さいため，大気は薄く気圧も低い。火星の表面には流水地形や堆積岩地形があり，過去に液体の水が大量にあったと考えられている。

4 木星は，太陽系の惑星の中で半径が最も大きい。その平均密度や組成は地球に近いが，表面付近の気体は主に二酸化炭素で，その温室効果のため表面の温度は約500℃に達する。

5 衛星は，惑星の周りを公転している天体であり，太陽系の全ての惑星は1ないし多数の衛星を持つ。また，大気を持つ衛星や火山活動のある衛星は存在しない。

解説

1. 地球型惑星は，半径が数千キロメートルで，岩石質であり，平均密度が大きい（約4〜5.5）。木星型惑星は，半径が数万キロで，ガス質であり，平均密度は1前後と小さい。土星は木星型惑星である。

2. 水星は岩石質の惑星であるから，平均密度は最小ではない。平均密度が最小なのは土星である。

3. 妥当である。ほかに極地方には季節で消長する極冠がある。

4. 木星は半径，質量とも最大で，平均密度は1.3程度である。表面付近の大気の主な化学組成は水素，ヘリウムである。温室効果で表面の温度が高温になっているのは金星である。

5. 惑星のうち，水星と金星は衛星を持たない。また，木星の衛星イオでは火山活動が観測されている。

正答 **3**

文章理解
課題処理
数的処理
資料解釈
数学
物理
化学
生物
地学

火山活動に関する記述として最も妥当なのはどれか。

1　マグマは，周囲の岩石より密度が小さいため，浮力により地下深部から上昇する。周囲の岩石と密度が同じになる深さに達すると上昇をやめ，マグマだまりを形成する。

2　高温で二酸化ケイ素(SiO_2)の量が多い玄武岩質溶岩は粘性が大きく，流れにくい。また，揮発成分が抜けやすいので，穏やかな噴火となり，溶岩ドームが形成されやすい。

3　高温の火山ガスと火山砕屑物がゆっくりと山を流れ下る火砕流は，粘性の小さいマグマで起こりやすい。また，火山ガスは主に二酸化硫黄から成るが，二酸化炭素を含むこともある。

4　中央海嶺や弧状列島のようなプレートの境界部には，噴火する火山が広く分布しているが，これらはホットスポットと呼ばれる。ホットスポットは，プレートの動きに連動して移動する。

5　マグマが地下深くでゆっくり冷えて固まった岩石を火山岩といい，急速に冷えてできた岩石を火成岩という。急速に冷えると，大きく粗粒で粒径のそろった斑晶ができる。

解説

1.　妥当である。地下の岩石が部分溶解してできたマグマは周囲の圧力差(浮力)により上昇する，と見ると理解しやすい。

2.　初期のマグマはマントル最上部の岩石が溶解したもので，温度はおよそ1,200度～ほど，二酸化ケイ素の含有量（体積%）は45%以下で，かんらん岩質マグマという。これをもとにできるのが玄武岩質マグマ(溶岩)で，二酸化ケイ素の割合は45～52%で，上昇により結晶分化作用が起き，さらにマグマは成分が連続的に変化していく。玄武岩質マグマ(溶岩)は高温のため流動性が大きく，すなわち粘性は小さい。穏やかに噴火し，高さの低い火山を形成しやすく，盾状火山や溶岩台地となる。溶岩ドームのような盛り上がった形の火山は，温度が低く粘性が大きなマグマの噴火で形成される。このときのマグマを流紋岩質マグマ(溶岩)といい，温度は900度ほどで，噴火は激しく爆発的で，鐘状火山を形成する。二酸化ケイ素の割合は66%～である。中間の温度帯では安山岩質マグマ(溶岩)となり，火山は成層火山を形成する。二酸化ケイ素の割合は52～66%である。

3.　火砕流は粘性の大きいマグマを噴出する火山に見られる。山体の一部の砕屑物を含んだ黒っぽく重いガスが，時速数十キロで斜面を流下し，温度も800度程度ある。また，火山ガスの主成分は水蒸気である。

4.　ホットスポットは海嶺や弧状列島ではなく，地下のプレートの下でマントルが上昇している場所である。ハワイ諸島はよい例であるが，プレートが海溝に移動して島が動いても，ホットスポットの位置は変わらない。

5.　マグマが冷えて固まった岩石を火成岩，噴火などで急速に冷えて固まった岩石を火山岩，地下深部などでゆっくり冷えて固まった岩石を深成岩という。深成岩はマグマがゆっくり冷えるので，マグマ中の成分が鉱物の結晶として成長する時間があり，岩石は大粒の鉱物の集合体となる。

正答　**1**

文章理解 課題処理 数的処理 資料解釈 数学 物理 化学 生物 地学

次は，大気と海洋の相互作用に関する記述であるが，A〜Eに当てはまるものの組合せとして最も妥当なのはどれか。

ペルー沖の海面水温が，2〜5年程度の間隔で高くなることがあり，　A　として知られている。通常は低緯度では　B　が吹いているため，温かい海水がインドネシア周辺の西太平洋域に蓄積する。そして，ペルー沖の東太平洋域には，深層から冷水が湧き上がり海面水温が低くなっているが，何らかの原因で　B　が弱まると，西から暖水塊が運ばれて海面水温が上昇し，　A　が発生する。一方，それとは反対に，海面水温が平年より低い状態が続くこともあり，　C　と呼ばれる。

通常，熱帯赤道域で上昇した空気塊が亜熱帯で下降することで太平洋高気圧が形成されているので，　A　が発生すると，夏季には太平洋高気圧の勢力が弱くなる傾向があり，また，冬季には大陸の高気圧が弱まるので，日本は　D　となる傾向がある。一方，　C　が発生すると，西太平洋熱帯域での対流活動が強まるため，夏季には太平洋高気圧の勢力が強まり，日本付近は　E　となる傾向がある。

	A	B	C	D	E
1	エルニーニョ現象	偏西風	ラニーニャ現象	厳冬	冷夏
2	エルニーニョ現象	貿易風	ラニーニャ現象	厳冬	冷夏
3	エルニーニョ現象	貿易風	ラニーニャ現象	暖冬	猛暑
4	ラニーニャ現象	偏西風	エルニーニョ現象	厳冬	猛暑
5	ラニーニャ現象	貿易風	エルニーニョ現象	暖冬	冷夏

解説

大気の大循環で，低緯度では貿易風が見られる。通常，赤道地域海洋の表層の，温度の高い海水が貿易風により西側へ移動し，このときペルー沖では垂直循環が生じ，深層の冷水が湧き上がる。

しかし貿易風が弱い場合，西から東へと温度の高い海水が広がり，東部（ペルー沖）では冷水の湧き上がりが弱まるので東太平洋地域海洋の表層の温度が下がらなくなり，エルニーニョを引き起こす。この場合，夏季に日本付近に暑さをもたらす太平洋高気圧の発達が弱いため，冷夏となり，冬季は，大陸の高気圧が弱まり，暖冬となる。

以上から，Aはエルニーニョ現象，Bは貿易風，Dは暖冬が当てはまる。

ラニーニャはペルー沖の海水温度が平年より低い場合に生じ，赤道地域海洋西部の対流活動が活発となり，太平洋高気圧が強まるため，日本付近は夏季に猛暑となりやすい。

以上から，Cはラニーニャ現象，Eは猛暑が当てはまる。

よって，正答は**3**である。

正答 **3**

No. 189 地学　地球の構造等　平成28年度

地球の構造等に関する記述A～Dのうち，妥当なもののみを挙げているのはどれか。

A：地殻は，主に花崗岩質岩石と玄武岩質岩石からできている大陸地殻と，主に玄武岩質岩石からできている海洋地殻とに分けられる。地殻の主な構成元素は，酸素やケイ素などである。

B：核は，主にマグネシウムでできており，ニッケルなども含まれていると考えられている。外核は固体であり，内核は金属が溶けて液体になっている。

C：大気の成分は，高度20km付近までは，窒素が約6割，酸素が約3割，二酸化炭素その他が約1割であるが，それよりも上空の大気圏では，窒素の占める割合が大きくなる。

D：海水には，塩化ナトリウムや塩化マグネシウムなどの塩類が含まれている。海水に含まれる塩類の組成比は場所や深さによらずほぼ一定である。

1　A，C
2　A，D
3　B，C
4　B，D
5　C，D

解説

A：妥当である。地殻の構成元素の存在量は，多い順にO，Si，Al，Fe，Ca，Na，K，Mgであり，OとSiでおよそ4分の3を占める。

B：核の化学組成は主にFeで，Niの合金と考えられている。外核は地震波のS波が伝わらないことから，流体と考えられる。内核は密度，圧力の値から，固体であると思われる。

C：窒素は約78%，酸素が約21%，アルゴン約1%，二酸化炭素約0.03%である。上空80km付近まで，この割合は変わらない。

D：妥当である。海水の塩分濃度は測定位置によって異なるが，塩類の組成比はほぼ一定である。

よって，妥当なものはAとDで，正答は**2**である。

正答　**2**

地震に関する記述として最も妥当なのはどれか。

1 地震波には，S波とP波の2種類がある。初めに観測点に到着する表面波をS波といい，次に観測点に到着する周期の長い波をP波という。

2 マグニチュードとは，地震の規模を示したものである。マグニチュードが1大きくなると，地震のエネルギーは約32倍となる。

3 地球表面は複数の硬いプレートによって覆われており，それぞれ年に数mの速さで移動している。地震活動が活発な地域は，各プレートの中心付近に集中している。

4 地震を発生させた断層を震源断層といい，岩盤に圧縮の力が働いて上下にずれるときに正断層が生じ，引っ張りの力が働いて左右にずれるときに逆断層が生じる。

5 海底近くで発生する大地震などによって海底は隆起・沈降する。これによって発生する高波を津波という。津波の高さは，海岸線に近づき海底が浅くなるほど低くなる。

解説

1. 観測地点に初めに来るのはP波で，初期微動が観測される。遅れてくるのがS波である。Pとは，primary（最初の），Sとはsecondary（2番目の）の頭文字である。

2. 妥当である。マグニチュードが2違うと放出エネルギーは1,000倍（32×32≒1000）異なる。

3. プレートは海嶺で新しく生成し，海溝部に向けて移動していく。その動きは年に数cm〜10cm程度である。地震が多く見られるのは，プレートが沈み込む大陸周縁部の海溝部と海嶺部である。

4. 圧縮でできる断層は逆断層で，引っ張りでできる断層は正断層である。また，左右にずれるのは横ずれ断層である。

5. 高波は被害をもたらす可能性がある，平常よりも高い波という意味で，その一つに地震や火山活動による津波がある。津波は海岸線に近づき水深が浅くなると高くなり，また奥まった湾なども水位が上がり危険となる。一方，津波の速度は，水深に比例することもよく知られている。

正答 **2**

天体に関する記述として最も妥当なのはどれか。

1　太陽は約30億年前に誕生し，現在は主系列星に属する恒星である。太陽を含む約2千個の恒星が円盤状に広がり，銀河系を形成している。

2　太陽系の惑星には，半径が比較的小さく，岩石を主体とする固体の表面を持つ地球型惑星と，半径が比較的大きく，固体の表面を持たない木星型惑星がある。

3　衛星とは惑星の周りを公転している天体をいい，金星や火星には多いが，木星や土星にはない。

4　小惑星は，冥王星などその大きさが直径100km 程度で，太陽の周りを公転するものをいい，その多くが冥王星より外側の軌道に位置するため，太陽系外縁天体とも呼ばれている。

5　彗星は，木星の軌道の周辺からほぼ一定の周期で地球の軌道の周辺までを周回する天体であり，その周期は3年より短いものがほとんどである。

解説

1．太陽は，約50億年（46億年）前に太陽系の誕生とともにできたものである。銀河系は恒星の大集団で，約2,000億個の恒星が集まっている。

2．妥当である。地球型惑星は内側の4つ，水星，金星，地球，火星である。木星型惑星は外側の4つ，木星，土星，天王星，海王星である。なお，冥王星は準惑星に分類される。

3．衛星を持たないのは，水星，金星のみである。

4．小惑星は火星と木星の間に主に分布し，直径は数 km〜1,000km とさまざまである。なお，太陽系外縁天体とは海王星よりも外側の軌道を持つ天体の総称である。

5．彗星の軌道は，太陽の周りを公転するもの（楕円軌道）と，太陽に近づき再び飛び去るもの（放物線軌道，双曲線軌道）がある。公転する場合，周期は3年程度から400,000年などばらつきがある。通常200年以下の短周期彗星と200年以上の長周期彗星に分類される。

正答　**2**

ルネサンスに関する記述として最も妥当なのはどれか。

1　ルネサンスは、ギリシア・ローマの古典文化を模範とし、それまでの神中心の世界観に対し、自由で人間らしい生き方を求めた文化運動である。

2　ルネサンスは、アフリカ大陸で広大な植民地とその富を獲得し、経済的に繁栄したフランスで始まり、その後、イタリアを始めとするヨーロッパ全域に広まった。

3　ルネサンスの最盛期には、レオナルド＝ダ＝ヴィンチやミケランジェロなどの芸術家が様々な作品を残し、また、パルテノン神殿やコロッセウムなどの建築物も造られた。

4　ルネサンスが育んだ、自然界を観察し仕組みを解明しようとする精神は科学技術の発達につながり、特に蒸気機関の改良と蒸気船の実用化は、その後の大航海時代の到来を可能にした。

5　ルネサンスの考え方は宗教改革につながり、スイスでは、フランシスコ＝ザビエルが改革を起こしたが、カトリック側から迫害され、海外に逃れて布教活動を行った。

解説

1. 妥当である。

2. ルネサンスは地中海貿易で繁栄したイタリアや、南北ヨーロッパ商業の中継地で、毛織物工業で栄えたフランドル地方で始まった。イタリアでは、フィレンツェのメディチ家やミラノ公、ローマ教皇などがルネサンスの保護者として有名である。その後、イギリス、スペイン、フランスなどでも国王の保護の下で栄えた。

3. パルテノン神殿は古代ギリシアの建造物（前432年再建）、コロッセウムは古代ローマの円形闘技場（80年完成）である。レオナルド＝ダ＝ヴィンチ（1452～1519年）はルネサンスの理想とされる「万能人」であり、ミケランジェロ（1475～1564年）はローマのサン＝ピエトロ大聖堂の建築にもかかわった彫刻家・画家である。

4. ルネサンスが、科学技術の発達につながったことは妥当であるが、蒸気機関の改良や蒸気船の実用化は18世紀の産業革命の成果である。ルネサンスの時代には、羅針盤・火薬・活版印刷術が発明された（三大発明）。いずれも中国で発明され、イスラーム世界を経由してヨーロッパにもたらされ改良されたものである。羅針盤の改良は遠洋航海を可能にし、鉄砲・大砲などの火器は従来の騎士による戦術を一変させて彼らの没落を引き起こし、グーテンベルクの改良した活版印刷機は、新しい思想の普及に貢献するなど、ヨーロッパ世界に大きな影響を与えた。

5. スイスではチューリヒでツヴィングリ（1484・1531年）が、ジュネーブでカルヴァン（1509～64年）が独自の宗教改革を行った。フランシスコ＝ザビエル（1506頃～52年）は、1534年にカトリック側の勢力立直しをめざして結成されたイエズス会の宣教師であり、スペイン・ポルトガルの植民活動と一体となって海外での布教活動を行い、1549年には日本に来航してキリスト教布教の基礎を築いた。

正答　**1**

世界史 日本史 地理 国語 英語 政治 経済 社会 倫理

東南アジアの歴史に関する記述として最も妥当なのはどれか。

1 仏教は，中国から東南アジアに伝来した。ビルマ（ミャンマー）のアユタヤ朝やタイのスコータイ朝では大乗仏教が栄え，インドネシアのジャワ島では上座部仏教が栄えた。

2 16世紀，ポルトガルとスペインが東南アジアに進出したが，アンボイナ事件によりスペインを排除したポルトガルは海上交易を独占し，「太陽の沈まぬ国」と呼ばれる繁栄を築いた。

3 19世紀後半，米国はベトナムへの介入を深め，フランスにベトナムへの宗主権を放棄させ，米領インドシナを形成した。

4 スペインの植民地であったフィリピンでは独立運動が起こり，19世紀末に独立を宣言した。しかし，アメリカ＝スペイン戦争に勝利した米国は，フィリピンを植民地とした。

5 オランダの植民地であったカンボジアでは，プランテーション農業が盛んに行われた。20世紀初頭には，東南アジアの大陸部全域を勢力範囲とするオランダ領東インドが成立した。

解説

1. 仏教の東南アジアへの伝来は中国経由ではなく，部派仏教（小乗仏教）のうち上座部仏教が前3世紀にスリランカに伝えられ，そこから11世紀頃に東南アジアの大陸部に伝えられた。アユタヤ朝はビルマではなくタイの王朝である。ビルマではミャンマー人の最初の統一王朝であるパガン朝（1044〜1299年）が上座部仏教を取り入れ，タイ人が建てた最初の王朝であるスコータイ朝（13〜15世紀）も上座部仏教を奉じた。アユタヤ朝（1351〜1767年）はスコータイ朝を併合して，17世紀には中国・日本やヨーロッパ諸国との交易で繁栄したが，やはり上座部仏教を奉じた。インドネシアのジャワ島では，シャイレンドラ朝（8〜9世紀頃）が上座部仏教ではなく大乗仏教を信奉し，ボロブドゥール寺院を建造したが，その後はヒンドゥー教の勢力が強くなった。

2. アンボイナ事件（1623年）は，モルッカ諸島のアンボン島で，オランダ商館員が，日本人傭兵を含むイギリス商館員を襲って殺害した事件で，スペイン・ポルトガルは関係ない。事件後，イギリスはインドネシアから撤退し，インドに拠点を移すことになった。また，「太陽の沈まぬ国」と呼ばれたのはスペインで，それは1580年，スペインのフェリペ2世が断絶したポルトガル王位を兼ねて，ポルトガルの植民地をも支配下に置いたことからいわれた。なお，スペインとポルトガルの同君連合は1640年まで続いた。

3. 19世紀後半，ベトナムへの介入を深めたのは米国ではなくフランスである。フランスはカトリック教徒への迫害を理由にベトナムへの軍事介入を進め，ベトナムへの宗主権を主張する清朝を清仏戦争（1884〜85年）で破り，フランスの保護権を承認させた（天津条約，1885年）。その後フランスは，保護国としていたカンボジアとあわせてフランス領インドシナ連邦を成立させ（1887年），その後，99年にラオスを編入した。

4. 妥当である。

5. オランダの植民地はカンボジアではなくインドネシアである。1799年に東インド会社が解散すると，オランダは，ジャワ島のバタヴィアにオランダ政庁を設置して直接統治を行った。その後，ジャワ戦争（1825〜30年）などで敵対勢力を抑え，20世紀初頭にオランダ領東インドが完成した。それは東南アジアの大陸部全域を勢力範囲とするものではなく，ほぼ現在のインドネシア共和国の領域に相当する地域を勢力範囲とした。

正答　**4**

大航海時代の人物に関する記述として最も妥当なのはどれか。

1 ヴァスコ゠ダ゠ガマは，海路でアフリカ大陸南端の喜望峰を経由してインドに到達し，ヨーロッパからアジアに直接至るインド航路の開拓に貢献した。

2 コロンブスは，探検航海を行い，アメリカ大陸，オーストラリア大陸，アフリカ大陸を経由し，世界で初めて地球を一周する世界周航を行った。

3 マゼランは，ムスリムの水先案内人の助けを借りて，陸路のシルクロードを通らずに地中海，インド洋経由で中国に向かう航路の開拓に貢献した。

4 バルトロメウ゠ディアスは，地球球体説を信じて，西まわりでインドの航海を行いカリブ海の島々や中米地域を探索し，西洋人として初めてアメリカ大陸に到達した。

5 アメリゴ゠ヴェスプッチは，マルコ゠ポーロの『東方見聞録』に記述されているジパング（日本）の金に関心をもち，日本への航海を目指し，種子島に漂着し鉄砲を伝えた。

解説

1. 妥当である。

2.「世界で初めて地球を一周する世界周航を行った」のはコロンブスではなくマゼランである。マゼラン（1480頃〜1521年）はポルトガル人（マガリャンイス）であるが，スペイン王カルロス1世の援助を受けて，1519年，西廻りによるモルッカ諸島への航海に出発した。ただし，マゼランはオーストラリア大陸には寄港していない。また，南アメリカ南端の海峡を経由して太平洋に出て，1521年フィリピン諸島に到着したが，現地の紛争に巻き込まれて亡くなった。マゼランの航海は部下のエルカーノが引き継ぎ，アフリカ大陸を経由して1522年にスペインに帰着し，地球が球体であることを実証した。

3.「地中海，インド洋経由で中国へ向かう航路」は，東方貿易と呼ばれた古くからの交易路（海の道）で，当時はムスリム商人が支配していた。マゼランやコロンブスのインド航路開拓は，この東方貿易に対抗して，直接，西廻り航路でアジアへ向かおうとするものであった。

4. コロンブス（1451〜1506年）についての記述である。コロンブスはジェノヴァの航海者。フィレンツェの天文学者トスカネリの地球球体説を信じ，スペインのイサベラ女王の援助を受けて，西廻りで大西洋を横断してインドへの航海に乗り出し，バハマ諸島のサンサルバドル島に到着した。その後，コロンブスは3回の航海を行ったが，最後まで，それが新大陸であると信じていた。バルトロメウ゠ディアス（1450頃〜1500年）は，ポルトガルの航海者。1488年にアフリカ南端の喜望峰に到達した。

5. アメリゴ゠ヴェスプッチ（1454〜1512年）は，フィレンツェの航海者。ポルトガルに雇われてカリブ海から南アメリカ沿岸を探査して，そこが新大陸であることを報告した人物である。マルコ゠ポーロの『東方見聞録（世界の記述）』が，コロンブスを始め多くの探険者に影響を与えたことは事実であるが，種子島に漂着し鉄砲を伝えたのは，倭寇の頭目王直の持ち船に乗った3人のポルトガル商人で，年代も1543年である。

正答 **1**

14世紀以降の朝鮮半島の歴史に関する記述として最も妥当なのはどれか。

1 倭寇の撃退などで名声を得た李舜臣は，高麗を倒して王位につき，国名を朝鮮として釜山に都を置いた。彼は，漢字を廃止し，朝鮮独自の文字である訓民正音（ハングル）を制定した。

2 豊臣秀吉の朝鮮出兵によって断絶した国交を回復するため，江戸幕府が朝鮮に派遣したのが朝鮮通信使である。朝鮮通信使は将軍の代替わりの度に朝鮮に派遣された。

3 清に朝貢して鎖国政策を続けていた朝鮮は，日本との間で起こった江華島事件を機に，日朝修好条規を結び開国した。

4 第二次世界大戦の終結により朝鮮半島は北緯38度線を境に二分され，北は中国，南は米国の占領下に置かれた。その後，北には李承晩を首相とする朝鮮民主主義人民共和国が成立した。

5 朝鮮戦争後の韓国では，朴正熙大統領が米国の経済援助の下で反共的な独裁体制を敷いたが失脚し，その後，民主的な直接選挙で選ばれた金大中大統領が日本との国交を回復した。

解説

1. 倭寇の撃退で名声を得たのは李舜臣ではなく李成桂（1335～1408年）である。1392年に高麗を倒して王位につき，国号を朝鮮として，都は釜山ではなく漢城（現ソウル）に定めた。訓民正音（ハングル）を制定したのは 4 代目の世宗（在位1418～50年）である。ただし，漢字を廃止したことはなく，重要な記録や書物には漢文が使われ，ハングルは宮中や両班の婦女子が使う程度であった。李舜臣（1545～98年）は，豊臣秀吉の朝鮮出兵に対して，亀甲船を用いて日本の補給路を分断するなどの打撃を与えた名将。

2. 朝鮮通信使は朝鮮が江戸幕府に派遣した使節の名称である。徳川家康は，対馬の宗氏を通じて朝鮮との通交再開を実現し，1607年，日本が出した国書に対する朝鮮国王の回答と，連行された捕虜の送還を目的に使節（回答兼刷還使）が派遣された。以来，1811年まで12回の使節が来日したが，4 回目以降は「通信使」と呼ばれ，将軍代替わりの祝賀を名目に派遣された。

3. 妥当である。

4. 第二次世界大戦後，朝鮮半島は北緯38度線を境に北は中国ではなくソ連，南はアメリカの占領下に置かれた。その後，北には金日成を首相とする朝鮮民主主義人民共和国が成立した（1948年）。李承晩は南に成立した大韓民国の初代大統領（在任1948～60年）である。

5. 朝鮮戦争（1950～53年）後も，アメリカの援助により反共的な独裁体制を敷いたのは李承晩であるが，1960年の四月革命により失脚した。また，日本との国交を回復したのは金大中ではなく朴正熙である。朴正熙は，61年に軍事クーデターによって軍事政権を樹立し，63年から民政に移行して第 5 代大統領（在任1963～79年）となって独裁体制を敷いた。その間，65年に日韓基本条約に調印して日本との国交を回復した。なお，韓国で民主的な大統領の直接選挙が行われたのは1987年からであり，金大中は1997年に第15代大統領に選出された（在任1998～2003年）。

正答　**3**

国家一般職[高卒・社会人]

No.
196

世界史　　米国の大統領　　令和 2 年度

世界史
日本史
地理
国語
英語
政治
経済
社会
倫理

米国の大統領に関する記述として最も妥当なのはどれか。

1　フランクリン゠ローズヴェルトは，第二次世界大戦後に，共産主義に対抗するためにギリシアとトルコに軍事援助を与えて，ソ連に対する封じ込め政策を行った。

2　ケネディは，朝鮮戦争において原子爆弾の使用を主張した連合国軍最高司令官のマッカーサーを更迭したが，彼の更迭に不満を抱く勢力によって暗殺された。

3　ニクソンは，ベトナム戦争に対する米国内外の反戦運動の高まりなどを背景に，パリ和平協定を結んで，ベトナムから米軍を引き揚げた。

4　レーガンは，政府支出を増加させて社会保障制度の充実を図る社会民主主義的改革を提唱し，国民皆保険を実現させた。

5　オバマは，アフリカ系アメリカ人として初めて大統領に就任した。また，彼は，ニューヨークなどで同時多発テロが発生すると，「テロとの闘い」を宣言してイラクを攻撃した。

解　説

1.　「封じ込め政策」を行ったのはフランクリン＝ローズヴェルトではなくトルーマンである。トルーマンは第33代大統領（在任1945〜53年）。1945年4月のフランクリン＝ローズヴェルト大統領の急死により副大統領から昇格した。彼は，第二次世界大戦後の共産主義勢力の拡大を封じ込めるため，1947年3月，ソ連と対立していたギリシアとトルコに対する軍事・経済援助を表明し，これが東西「冷戦」の始まりとなった。

2.　朝鮮戦争でマッカーサーを更迭したのはトルーマンである。朝鮮戦争（1950〜53年）ではアメリカ軍を主体に国連軍が組織され，マッカーサーが総司令官に任命されたが，核兵器の使用や中国本土の攻撃を主張してトルーマンと対立し，1951年4月に解任された。ケネディは第35代大統領（在任1961〜63年）。朝鮮戦争とは時代が違い，暗殺の背後関係もよくわかっていない。

3.　妥当である。ニクソンは第37代大統領（在任1969〜74年）。

4.　レーガンは第40代大統領（在任1981〜89年）。レーガノミックスと呼ばれるレーガンの政策は，企業減税や規制緩和によって民間経済を活性化させる一方，社会福祉予算を削減して政府支出を抑える「小さな政府」をめざす新自由主義的政策である。なお，アメリカでは国民皆保険制度は現在も実現していない。

5.　オバマは第44代大統領（在任2009〜17年）。アフリカ系アメリカ人として初めての大統領であることは正しいが，2001年の同時多発テロは第43代大統領のブッシュ（在任2001〜09年）の時である。また，「テロとの戦い」を宣言して攻撃したのはイラクではなく，事件の実行者とされるアル゠カーイダとその指導者ビン゠ラーディンを保護するアフガニスタンである（対テロ戦争）。イラク攻撃（イラク戦争）も，「テロとの戦い」の一環で，大量破壊兵器を保有しているとしてイラクのフセイン政権を倒した戦いである（2003年）。

正答　**3**

国家一般職[高卒・社会人]

No. 197 世界史 **イスラーム世界** 令和2年度

イスラーム世界に関する記述として最も妥当なのはどれか。

1 イェルサレムに生まれたムハンマドは，イスラーム教を開き，この世を善の神と悪の神との対立と捉え，善の神であるアッラーへの絶対的帰依を説き，厳格なカースト制度を定めた。

2 ムハンマドの死後に成立したウマイヤ朝は，フランク王国を滅ぼしてキリスト教の聖地であるメッカを初めて征服した。これに対し，ビザンツ皇帝は聖地奪還を目指して十字軍を派遣した。

3 十字軍は，聖地奪還後にイェルサレム王国を建国し，キリスト教の布教を進めた。これに対し，セルジューク朝は，レコンキスタと呼ばれるイスラーム教への改宗運動を進めた。

4 アッバース朝は，税制面でのアラブ人の特権を廃止して，イスラーム教徒間の平等を実現した。また，交通網が整備されて交易が発展し，都のバグダードは商業等の中心都市として栄えた。

5 モンゴル高原に成立したイル=ハン国がイスラーム教徒を迫害したため，イスラーム教徒はメディナに移住した。その後，信徒を増やしたイスラーム教徒は，イル=ハン国を征服した。

解説

1. ムハンマド（570頃〜632年）が生まれたのはメッカである。この世を善の神（アフラ=マズダ）と悪の神（アーリマン）との対立の場と捉えるのはゾロアスター教（拝火教）であり，ムハンマドは唯一神アッラーへの絶対的帰依を説いた。カースト制度は，インドの伝統的な社会制度である。

2. ウマイヤ朝（661〜750年）は，シリア総督ムアーウィアが，661年にダマスクスに開いた史上初のイスラーム教の世襲王朝である。第一に，ウマイヤ朝はイベリア半島にまで進出したが，トゥール・ポワチエ間の戦い（732年）に敗れて，フランク王国を滅ぼすことはできなかった。第二に，メッカはキリスト教ではなくイスラーム教の聖地である。第三に，十字軍は，セルジューク朝（1038〜1194年）がキリスト教の聖地イェルサレムを占領し（1071年），さらにビザンツ帝国を脅かしたので，ビザンツ皇帝がローマ教皇に救援を求めたのを受けて，教皇ウルバヌス2世が聖地奪還の聖戦を呼びかけて始まった（1096年）。

3. 第1回十字軍（1096〜99年）は聖地奪還に成功してイェルサレム王国（1099〜1291年）を建国したのは正しいが，レコンキスタはイベリア半島北部のキリスト教徒が起こした国土回復運動のことで，1492年，イスラーム勢力最後の拠点グラナダが陥落して終了した。

4. 妥当である。

5. イル=ハン国（1258〜1353年）は，フラグがアッバース朝を滅ぼして，タブリーズを首都に，モンゴル高原ではなくイラン高原に建てたモンゴル政権である。しかし，住民の圧倒的多数はイスラーム教徒であり，第7代のガザン=ハン（在位1295〜1304年）はイスラーム教を国教として融和を図った。イル=ハン国は，1353年にチンギス=ハンの王統が絶えて滅亡した。

正答 **4**

No. 198 世界史 17〜19世紀にかけてのフランス 令和元年度

17世紀から19世紀にかけてのフランスに関する記述として最も妥当なのはどれか。

1 ルイ14世は，王権神授説に従い，「君臨すれども統治せず」と称し，コルベールを首相に任命して立憲君主制を実現させ，メートル法の普及やフランス語の統一に取り組んだ。

2 フランス人権宣言は，基本的人権，国民主権，積極的平和主義を内容としており，これを受けて，パリの民衆がバスティーユ牢獄を襲撃し，フランス革命が始まった。

3 ナポレオン＝ボナパルトは，英国による大陸封鎖令に対抗するため出兵し，ロンドンを一時占領したものの，厳しい寒さのために撤兵を余儀なくされた。

4 ナポレオン3世は，産業革命を推進し，パリ市街の改造や社会政策に取り組んだが，普仏戦争でプロイセン軍に敗れ，捕虜となった。

5 普仏戦争での敗北により，フランスは，ルイジアナ，アルジェリア，マダガスカル島などの海外植民地を失い，その後，第三共和政の下での経済の低迷が続いた。

解説

1. ルイ14世は，王太子の教育係であった聖職者ボシュエの主張する王権神授説を信奉し，「朕は国家なり」と称し，絶対王政を確立した。1661年の宰相（首相）マザランの死後は宰相を置かず親政を行った。コルベールは財務総監であり，重商主義政策（コルベルティズム）を推進した。メートル法はフランス革命期に始められた計量単位で，1799年にフランスで正式に採用された。また，フランス語の統一はルイ13世の宰相リシュリューによって1635年に創設されたフランス学士院（アカデミー・フランセーズ）が取り組んだ文化事業である。なお，「君臨すれども統治せず」は，イギリスのハノーヴァー朝を開いたジョージ1世以降の立憲君主制における国王の政治的立場を象徴する言葉である。

2. 人権宣言が出されたのは1789年8月26日で，バスティーユ牢獄の襲撃は同年7月14日であり，前後関係が逆になっている。また，人権宣言（人間および市民の権利の宣言）はフランス革命の理念を表す宣言であり，基本的人権，国民主権については表明されているが，積極的平和主義は含まれていない。

3. 大陸封鎖令は，1806年，皇帝となったナポレオン＝ボナパルト(ナポレオン1世，第一帝政：1804〜14/15年)が出した勅令で，大陸諸国とイギリスとの通商を禁止したものであるが，イギリスにとって打撃とはならず，むしろ大陸諸国を苦しめる結果になった。また，ナポレオンがイギリスに出兵し，ロンドンを占領したことはない。「厳しい寒さのために……」はロシア遠征の失敗（1812年）を想起させる記述である。

4. 妥当である。ナポレオン3世はナポレオン1世の甥で，1852年の国民投票で皇帝となりナポレオン3世と称した（第二帝政：1852〜70年）。

5. 普仏戦争でナポレオン3世は捕虜となり，廃位されて第二帝政は崩壊したが，その結果，ルイジアナ，アルジェリア，マダガスカル島を失ったわけではない。ルイジアナは，1803年にナポレオンが1500万ドルでアメリカに売却した。アルジェリアは，民族解放戦線（FNL）による解放闘争の結果，第五共和政を樹立したド＝ゴールが1962年に独立を承認した。マダガスカル島は1960年に独立している。なお，第三共和政（1870/71〜1940年）下のフランスは，小規模な農業経営者が多く，工業の発展もドイツやアメリカなどに較べると停滞的であったことは事実である。

正答 4

国家一般職[高卒・社会人]

No. 199 世界史 20世紀のベトナム 令和元年度

次は，20世紀のベトナムに関する記述であるが，A，B，Cに当てはまるものの組合せとして最も妥当なのはどれか。

　ベトナムでは，日本の占領下で独立運動が起こり，第二次世界大戦後，　A　　がベトナム民主共和国の独立を宣言した。これを認めない　B　　は，1946年，インドシナ戦争を起こしたが，ジュネーヴ休戦協定が結ばれ，ベトナムから撤退した。この協定では，ベトナムは南北に分断され，南北統一のための選挙を実施することとされていたが，選挙は行われなかった。　C　　は，この協定に調印せず，南ベトナムの政権を支援した。1960年に南ベトナム解放民族戦線が結成されると，　C　　は，軍事介入を始め，北ベトナムへの空爆などを行ったが，自国内の反戦運動が高まったことから1973年にベトナムから撤退した。その後，北ベトナムは，南北を武力で統一し，ベトナム社会主義共和国を樹立した。

	A	B	C
1	ホー=チ=ミン	フランス	米国
2	ホー=チ=ミン	英国	ソ連
3	ホー=チ=ミン	英国	米国
4	ファン=ボイ=チャウ	フランス	米国
5	ファン=ボイ=チャウ	英国	ソ連

解説

A：ホー=チ=ミンである。ホー=チ=ミン（1890～1969年）は，1941年，日本の占領下でベトナム独立同盟（ベトミン）を組織して抗日運動を展開し，日本の降伏直後の1945年9月2日に独立を宣言した。ファン=ボイ=チャウ（1867～1940年）は，20世紀初頭のベトナム民族主義運動の指導者で，日露戦争後の日本に接近して，日本へ留学生を送るドンズー（東遊）運動を推進したが，フランス政府の圧力により日本から追放された。

B：フランスである。フランスは19世紀半ば以降，ベトナムの植民地化を進め，清仏戦争（1884～85年）で，ベトナムに対する宗主権を主張する清国を破って，フランスの保護権を承認させた（天津条約）。ついで1887年に，1863年以来保護国としていたカンボジアを含めてフランス領インドシナ連邦を成立させ，1899年にラオスを編入した。東南アジアでイギリスが進出したのはマレー半島とビルマ（ミャンマー）である。

C：米国である。ジュネーブ休戦協定では北緯17度線を暫定的に軍事境界線とし，1956年7月に南北統一選挙の実施が取り決められていたが，米国は1955年10月，17度線以南にゴ=ディン=ジエムを大統領とするベトナム共和国を成立させ，ジュネーヴ協定の最終宣言に調印せずに南北分断を固定化した。その後，1960年に南ベトナム解放民族戦線が結成されると米国はこれを共産主義勢力の侵略と見なし，軍事介入に踏み切った。1965年には北ベトナムへの空爆（北爆）を開始したが，国内外の反戦世論に直面し，1973年にベトナム（パリ）和平協定に調印して撤退した（ベトナム戦争）。ソ連はベトナム戦争において，中国とともに北ベトナム，南ベトナム解放民族戦線を援助した。なお，ベトナム社会主義共和国の成立は1976年である。

　よって，A：ホー=チ=ミン，B：フランス，C：米国が当てはまり，正答は**1**である。

正答　**1**

世界史 第二次世界大戦後のヨーロッパ諸国 平成30年度

第二次世界大戦後のヨーロッパ諸国に関する記述として最も妥当なのはどれか。

1 フランスでは，ミッテラン大統領が第五共和制を発足させ，北大西洋条約機構（NATO）への加盟など，米国との連携を強める外交を行った。

2 英国では，戦後間もなく保守党のサッチャー首相の下で，英国の植民地であったバングラデシュの独立が承認された。

3 ハンガリーでは，ワレサが率いる自主管理労働組合を中心として，「プラハの春」と呼ばれる民主化運動が起こった。

4 ドイツは，戦後間もなく，米・英・仏・ソの4か国に分割占領され，その後，西ドイツと東ドイツに分断された。

5 オランダ，ベルギーなど6か国は，1950年代にNATOを結成し，後にこれをヨーロッパ共同体（EC）へと発展させた。

解説

1. 現在の政治形態である第五共和制（政）は1958年に成立し，その初代大統領はド＝ゴール（在任1959～69年）である。ド＝ゴールは米ソ冷戦下で，1960年には核兵器を保有，1964年には中華人民共和国を承認，1966年にはNATOから脱退（2009年に完全復帰）するなど，反アメリカ的な独自外交を推進した。なお，ミッテランは第五共和制下で初めての社会党出身の大統領である（在任1981～95年）。

2. 1945年の総選挙で圧勝した労働党のアトリーが，チャーチルに代わって首相となり（在任1945～51年），その下で植民地のインドが，ヒンドゥー教徒を中心とするインド連邦と，ムスリム教徒を中心とするパキスタン共和国に分かれて独立した（1947年）。バングラデシュは，主にベンガル語を使用するパキスタン東部地域が，1971年にインドの支援を受けて分離独立した。サッチャーは保守党出身で初めての女性首相（在任1979～90年）で，新自由主義政策を推進した。

3. ワレサを指導者とする自主管理労組「連帯」が政治改革を求めたのはポーランドであり（1980年），「プラハの春」と呼ばれた民主化を求める運動が起こったのはチェコスロヴァキアで（1968年），いずれもハンガリーで起きた出来事ではない。

4. 妥当である。

5. ヨーロッパ共同体（EC）となる地域統合のさきがけとなったのは，1952年，フランス・西ドイツ・イタリア・オランダ・ベルギー・ルクセンブルクの6か国で結成されたヨーロッパ石炭鉄鋼共同体（ECSC）である。これが1958年にヨーロッパ経済共同体（EEC）へと発展した。さらに1967年，ECSCとEECとヨーロッパ原子力共同体（EURATOM）が発展的に統合したのがECである。NATO（北大西洋条約機構）は1949年にアメリカ・カナダと西ヨーロッパ連合条約国などの12か国で結成された，西側の集団安全保障機構である。

正答 **4**

世界史 第二次世界大戦後の西アジア・南アジア 平成30年度

第二次世界大戦後の西アジア・南アジアに関する記述として最も妥当なのはどれか。

1 インドでは，東西両陣営から自立する動きが現れた。その後，国民会議派のネルーと毛沢東中国国家主席による平和五原則が発表され，インドは英国から独立した。

2 トルコでは，スルタンの独裁に反対する青年将校たちの反乱により，オスマン帝国のスルタン制が廃止され，トルコ共和国が成立した。

3 パレスチナでは，パレスチナ難民が結成したパレスチナ解放機構（PLO）が中心となり，イスラエルを建国した。

4 アフガニスタンでは，社会主義勢力に対抗するため米軍が侵攻したが，ソ連がアフガニスタン政府を支援したため，米軍は間もなく撤退した。

5 イラクが石油資源の確保を狙ってクウェートを占領すると，湾岸戦争が起こり，米国を中心とする多国籍軍がイラク軍を撤退させた。

解説

1. インドがイギリスから独立したのは1947年，平和五原則が発表されたのは1954年であり，前後関係が逆である。また平和五原則は，中国国家主席の毛沢東ではなく，インドを訪れた首相の周恩来とネルー首相との共同声明として発表された。「領土・主権の相互尊重，相互不可侵，内政不干渉，平等互恵，平和共存」の五原則を，すべての国家間の原則として適用することを提唱したものであり，東西どちらの陣営にも属さない第三勢力結成の動きに大きな影響を与えた。

2. トルコで，軍人のムスタファ＝ケマルがトルコ共和国を樹立したのは1923年で，第一次世界大戦後である。オスマン帝国は第一次世界大戦で同盟国側について参戦して敗れ，国土分割の危機に見舞われた。この危機を打開したのがムスタファ＝ケマルで，1920年，トルコ大国民議会を組織して抵抗運動を起こし，1922年にスルタン制を廃止，1923年には連合国とローザンヌ条約を結んで独立を守り，アンカラを首都とするトルコ共和国を樹立して初代大統領となった（トルコ革命）。

3. イスラエルは1948年，ユダヤ人によって建国された。国際連合は，1947年，イギリスの委任統治終了後のパレスチナをアラブ人地域とユダヤ人地域に分割し，エルサレムを国連の信託統治下に置くという「パレスチナ分割決議案」を採択した。ユダヤ人はこれを受け入れてイスラエルの建国を宣言したが，アラブ側はこれに反発して戦争となり（パレスチナ戦争，第1次中東戦争），このときに100万人以上のアラブ人難民が発生した。難民はその後も増加し（パレスチナ難民），彼らが1964年に結成したのがパレスチナ解放機構（PLO）である。

4. アフガニスタンでは，1978年にクーデタにより社会主義政権が誕生し，イスラーム勢力との内戦が始まると，翌79年，アメリカではなくソ連が政権維持のためにアフガニスタンへ侵攻した。しかし，その後もソ連・政府軍とイスラーム反政府ゲリラとの内戦は続き，1989年，ソ連軍はアフガニスタンから撤退した。

5. 妥当である。

正答 **5**

世界史

日本史

地理

国語

英語

政治

経済

社会

倫理

19世紀のアメリカ合衆国に関する記述として最も妥当なのはどれか。

1 19世紀初めには列強の中国進出が進んだが，アメリカ合衆国はこれに反対し，大統領モンローが，ヨーロッパと中国との相互不干渉を唱えた。

2 アメリカ合衆国の南部では商工業が発達し，奴隷制の維持と保護貿易の立場が採られ，南部を地盤とする共和党が結成された。

3 アメリカ=スペイン戦争の結果，アメリカ合衆国は，スペインから独立したハイチを事実上の保護国としたほか，ハワイやアラスカを獲得した。

4 19世紀末には国内のフロンティアが消滅し，初めて大陸横断鉄道が建設されたが，アメリカ合衆国は海外進出には消極的で，第1回パン=アメリカ会議に欠席した。

5 南部諸州がアメリカ連合国を結成し，南北戦争が起こったが，これに対し，大統領リンカンは奴隷解放宣言を発して世論を味方に付け，勝利を収めた。

解説

1. アメリカが反対したのは「列強の中国進出」ではなく，列強の西半球（南北アメリカ大陸）への進出である。具体的には，メッテルニヒに主導された神聖同盟諸国によるラテンアメリカ諸国の独立運動に対する軍事的干渉と，ロシアによる北太平洋沿岸への南下に反対したのである。そのために第5代大統領モンローが1823年の年次教書（いわゆる「モンロー教書」）で提唱したのが，西半球をヨーロッパ列強の植民の対象としないという非植民地主義と，アメリカはヨーロッパの問題に干渉しないのでヨーロッパも西半球の問題に介入すべきでないとした，ヨーロッパとアメリカとの相互不干渉主義である（モンロー主義）。

2. 南部で発達したのは，奴隷制プランテーションによるイギリス向けの綿花生産であり，イギリスとの自由貿易を主張した。また，南部を地盤としたのは民主党である。共和党は，1854年に奴隷制反対を唱える人々により結成された。なお，南部が奴隷制の維持を主張したのは正しい。

3. アメリカ=スペイン戦争（1898年）の結果，アメリカが事実上の保護国としたのはキューバである。キューバは，1902年にキューバ共和国として独立したが，憲法にアメリカによる外交権の制約・内政干渉・海軍基地建設を認める付帯条項（プラット条項）が加えられたことにより，事実上，アメリカの保護国となった。ハワイは，1893年に親アメリカ系白人のクーデタによりハワイ王国（カメハメハ朝）が倒され，1898年にアメリカに併合された。アラスカは1867年にロシアから買収した領土で，いずれもアメリカ=スペイン戦争の結果ではない。なお，ハイチは黒人奴隷による独立運動の結果，フランスから独立した史上最初の黒人共和国である（ハイチ革命，1791～1804年）。

4. フロンティアの消滅が公表されたのは1890年であるが，初めての大陸横断鉄道の開通は1869年で，19世紀末ではない。アメリカでは19世紀を通じて，交通・通信手段の整備によって西部開拓が進展し（西漸運動），その結果フロンティアが消滅したのである。フロンティアが消滅していくにつれてアメリカの海外進出の動きは積極的になり，1889年，アメリカの主催で第1回パン=アメリカ会議がワシントンで開かれ，その後もアメリカの主導下で同会議は定期的に開催された。

5. 妥当である。

正答 **5**

国家一般職[高卒・社会人]

No. **203**　世界史　　**中国の歴史**　　平成**29**年度

中国の歴史に関する記述として最も妥当なのはどれか。

1　朱元璋は，「滅満興漢」を標語に漢人王朝の復活を目指し，明を建国した。また，科挙を創設し，行政機関を皇帝直属とするなど権力の強化を図った。

2　ロシアのイヴァン４世による侵攻や豊臣秀吉による朝鮮出兵は「北虜南倭」と呼ばれ，これにより明は衰退した。李自成は反乱軍を率いて明を滅ぼし，清を建国した。

3　清は，満州族の習俗である辮髪を強制し，禁書や文字の獄によって思想統制を行う一方で，中央の重要官職には満州人と漢人を同数配置するなど，漢人の懐柔に努めた。

4　乾隆帝が海禁政策を解除してヨーロッパとの貿易港の制限を撤廃したことにより，大量のアヘンや茶が中国に流入したため，清はアヘンの取締りを行った。

5　清では，日本の明治維新に倣って政治の近代化を図る洋務運動が進められたが，日清戦争を契機として，変法運動と呼ばれる排外運動が義和団によって起こされた。

解　説

1. 「滅満興漢」を標語としたのは太平天国（1851〜64年）である。科挙は隋の文帝（楊堅）が，598年，それまでの九品中正を廃止し，学科試験による官吏登用（選挙）を実施したのが始まりである。明では朱子学が官学とされ，科挙が整備された。なお，明では中書省が廃止され，管轄下にあった行政機関である六部を皇帝直属として皇帝権力の強化を図ったことは正しい。

2. 「北虜南倭」とは，北虜はモンゴル諸部族の侵入を，南倭は倭寇による東南沿岸地帯での略奪をさす。李自成は明末の農民反乱軍の指導者であり，明を滅ぼしたが（1644年），清軍と結んだ明の将軍呉三桂によって滅ぼされた（1645年）。

3. 妥当である。

4. 海禁政策を解除したのは康熙帝（在位1661〜1722年）で，1683年，台湾を本拠として清朝に抵抗していた鄭氏を降伏させて台湾を領有し，民間商船の出航と外国商船の来港を認めた（互市貿易）。乾隆帝（在位1755〜95年）は，1757年，ヨーロッパ船の来航を広州１港に制限し，公行に貿易を管理させた。また18世紀後半，茶は中国からイギリスへの主要輸出品であり，その対価として大量の銀が中国へ流入した。そこでイギリスがとったのが，インド産のアヘンを中国へ密輸出するアヘン貿易であった。その結果，これまでとは逆に，大量の銀が中国から流出し，またアヘン中毒者が激増したため，清朝はアヘンの取締りを強化したのである。

5. 洋務運動は，太平天国の滅亡後，鎮圧に功績のあった曾国藩・李鴻章ら漢人官僚が推進した西洋技術の導入による富国強兵である。日本の明治維新に倣って政治の近代化を図ろうとしたのは康有為が主張した変法運動である。日清戦争敗北後の1898年，康有為は光緒帝に取り立てられて政治改革に着手したが，西太后ら保守派のクーデタによりわずか百日余で失敗した（戊戌の政変）。義和団は，日清戦争後の列強の進出に対して，山東省の農村で生まれた宗教的武術集団で，1900年，「扶清滅洋」を唱えて蜂起する排外運動を起こした（義和団の乱）。

正答　**3**

16世紀以降のヨーロッパにおけるキリスト教に関する記述として最も妥当なのはどれか。

1 16世紀初め，教皇が唱える予定説に反対したルターが，ドイツで95か条の論題を発表し，農民戦争を起こすと，宗教改革の動きはヨーロッパ全土に広がった。

2 16世紀中頃，スイスではルターの影響を受けたカルヴァンが改革運動を開始し，イエズス会を結成して，世界各地で布教活動を行った。

3 16世紀前半のイギリスでは，国の宗派がカトリックからプロテスタントに改められたことに国民が反発し，ピューリタン革命が起きて，イギリス国教会が成立した。

4 16世紀後半のフランスでは，ユグノーと呼ばれたカルヴァン派とカトリックが対立し，ユグノー戦争が起きたが，ナントの王令（勅令）で信仰の自由が認められ，内戦は終結した。

5 17世紀には，ヨーロッパ内で新教国と旧教国が対立した三十年戦争が起きた。戦争はフランスなどの新教国側が勝利し，旧教国である神聖ローマ帝国は崩壊した。

解説

1. ルター（1483〜1546年）は，教皇レオ10世による贖宥状（免罪符）の販売を批判して，1517年，ドイツ中部ザクセンのヴィッテンベルクで「95カ条の論題」を発表した。また，農民戦争（ドイツ農民戦争，1524〜25年）はルターが直接起こしたのではなく，ルターの運動に刺激された農民が十分の一税などの廃止を求めて起こした反乱である。ルターは当初，農民側に同情的だったが，反乱が過激化するとこれを弾圧する側に回った。予定説は，「魂が救われるかどうかは，あらかじめ神によって決定されている」という，フランス出身の宗教改革者カルヴァンの説である。

2. カルヴァン（1509〜64年）が，ルターの影響を受けてスイスのジュネーヴで独自の宗教改革を行ったことは妥当であるが，イエズス会はカトリック側の対抗宗教改革（反宗教改革）の中心となった修道会で，イグナティウス=ロヨラらによって，1534年，パリで創設された。

3. イギリス国教会は，離婚問題で教皇と対立したヘンリ8世が，1534年に国王至上法（首長法）を発布して，イギリス国王がイギリス国内の教会（国教会）の最高の首長であることを宣言し，カトリックから分離・独立して成立した。ピューリタン革命（1640〜60年）は，16世紀前半ではなく17世紀の出来事である。

4. 妥当である。ブルボン家のアンリ4世（在位1589〜1610年）がフランス王に即位すると，動乱を解決するために自ら新教から旧教に改宗し，1598年にはナントの王令を出してユグノーに大幅な信仰の自由を認めて，ユグノー戦争を終わらせた。

5. フランスは旧教国であるが，三十年戦争（1618〜48年）ではハプスブルク勢力打倒のため，新教国側に立って参戦した。戦争は膠着状態となって，ようやく1648年のウェストファリア条約で終結した。同条約は，フランス（ブルボン家），スウェーデンなどのオーストリア・スペイン両ハプスブルク家に対する優越を国際的に確認するものであったが，それによって神聖ローマ帝国が崩壊したのではない。帝国内の300近い領邦がそれぞれ主権を持つ領邦国家として認められたため，神聖ローマ帝国は名目だけの存在となったのである。神聖ローマ帝国は，1806年，ナポレオンによってライン同盟（ライン連邦）が結成されたのを機に，オーストリア皇帝が神聖ローマ帝国皇帝の地位を放棄したことで崩壊＝消滅した。

正答 **4**

世界史　日本史　地理　国語　英語　政治　経済　社会　倫理

世界史 / 日本史 / 地理 / 国語 / 英語 / 政治 / 経済 / 社会 / 倫理

第二次世界大戦以降のアジア諸国に関する記述として最も妥当なのはどれか。

1 中国では，第二次世界大戦中から国民党と共産党との内戦が続いていたが，大戦後に周恩来が主席となって中華人民共和国を建国すると，直ちに米国は同国を承認した。

2 朝鮮半島では，朝鮮民主主義人民共和国が大韓民国に侵攻して朝鮮戦争が起きた。後に北緯38度線を挟んで，戦局が膠着し，休戦協定が結ばれた。

3 ベトナムでは，米国の支援を受けた北ベトナムが南ベトナムに侵攻してベトナム戦争が起きた。これに対し，ソ連による北爆が始まり，米国が撤退したことで南北が統一された。

4 カンボジアでは，ベトナムの支援を受けたポル＝ポト政権が成立したが，中国の介入によって政権が倒された。その後，これに反発したベトナムが中国に侵攻し，中越戦争が起きた。

5 南アジアでは，仏教徒を主体とするインドとイスラーム教徒を主体とするパキスタンが成立した。その後，パキスタンの支援により，インドの西部がバングラデシュとして独立した。

解説

1. 第二次世界大戦中から国民党と共産党の内戦が続いていたのは事実であり，日本の敗戦後，1946年6月からは全面的な「国共内戦」に突入した。この内戦に勝利した共産党を中心に，1949年9月，中華人民共和国が成立したが，主席は毛沢東であり，周恩来は首相である。アメリカは，台湾に逃れた国民党による中華民国政府を中国の正式代表として承認しており，アメリカが中華人民共和国を承認するのは，1972年のニクソン訪中により事実上の外交関係が樹立されてからである。正式には1979年1月，カーター大統領と華国鋒との間で両国は関係正常化に合意した。

2. 妥当である。

3. 北ベトナムはソ連・中国の支援を受けていた。また，北爆はソ連ではなくアメリカが始めたものである。ベトナム戦争は，南ベトナムの解放をめざして結成された南ベトナム解放民族戦線（1960〜76年）の攻勢に対し，アメリカのケネディ政権が南ベトナム政府への軍事援助を開始し，1965年，ジョンソン大統領が北爆を開始したことから本格化した。アメリカの軍事介入は国内外の批判を招き，1968年にアメリカは北爆を停止し，1973年にニクソン大統領はベトナム和平協定を結んで，アメリカ軍を南ベトナムから全面的に撤退させた。その結果，1975年に南ベトナム解放民族戦線と北ベトナムによってサイゴン（現ホーチミン）は陥落し，翌76年に南北は統一され，ベトナム社会主義共和国が成立した。

4. ベトナムと中国を入れ替えると正しい文章となる。1975年，親中派のポル＝ポトを中心とする急進的な左派勢力（クメール＝ルージュ）が政権を樹立したのに対し，1978年，ベトナムは反ポル＝ポト派を支援してカンボジアに侵攻し，翌79年，ヘン＝サムリンを元首とするカンボジア人民共和国を樹立した。これに中国が反発して，1979年，ベトナムを「懲罰」するとして起こしたのが中越戦争であるが，ベトナム軍により撃退された。

5. 第二次世界大戦後の1947年，インドでは仏教徒ではなくヒンドゥー教徒を主体とするインド連邦と，イスラーム教徒を主体とするパキスタン共和国に分かれて独立した。バングラデシュは，1971年，パキスタンの支援ではなくインドの支援を受け，インド西部ではなく東パキスタンが独立したものである。

正答 **2**

次は、ルネサンスに関する記述であるが、A、B、Cに当てはまるものの組合せとして最も妥当なのはどれか。

　ヨーロッパでは14世紀頃から、教会中心の価値観から、個人の尊厳を重んずる人間中心の価値観への転換が模索され、古代ギリシア・ローマの文化を模範とするルネサンスと呼ばれる文化運動が始まった。その根本精神は　A　であり、中世のキリスト教的・禁欲的な価値観や自然な人間性の抑圧を批判的に捉え、人間の理性や尊厳を尊重するものであった。

　イタリアでは、ルネサンスの先駆者とされる詩人の　B　が登場し、さらに、　C　、ミケランジェロ、ラファエロらが絵画、彫刻、建築等の分野で活躍した。

	A	B	C
1	人文主義	ダンテ	レンブラント
2	人文主義	ダンテ	レオナルド=ダ=ヴィンチ
3	人文主義	ボッティチェリ	レンブラント
4	ロマン主義	ダンテ	レオナルド=ダ=ヴィンチ
5	ロマン主義	ボッティチェリ	レンブラント

解説

A：「人文主義」が当てはまる。ルネサンスの根本精神はヒューマニズム（人文主義・人間主義）と呼ばれ、ビザンツ帝国やイスラーム圏などを経由して西ヨーロッパに伝えられたギリシア・ローマの古典文化の研究を通じて獲得された思想である。ロマン主義は19世紀前半のヨーロッパに広まった文芸思潮であり、古典主義や啓蒙主義に反発して、各民族や地域に固有の文化や歴史を尊重し、個人の感情や想像力を重んじた。イギリスのバイロン、フランスのドラクロワ、ドイツのゲーテやハイネ、ロシアのプーシキン、ポーランドのショパンなどが、文学、絵画、音楽などの分野で活躍した。

B：「ダンテ」が当てはまる。ダンテ（1265〜1321年）はフィレンツェ出身の詩人。トスカナ地方の口語によって書かれた『神曲』はルネサンスの先駆けとなった。ボッティチェリ（1444頃〜1510年）はルネサンス期の画家で、フィレンツェでメディチ家の保護を受けて活躍した。「ヴィーナスの誕生」「春」などが有名。

C：「レオナルド=ダ=ヴィンチ」が当てはまる。レオナルド=ダ=ヴィンチ（1452〜1519年）は、イタリア・ルネサンスが理想とする「万能人」で、絵画だけでなく物理学、解剖学、機械学、建築など諸分野で才能を示した。絵画では「最後の晩餐」「モナ・リザ」が有名。レンブラント（1606〜69年）は、17世紀前半、オランダの黄金時代を代表する画家で、アムステルダムの火縄銃組合の注文で描かれた「夜警」は集団肖像画の代表作として有名である。

よって、正答は**2**である。

正答　**2**

No. 207　世界史　朝鮮の王朝　平成27年度

朝鮮の王朝に関する記述A，B，Cのうち，妥当なもののみを全て挙げているのはどれか。

　A：4世紀頃から，高句麗・百済・新羅の三国が互いに勢力を広げようと争ったが，日本の
　　　ヤマト政権の支援を受けた高句麗が，百済・新羅を滅ぼし，7世紀に統一国家を作った。

　B：10世紀には，高麗が朝鮮半島を統一した。高麗では仏教が栄え，高麗版『大蔵経』が刊
　　　行されたほか，高麗青磁や金属活字が作られた。

　C：14世紀には，李舜臣が高麗を滅ぼして，李氏朝鮮を建国した。李氏朝鮮は明との冊封関
　　　係を解消し，皇帝の下に六部と呼ばれる行政機関を置くなど独自の政治体制を築いた。

1　A

2　A，B，C

3　A，C

4　B

5　C

解説

A：朝鮮史上で三国時代と呼ばれる高句麗・百済・新羅の対立は，唐と結んだ新羅が，660年
に百済を，668年に高句麗を滅ぼし，その後，676年に唐の勢力を排除して，朝鮮半島を統一
した。なお，日本のヤマト政権の支援を受けたのは百済であり，百済が滅亡した後も，ヤマ
ト政権は百済復興を支援するための軍を朝鮮半島に送ったが，白村江の戦い（663年）で唐
と新羅の連合軍に大敗した。

B：妥当である。高麗（918～1392年）は，王建が開城を都として建国した王朝。936年に朝鮮
半島を統一した。13世紀には，世界で最古とされる金属活字（銅活字）による印刷が行われ，
その技術は次の李氏朝鮮に伝えられ，豊臣秀吉による朝鮮侵略の際に日本に伝えられた。

C：李氏朝鮮（1392～1910年）は，李舜臣ではなく李成桂（太祖：在位1392～98年）によって，
1392年，高麗を滅ぼして建国された。李舜臣（1545～98年）は，秀吉の二度にわたる朝鮮侵
略に対して朝鮮水軍を指揮して戦った武将である。また，李氏朝鮮は建国すると明に朝貢し，
明を宗主国とする君臣関係（冊封関係）を結んだ。したがって，朝鮮の統治者は明の皇帝か
ら冊封された国王であり，皇帝とはいわない。また，李氏朝鮮では第3代太宗（在位1401～
18年）の時に，明の制度を取り入れた政治体制が築かれた。皇帝の下に直属して六部を置い
たのは明である。

よって，正答は**4**である。

正答　**4**

我が国の文化に関する記述として最も妥当なのはどれか。

1　東大寺は，飛鳥時代に桓武天皇によって建立された。飛鳥時代には隋の仏教文化の影響を受けた白鳳文化が栄え，『日本書紀』や『枕草子』もこの時代に成立した。

2　平等院鳳凰堂は，平安時代末期に平清盛によって建立された。平安時代末期から鎌倉時代にかけて，次第に武士が文化の担い手となり，国風文化と呼ばれる武士の文化が発展した。

3　鹿苑寺金閣は，室町時代に足利義満によって建立された。また，慈照寺銀閣は足利義政によって建立され，書院造の様式や枯山水の庭園が取り入れられた。

4　日光東照宮は，江戸時代に徳川綱吉によって建立された。江戸時代前期には江戸城や安土城の築城が始められ，城郭の内部を装飾する障壁画である役者絵や美人画などが興隆した。

5　鹿鳴館は，明治時代に欧米流の社交場として建設された。これを建設した陸奥宗光は，極端な欧化政策を進め，関税自主権の完全な回復を実現した。

解説

1. 東大寺は奈良時代に聖武天皇によって建立された（752年）。飛鳥時代は，6世紀末から7世紀前半，推古朝から大化の改新の頃までを一般的にさし，この時代の文化を飛鳥文化という。飛鳥文化は，蘇我氏や王族により広められた仏教中心の文化であるが，百済や高句麗，中国の南北朝時代の影響を受けている。白鳳文化は，7世紀後半から8世紀初頭，天武・持統朝の文化である。『日本書紀』（720年）は奈良時代に編纂された最初の官撰正史，『枕草子』（1001年頃成立）は平安時代中期，いわゆる国風文化の時代に，清少納言によって書かれた随筆である。

2. 平等院鳳凰堂は，平安時代中期，いわゆる摂関政治期に，藤原頼通が宇治の別荘を寺（平等院）にして，その阿弥陀堂として建立したもので（1053年），国風文化を代表する建造物である。国風文化は，10〜11世紀の貴族を担い手とする文化であり，武士の文化ではない。

3. 妥当である。義満の時代の文化を北山文化，義政の時代の文化を東山文化という。

4. 徳川家康の霊廟である日光東照宮は，1634〜36年に三代将軍家光により大改造され，ほぼ現在の姿になった。江戸城は，徳川家康が北条氏の支城だったのを1590年に徳川氏が関東に移封されて築城，安土城は1576年に織田信長が築城，いずれも安土・桃山時代である。この時代の文化を桃山文化というが，城郭建築は桃山文化を象徴するもので，城郭の内部には濃絵金碧の豪華な障壁画が描かれた。役者絵や美人画が興隆するのは江戸時代中期，18世紀半ばである。

5. 鹿鳴館を建設したのは外務卿（後の外務大臣）井上馨であり，条約改正交渉を有利に進めるため，外国要人を接待する社交場として1883年に建設された（鹿鳴館外交）。しかし，井上の極端な欧化政策に対する反発もあって交渉は中止され，井上は辞職した。関税自主権の完全回復は，日露戦争後の1911年に小村寿太郎外相の下で達成された。なお，陸奥宗光外相は，1894年に，イギリスとの間で日英通商航海条約を締結して，法権の回復と税権の一部回復を達成した。

正答　**3**

我が国の外交等に関する記述として最も妥当なのはどれか。

1　我が国は，明治時代，欧米各国との不平等条約を改正して関税自主権の回復などを目指したが，米国の反対で交渉は難航し，改正が実現したのは第一次世界大戦後の大正時代であった。

2　日英同盟は，清朝滅亡後の中国の利権を，ロシアを排除して日本と英国が中心となって配分することを目的として成立した同盟であり，これにより，台湾は日本の植民地となった。

3　第一次世界大戦後に設立された国際連盟の常任理事国は，欧米の国々で占められており，日本は非常任理事国であった。このことに日本は不満をもち，国際連盟を脱退した。

4　1930年代，中国と同盟関係にあった米国に対抗するため，我が国は，日独伊三国同盟を結んで米軍を中国から撤退させ，満州事変を優位に進めることに成功した。

5　1950年代前半，サンフランシスコ平和条約の調印と同じ日に日米安全保障条約が調印され，日本国内に米軍が駐留を続けることとなった。

解　説

1．条約改正が実現したのは1911（明治44）年である。いわゆる条約改正，特に領事裁判権（治外法権）の撤廃と関税自主権の回復は，明治政府にとって最大の外交課題であり，最大の難関はアメリカではなくイギリスである。イギリスが日本の条約改正に応じるようになったのは，ロシアのシベリア鉄道建設による東アジアへの進出に対抗するためである。1891年に青木周蔵外相の交渉は大津事件で頓挫したが，1894年，陸奥宗光外相の時，領事裁判権の撤廃，関税率の引上げ，相互対等の最恵国待遇を内容とする日英通商航海条約に，日清戦争の開戦直前に調印した。残された関税自主権の回復は，1911年，小村寿太郎外相の下で達成された。

2．日英同盟（日英同盟協約，1902年）は，北清事変（1900年）を機にロシアが満州を占領したのに対して，イギリスと同盟して，韓国における日本の権益を守ろうとしたもので，日露開戦の背景となった同盟である。台湾が日本の植民地になったのは日清戦争の結果であり（1895年），清朝が倒れたのは辛亥革命である（1912年）。

3．国際連盟で日本はイギリス，フランス，イタリアとともに常任理事国となった。また，日本が国際連盟を脱退したのは，満州事変に対するリットン調査団の報告に基づいて開かれた臨時総会で，日本の満州国承認を撤回することを求める勧告案が可決されたのがきっかけである（1933年）。なお国際連盟の理事会は，当初，常任理事国 4 国と総会で選出された非常任理事国 4 国（ベルギー，ブラジル，ギリシャ，スペイン）で発足した。

4．日独伊三国同盟（1940年 9 月）は，アメリカを仮想敵国とする軍事同盟であるが，満州事変（1931〜33年）ではなく日中戦争（1937〜45年）を優位に進めようとしたものである。これに対してアメリカは，1941年 3 月，「武器貸与法」を成立させて，イギリス，中国，ソ連への物資援助や借款供与を公然と実施し，一方，日本への経済制裁を強化した。

5．妥当である。

正答　**5**

第一次世界大戦と大正デモクラシーなどに関する記述として最も妥当なのはどれか。

1 ヨーロッパで第一次世界大戦が勃発すると，我が国は，日英同盟を根拠にフランスに宣戦布告し，フランス領インドシナと中国における租借地である大連を占領した。

2 大戦中，ヨーロッパとの貿易が途絶えたことで我が国の経済は不況となり，各地で米騒動が起きた。戦争が終結すると，貿易が再開され，海運，造船業を中心に我が国は好景気となった。

3 平民宰相と呼ばれた原敬は，25歳以上の男女に選挙権を与える普通選挙法を成立させるとともに，社会主義運動を取り締まることを目的とした治安維持法を成立させた。

4 大正時代には，大正デモクラシーと呼ばれる民主主義的，自由主義的な風潮が強まり，憲法学者の美濃部達吉は天皇機関説を唱え，政治学者の吉野作造は民本主義思想を展開した。

5 大正時代の文学では，人間性を解放し，個人の自由な感情をうたいあげるロマン主義の新体詩や小説が主流となり，樋口一葉が『みだれ髪』，石川啄木が『人間失格』などを著した。

解説

1. 第一次世界大戦（1914〜18年）で，日本が日英同盟を根拠に参戦したのは正しいが，宣戦布告したのはフランスではなくドイツであり，ドイツの租借地である膠州湾（中心が青島）とドイツの勢力範囲である山東省を占領し，海軍は赤道以北のドイツ領南洋諸島の一部を占領した。なお大連は，日露戦争後のポーツマス条約（1905年）により，旅順とともにロシアから譲渡されて日本の租借地となった。

2. 日本は，大戦によりヨーロッパの交戦国の輸出が後退したアジア市場に進出するなど未曾有の好景気となった（大戦景気）。しかし，大戦後，ヨーロッパ商品が再びアジア市場に登場すると，一転して日本は苦境に立たされ，不況に見舞われた（戦後恐慌）。なお米騒動（1918年）は，大戦中の米価高騰に加え，シベリア出兵を当て込んだ米の投機的買い占めによる米価急騰をきっかけに，日本全国に起こった大暴動である。

3. いわゆる普通選挙法（正式には衆議院議員選挙法の改正）と治安維持法を成立させたのは原敬ではなく護憲三派内閣の加藤高明であり（1925年），選挙権を与えられたのは25歳以上の男女ではなく男子である。女性参政権が認められたのは，第二次大戦終了後の1945年12月の選挙法改正によってである。なお，平民宰相と呼ばれた原敬は普通選挙に対しては消極的で，選挙権の納税資格を切り下げただけであった（1920年）。また，治安維持法は，社会主義運動だけでなく，「国体（天皇制）の変革」を目的とする結社の組織者と参加者を取り締まることを目的にしていた。

4. 妥当である。

5. ロマン主義の新体詩や小説が主流になったのは日清戦争（1894〜95年）前後であり，樋口一葉や石川啄木はロマン主義文学の影響を受けた作家であるが，その活動は明治時代である。なお，『乱れ髪』は同じロマン主義文学の歌人である与謝野晶子の歌集（1901年），『人間失格』は第二次大戦後のデカダン文学の太宰治の小説（1948年）である。

正答 **4**

日本史 第二次世界大戦後の日本経済 令和元年度

第二次世界大戦後の我が国の経済に関する記述として最も妥当なのはどれか。

1 1950年代前半，第一次中東戦争に伴い，物資の補給などの大量の需要（特需）がもたらされ，我が国の景気は一挙に回復し，1950年代後半には国民総生産（GNP）が世界第2位となった。

2 1960年代後半，経済の実態に合わない変動為替相場制は不公平だとの批判が国際社会で高まり，我が国は，シャウプ勧告に基づき，固定為替相場制に移行した。

3 1970年代前半，湾岸戦争の勃発を契機とする原油価格の高騰は，激しいデフレーションを引き起こし，国民生活に大きな打撃を与えた。

4 1980年代半ば，自動車産業などで米国との経済摩擦が強まる中，先進5か国蔵相・中央銀行総裁会議（G5）で，ドル高を是正するプラザ合意が結ばれ，円高が急速に進んだ。

5 2000年代初頭，リーマン・ショックを契機に，我が国では，株価や地価が大幅に下落してバブルが崩壊し，第二次世界大戦後初のマイナスの経済成長率を記録した。

解説

1. 第1次中東戦争（パレスティナ戦争，1948〜49年）ではなく朝鮮戦争（1950〜53年）である。その結果，大量の需要（朝鮮特需）が生まれ，ドッジ＝ラインによる深刻な不況に悩まされていた日本の景気が回復したことは事実であるが，国民総生産（GNP）が資本主義世界でアメリカに次いで世界第2位になったのは1968年である。

2. 戦後の世界経済を支えたのは，アメリカのドルを基軸通貨とする固定為替相場制（金ドル本位制）であり，日本でも1949年4月から1ドル＝360円の固定為替相場制（単一為替レート）が設定された。しかし，1960年代後半にはアメリカはベトナム戦争の戦費増大などによる国際収支の悪化や金準備の減少によって，固定為替相場制を維持するのが難しくなった（ドル危機）。そこでニクソン大統領は，1971年，金とドルとの交換停止の声明を出し，日本などの貿易黒字国に大幅な為替レートの切上げを要求した（ドル＝ショック）。日本は当初，固定為替相場制を維持しようとしたが，イギリス・フランス・ドイツなどが変動為替相場制に移行したため，1973年に変動為替相場制に移行した。なお，シャウプ勧告は，1949年に来日した財政学者のシャウプを団長とする専門家チームが，ドッジ＝ラインを財政的に支えるための税政改革を日本政府に要求した勧告である。

3. 1970年代前半の原油価格高騰の契機は，湾岸戦争ではなく第4次中東戦争（1973年）である。このとき，アラブ石油輸出国機構（OAPEC）が，欧米・日本に対して石油輸出を制限し，石油輸出国機構（OPEC）は原油価格を大幅に引き上げた（第1次石油危機）。その結果起こったのはデフレーションではなく激しいインフレーションである。

4. 妥当である。プラザ合意は1985年で，その結果，円高は一気に加速した（円高不況）。

5. バブル崩壊は1990年代初頭，リーマン・ショックは2008年9月であるから，リーマン・ショックを契機としてバブルが崩壊したのではない。日本では，1980年代後半に円高に対してとられた超低金利政策が株価と地価の暴騰をもたらし，バブル経済（バブル）と呼ばれた。しかしバブルは，1990年の株価下落をきっかけに崩壊し，以後，日本経済は長期の不況が続いた（平成不況）。リーマン・ショックは，2008年，アメリカ第4位の投資銀行であったリーマン・ブラザーズがサブプライム問題で破産し，それにより世界的な金融危機を引き起こした事件である。バブル崩壊後の長期不況に悩む日本にも大きな影響を与えた。また，「第二次世界大戦後初のマイナス成長」を記録したのは1974（昭和49）年で，高度経済成長の終わりを示した。

正答 **4**

明治時代以降の我が国の外交に関する記述として最も妥当なのはどれか。

1　北清事変を契機にロシアが満州を占領すると，警戒感を強めた我が国は，英国と日英同盟協約を締結した。

2　日露戦争では，我が国は戦争の続行が困難となったため，米国のトルーマン大統領の仲介で，下関条約を調印した。

3　第一次世界大戦後，国際連盟が発足したが，我が国は発足当初には加盟せず，米国，英国，フランス，ソ連が常任理事国となった。

4　国際連盟が満州における中国の主権を認めると，我が国は，国際連盟から脱退し，その後，満州事変が起こった。

5　第二次世界大戦後，サンフランシスコ講和会議が開かれ，佐藤栄作内閣は，米国やソ連などとの間で講和条約に調印した。

解説

1. 妥当である。北清事変(義和団事件)は1900 (明治33)年，日英同盟協約は1902 (明治35)年である。

2. 日露戦争の和平の仲介をしたのは，トルーマン大統領ではなくセオドア=ローズヴェルト大統領であり，調印したのは下関条約ではなくポーツマス条約である。日露戦争 (1904～05年)は，当初，日本の軍事的優勢のうちに進んだが，総力戦を継続する力はなく，日本海海戦の勝利を機に，政府はアメリカ大統領に和平の仲介を正式に依頼した。トルーマン大統領 (在任1945～53年)は，第二次世界大戦終結当時の大統領である。

3. 日本は国際連盟の発足当初から加盟し，常任理事国となった。連盟発足当時の常任理事国はイギリス・フランス・イタリア・日本の4か国である。アメリカは国際連盟の提唱国であったが上院の反対で加盟せず，敗戦国のドイツや社会主義国のソ連は排除されていた。その後ドイツは1926年，ソ連は1934年に加盟して，それぞれ常任理事国になった。

4. 満州事変は1931 (昭和6)年，日本の国際連盟からの脱退は1933 (昭和8)年で，前後関係が逆である。1931年9月18日に起きた南満州鉄道の爆破事件 (柳条湖事件)をきっかけに全満州を制圧した日本に対し，中国はこれを国際連盟に提訴した。国際連盟はリットン調査団を関係各国に派遣し，その報告書に基づいて満州に対する中国の主権を認めた。1933年2月の臨時総会で，中国主権の下での自治政府の樹立と日本軍の満鉄付属地内への撤兵を勧告する決議案が可決されると，日本は国際連盟を脱退した。

5. サンフランシスコ講和会議 (1951年)時の内閣は，第3次吉田茂内閣 (1949.2～52.10)である。また，講和会議にソ連は出席したが，講和条約 (サンフランシスコ平和条約)に調印していない。朝鮮戦争の勃発により，アメリカは日本を西側陣営に組み入れるため，ソ連などを除外した対日講和 (単独講和)を急いだ。そのため，会議には中華民国・中華人民共和国は招かれず，インド・ビルマ・ユーゴスラヴィアは条約案への不満から出席せず，ポーランド・チェコスロヴァキアは出席したが調印を拒否した。

正答　**1**

No. 213　日本史　大正時代のわが国　平成29年度

大正時代の我が国に関する記述として最も妥当なのはどれか。

1　大隈重信を首相とする内閣が発足したが，社会主義運動に弾圧を加えたジーメンス事件が発覚すると，民衆が議会を取り囲むという大正政変が起こった。

2　第一次世界大戦が始まると，我が国は日英同盟を理由にドイツに宣戦を布告し，中国におけるドイツの根拠地を占領したほか，袁世凱政府に二十一か条の要求を突き付けた。

3　第一次世界大戦が終わると，シベリア出兵に伴う不況から一転し，大戦景気と呼ばれる好況が到来する一方，凶作や飢饉を原因とした米騒動が起こった。

4　ワシントン会議での決定により国際連盟が創設されると，常任理事国となった米国との間で石井・ランシング協定を結び，各国の主力艦保有量の比率を定めた。

5　民本主義を唱えた平塚らいてうや市川房枝らの運動を受けて，原敬内閣は，25歳以上の男女に選挙権を与える普通選挙法を公布した。

解説

1.　大正政変（1913年2月）が起きた時の内閣は第3次桂太郎内閣であり，ジーメンス事件（1914年）は海軍高官による軍艦購入に絡む汚職事件である。大正政変は，陸軍の要求する2個師団増設を拒否した第2次西園寺公望内閣が，陸軍大臣の単独辞職により総辞職に追い込まれた後，長州閥で陸軍の長老である桂太郎が後継首相となったのに対し，尾崎行雄（立憲政友会）・犬養毅（立憲国民党）ら政党人やジャーナリスト，商工業者を中心に，「閥族打破・憲政擁護」をスローガンに全国的な運動が展開され，桂内閣がわずか在職53日で退陣に追い込まれた事件である（第一次護憲運動）。なお，大隈重信はジーメンス事件で辞職した山本権兵衛の後継首相として第2次大隈内閣を組織した。

2.　妥当である。

3.　シベリア出兵・大戦景気・米騒動はいずれも第一次世界大戦中（1914年7月～18年11月）の出来事である。シベリア出兵は，大戦中の1917年にロシア革命で成立した史上最初の社会主義政権に対し，革命の拡大を恐れた連合国が起こした対ソ干渉戦争で，日本もアメリカの提唱を受けて，1918年8月に出兵した。米騒動（1918年8月）は，シベリア出兵を当て込んだ米の買い占め・売り惜しみによる米価騰貴を直接のきっかけとして起こった全国的な大騒擾である。大戦景気は，大戦による戦時需要によってもたらされた未曾有の好景気である（1915～18年）。

4.　国際連盟の創設はパリ講和会議で調印されたヴェルサイユ条約による。また，アメリカは上院がヴェルサイユ条約の批准を拒否したため国際連盟には参加しなかった。石井・ランシング協定は，1917年，中国の領土保全・門戸開放と日本の中国における特殊権益を互いに認め合った協定であるが，ワシントン会議で成立した九カ国条約によって廃棄された。ただ，ワシントン会議で各国（イギリス・アメリカ・日本・フランス・イタリア）の主力艦保有量の比率が取り決められたことは事実である（ワシントン海軍軍縮条約）。

5.　民本主義を唱えたのは吉野作造である。平塚らいてうや市川房枝らが女性参政権運動を推進したのは事実であるが，原内閣は普通選挙には反対で，有権者の納税資格を直接国税10円以上を3円以上に切り下げただけであった。「25歳以上の男子」による普通選挙法の成立が，第1次加藤高明内閣の時である（1925年）。

正答　**2**

No. 214 日本史　江戸時代の政策　平成28年度

江戸時代の政策に関する記述として最も妥当なのはどれか。

1　徳川綱吉は，足高の制を採用して柳沢吉保や新井白石などの有能な人材を広く登用し，彼らの助言に従って，生類憐みの令を廃止した。

2　徳川吉宗は，享保の改革を行い，飢饉に苦しむ農民に米を支給する上げ米を実施するとともに，参勤交代を廃止して諸大名の負担の軽減を図った。

3　田沼意次は，上知令を出し，庶民に厳しい倹約を命じた。また，幕府財政の再建のために，印旛沼の干拓を中止し，支出の削減に努めた。

4　松平定信は，寛政の改革を行い，旧里帰農令を出して江戸に流入した没落農民の帰村や帰農を奨励した。また，寛政異学の禁を発し，朱子学を正学とした。

5　水野忠邦は，天保の改革を行い，株仲間を結成させ，商品の流通を促進して商業を活性化させた。また，棄捐令を出して札差の救済を図った。

解説

1．徳川綱吉は5代将軍。足高（たしだか）の制は，8代将軍徳川吉宗の享保の改革で制定された俸禄制度である（1723年）。柳沢吉保が綱吉の側用人として登用されたことは正しいが，新井白石は甲府藩主だった徳川家宣（綱豊）の侍講（じこう）として登用され，家宣が6代将軍となったことで幕閣に入り，いわゆる正徳の治を推進した人物である。生類憐みの令は綱吉が1685年から20年以上にわたって出し続けた動物愛護令で，特に犬に対しては極端であったため，綱吉は犬公方と呼ばれた。綱吉の死後，直ちに廃止された（1709年）。

2．徳川吉宗は8代将軍。御三家の紀伊藩主から本家を継いで，享保の改革（1716〜45年）と呼ばれる幕政改革をその在職期間中，自ら推進した。上げ米は，幕府の財政再建を目的とするもので，急場の措置として大名から石高1万石につき100石の米を上納させた。その代わりに大名の参勤交代の江戸在府期間を半減したが，廃止はしていない。上げ米は1722〜30年の9年間実施された。

3．田沼意次は，9代将軍家重の小姓から立身し，10代将軍家治の側用人となり，1772年に側用人のまま老中を兼任して幕政の実権を握った（田沼時代）。上知令（1843年）は，天保の改革で出されたもので，田沼の政策ではない。また，田沼は印旛沼の干拓を進めるなど，積極的に新田開発も進めたが，利根川の洪水によって失敗した。

4．妥当である。松平定信は田安宗武の子で，8代将軍吉宗の孫。白河藩主で，11代将軍家斉の老中となり，補佐役として改革を行った。

5．水野忠邦は浜松藩主。12代将軍家慶の下で老中として天保の改革（1841・43年）を推進した。水野は1841年に株仲間を解散させ，仲間外商人や在郷商人などの市場参入による物価引下げを期待したが，逆に流通が滞り，効果はなかった。また，天保の棄捐（きえん）令は旗本・御家人の窮乏化を救済するために，1843年，札差（ふださし）への借金の無利息年賦償還を命じ，併せて札差などに低利の貸出しを命じたもの。札差の救済を図ったものではない。なお，棄捐令は寛政の改革でも出されている（1789年）。

正答　**4**

明治時代の政治・外交に関する記述として最も妥当なのはどれか。

1 憲法制定の準備のために，板垣退助らが遣米欧使節団として派遣されたが，その間に国内で大久保利通らが政変を起こし，政府の実権を握った。

2 フランス憲法を基に作成された大日本帝国憲法が発布された。その後，太政官制の廃止とともに内閣制度が設けられ，伊藤博文が初代内閣総理大臣として就任した。

3 満25歳以上の男女に選挙権が与えられ，初の衆議院議員総選挙が行われた。選挙の結果，大隈重信を首相とする政党内閣が誕生した。

4 日清戦争の講和条約である下関条約が結ばれ，清は朝鮮の独立を認めること，台湾や遼東半島等の割譲などが定められたが，後に，三国干渉を受けて遼東半島は清に返還された。

5 日露戦争が起きると，日本は日英同盟を結んでロシアに対抗した。戦局を有利に進めた日本は，講和条約であるポーツマス条約において多額の賠償金を得た。

解説

1． 第一に，遣米欧使節団（岩倉使節団）は憲法制定準備のためではなく，条約改正交渉などのために欧米に派遣された。第二に，使節団の代表は右大臣岩倉具視（特命全権大使）であり，板垣退助は留守政府の参議である。第三に，大久保利通は使節団の副使として欧米に派遣され，国内には残っていない。大久保らが政府の実権を握るのは，留守政府の西郷，板垣らが唱える征韓論を覆して，彼ら征韓派参議が一斉に下野した明治6年の政変の後である。

2． 大日本帝国憲法は，フランス憲法ではなくドイツ憲法を基に作成された。また，太政官制の廃止と内閣制度の創設は1885（明治18）年で，1889（明治22）年の憲法制定前である。伊藤博文が初代内閣総理大臣に就任したことは妥当である。

3． 1890（明治23）年に行われた，日本で最初の衆議院議員総選挙における選挙権は，満25歳以上の男性で，直接国税15円以上を納める者に限られていた。総選挙の結果，立憲自由党，立憲改進党などの民党が議会の過半数を占めたが，政党内閣は実現しなかった。明治時代，選挙の結果に基づいて第一党の党首が首相になった例はない。なお，大隈重信は1898（明治31）年，憲政党党首として日本で最初の政党内閣（第1次大隈内閣，隈板内閣）を組織したが，それは選挙結果によるものではなく，前任者の伊藤博文の推挙によるものである。

4． 妥当である。

5． 日英同盟の締結は1902（明治35）年で，日露戦争（1904～05年）の前である。また，日露戦争後のポーツマス条約で，日本は賠償金を得られなかった。そのため，講和条約に反対する日比谷焼打ち事件が起きた。

正答 **4**

国家一般職[高卒・
社会人]

No.
216　日本史　　　政治史　　　平成27年度

世界史

日本史

地理

国語

英語

政治

経済

社会

倫理

我が国における政治史に関する記述として最も妥当なのはどれか。

1 中大兄皇子は，蘇我氏を滅ぼした後，唐の律令制を基に，天皇中心の国家の設立を目指して，荘園公領制の導入や六波羅探題の設置を始めとする，大化の改新と呼ばれる一連の政治改革を行った。

2 源頼朝は，鎌倉を本拠として，御家人を統率する侍所，財政を司る公文所（政所），訴訟を扱う問注所を設けた。また，壇ノ浦の戦いで平氏を滅ぼした後，守護・地頭を置いて，武家政権の体制を整えた。

3 徳川家康は，豊臣氏を滅ぼした後，江戸幕府を開いた。家康は，将軍とその監視下で自立してそれぞれの領地を治める大名によって全国を統治する俸禄制度を築き，武家諸法度を制定して大名に参勤交代や農民に対する刀狩を義務付けた。

4 薩摩藩と長州藩の倒幕派は五箇条の誓文を発して新政府を樹立した。これに対して挙兵した旧幕府派は戊辰戦争で大敗を喫し，新政府によって徳川慶喜は処刑され，王政復古の大号令が出された。

5 第二次世界大戦での敗戦後，連合国軍最高司令官総司令部（GHQ）によって日本の直接統治が行われた。日本国憲法は，米国による事実上の単独統治を経て，サンフランシスコ講和条約の発効後，公布・施行された。

解説

1. 荘園公領制の導入や六波羅探題の設置は大化の改新の政治改革ではない。大化の改新は，乙巳の変（645年）で蘇我氏を滅ぼした後，孝徳天皇の下で中大兄皇子（後の天智天皇）が中心となって推進した政治改革である。荘園公領制は12世紀の鳥羽上皇の院政期に確立した土地制度であり，六波羅探題は，1221年，承久の乱に勝利した鎌倉幕府が乱後，京都に設置した出先機関である。

2. 妥当である。ちなみに，侍所の設置（1180年）→公文所・問注所の設置（1184年）→壇ノ浦の戦い（1185年 3 月）→守護・地頭の設置（1185年11月）の順となる。

3. 徳川家康が征夷大将軍の宣下を受けて江戸に幕府を開いたのは1603年で，大坂の役（大坂の陣）で豊臣氏を滅ぼしたのは1615年であるから，記述の順序が逆である。将軍（幕府）と大名（藩）とが，強大な領主権を持って全国を統治する江戸時代の支配制度は幕藩体制という。俸禄制度は，藩が家臣に知行地を与える（地方知行制）代わりに，蔵米などの俸禄を支給する制度である。また，家康は1615年に第 2 代将軍秀忠の名で武家諸法度（元和令）を発布したが，参勤交代を義務づけたのは第 3 代将軍家光が1635年に発布した武家諸法度（寛永令）である。なお，武家諸法度で大名に刀狩りを義務づけたことはない。刀狩りを実施したのは豊臣秀吉である。

4. 倒幕派がクーデタを決行して新政権の樹立を宣言したのは王政復古の大号令である（1867年12月 9日）。また，新政府によって徳川慶喜（1837～1913年）は処刑されていない。慶喜は1868年 1 月の鳥羽・伏見の戦いに敗れた後，朝廷に対して恭順の意を示し，江戸城を出て上野寛永寺に閉居した。次いで，4 月の江戸開城により水戸へと退去し，7 月に駿府に移り，その後30年間同地で閑居した。この間，戊辰戦争が進む中で新政府が出したのが五カ条の誓文で，新政府の国策の基本を示したものである。

5. 戦後の日本の統治は，GHQ の指令・勧告に基づき日本政府が政治を行う間接統治である。また，戦後の日本は，1952年 4 月28日のサンフランシスコ講和（平和）条約の発効によって占領が終了するまで，事実上アメリカによる単独占領であったが，日本国憲法は，1946年11月 3 日に公布され，翌1947年 5 月 3 日に施行されたので，占領下での出来事である。

正答　**2**

明治初期における政策に関する記述として最も妥当なのはどれか。

1 廃藩置県により，全国の藩に替えて府，県が設置された。しかし，旧藩主を府知事・県令に任命して引き続き任務に当たらせたため，本来の意図である全国の政治的統一には至らなかった。

2 徴兵令が公布され，満18歳に達した男子は3年間の兵役に服することが定められた。免除規定は設けられず，労働力を奪われた各地の農村で血税一揆が頻発した。

3 地租改正が行われ，課税対象が収穫高から地価に変更された。しかし，土地の所有権は認められず，また，地租率が全国統一されたことで地域的な格差が広がり，大規模な農民一揆が起きた。

4 殖産興業の一環として，工部省は，群馬県の富岡製糸場を始めとする大規模民営工場に対し，直接紡績業等の指導に当たったほか，勧業博覧会を開いて新技術の開発と普及を図るなどした。

5 小学校教育の普及に力が注がれ，全ての6歳以上の男女の就学が目指されたが，性急な教育制度は地方の実情に合わず，後に教育令を公布して，義務教育年限を短縮するなど，制度の実際化を図った。

解説

1. 廃藩置県で旧藩主（知藩事）は罷免されて東京居住を命じられ，代わって，府知事・県令が中央政府から派遣されて地方行政に当たった。その結果，全国の政治的統一が完成されたのである。旧藩主が知藩事に任命されて引き続き藩政に当たったのは版籍奉還である。

2. 1873（明治6）年1月に公布された徴兵令では，徴兵年齢は満18歳ではなく満20歳であり，免役規定が設けられて，戸主とその跡継ぎなどは兵役が免除された。なお，徴兵制反対の一揆を血税一揆というが，それは，徴兵告論（1872年）の中にある「血税」以下の文言が生血（いきち）を取られると誤解されて起こったところから名づけられた。

3. 1872（明治5）年，新政府は，主に従来の年貢負担者（地主・自作農）に地券を交付して土地の所有権を認めた。地租改正はこの地券制度をもとに，1873年，地租改正条例を公布して着手された。条例で，課税の対象が地価に変わったこと，地租率（地価の3％）が全国的に統一されたことは正しいが，地租改正反対一揆は，政府が，従来の年貢収入を減らさない方針で改正作業を進めたことに対する反発から起こった。そこで政府は，1877（明治10）年に地租率を3％から2.5％に引き下げて農民の不満を抑えた。

4. 富岡製糸場は民営工場ではなく，1872年，フランスの技術を導入して開設された官営模範工場である。また，政府は1877年に東京の上野で第1回内国勧業博覧会を開いたが，工部省ではなく内務省が実施したものである。

5. 妥当である。1872年の学制に関する記述で，学制はフランスの学校制度にならったが日本の実情に合わず，1879（明治12）年に教育令で改められて義務教育年限が16か月とされた。

正答 **5**

我が国の地形と自然災害に関する記述として最も妥当なのはどれか。

1 沖積平野には氾濫原などの低地があり，洪水の被害を受けやすい。対策として，堤防の設置や，洪水時に一時的に水をためる遊水地の活用などがある。

2 河口付近には砂や泥が堆積した三角州が形成され，地震時に地盤が一時的に液体のようになる高潮の被害を受けやすい。対策として，避難シェルターや調節池の設置などがある。

3 海岸には，土砂が堆積した砂浜海岸や海底が隆起してできたリアス海岸などがある。砂浜海岸は，リアス海岸より津波の被害を受けやすく，対策として，防波堤などを設置している。

4 日本列島は，全体が一つの大きな太平洋プレート上に位置しているため火山が多い。火山噴火の予知は，我が国では成功しておらず，火山ハザードマップが公表されている。

5 日本列島は，アルプス＝ヒマラヤ造山帯の最東端に位置し，山がちな地形が多く，土砂災害の被害を受けやすい。斜面が急速に崩れる地すべりを防ぐため，砂防堰堤を谷筋に設置している。

解説

1. 妥当である。

2. 地震時に地盤が一時的に液体のようになるのは液状化現象で，沖積平野の旧河道跡や埋立地で発生しやすい。対策として地盤改良，排水の促進などがある。

3. リアス海岸は起伏の大きな山地が沈水し，入り江が連続する海岸。水深が深く，入り組んだリアス海岸に津波が押し寄せると津波の高さが急激に増すことがあるので，砂浜海岸に比べ，津波の被害を受けやすい。対策として防波堤，避難シェルターの設置などがある。

4. 日本列島は，太平洋プレート，北アメリカプレート，フィリピン海プレート，ユーラシアプレートの4つのプレート上に位置している。火山活動は，プレートの変動帯（境界沿い）で起こることが多い。最近，火山予知は，かなり進んでいる。

5. 日本列島は，環太平洋造山帯の西端に位置している。地形や土砂災害対策の記述は妥当である。

正答 **1**

世界の都市問題等に関する記述として最も妥当なのはどれか。

1 世界の大都市圏では，都心部において夜間人口が多く昼間人口が少なくなる空洞化現象が
みられ，治安の悪化が懸念されている。

2 インナーシティ問題とは，都心の地価が高騰し，一般的な収入層が都心部に住めず，郊外
に虫食い状に住宅地が広がることをいう。

3 郊外に分散した都市機能を都市部の中心市街地に集め，より狭い範囲に居住空間を作るコ
ンパクトシティの構想に基づいたまちづくりが我が国や欧米の都市で行われるようになって
いる。

4 首位都市（プライメート・シティ）とは，国の人口や経済の中心となる都市とは別に，国
の政治や行政の中心都市として作られた都市をいう。キャンベラやジャカルタは，この代表
例である。

5 英国ロンドンや米国ラスベガスでは，都市内部の倉庫跡地等を再開発して自動車産業を集
約させたことで，2016年，自動車輸出台数は米英が世界上位 2 か国となった。

解説

1. 世界の大都市の都心部では，昼間人口が多く，　夜間人口は少なくなる空洞化現象が進ん
だが，最近では再開発が進み都心地域の空洞化をくい止める努力がなされている。

2. インナーシティ問題とは，都市中心部での環境の悪化によって中高所得者や若者が郊外に
流失することから，この区域の高齢化，財政悪化，　コミュニティの崩壊が起こることをい
う。郊外に虫食い状に住宅地が広がることをスプロール現象という。

3. 妥当である。

4. 首位都市（プライメイト＝シティ）とは，国や地域の中で，政治や経済，文化・情報など
の機能が極端に集中し，人口規模でも第 2 位の都市を大きく上回っている都市のこと。発展
途上国の首都（ジャカルタ，メキシコシティなど）に多く見られる。

5. ロンドンの倉庫群跡地は，ヨーロッパ最大級の規模を持つビジネス地区となっており，ラ
スベガスともども自動車産業は立地していない。なお，2016年の自動車輸出台数は，第 1 位
はフランス，第 2 位はドイツであった。（アメリカは 5 位，イギリスは 8 位）。2019年は，フ
ランス，日本，ドイツ，アメリカの順で，イギリスは 7 位である。

データ出所：『世界国勢図会18/19・22/23』

正答　**3**

世界史　日本史　地理　国語　英語　政治　経済　社会　倫理

通信・交通に関する記述として最も妥当なのはどれか。

1　光ファイバーケーブルが世界各国の道路脇にくまなく敷設されているため，オリンピックやワールドカップなど，国外で行われる競技会をリアルタイムで見られるようになった。

2　情報通信機器の普及やソフトウェアの飛躍的な進歩によって，不正アクセスなどセキュリティ上の問題が発生したが，新たな量子化技術の発達によって解消された。

3　ハブ空港では，膨大な数の乗換客が集まるほか，飛行機の整備や補給も発生するため，巨額の経済効果がもたらされる。そのため，各国はハブ空港を目指して拠点空港の整備を進めている。

4　船舶による海上交通は，他の交通手段に比べて一度に大量の貨物を運ぶことができないため，重量当たりの輸送費用が大きい。

5　東南アジアでは，温室効果ガス削減のため，郊外から都心部の公園まで自転車で移動し，道路事情の良い都心部では自動車で移動するパークアンドライド方式が定着している。

解説

1. 光ファイバーケーブルは，光信号を通すケーブルで，データ通信，照明，内視鏡などに利用されている。道路脇には敷設されていない。リアルタイムで見られるのは，インターネットライブ配信などである。

2. 情報通信の不正やセキュリティ上の問題に対して，各種の対策を講じているが，一向に減少せず，巧妙，複雑な状況になっており，今後の対策が期待されている。

3. 妥当である。アメリカ合衆国のダラス空港，ドイツのフランクフルト空港などが代表例である。

4. 船舶は，他の交通手段に比べて一度に大量の貨物を運ぶことができるので，重量当たりの輸送費用は小さい。

5. パークアンドライド方式とは，都心部の交通量減少の手段として考えられた手法。自宅から最寄りの駅など目的地の手前まで自動車で行き，その近くに駐車し，そこから公共交通機関を利用して目的地まで移動する方法をいう。フランスのストラスブールが有名。なお，東南アジアでは見られない。

正答　**3**

世界史　日本史　地理　国語　英語　政治　経済　社会　倫理

地理　世界の河川や植生など　令和 3 年度

世界の河川や植生などに関する記述として最も妥当なのはどれか。

1 アマゾン川は，南米大陸のブラジルの熱帯付近を源流として，ペルー沿岸の太平洋に注ぐ大河であり，河口付近にはパンパと呼ばれる熱帯雨林が広がっている。

2 ガンジス川は，イランとパキスタンの国境付近を流れる南アジアの大河である。砂漠の中を流れるため，作物が育たない荒れ地が広がっているが，流域は世界有数の油田地帯となっている。

3 黄河は，中国国内を流れる大河であり，黄土により水が濁ることが川の名前の由来となっている。流域の集約的畑作農業地域では，小麦などが栽培されている。

4 ナイル川は，アフリカ中央部のナイジェリアを源流として，エジプトを縦断しアラビア海に注ぐ大河である。下流域では油ヤシなどのプランテーション農業が行われている。

5 ミシシッピ川は，五大湖を源流として北米大陸を東西に流れ太平洋に注ぐ大河であり，流域の平原には世界有数の針葉樹林が広がっている。

解　説

1. アマゾン川は，ペルーのアンデス山脈付近を源流として，大西洋に注ぐ河川。世界最大の流域面積を持つ。流域（河口付近も含む）には，セルバと呼ばれる熱帯雨林が広がっている。パンパはラプラタ川の河口付近に広がる平原である。

2. ガンジス川は，インドの北東部を流れる大河である。流域は肥沃なヒンドスタン平原で，米，小麦，さとうきびなどの栽培が盛んである。流域には油田はない。

3. 妥当である。

4. ナイル川は，ヴィクトリア湖が源流の白ナイル川，エチオピア高原のタナ湖が源流の青ナイル川が，ハルツーム付近で合流し，地中海に注ぐ河川。下流域では円弧状三角州を形成し，米，小麦，綿花などを栽培している。なお，流域では灌漑農業が行われている。

5. ミシシッピ川は，ミネソタ州のイタスカ湖に源を発し，アメリカ合衆国中央部を南北に貫流してメキシコ湾に注ぐ大河。流域のプレーリー（コーンベルト）では，とうもろこしと畜産を結びつけた混合農業が盛んである。

正答　**3**

ケッペンの気候区分に関する記述として最も妥当なのはどれか。

1　熱帯気候は，一日中気温が高く，気温の日較差が非常に小さい。降水量も非常に少なく，乾いた黒色の土壌であるポドゾルが分布する。

2　乾燥帯気候は，地表が夜間に熱を放出するため，気温の日較差が小さい。そのうち降水量が少ない砂漠気候の地域では，常に水が利用できるワジやオアシスが人々の生活の場となっている。

3　温帯気候は，四季の変化がはっきりとしている。そのうち温暖湿潤気候は，主に大陸東岸に分布し，高緯度の地域では西岸の温帯地域とは対照的に，夏は高温で蒸し暑く，冬は寒さが厳しい。

4　冷帯気候は，気温の年較差が小さく，夏でも気温が冬と同程度である。植生の特徴として，丈の低い草原であるタイガが挙げられる。

5　寒帯気候は，気温が非常に低く，クスノキなどの一部の樹木しか育たない。地下には厚い氷の層が存在しており，永久凍土と呼ばれる。

解説

1．熱帯気候は，1年中気温が高く，気温の日較差は年較差に比べ大きい。降水量も多く，土壌は赤色で，肥沃度が低いラトソルが分布する。

2．乾燥帯気候は，亜熱帯高圧帯の影響などにより降水量は少ない。地表は昼間高温になるが，夜間は放射冷却によって熱を奪われて冷え込むため，気温の日較差は大きい。砂漠気候の地域では，常に水が利用できるオアシスが人々の生活の場となっている。普段は水が流れていないかれ川のワジは生活の場となっていない。

3．妥当である。

4．冷帯気候は，長い冬は寒さが厳しいが，夏は高温になるため，気温の年較差は大きい。植生の特徴として，タイガ（単一または少数の樹種からなる針葉樹林）が挙げられる。

5．寒帯気候は，寒さが1年中厳しく，降水量は非常に少ない。土壌は永久凍土であるため，植物が生育しにくい。ツンドラ気候では，短い夏に気温が上がり，永久凍土が溶けてコケ類や地衣類が生育する。クスノキは温暖冬季少雨気候にみられる照葉樹林である。

正答　3

表は，鉱産資源の2015年における生産量について，上位4か国が世界全体に占める割合を示したものであるが，A～Dに当てはまるものの組合せとして最も妥当なのはどれか。

鉱産資源	生産量		
	順位	国名	割合（%）
金鉱	1	中国	14.5
	2	A	9.0
	3	B	8.1
	4	米国	6.9
鉄鉱石	1	A	34.7
	2	C	18.4
	3	中国	16.6
	4	インド	6.9
D	1	中国	81.7
	2	ベトナム	6.3
	3	B	2.9
	4	カナダ	1.9

	A	B	C	D
1	チリ	ロシア	ブラジル	天然ガス
2	チリ	ロシア	マレーシア	タングステン鉱
3	チリ	韓国	ブラジル	天然ガス
4	オーストラリア	ロシア	ブラジル	タングステン鉱
5	オーストラリア	韓国	マレーシア	タングステン鉱

解説

A：金鉱の生産量第2位は，オーストラリアで，鉄鉱石の生産量は世界第1位である。チリは銅鉱の生産量は世界第1位である。

B：金鉱の生産量第3位は，ロシアである。韓国で生産量が多い鉱物はない。

C：鉄鉱石の生産量が世界第2位の国は，ブラジルである。マレーシアで生産量が多いのは，すず鉱である。

D：中国が最大の生産国で，ベトナム，ロシアと続く鉱物はタングステン鉱である。なお，2017年の統計では，第4位はイギリスである。

よって，正答は**4**である。

正答　**4**

我が国の地形に関する記述として最も妥当なのはどれか。

1 河川が山地を深く刻み込むと，すり鉢状の窪地であるカールやU字谷などを形成する。海岸近くにある山地で形成されたカールは，海面の上昇によって水没するとリアス海岸となる。

2 河川より山地から押し出された土砂は，平地へ流れ出すところで洪積台地を形成する。洪積台地上では，河川は，勾配が急なため伏流して水無川になることが多い。

3 河川の中流域では，水はけが悪い扇状地が形成される。扇状地上には，氾濫原，後背湿地，砂嘴など河川が作る様々な地形が見られ，後背湿地は水田などに利用されている。

4 河口付近では，河川の流れが弱まり，そこに細かい砂や泥が堆積して，三角州（デルタ）が見られる場所がある。三角州は，低平なため洪水や高潮などによる浸水を受けやすい地形である。

5 近くに土砂が流れる河口がある海岸では，砂が堆積して自然堤防が出来て，この堤防によって仕切られた潟湖（ラグーン）や三日月湖といった汽水湖が形成されることが多い。

解説

1. 河川が山地を深く刻み込んでできた地形は，V字谷である。カールは氷河の侵食によって山頂付近に形成された，半球状の窪地の地形。U字谷は，氷河の侵食によって形成された横断面がU字形の谷で，沈水するとフィヨルドになる。リアス海岸は山地や丘陵が沈水し，海水が入り込んでできた入り江で，海岸線は鋸歯状になる。

2. 河川が山地から平地に出るところでは，運搬してきた砂礫が堆積し，扇状地を形成する。平常時，扇央は伏流し，地表は水無川になる。伏流した地下水は扇端で湧水する。洪積台地は，更新世に扇状地や三角州などが隆起した地形である。

3. 河川の中流域では，氾濫原（洪水時に川の氾濫を受けるような低地）が形成される。氾濫原には，自然堤防（洪水時に形成された微高地）やその背後に後背湿地が形成される。自然堤防上は集落や畑として，後背湿地は水はけが悪いので水田として利用されている。

4. 妥当である。

5. 海岸地域で，沿岸流が砂礫や土砂を運搬・堆積して形成した細長い地形は砂州である。砂州によって仕切られてできた地形を潟湖（ラグーン）という。三日月湖は，蛇行している河川が流路を変え，取り残されてできた湖である。汽水湖とは，海水と淡水が混じった低塩分の湖水からなる湖で，潟湖が該当する。

正答 **4**

次のA，B，Cは，魚介類に関する記述であり，また，図は，それらの魚介類の2020年における我が国の主な輸入相手国・地域が占める割合（金額ベース）を示したものである。A，B，Cに当てはまる魚介類の組合せとして最も妥当なのはどれか。

A：当該魚介類の養殖池を造成するために，マングローブが伐採されており，マングローブが減少する原因の一つとなっている。

B：広い範囲を回遊する当該魚介類は，複数の国際機関により資源管理が行われている。また，2000年以降，我が国において，完全養殖技術が開発された種がある。

C：河川などの淡水で生まれ，海へ下り，広く回遊しながら成長した後，成熟して産卵期になると生まれた川へ戻ってくる種がある。

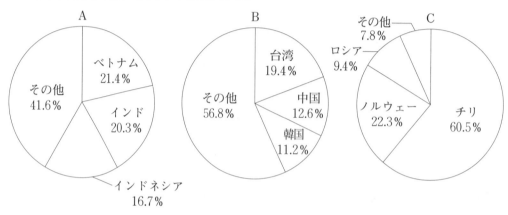

A
その他 41.6%
ベトナム 21.4%
インド 20.3%
インドネシア 16.7%

B
その他 56.8%
台湾 19.4%
中国 12.6%
韓国 11.2%

C
その他 7.8%
ロシア 9.4%
ノルウェー 22.3%
チリ 60.5%

（出典）「農林水産物輸出入概況2020」「同2019」（農林水産省）より引用・加工

	A	B	C
1	たら	ひらめ・かれい	さけ・ます
2	たら	ひらめ・かれい	たこ
3	たら	かつお・まぐろ類	さけ・ます
4	えび	ひらめ・かれい	たこ
5	えび	かつお・まぐろ類	さけ・ます

解説

A：マングローブの伐採は，主にえびの養殖池を造成するためであり，ベトナム，インド，インドネシアが主な輸入先の魚介類もえびである。次いでアルゼンチン，タイが多い。たらの輸入先はアメリカ75.1%，ニュージーランド8.0%，ロシア7.1%の順である。

B：複数の国際機関で資源管理が行われ，わが国が開発した完全養殖技術の種がある回遊魚で，台湾，中国，韓国が主な輸入先の魚介類はかつお・まぐろ類である。ひらめ・かれいの輸入先はアメリカ29.3%，ロシア15.5%，カナダ13.9%（2019年）の順である。

C：淡水で生まれて海で成長し，産卵期になると生まれた川に戻る種を含み，チリ，ノルウェー，ロシアが主な輸入先の魚介類はさけ・ますである。たこの輸入先はモーリタニア35.7%，中国20.7%，モロッコ19.8%（2019年）の順である。

よって，A：えび，B：かつお・まぐろ類，C：さけ・ます，となり，正答は**5**である。

正答　**5**

世界の山脈に関する記述として最も妥当なのはどれか。

1　ピレネー山脈は，新期造山帯に属しており，なだらかな山々がヨーロッパ北部を東西に走っている。この山脈の南側には，ライン川などの国際河川が流れている。

2　ヒマラヤ山脈は，古期造山帯に属しており，アフガニスタン，インド，ミャンマー及び中国の国境地帯に位置している。最高峰はモンブランで，その標高は8,000mを超えている。

3　アンデス山脈は，南アメリカ大陸東岸を南北に走っている。険しい山々が連なるが，中央アンデス周辺の低地では，リャマやアルパカが飼育されている。

4　アパラチア山脈は，古期造山帯に属しており，北アメリカ大陸南東部に位置している。鉱山資源が豊富で，周辺は炭田として開発されているところも多い。

5　グレートディヴァイディング山脈は，オーストラリア大陸中央部を南北に走っている。この山脈の中央部には，観光地としても知られているウルル（エアーズロック）がある。

解説

1.　ピレネー山脈は，新期造山帯に属しており，高峻（こうしゅん）な山々がヨーロッパ南西部を東西に走り，フランスとスペインの国境になっている。ライン川はアルプス山脈の麓のトーマ湖が源で，ドイツ・フランスの国境を通り北海に注ぐ国際河川である。

2.　ヒマラヤ山脈は，新期造山帯に属しており，ブータン，インド，ネパール，パキスタンと中国の国境地帯に位置している。最高峰はエヴェレスト（チョモランマ）で，その標高は8,848mである。

3.　アンデス山脈は，南アメリカ大陸西岸を南北に走っている新期造山帯の高峻な山脈である。アンデス高地で，リャマやアルパカが飼育されている。

4.　妥当である。

5.　グレートディヴァイディング山脈は，古期造山帯に属しており，オーストラリア大陸東岸部を南北に走っている。世界複合遺産の「ウルル（エアーズロック）」は，オーストラリア大陸のほぼ中央に位置する，世界で2番目に大きい一枚岩である。

正答　**4**

世界史

日本史

地理

国語

英語

政治

経済

社会

倫理

サハラ砂漠以南のアフリカに関する記述として最も妥当なのはどれか。

1　焼畑の利用周期の短縮によって，中南アフリカの砂漠化が進んでいる。このため，広範囲にわたる食糧不足が生じており，人口が減少している。

2　地域別にみると，熱帯雨林地域ではイモ類やバナナの栽培，サバナ地域では牛，ヤギなどの放牧，乾燥地域では長期保存が可能な米（陸稲）や豆類の栽培が主である。

3　ギニア湾沿岸地域では，金，銀などの採掘がかつて盛んであったが，近年，資源の枯渇に直面している。一方，東部アフリカでは，大規模な油田が開発されている。

4　最も国内総生産(GDP)が大きいのは南アフリカ共和国であるが，鉱山資源への依存からの脱却が困難な状況にあり，第三次産業の割合は低いままである。

5　東部アフリカの高原地帯ではコーヒー，茶など，ギニア湾沿岸地域ではカカオなどの作物が栽培され，輸出による外貨獲得の手段となっている。

解説

1. サハラ砂漠南縁のサヘルは，もとは草原地帯であったが，雨を降らせる前線が来なくなるなどの気候変動（自然的要因）と人口の急増で過伐採（薪の需要増大），過耕作（食糧不足），過放牧（家畜数の急増）などの人為的要因が重なり，砂漠化が進行している。

2. 地域別に見ると，熱帯雨林地域では，焼畑によるイモ類やバナナの栽培，サバナ地域では，雑穀（ミレット，ソルガムなど）の栽培や牛などの放牧，乾燥地域では牧畜が中心だが，雑穀の栽培は増えている。

3. ギニア湾沿岸地域では，かつて奴隷，金，象牙，穀物などが取引されていたが，1980年代に大規模な海底油田が開発された。東部アフリカで発見が相次ぎ注目されているのは，深海大規模ガス田である。

4. 2019年現在，アフリカで国内総生産（GDP）が最大の国は，ナイジェリアである（474,517百万ドル）。ナイジェリアは，石油開発が進んでいるが，鉱業のGDP構成比は20％程度で，第三次産業のGDP構成比が約50％となっている。南アフリカ共和国の国内総生産はアフリカ第2位（351,431百万ドル）で，以下，エジプト，アルジェリアが続く。

5. 妥当である。コーヒー豆の輸出は，ウガンダ（世界第12位），エチオピア（同7位）。茶はケニア（同1位），カカオ豆はコートジボワール（同1位），ガーナ（同2位），ナイジェリア（同4位）が上位を占めている（2019年）。

データ出所：『世界国勢図会2021/22年版』

正答　**5**

地形に関する記述として最も妥当なのはどれか。

1　日本各地の平野には，洪積台地と呼ばれる小高い台地が見られる。また，台地の縁辺は河川によって侵食され，河岸段丘になることもある。

2　河川の河口付近では，上流から運ばれた細かい砂や泥が堆積して，砂州ができる。また，その背後は自然堤防となり，古くから水田に利用されている。

3　海岸では，砂浜海岸と岩石海岸が見られる。岩石海岸の中には，波が岩を削ってできた平坦な地形が地殻変動により隆起して陸上に現れ，それが複数連なるリアス海岸がある。

4　氷河は山岳氷河と大陸氷河に分けられる。大陸氷河による侵食ではU字谷やドリーネが形成され，U字谷が海面の下降により隆起すると，フィヨルドになる。

5　乾燥地域では，岩石の溶食により砂漠が形成される。砂漠では普段は水がないが，まれな降雨のときだけ水が流れる谷が多く，この谷はカールと呼ばれる。

解説

1．妥当である。

2．河口付近に運搬された砂や泥が堆積してできる地形は三角州である。自然堤防は河道からあふれた土砂で形成された微高地で，その背後は水はけの悪い後背湿地となる。日本の農村では，自然堤防上は集落や畑として，後背湿地は水田として利用されることが多い。砂州は，土砂が沿岸流で運搬されて海岸近くに堆積し，形成された地形である。

3．リアス海岸は岩石海岸の代表的地形で，山地や丘陵が沈水し，海水が侵入して形成された鋸歯状の海岸である。

4．大陸氷河による侵食で形成されるのは，モレーンや氷河湖である。山岳氷河による侵食ではU字谷やカールが形成される。ドリーネはカルスト地形。フィヨルドはU字谷が沈水し，海水が浸入して形成された地形である。

5．乾燥地域では，気温の日較差が大きく，熱膨張に伴う破砕作用によって岩盤の風化が進み，砂漠が形成される。また，雨が降ったときだけ水が流れる川をワジという。カールは氷河地形である。

正答　1

国の領域に関する記述として最も妥当なのはどれか。

1　それぞれの国家は，固有の領土，固有の領海，固有の領空を持つことで成立する。これらを国家の三要素という。

2　それぞれの国家の境界は国境と呼ばれ，全て自然物を利用して定められている。例えば，海洋，河川，山岳，湖沼などによる国境がある。

3　我が国では，原則として，領海を海岸線（干潮時）から12海里までの海域とし，その外側で海岸線から200海里までの海域を排他的経済水域としている。

4　排他的経済水域では，魚介類などの水産資源や海底の地下資源は沿岸国のものとされ，また，航行や，上空の飛行，海底ケーブルの敷設にはその国の許可が必要である。

5　領空は，領土の大気圏外を含む上空をいい，航空機や人工衛星が他国の領空を飛行するときにはその国の許可が必要である。

解説

1．国家が成立するためには，「主権（他国の干渉を受けることなく，国家を統治するための最高の権力）」，「領域（主権が及ぶ範囲。領土，領海，領空から構成される）」，「国民」が必要である。これを国家の三要素という。

2．それぞれの国家の境界は国境と呼ばれ，山脈や河川などの自然の障壁によって設けられた「自然的国境」と，経線や緯線に沿って引かれた数理的国境や人工的障壁などの「人為的国境」がある。

3．妥当である。

4．排他的経済水域では，魚介類などの水産資源や海底の地下資源は沿岸国のものとされるが，航行や上空の飛行，海底ケーブルの敷設は自由である。

5．領空は，領土・領海の大気圏内の上空をいう。大気圏外は宇宙空間といい，宇宙条約で国家の主権に属さないと定められている。航空機や人工衛星が他国の領空を飛行するときは，その国の許可が必要なことはいうまでもない。

正答　**3**

次は，ケッペンの気候区分に関する記述であるが，ア～エに当てはまるものの組合せとして最も妥当なのはどれか。

　気候学者のケッペンは，地域ごとに異なる植生に着目して世界の気候を地域区分した。その基準は，最暖月と最寒月の平均気温，及び最多降水月と最少降水月の月平均降水量などである。

　ケッペンの気候区分では，まず乾燥のために樹木が生育できない乾燥気候（B）とそれ以外の気候とに大別される。また，乾燥気候以外の気候は温度の基準によって，熱帯気候（A：最寒月の平均気温　ア　℃以上），温帯気候（C：最寒月の平均気温−3℃以上　ア　℃未満），冷帯気候（D：最寒月の平均気温−3℃未満で最暖月の平均気温10℃以上），寒帯気候（E：最暖月の平均気温10℃未満）に区分される。

　温帯気候（C）のうち，　イ　気候（Cs）は　ウ　に亜熱帯高圧帯の影響を受け乾燥し，また，温暖　エ　季少雨気候（Cw）は　エ　に乾燥し，　ウ　にモンスーンなどの影響を受け降水量が多い。

	ア	イ	ウ	エ
1	18	地中海性	夏	冬
2	18	地中海性	冬	夏
3	18	西岸海洋性	夏	冬
4	10	地中海性	冬	夏
5	10	西岸海洋性	冬	夏

解説

ア：「18」である。熱帯気候の気温は最寒月の平均気温が18℃以上，温帯気候は最寒月の月平均気温が−3℃以上18℃未満と区分された。

イ：Cs は「地中海性」気候である。西岸海洋性気候（Cfb）は，年中温和で年間を通して降水が見られる。

ウ：「夏」である。地中海性気候は，夏に亜熱帯高圧帯（中緯度高圧帯）の影響を受け，乾燥する。

エ：Cw は温暖冬季少雨気候である。温暖冬季少雨気候は「冬」に乾燥する。

　よって，正答は**1**である。

正答　**1**

アジア・ヨーロッパの大河に関する記述A〜Dのうち，妥当なもののみを挙げているのはどれか。

A：黄河は，中国最長の大河である。チベット高原北東部の青海省西部に源を発し，上海付近で東シナ海に注いでいる。流域では米の栽培が盛んである。

B：メコン川は，インドシナ半島を流れる東南アジア最長の大河である。チベット高原東部に源を発し，タイ，ベトナム等を経て南シナ海に注いでいる。下流には広大なメコンデルタを形成している。

C：ドナウ川は，ロシア西部を流れるヨーロッパ最長の大河である。モスクワのバルダイ丘陵に源を発し，カスピ海に注いでいる。沿岸には大きな発電所が設けられ，電力供給の面で重要な役割を果たしている。

D：インダス川は，南アジアの大河である。チベット高原西部に源を発し，パキスタン東部を経てアラビア海に注いでいる。流域ではおよそ紀元前2500年頃から都市文明が発展した。

1 A，B
2 A，C
3 B，C
4 B，D
5 C，D

解 説

A：長江に関する記述である。黄河は，長江に次ぐ中国第二の大河である。青海省に源を発し，途中大きく屈曲し，山東省の河口付近に広大なデルタ地帯を形成し，渤海湾に注いでいる。なお，下流部は天井川で，そのため古来よりたびたび氾濫し，大きく流路を変えてきた。流域では，小麦，綿花の栽培が盛んである。

B：メコン川に関する記述で，妥当である。

C：ボルガ川に関する記述である。ドナウ川は，ボルガ川に次ぐヨーロッパ第二の大河である。ドイツ南部の「シュヴァルツヴァルト（黒い森）」に端を発し，おおむね東から南東方向に流れ，東欧各国などを通って黒海に注ぐ国際河川である。河口には世界自然遺産のドナウ川三角州が広がる。

D：インダス川に関する記述で，妥当である。

よって，妥当なものはBとDであり，正答は**4**である。

正答 **4**

No. 232　地理　民族・人種・領土を巡る問題　平成25年度

民族・人種・領土をめぐる問題に関する記述として最も妥当なのはどれか。

1 南アフリカでは，アパルトヘイトと呼ばれる人種隔離政策が行われていたが，国際世論の批判を受けて，関係の諸法が全て廃止され，法的にはアパルトヘイト体制は終結した。

2 南シナ海の南沙諸島については，スリランカ，ミャンマー，ラオスが領有を主張しているが，その背景にはイスラム教徒内での宗派の対立がある。

3 カシミール地方では，インドとバングラデシュの分離独立の際，住民の多くを占めるキリスト教徒はバングラデシュを，少数派のイスラム教徒はインドを選んだため，両国の間に紛争が起こった。

4 クルド問題は，各国に散在するクルド人が自らの独立国家を再建しようとしたために生じた。その独立運動は，トルコからは厳しく弾圧されたが，イラクからは支援された。

5 パレスチナでは，長い間，アラブ人とユダヤ人が共存してきた。しかしイスラエル建国後，パレスチナに多くのアラブ人が移住しユダヤ人の土地を強制収用したため，両者の間に紛争が起こった。

解説

1. 妥当である。白人優遇と有色人種差別を柱とするアパルトヘイトは，1990年に終結が宣言された。

2. 南シナ海の南沙諸島は，マレーシア，ブルネイ，ベトナム，フィリピン，中国，台湾との間に領有権問題がある。周辺海域にある海底油田が原因といわれる。

3. カシミール地方では，イギリスからインドとパキスタンが独立する際，ヒンドゥー教徒の藩主が多数派のイスラーム教徒の意志を取り入れずインドに帰属することを決めたため，両国間に紛争が起こった。バングラデシュは後にパキスタンから分離独立した。

4. クルド問題は，トルコ，イラク，イランなどにまたがる山岳地域（クルディスタン）にクルドという民族が暮らしていたが，第一次世界大戦前後に，この地域に国境線が引かれた際，民族の居住地域が分断されたことに原因がある。トルコからの弾圧などがあったが，トルコのEU加盟交渉で少数民族の人権擁護が少しずつ進んでいる。

5. パレスチナでは，イスラエルのユダヤ人とパレスチナのアラブ人が対立してきた。特にイスラエル建国後，パレスチナにユダヤ人が移住して土地を強制収用したため，両者間に紛争が起こり，現在も根本的な解決には至っていない。

正答　**1**

次のA～Eのうち，下線部の漢字の使い方が妥当なもののみを挙げているのはどれか。

A：その問題をめぐり，意見が両極端に分かれている。

B：観客の声援は最高調に達した。

C：彼女は，幾科学の問題を解くことができる。

D：老旧化が進んだ建物は，修理される予定である。

E：交渉は正念場を迎えた。

1　A，B
2　A，E
3　B，C
4　C，D
5　D，E

解説

A：妥当である。「両極端」は相反する2つの極端な状態のこと。

B：正しくは「最高潮」（感情が最も高まる場面や状態のこと）。

C：正しくは「幾何学」（数学の一部門）。

D：正しくは「老朽化」（古くなって役に立たなくなること）。

E：妥当である。「正念場」は物事の最も大事な局面のこと。

　よって，妥当なものはAとEであり，**2**が正答となる。

正答　**2**

次のことわざ又は慣用句の組合せのうち，二つの意味が近いものの組合せとして最も妥当なのはどれか。

1 渡る世間に鬼はない　　　　　― 　捨てる神あれば拾う神あり
2 待てば海路の日和あり　　　― 　乗りかかった船
3 魚心あれば水心　　　　　　　― 　青菜に塩
4 背水の陣　　　　　　　　　　　― 　氷山の一角
5 二の足を踏む　　　　　　　　― 　無駄足を踏む

解説

1. 妥当である。「渡る世間に鬼はない」の意味は，世間は無情な人間ばかりではないこと。「捨てる神あれば拾う神あり」の意味は，世間には一方で見捨てる人もいれば，他方で助けてくれる人もいること。

2. 「待てば海路の日和あり」の意味は，我慢強く待っていれば，必ず好機が訪れること。「乗りかかった船」の意味は，いったん着手した以上，途中でやめられないこと。

3. 「魚心あれば水心」の意味は，相手の出方次第でこちらもそれに応じること。「青菜に塩」の意味は，がっかりして元気がなくなること。

4. 「背水の陣」の意味は，追い詰められて，決死の覚悟で全力を尽くすこと。「氷山の一角」の意味は，表面に現れたほんの一部のこと。

5. 「二の足を踏む」の意味は，ためらうこと。「無駄足を踏む」の意味は，行った甲斐がないこと。

正答　**1**

次の四字熟語の下線部を漢字に直したとき，その漢字が同じものはどれか。

1 ケイ口牛後　　ケイ薄短小
2 コウ序良俗　　コウ唐無稽
3 マン場一致　　マン身創痍
4 メン許皆伝　　メン目躍如
5 群ユウ割拠　　ユウ猛果敢

解説

1. 「鶏」口牛後（大きな集団の中の一番下にいるよりも，小さい集団の先頭でいるほうがよいこと）。「軽」薄短小（言葉や態度が軽々しく，中身がないこと）。

2. 「公」序良俗（公の秩序・善良の風俗の略）。「荒」唐無稽（言動に根拠がなく，でたらめなこと）。

3. 妥当である。「満」場一致（その場にいる人全員の意見が一致すること）。「満」身創痍（全身傷だらけなこと）。

4. 「免」許皆伝（芸道・武道などで師匠が弟子にその道の極意を伝授すること）。「面」目躍如（評判どおり，めざましい活躍をすること）。

5. 群「雄」割拠（多くの英雄や実力者たちが各地で勢力を振るい，互いに対立し，競い合っていること）。「勇」猛果敢（恐れずに思い切って実行すること）。

正答　**3**

世界史　日本史　地理　国語　英語　政治　経済　社会　倫理

次のA〜Eのことわざ又は慣用句のうち，その意味が妥当なもののみを挙げているのはどれか。

A：濡れ手で粟…………無意味な行動のこと。

B：筆が立つ……………字がきれいであること。

C：気が置けない………気が晴れないこと。

D：転ばぬ先の杖………失敗しないようにあらかじめ十分に準備しておくこと。

E：立て板に水…………すらすらと話すこと。

1　A，C

2　A，E

3　B，C

4　B，D

5　D，E

解説

A：「濡れ手で粟」はなんの苦労もせずに利益を得ること。「無意味な行動のこと」は「糠に釘」など。

B：「筆が立つ」は文章が上手なこと。「字がきれいであること」は「達筆」など。

C：「気が置けない」は遠慮がいらないこと。「気が晴れないこと」は「憂鬱」など。

D：妥当である。

E：妥当である。

　よって，DとEが妥当であり，正答は**5**である。

正答　**5**

世界史　日本史　地理　国語　英語　政治　経済　社会　倫理

次のA〜Eのうち，カタカナで書かれた四字熟語を（　）内の漢字に直したとき，その字の使い方が妥当なもののみを挙げているのはどれか。

A：イキトウゴウ（意気統合）

B：キキュウソンボウ（危急存亡）

C：キュウタイイゼン（旧態以前）

D：ジュクリョダンコウ（熟慮断行）

E：イシハクジャク（意思薄若）

1　A，B

2　A，C

3　B，D

4　C，E

5　D，E

解　説

A：意気統合は誤り。正しくは意気投合。「意気投合」はお互いに気が合うこと。「投合」は一致すること。「統合」はまとめて一つにすること。

B：妥当である。「危急存亡」は生き残るか滅びるかの瀬戸際の状態のこと。

C：旧態以前は誤り。正しくは旧態依然。「旧態依然」は昔のままで少しも進歩がないこと。「以前」は今より前のこと。

D：妥当である。「熟慮断行」は十分に考えてから思い切って実行すること。

E：意志薄若は誤り。正しくは意志薄弱。「意志薄弱」は意思が弱く決断できなかったり，我慢できないこと。

　よって，妥当なのはBとDで，正答は**3**である。

正答　**3**

次のA～Eのことわざのうち，□□□□に「馬」が入るもののみを挙げているのはどれか。

A：□□□□を野に放つ

B：□□□□が西向きゃ尾は東

C：□□□□子にも衣装

D：鶏口となるも□□□□後となるなかれ

E：天高く□□□□肥ゆ

1 A，D

2 A，E

3 B，C

4 B，D

5 C，E

解 説

A：「虎」が当てはまる。「虎を野に放つ」は危険なものを野放しにすること，あるいは，猛威を振るう者を自由にしておくことのたとえ。

B：「犬」が当てはまる。「犬が西向きゃ尾は東」は当たり前すぎるほどに当たり前のこと。

C：「馬」が当てはまる。「馬子にも衣装」はどのような人でも外見を整えれば立派に見えること。馬子は，馬を引いて人や荷物を運ぶ職業の人のこと。

D：「牛」が当てはまる。「鶏口（けいこう）となるも牛後（ぎゅうご）となるなかれ」は，大きな集団で人の下にいるよりも，小さな集団でトップになったほうがよいこと。

E：「馬」が当てはまる。「天高く馬肥ゆ」は通常「天高く馬肥ゆる秋」で用いられ，意味として，秋は空気が澄み渡って晴れ，気候がよいので，馬が太る季節を言い表し，手紙文の中で10月の時候の挨拶ともなっている。もともとは，中国の漢代の将軍の言葉で，北方の騎馬民族が，秋になってたくましく太った馬に乗って略奪に来る可能性があるので警戒せよとの警告だった。

よって，妥当なのはCとEで，正答は**5**である。

正答　**5**

No.239 国語 漢字の部首 令和元年度

次のA～Eの下線部を漢字に直したとき，その漢字の部首が同じものの組合せとして最も妥当なのはどれか。

A：液体が<u>ギョウ</u>固する。
B：交渉の経<u>イ</u>を説明する。
C：文章を簡<u>ケツ</u>に書く。
D：文章の誤りを指<u>テキ</u>する。
E：画像を<u>カク</u>大して表示する。

1 A，B
2 A，C
3 B，D
4 C，E
5 D，E

解説

A：下線部の漢字は「凝」。その漢字の部首は「にすい」。
B：下線部の漢字は「緯」。部首は「いとへん」。
C：下線部の漢字は「潔」。部首は「さんずい」。
D：下線部の漢字は「摘」。部首は，「てへん」。
E：下線部の漢字は「拡」。部首は「てへん」。

　よって，D，Eの部首が同じものであり，正答は**5**である。

正答　**5**

次のA～Eの文のうち，敬語の使い方が妥当なもののみを挙げているのはどれか。

A：会議の開催場所につきましては，当日，受付の者にお尋ねになってください。

B：先生は，昨日の演奏会に参りましたか。

C：先生の御活躍はよく存じ上げております。

D：私が手作りしたクッキーです。皆さんでいただいてください。

E：この商品をもっとよく拝見したい方は，どうぞ店員にお申し付けください。

1 A，C
2 A，D
3 B，D
4 B，E
5 C，E

● 解 説 ●

A：妥当である。「お尋ねになる」は会議に参加する参加者に対して用いる尊敬語の表現である。

B：「先生」が主語となっている場合，「演奏会に参りましたか」は誤り。「参る」は「行く」の謙譲語である。ここでは，尊敬語を用いる必要がある。正しくは「演奏会にいらっしゃいましたか」。

C：妥当である。「先生の御活躍」を「存じ上げております」の「存じ上げる」は，話者本人が「知っている」の謙譲語の表現となっている。

D：「いただいてください」は誤り。「いただく」は「食べる」の謙譲語である。ここでは，「皆さん」に敬意を払って，「食べる」の尊敬語「召し上がる」を用いる必要がある。正しくは「召し上がってください」。

E：「拝見したい」が誤り。「拝見する」は謙譲語である。お客様を敬うためには，「見る」の尊敬語を用いる必要がある。正しくは「ご覧になりたい」。

よって，妥当なものはAとCで，正答は**1**である。

正答 **1**

次のA～Eのうち，下線部のカタカナを（　）内の漢字に直したときに，その字の使い方が二つとも妥当なもののみを挙げているのはどれか。

A：喪が<u>ア</u>（明）ける。
　　<u>ア</u>（空）き缶を捨てる。

B：余人をもって<u>カ</u>（換）え難い。
　　説明の文を差し<u>カ</u>（変）える。

C：ランプの<u>モト</u>（下）で本を読む。
　　酒が<u>モト</u>（基）でけんかをする。

D：時間を<u>サ</u>（割）いて話をする。
　　二人の仲を引き<u>サ</u>（裂）く。

E：悪事を<u>ハカ</u>（量）る。
　　解決を<u>ハカ</u>（図）る。

1 A，C
2 A，D
3 B，C
4 B，E
5 D，E

解説

A：2つとも妥当である。

B：2つとも誤り。「余人をもって換え難い」は誤り。正しくは「余人をもって代え難い」。意味は，誰も代わりができないほど，それぐらい重要なこと。「説明の文を差し変える」は誤り。正しくは「説明の文を差し替える」。意味は，他のものと入れ替えること。

C：上のみ妥当である。下の「酒が基でけんかをする」は誤り。正しくは「酒が元でけんかをする」。意味は，原因となること。

D：2つとも妥当である。

E：下のみ妥当である。上の「悪事を量る」は誤り。正しくは「悪事を<u>謀</u>る」。意味は，策略を巡らすこと。

　よって，妥当なのはAとDで，正答は**2**である。

正答　**2**

次のことわざ又は慣用句とその意味の組合せのうち最も妥当なのはどれか。

1　足が付く………………………行動にしっかりした落ち着きがあること。

2　情けは人のためならず………人に情けをかけるとその人のためにならないこと。

3　絵に描いたよう………………空想的なものは実際の役には立たないこと。

4　虻蜂取らず……………………危険にはなるべく近づかないほうがよいこと。

5　流れに棹さす…………………時流にうまく乗り，目的に向かって順調に進むこと。

解説

1.「足が付く」は，犯人の身元などがわかり，犯罪事実が明白になること。「行動にしっかりした落ち着きがあること」は「地に足の着いた」。

2.「情けは人のためならず」は，人に親切にすれば，やがてよい報いとなって自分に返ってくること。「人に情けをかけるとその人のためにならないこと」は「情けが仇」。

3.「絵に描いたよう」は，美しく素晴らしい様子のこと。「空想的なものは実際の役には立たないこと」は「絵に描いた餅」。

4.「虻蜂取らず」は2つのものを同時に取ろうとしても得られないこと。「危険にはなるべく近づかないほうがよいこと」は「君子危うきに近寄らず」。

5. 妥当である。

正答　**5**

世界史　日本史　地理　国語　英語　政治　経済　社会　倫理

四字熟語の漢字が全て正しいのはどれか。

1 異口同音　　以心伝心
2 適財適所　　温古知新
3 社交辞礼　　孤立無縁
4 三位一体　　諸行無情
5 短刀直入　　支離滅列

解説

1. 正しい。「異口同音」は多くの人が口をそろえて同じことを言うこと。「以心伝心」は言葉を使わなくても，お互いに心が通じ合うこと。

2. 適財適所の「財」が誤り。正しくは「材」で「適材適所」。意味は人の能力を正しく評価し，適した仕事につけること。温古知新は「古」が誤り。正しくは「故」で，「温故知新」。意味は昔のことを研究し，新しい知識や見解を見いだすこと。

3. 社交辞礼の「礼」が誤り。正しくは「令」で，「社交辞令」。意味は儀礼的なあいさつやほめ言葉のこと。孤立無縁は「縁」が誤り。正しくは「援」で，「孤立無援」。意味は頼る者がいない，助けのない状態。

4. 三位一体はすべて正しい漢字で，３つのことが一体となっている様子。諸行無情は「情」が誤り。正しくは「常」で，「諸行無常」。意味はこの世のすべてのものは永遠不変ではないこと。

5. 短刀直入の「短」が誤り。正しくは「単」で，「単刀直入」。意味はいきなり本題に入ること。支離滅列は「列」が誤り。正しくは「裂」で，「支離滅裂」。意味はバラバラでまとまりがない様子。

正答　**1**

次のA～Eのことわざ又は慣用句のうち，その意味が妥当なもののみを挙げているのはどれか。

A：猫の首に鈴を付ける・・・いざ実行となると引き受け手がないほど難しいことの例え。

B：枯れ木も山のにぎわい・・つまらないものでも，ないよりはあったほうがよいという例え。

C：魚心あれば水心・・・・・相手が好意を示してくれれば，こちらも応じようという例え。

D：海老で鯛を釣る・・・・・物事を成し遂げるためには，相手の好みを知ることが大切であるという例え。

E：李下に冠を正さず・・・・疑惑を招くからといって萎縮してはいけないという例え。

1 A，B，C
2 A，B，D
3 A，C，E
4 B，D，E
5 C，D，E

解説

A：妥当である。

B：妥当である。

C：妥当である。

D：意味が妥当ではない。「海老で鯛を釣る」は，少しの元手で大きな利益を得ること。

E：意味が妥当ではない。「李下に冠を正さず」は，スモモ（李）の木の下で手を挙げて冠をかぶり直すと，スモモの実を盗んでいるのではないか，といった疑惑を招くたとえ。

よって，妥当なのはA，B，Cで，正答は**1**である。

正答 **1**

下線部を漢字に直したとき，同じ漢字となるのはどれか。

1 <u>ケン</u>実な運営方針を採ったことは，<u>ケン</u>明な判断であった。

2 多<u>キ</u>にわたる事業展開が成功し，<u>キ</u>運に乗じて更に事業を拡大した。

3 事故原因を<u>キュウ</u>明し，上層部の責任を追<u>キュウ</u>する。

4 窓を開けて<u>カン</u>気するように注意<u>カン</u>起した。

5 彼は，青息<u>ト</u>息の現状を<u>ト</u>露した。

解　説

1．下線部の漢字は「堅」実と「賢」明で，同じ漢字とはならない。

2．下線部の漢字は多「岐」と「機」運で，同じ漢字とはならない。なお，「機運」は時の巡り合わせのことで，「気運」は時勢の成り行きのことになる。

3．下線部の漢字は「究」明と追「及」で，同じ漢字とはならない。

4．下線部の漢字は「換」気と，「喚」起で，同じ漢字とはならない。

5．正しい。「吐」息，「吐」露で同じ漢字となる。

正答　**5**

下線部のことわざ等の使い方が最も妥当なのはどれか。

1 困ったときに助けてあげたのに，<u>石の上にも三年</u>で，彼女はそのことをすっかり忘れている。

2 教授が発表した論文は，学界に<u>一石を投じる</u>ものであり，大きな反響を呼んだ。

3 彼は反論をすることなく，大人しく<u>石に嗽ぎ流れに枕した</u>。

4 友人は<u>石橋を叩いて渡る</u>性格なので，準備を怠ることが多い。

5 今回の応募作品は，<u>玉石混淆</u>で，いずれも素晴らしい出来栄えだ。

解説

1.「石の上にも三年」の意味は，根気強く続ければ成功することであり，妥当ではない。

2. 妥当である。「一石を投じる」の意味は，問題や波紋を投げかけること。

3.「石に嗽ぎ流れに枕した」の意味は，負け惜しみが強く，言い逃れをすることであり，妥当ではない。

4.「石橋を叩いて渡る」の意味は，用心に用心を重ねて物事に取り組むことであり，妥当ではない。

5.「玉石混淆」の意味は，良いものと悪いものが入り混じっていることであり，妥当ではない。

正答 **2**

No. 247 国語 漢字の用法 平成 27年度

次の下線部について漢字の使い方がいずれも妥当なのはどれか。

1 物価の上昇を押さえる ― 証拠を抑える

2 合理化を計る ― 時間を量る

3 迷惑を架ける ― 電線を懸ける

4 機転が利く ― 薬が効く

5 全力を揚げる ― 腕前を挙げる

解 説

1. 物価の上昇の場合は，抑制する意味から，「抑える」が妥当である。証拠の場合は，証拠を捕まえる意味であるから「押さえる」が妥当。

2. 合理化の場合は，考えて，工夫していくことであるから「図る」が妥当である。時間の場合は，計算する意味から，「計る」が妥当。

3. 迷惑の場合は，煩わせる意味から「掛ける」が妥当である。電線の場合は，一方から他方へわたしかける意味から「掛ける・架ける」が妥当。

4. いずれも妥当である。

5. 全力の場合は，力を出す意味から「上げる・挙げる」が妥当である。腕前の場合は，上達する意味から「上げる」が妥当。

正答 **4**

次のことわざ又は慣用句のうち，同じ意味を持つものの組合せとして最も妥当なのはどれか。

1 河童の川流れ　　　　　—　医者の不養生
2 二階から目薬　　　　　—　案ずるより産むが易し
3 豆腐にかすがい　　　　—　猫に小判
4 暖簾に腕押し　　　　　—　糠に釘
　　 （のれん）　　　　　　　（ぬか）
5 盗人を捕らえて縄をなう　—　転ばぬ先の杖

解説

1.「河童の川流れ」は名人でも失敗することがあること。「医者の不養生」は，医者が自らの健康に案外不注意であるように，理屈を知りながら，自分ではそれを実行しないこと。

2.「二階から目薬」は遠すぎて効果がないこと。「案ずるより産むが易し」は心配するよりも実行したほうが容易なこと。

3.「豆腐にかすがい」は手ごたえがないこと。「猫に小判」は価値のわからない人に貴重なものを与えても無駄なこと。

4. 妥当である。両方とも，手ごたえのないこと。

5.「盗人を捕らえて縄をなう」は物事を行き当たりばったりで行うこと。「転ばぬ先の杖」は失敗しないように事前に十分に準備しておくこと。

正答　**4**

次のア，イ，ウに当てはまる語の組合せとして最も妥当なのはどれか。

［私は彼女に遅れずについて行くためにできる限り速く走った。

I ran as fast as possible to ［ ア ］ up with her.

［電話を切らないでください。

Don't ［ イ ］ up, please.

［私は野球をするのが好きだった。

I was fond ［ ウ ］ playing baseball.

	ア	イ	ウ
1	keep	call	like
2	keep	call	of
3	keep	hang	of
4	put	call	of
5	put	hang	like

解 説

選択肢より，それぞれの空欄に入る語の候補は2つずつであることがわかる。自信を持って正解を選べる文を中心に，選択肢を絞っていくとよい。

空欄アは keep が入る。keep up with ～で「～に遅れずについて行く」という意味の熟語表現。put up with ～は「～を我慢する」という意味の熟語なので，本問では意味の通る文にならず，日本語にも合わない。

空欄イは hang が入る。hang up で「電話を切る」という意味の熟語表現。hang は「～をつるす，掛ける」という意味の動詞だが，昔の電話は壁に受話器台を取り付ける方式だったため，受話器を台に掛ける動作からこのような表現が生まれた。call up は主にアメリカで「電話をかける」の意味で使われる熟語表現なので，本問では日本語とは逆の意味になってしまう。

空欄ウは of が入る。be fond of ～で「～が大好きである」という意味の熟語表現。主にイギリスで使われ，like よりもくだけた表現とされる。この fond は形容詞なので，be 動詞の文になっている。like は，I like playing baseball. なら「私は野球をするのが好きだ」という意味を表す正しい英文になるが，本問では前の was fond と結びつかず，また日本語の意味を表すためには liked と過去形にする必要がある。like を「～のような，～のように」という意味の前置詞と考えても，やはり前の was fond と結びつかないため，文法的に不適である。

以上より，空欄に当てはまる語はそれぞれアー keep，イー hang，ウー of となり，正答は**3**である。

正答 **3**

和文に対する英訳が最も妥当なのはどれか。

1 私は友人と部屋を分け合った。
I shared my friend with the room.

2 我々はエレベーターが降りてくるのを待った。
We waited for the elevator to come down.

3 なぜこんなに早くに職場に来たのですか？
Why came you to the office so early?

4 その橋は工事中である。
The bridge is above construction.

5 あなたがしてくださったことに対して私は感謝しています。
Thank you for as have done for me.

解説

1. 動詞 share は share 〜 with ... の形で「〜を…と分け合う」の意味を表す。したがって，この英文は「私は友人を部屋と分け合った」というおかしな意味の文であり，日本文とは合わない。

2. 妥当である。wait for 〜で「〜を待つ」の意味だが，後に for 〜 to ... と続く場合，for 〜 は to 不定詞以下の内容の意味上の主語を表し，「〜が…するのを（待つ）」という意味になる。

3. 疑問詞で始まる疑問文なので，日本文の意味を表す英文は Why did you come to the office so early? とするのが正しく，×Why came ...? は文法的に誤り（「誰が来たのですか？」なら Who came ...? となるが，これは疑問詞が主語の場合の形であり，Why は主語ではない）。

4. 「工事中」を表す英語は under construction である。前置詞 under は「〜の下に」が基本の意味だが，「（動作・過程）の最中で」という意味にもなる。above は under の対義語で「〜の上〔上方〕に」が基本の意味だが，×above construction では意味をなさず，日本文の意味を表す英文にならない。above にはほかに「（能力・水準）を超えて」の意味があり，above my head は「（難しすぎて）私には理解できない」という意味になる。

5. Thank you for の後に as が続く形はない。Thank you for your present.「プレゼントをありがとう」，Thank you for helping me.「助けてくれてありがとう」のように，for の後には名詞・動名詞など名詞相当語句が続くが，本問の場合，×Thank you for doing for me. では「何を」してくれたことに対する感謝なのかが伝わらず，意味不明な文である。「あなたがしてくださったこと」の部分を名詞節と考えれば，関係代名詞 what を用いて△ Thank you for what you have done for me. と表現できるが，実際の英語ではこのような言い方はせず，○ Thank you for everything[all] you have done for me.「あなたがしてくださったすべてのことに対して感謝します」という表現が用いられる。本問の日本文の内容は，会話であれば単に Thank you for everything. といえば十分に伝わる。

正答 **2**

次の各組の英文と和文がほぼ同じ意味になるようにア，イ，ウに語句を当てはめたものの組合せとして最も妥当なのはどれか。

As 　ア　 as it started to snow, the children ran outside.
雪が降り始めるとすぐに子供たちは外に走り出していった。

Did you get to work 　イ　 time this morning?
今朝は定刻に職場に着きましたか。

There was a large sign outside the door that said, "Danger! 　ウ　 out!"
ドアの外側に，「危険！　立入禁止！」と大きな標示があった。

	ア	イ	ウ
1	soon	in	Go
2	soon	on	Keep
3	soon	on	Go
4	fast	in	Keep
5	fast	on	Go

解説

選択肢より，それぞれの空欄に入る語の候補は2つずつであることがわかる。自信を持って正解を選べる文を中心に，選択肢を絞っていくとよい。

空欄アには soon が入る。as soon as ～で「～するが早いか，～するとすぐに」という意味の熟語。soon は時間・時期的な早さを表す形容詞・副詞で，ここでは「早く，すぐ」の意味の副詞として使われている。一方，fast は速度の速さを表す形容詞・副詞で，as fast as ～では「～と同じくらい速く〔速い〕」という意味になるので，本問では意味の通る文にならない。

空欄イには on が入る。on time で「時間どおりに，定刻に」という意味の熟語。in time は「間に合って」の意味を表す熟語で，ここでは定刻よりも早い時間に到着したことを含意するので，日本文に合わず不適。これらは熟語表現ではあるが，〈接触〉を表す on と〈範囲〉を表す in という，前置詞の基本的な意味を押さえていれば使い分けは難しくない。

空欄ウには Keep が入る。keep out（of ～）で「（～から）離れたままでいる，（～に）近づかない，立ち入らない」という意味の熟語。keep には「（ある状態を）保つ」という意味があり，「外にある状態を保つ」が直訳である。一方，Go out! では「外に出なさい〔外出しなさい〕」の意味になり，日本文に合わない。

以上より，空欄に当てはまる語はそれぞれアーsoon，イーon，ウーKeep となり，正答は**2**である。

正答　**2**

世界史
日本史
地理
国語
英語
政治
経済
社会
倫理

英文に対する和訳が最も妥当なのはどれか。

1 Quite a few people were talking on the train.
かなり多くの人が電車で話していた。

2 David made me laugh in the dining room next to the kitchen.
デイビッドは，ダイニングルームで私を笑わせ，次にキッチンに向かった。

3 Since it was hot, I work up a sweat today.
今日はスウェットを着て運動したので暑かった。

4 I cannot help loving you.
私は，愛するあなたを助けることはできない。

5 He missed the deadline for submitting his report.
彼は，レポート提出の締切りの期日を間違えた。

解説

1. 妥当である。quite a few 〜で「かなり多くの〜」の意味を表す。比較的少ない数を表す a few 〜「少数の，いくつか〔何人か〕の〜」との意味の違いに注意。

2. next to 〜は「〜の隣に（ある）」の意味で，ここでは next to the kitchen が直前の the dining room を修飾する形容詞句になっている。「デイビッドは，キッチンの隣にあるダイニングルームで私を笑わせた」という意味の文。

3. 日本文は「スウェットを着て」となっているが，スウェットシャツは英語では sweat shirt，スウェットパンツと一そろいの場合は sweat suit と表す（それぞれ sweatshirt，sweatsuit と1語でつづることもある）。sweat は「汗」を意味する語で，ここでは work up a sweat で「（運動・労働をして）汗をかく」という意味の熟語表現として用いられている。「暑かったので，今日は運動すると汗をかく」という意味の文（英文としては，後半は I worked up a sweat today「今日は運動して汗をかいた」となるのがより自然である）。

4. cannot［can't］help 〜ing で「〜せずにいられない」という意味を表す熟語表現。「私はあなたを愛さずにはいられない」という意味の文。

5. miss は日本語ではさまざまな意味になる動詞だが，「〜を逃す，〜し損なう，〜を欠いている」というのが基本的な意味であり，日本語の「ミスする＝間違いを犯す」とは異なるので注意が必要である。ここでは，日本文のように「締切りの期日を間違えた」という意味になるためには，missed ではなく mistook（動詞 mistake の過去形）を用いる必要がある。本文は，「彼はレポートを提出する締切りの期日を逃した」，すなわち期限に間に合わなかったという意味の文である。

正答 **1**

英文に対する和訳が最も妥当なのはどれか。

1 ⎧ He is behaving as if nothing had happened.
　　⎩ 彼は行動を起こしたが，何も起こらなかった。

2 ⎧ None of these vegetables has gone bad.
　　⎩ これらの野菜はどれも悪くなっていない。

3 ⎧ The more I got to know her, the more I respected her.
　　⎩ 私は，彼女をもっと褒めたかったので，彼女のことをもっと知ることにした。

4 ⎧ We are looking forward to seeing him.
　　⎩ 我々は彼と出会う場を探し続けている。

5 ⎧ The picture taken by my daughter won the competition.
　　⎩ 娘を撮った私の写真が，コンクールで優勝した。

解　説

1. 主節は He is behaving「彼は振る舞っている」の部分であり，「何も起こらなかった」は as if ～「まるで～であるかのように」が導く従属節である。「彼はまるで何事も起こらなかったかのように振る舞っている」という意味の文。

2. 妥当である。none はもともと no＋one が1語になったもので，人や物について「誰ひとり～ない，何ひとつ～ない」の意味を表す。

3. The more ～, the more … は，「～すればするほど，いっそう…」という意味になる定型表現で，コンマの前後は並列の関係である。「彼女のことをよく知るようになればなるほど，私はますます彼女に尊敬の念を抱いた」という意味の文。

4. 「探す」にあたる表現は look for ～である。look forward to ～は「～を楽しみにする〔楽しみに待つ〕」という意味の熟語表現。この to は不定詞の to ではなく前置詞で，「～」の部分には名詞に相当する語句がくるので，動詞を続けたい場合は「～すること」という動名詞の形にする。「私たちは彼に会うことを楽しみにしている」という意味の文。

5. 主部は，The picture「その写真」を taken by my daughter「私の娘によって撮られた」が後ろから修飾する形である。「私の娘が撮った写真が，コンクールで優勝した」という意味の文。

正答　**2**

次のア，イ，ウに当てはまる語の組合せとして最も妥当なのはどれか。

○　I broke this glass 　ア　 purpose.

○　Her guess turned 　イ　 to be true.

○　How can we bring 　ウ　 the change in her attitude?

	ア	イ	ウ
1	on	down	up
2	on	down	about
3	on	out	about
4	from	down	up
5	from	out	up

解 説

選択肢より，それぞれの空欄に入る語の候補は 2 つずつであることがわかる。自信を持って正解を選べる文を中心に，選択肢を絞っていくとよい。

空欄アは on が入る。on purpose で「故意に，わざと」という意味の熟語。「私は故意にこのガラスを割った」という文になる。from では意味の通る文にならない。

空欄イは out が入る。〈turn out（to be）＋形容詞〉で「（結局）〜であることがわかる」という意味の表現。「彼女の推測は結局のところ本当であることがわかった」という文になる。down は turn down で「〜を断る，〜（の音量・熱など）を下げる」などの意味を表す熟語だが，ここでは意味の通る文にならない。

空欄ウは about が入る。bring about で「〜をもたらす」という意味の熟語。「どうすれば彼女の態度に変化をもたらすことができるだろうか」という意味の文。up は bring up で「（子ども）を育てる，（問題など）を持ち出す」などの意味を表す熟語だが，ここでは意味の通る文にならない。

以上より，空欄に当てはまる語はそれぞれア：on，イ：out，ウ：about となり，正答は **3** である。

正答　**3**

世界史 日本史 地理 国語 英語 政治 経済 社会 倫理

英文に対する和訳が最も妥当なのはどれか。

1 This is the TV program which I talked about yesterday.
　　私は昨日このテレビ番組を観ました。

2 I have to practice baseball harder this year.
　　私は，今年，野球をもっと熱心に練習しなければならない。

3 I met my friend who works at a bank.
　　私は友人と一緒に銀行で働いていた。

4 My daughter is as tall as my mother.
　　私の娘は，私の母より背が高い。

5 Is this the school where your father works?
　　あなたのお父さんが働いている学校はどこですか。

解説

1．和訳の「この」「観ました」にあたる語は英文中にない。英文の which 以下は直前の（the TV）program を修飾する関係代名詞節なので，前半の This is the TV program が文の骨子になる。全体では，「これは昨日私が話したテレビ番組です」という意味である。

2．妥当である。harder は，ここでは動詞 practice を修飾する副詞の比較級である。

3．和訳の「と一緒に」にあたる語は英文中にない。英文の who 以下は直前の（my）friend を修飾する関係代名詞節なので，前半の I met my friend が文の骨子になる。全体では，「私は銀行で働いている友人に会った」という意味である。

4．as 〜 as ... は「…と同じくらい〜」という〈同等比較〉を表すので，文全体では「私の娘は私の母と同じくらいの背の高さである」という意味である。

5．英文の where 以下は直前の（the）school を修飾する関係副詞節なので，前半の Is this the school（?）が文の骨子である。全体では，「これがあなたのお父さんが働いている学校ですか」という意味である。

正答　**2**

There are 3 days from June first to June third.　Then, how many days are there from July twelfth to September twenty-third?

1　66 days

2　74 days

3　96 days

4　104 days

5　126 days

解　説

設問文は，「6月1日から6月3日までは3日間ある。それでは，7月12日から9月23日までは何日間あるか？」という意味である。

　7月12日から月末の31日までは20日間あり，8月は31日間なので，7月12日から9月23日までは，20＋31＋23＝74日間ということになる。

　したがって，正答は**2**である。

正答　**2**

次の各組の英文と和文がほぼ同じ意味になるようにア，イ，ウに語句を当てはめたものの組合せとして最も妥当なのはどれか。

⎧ I ｜　ア　｜ my best to meet my mother's expectations.
⎩ 私は，母の期待に添えるよう精一杯頑張った。

⎧ I can't ｜　イ　｜ up with her any more.
⎩ 私は，もう彼女には我慢がならない。

⎧ I ｜　ウ　｜ up my mind to go to New York alone.
⎩ 私は，一人でニューヨークに行くことを決心した。

	ア	イ	ウ
1	did	put	made
2	did	stay	caught
3	got	put	caught
4	got	stay	caught
5	got	stay	made

解説

選択肢を見ると，それぞれの空欄に当てはまる語の候補は2つであることがわかる。空欄アの候補は did と got であるが，got my best では意味をなす文にならない。do *one's* best で「（～の）最善を尽くす」という意味になるので，do の過去形 did を入れれば，和文の「精一杯頑張った」に相当する。空欄イの候補は put と stay であるが，stay up with では意味をなす文にならない（stay up は「寝ないで起きている」という意味）。put up with ～で「～を我慢する」という意味になるので，put が当てはまる。空欄ウの候補は made と caught であるが，caught up my mind では意味をなす文にならない（catch up は「～に追いつく」という意味）。make up *one's* mind で「決心する」という意味になるので，make の過去形 made が当てはまる。

　したがって，ア―did，イ―put，ウ―made となるので，正答は**1**である。

正答　**1**

二つの英文がほぼ同じ意味となる組合せとして最も妥当なのはどれか。

1 She can hardly speak Japanese.
     She can speak Japanese very well.

2 They can no longer eat fried chicken.
     They cannot eat much fried chicken.

3 The trunk was so heavy that she couldn't carry it.
     The trunk was too heavy for her to carry.

4 He is not always free on Sundays.
     He is never free on Sundays.

5 Not all the students in this school attended the event.
     No students in this school attended the event.

解説

1. 上の文は「彼女はほとんど日本語を話すことができない」という意味。hardly は「ほとんど〜ない」という意味の副詞。scarcely も同じ意味で用いられ，語中に否定の意味が含まれるこのような語は準否定語と呼ばれる。下の文は「彼女はとても上手に日本語を話すことができる」という意味なので，2つの英文の意味は異なる。

2. 上の文は「彼らはこれ以上フライドチキンを食べられない」という意味。no longer は「もはや〜ない，これ以上〜ない」という意味の副詞句。not 〜 any longer を用いて，They cannot eat fried chicken any longer. としても同じ意味を表すことができる。下の文は「彼らはフライドチキンを（あまり）たくさん食べることができない」という意味なので，2つの英文の意味は異なる。

3. 妥当である。2つの文はほぼ同じ意味となる。上の文は「そのトランクはとても重かったので，彼女はそれを持つことができなかった」という意味。so 〜 that ... は「非常に〜なので……」という意味で，that の後には節（主語と動詞を含むまとまり）が続く。下の文は「そのトランクは，彼女が持つには重すぎた」という意味の文。too 〜 to ... は「あまりに〜なので……」という意味で，to の後には不定詞句が続く。ここでは，「持つには重すぎた」ということは「重すぎて持てなかった」ということを表している。

4. 上の文は「彼は日曜日が休みとは限らない」という意味。not always は「常に〜というわけではない」という意味で，「常に〜ではない」という意味ではないことに注意。このような意味の表現は部分否定と呼ばれる。下の文は「彼は日曜日が休みのことはない」という意味。never は「決して〜ない，一度も〜ない」という意味を表すので（全否定），2つの英文の意味は異なる。

5. 上の文は「この学校のすべての学生がその行事に参加したわけではない」という意味。not all 〜 は「すべての〜が……というわけではない」という意味で，**4**の not always と同様の部分否定表現。下の文は「この学校の誰もその行事に参加しなかった」という意味になるので（全否定），2つの英文の意味は異なる。

正答 **3**

下線部の文法や用法が最も妥当なのはどれか。ただし，（　）内は英文に対応する和文である。

1　The bird <u>took care</u> by my father.
　　（その鳥は私の父に世話をされた。）

2　She <u>was laughed at</u> by everybody.
　　（彼女は皆に笑われた。）

3　The table <u>was covering with</u> a white cloth.
　　（そのテーブルには白いテーブルクロスが掛かっていた。）

4　His results <u>were disappointed</u> me.
　　（彼の成績は私をがっかりさせた。）

5　Our latest guidebook <u>is written by</u> easy Spanish.
　　（我々の最新のガイドブックは易しいスペイン語で書かれている。）

解説

1.「（～の）世話をする」に当たる英語は take care of ～で，「世話をされた」という意味にするためには受け身の形（be 動詞＋動詞の過去分詞形）にする必要がある。したがって，和文の意味を表す正しい英文は，The bird was taken care of by my father. となる。この場合，by の前の前置詞 of は省略できないので注意。

2. 妥当である。「～を笑う」に当たる英語は laugh at ～なので，**1**の解説で述べたように，受け身の文では at は省略されず，by の前に残る形になる。

3. 和文は「掛かっていた」となっているが，cover は「～を覆う」という意味の動詞なので，The table was covering ... では「テーブルが覆っていた」という意味になってしまう。受け身の形 be covered with ～「～で覆われている」を用いて The table was covered with a white cloth. とすれば，「そのテーブルは白い布で覆われていた」となり，「白いテーブルクロスが掛かっていた」という和文に相当する英文になる。

4. disappoint は「～を失望させる，がっかりさせる」という意味の動詞なので，His results disappointed me. で和文の意味を表すことができる。したがって were が不要。人を主語にした受け身の形 be disappointed「がっかりさせられる，がっかりする」と混同しないよう注意。

5. be written by ～の後には「書いた人物」を表す語がくる。「易しいスペイン語で」という場合は，<u>in</u> easy Spanish と，過去分詞の後に by ではなく前置詞 in を用いる。

正答　**2**

次のうち，文法的に正しい英文はどれか。

1 Almost the students in their class bring lunch to school.

2 A many number of police officer was guarding the golden crown.

3 There is few furniture in my grandmother's room.

4 Each participants were awarded a prize in the bicycle race.

5 She has two computers in her office, but neither has a key board.

解 説

1. almost は「ほとんど」という意味の副詞なので，直接名詞を修飾することはできない。Almost all the students「ほとんどすべての生徒たち」，あるいは Most of the students「その生徒たちのほとんど」とすれば，「そのクラスのほとんどの生徒たちは学校に昼食〔弁当〕を持っていく」という意味の英文になる。

2. a many number of ～という言い方はない。A large number of police officers were ...，あるいは Many police officers were ... とすれば，「多くの（数の）警察官がその金の王冠を見張っていた」という意味の英文になる。

3. (a) few は数えられる名詞の前に置いて「いくつかの」の意味を表すが，furniture は「家具類」という意味の集合名詞なので，文法上は数えられない名詞として扱うことに注意（一点一点の家具に言及する場合は，a piece of furniture と表現する）。したがって，There is little furniture ...，あるいは There are few pieces of furniture ... とすれば，「祖母の部屋には家具がほとんどない〔少ししかない〕」という意味の英文になる。

4. each は every と同様に，単数名詞の前に置いて「それぞれの，各～」の意味を表す。したがって，Each participant was awarded ... とすれば，「その自転車レースの参加者は，それぞれ（みな）賞を授与された」という意味の英文になる。

5. 正しい。neither は「（2つ〔2人〕のうちの）どちらも～ない」の意味を表す準否定語で，本肢では「（2台のコンピュータの）どちらのほうも～ない」の意味を表す代名詞である。neither は通例，単数扱いなので，動詞は has が対応し，「彼女は会社に2台，コンピュータを持っているが，どちらにもキーボードがない」という意味の英文になる。なお，3つ〔3人〕以上の物や人について「どれも〔誰も〕～ない」と言う場合は，neither の代わりに none を用いる。

正答 **5**

下線部の用法が最も妥当なのはどれか。ただし，（　）内は英文に対応する和文である。

1　We need at least five people to move this desk.
（この机を運ぶのに少なくとも5人は必要だ。）

2　He went to school as quickly as could.
（彼はできるだけ急いで登校した。）

3　I feel like drinking coffee rather to tea.
（私は紅茶よりもコーヒーが飲みたい。）

4　My English vocabulary is much inferior than hers.
（私の英語の語彙は，彼女よりもかなり劣っている。）

5　She has more and less finished her homework.
（彼女は大体宿題を終えていた。）

解説

1. 妥当である。

2. 「できるだけ〜」に相当する表現は，as 〜 as possible または〈as 〜 as＋主語＋can [could]〉のいずれかである。本肢のように，could を用いる場合は，as quickly as he could とする必要がある。

3. 「〜よりも（むしろ）」に相当する表現は，rather than 〜である。本肢の場合，rather than あるいは rather than drinking とする必要がある。なお，動詞 prefer「〜を（より）好む」を用いる場合，比較の対象には than ではなく，前置詞 to を用いる。*cf.* I prefer coffee to tea. （私は紅茶よりもコーヒーが好きだ）

4. 「〜よりも劣って」に相当する表現は，inferior to 〜である。なお，「〜よりも優れて」という場合は，superior to 〜となる。比較の対象に than ではなく to を用いる重要表現なので，**3**の動詞 prefer と併せて覚えよう。

5. 「だいたい，ほとんど」に相当する表現は，more or less である。ほかに，「多かれ少なかれ，程度の差はあれ，多少」の意味で用いられる。

正答　**1**

次の各組の和文と英文がほぼ同じ内容になるようにア，イ，ウに語句を当てはめたものの組合せとして最も妥当なのはどれか。

彼は学校に到着した。
He arrived 　ア　 school.

彼女は勇気のない人を軽蔑している。
She looks down 　イ　 a person who has no courage.

私はその危険に気付いていなかった。
I wasn't aware 　ウ　 the danger.

	ア	イ	ウ
1	at	on	in
2	at	on	of
3	at	with	in
4	to	on	in
5	to	with	of

解説

3つの空所には，いずれも前置詞が当てはまる。最初の文の「〜に到着する」は arrive at 〜，または arrive in 〜で表す。通常，地図上の一点で表されるような場所の場合は at，都市名や国名など，広がりを持った場所の場合は in を用いるので，本問の場合は at が適切。ほかに，get to 〜，または reach でも同じ意味を表すことができる。2つ目の文の「〜を軽蔑する」は，look down on 〜で表す。反対の意味の look up to 〜「〜を尊敬する」と併せて覚えておこう。3つ目の文の「〜に気づく」は，be aware of 〜で表す。動詞 notice でも同じ意味を表すことができる。

したがって，空所に当てはまる語はア：at，イ：on，ウ：of となる。

よって，正答は**2**である。

正答　**2**

No. 263　英語　文法　平成27年度

次の各組の和文と英文がほぼ同じ意味になるようにア，イ，ウに語句を当てはめたものの組合せとして最も妥当なのはどれか。

> 右に曲がってまっすぐに行けば，デパートは左手に見えます。
> If you turn right and go straight, you ［　ア　］ the department store on your left.

> 誰でもそのことを知っている。
> Everyone ［　イ　］ it.

> 「ケンはまだワシントンに住んでいますか？」「いいえ，ニューヨークに引っ越したところです。」
> "Does Ken still live in Washington, D.C. ?"　"No, he ［　ウ　］ to New York."

	ア	イ	ウ
1	will find	knows	had just moved
2	will find	is knowing	had just moved
3	will find	knows	has just moved
4	are found	is knowing	had just moved
5	are found	knows	has just moved

解説

ア：日本文の「見えます」に当たる表現が入る。選択肢の find は「～を見つける，発見する」という意味の動詞で，found はその過去形および過去分詞。are found は受け身の意味で，ここでは「（あなたは）発見されるでしょう」となって意味がおかしく，found の直後に名詞は続かないので，文法的にも誤り。will find なら「見つけるでしょう」となって，日本文と同じ内容になる。

イ：日本文の「知っている」に当たる表現が入る。選択肢の know は「知っている」という状態を表す動詞なので，ここでは3人称単数現在形の knows が正しく，is knowing のように現在進行形にする必要はない。状態を表す動詞を現在進行形で使うのは，一時的状態や，その状態が繰り返し起こっていることを強調する場合などに限られる。

ウ：日本文の「引っ越した」に当たる表現が入る。選択肢の has just moved は現在完了，had just moved は過去完了だが，ここでは「ちょうど～したところだ」と現在における動作の完了を表す has just moved が適切。日本文の「引っ越した」の部分から，過去時制を使うものと誤解しないよう注意。日本語の「～した」は，「ほら，バスが来た」のように，過去時制だけでなく現在における動作の完了にも用いられる。英語の過去完了形は，過去のある時点における動作の完了などを表す場合に用いられる。

　よって，ア：will find，イ：knows，ウ：has just moved がそれぞれ当てはまり，正答は**3**である。

正答　**3**

世界史　日本史　地理　国語　英語　政治　経済　社会　倫理

次のア〜エに当てはまる語の組合せとして最も妥当なのはどれか。

・I had a talk with my client 　ア　 English.

・You must finish your job 　イ　 tomorrow.

・　ウ　 my stay in Kyoto, I visited many famous temples.

・She plays tennis 　エ　 Sunday.

	ア	イ	ウ	エ
1	in	by	During	on
2	in	by	While	at
3	in	until	While	on
4	by	until	During	at
5	by	by	While	at

解説

いずれも空所には前置詞が入る。

ア：in English で「英語で」という手段を表し、「私はクライアントと英語で話をした」という文になる。by using English「英語を使って」という言い方で同様の内容を表すことはできるが、by English という表現はない。

イ：by tomorrow で「明日までに」という期限を表し、「あなたはその仕事を明日までに終わらせなくてはならない」という文になる。until は「〜まで」という、動作や状態の継続を表すので、until tomorrow では「明日まで（ずっと）」という意味になり、おかしな文になる。

ウ：during my stay で「私の滞在の間」となり、「私は京都にいる間、たくさんの有名な寺を訪れた」という文になる。while も「〜する間」の意味で使われるが、これは接続詞で、直後に節（主語と動詞を含むまとまり）が続く必要があるので、ここでは不適切。

エ：on Sunday で「日曜日に」となり、「彼女は日曜日にテニスをする」という文になる。曜日や特定の日付の前には前置詞 on を用い、at が用いられることはない。

　よって、ア：in、イ：by、ウ：During、エ：on がそれぞれ当てはまり、正答は**1**である。

正答　**1**

世界史

日本史

地理

国語

英語

政治

経済

社会

倫理

世界史
日本史
地理
国語
英語
政治
経済
社会
倫理

核兵器と軍縮に関する記述として最も妥当なのはどれか。

1 1950年代，ラッセルとアインシュタインの呼びかけに応じ，科学者らによるパグウォッシュ会議が開かれるなど，核兵器の廃絶を求める声が上がった。

2 1960年代，キューバが米国に対してミサイル攻撃を行い，これを支援するソ連が核兵器をキューバに持ち込んだ。このキューバ危機後，核戦争への脅威が一層高まった。

3 1990年代，地下核実験を含む全ての核爆発を禁止する包括的核実験禁止条約（CTBT）が採択されたが，未発効だったため，その後，部分的核実験禁止条約（PTBT）が結ばれた。

4 大量破壊兵器としては，核兵器のほか，生物兵器や化学兵器などがある。2010年代に生物兵器禁止条約が発効したが，化学兵器禁止条約は2021年時点で発効していない。

5 非核地帯条約とは，締約国が核兵器の取得，生産，配備などをしないことを約束する条約であり，インドを含む南アジアや中東地域などで結ばれている。

解 説

1. 妥当である。ラッセルとアインシュタインを中心とする科学者のグループは，1955年に「ラッセル・アインシュタイン宣言」を発表し，核兵器の廃絶と科学技術の平和利用を訴えた。そして，これが契機となって，1957年には科学者らによるパグウォッシュ会議が開かれることとなった。

2. 1962年，ソ連がキューバにミサイル基地を建設中であることが発覚し，米ソ間で緊張が高まった。このキューバ危機において，アメリカ側が強硬姿勢を貫いたことから，最終的にソ連は基地建設を断念した。本肢では，キューバから米国にミサイルが発射され，キューバにソ連の核兵器が持ち込まれたと記述されているが，そうした事実はない。また，キューバ危機後，米ソは急速に接近し，首脳間のホットライン開設や部分的核実験禁止条約（PTBT）の締結などが実現した。本肢にあるように，核戦争への脅威が一層高まったわけではない。

3. 部分的核実験禁止条約（PTBT）は，地下実験を除く核実験を禁止するための条約であり，キューバ危機後の1963年に調印され発効した。その後，1996年には，あらゆる核実験を禁止する包括的核実験禁止条約が国連総会で採択されたが，米国，インド，パキスタンなどの反対にあって，現在も発効していない。本肢では，包括的核実験禁止条約と部分的核実験禁止条約の成立順が逆になっている。

4. 生物兵器禁止条約は1975年，化学兵器禁止条約は1997年に発効している。したがって，化学兵器禁止条約が2021年時点で発効していないとする本肢の記述は誤りである。なお，大量破壊兵器とは大規模な破壊・殺傷能力を持つ兵器のことであり，核兵器や生物兵器（細菌やウイルスなどを用いた兵器），化学兵器（毒ガスなど）がこれに含まれるという点は正しい。

5. 非核地帯条約は，南アジアや中東地域では締結されていない。現在，すでに発効している非核地帯条約としては，トラテロルコ条約（ラテンアメリカおよびカリブ海），ラロトンガ条約（南太平洋），バンコク条約（東南アジア），ペリンダバ条約（アフリカ），セメイ条約（中央アジア）が挙げられる。

正答 **1**

No. 266 政治 日本国憲法 令和4年度

我が国の基本的人権に関する記述として最も妥当なのはどれか。

1 日本国憲法は，地方議会議員，都道府県知事などのあらゆる公務員を直接に選定することを国民固有の権利として規定しているが，公務員を罷免することは国民固有の権利として規定していない。

2 日本国憲法は，知る権利はこれを保障すると規定し，この規定に基づいて制定された情報公開法も，知る権利を明文で規定している。

3 日本国憲法は，検閲は表現行為を事前に抑制する正当な理由がある場合にのみすることができると規定し，例外的に行政による検閲を認めている。

4 日本国憲法は，犯罪被害者は裁判においてその意見を表明する権利を有すると規定し，犯罪被害者の意見表明権を保障している。

5 日本国憲法は，何人も，抑留又は拘禁された後，無罪の裁判を受けたときは，法律の定めるところにより，国にその補償を求めることができると規定し，刑事補償請求権を保障している。

解説

1. 日本国憲法15条1項は，「公務員を選定し，及びこれを罷免することは，国民固有の権利である」と規定している。したがって，公務員を罷免することも国民固有の権利として保障されている。

2. 知る権利は日本国憲法が制定された後に発達した概念（いわゆる「新しい人権」）であり，日本国憲法に知る権利に関する規定は設けられていない。また，情報公開法にも知る権利に関する明文の規定は設けられていない。

3. 日本国憲法21条2項は，「検閲は，これをしてはならない」と規定しており，検閲は絶対的に禁止される。

4. 日本国憲法に犯罪被害者の意見表明権を保障する規定は設けられていない。なお，2008年に導入された被害者参加制度では，裁判所が認めた場合，犯罪被害者は法廷で意見陳述を行うことができるとしている。

5. 妥当である。日本国憲法40条は，「何人も，抑留又は拘禁された後，無罪の裁判を受けたときは，法律の定めるところにより，国にその補償を求めることができる」と規定している。

正答 **5**

世界史 日本史 地理 国語 英語 政治 経済 社会 倫理

我が国の政治に関する記述として最も妥当なのはどれか。

1 政党を中心に行われる政治を政党政治という。政党は同じ考えや目的をもつ国会議員の集団を指し，特に有力な政党は名望家政党と呼ばれる。党員は，失職するとその資格を剥奪される。

2 1950年代半ば，自由民主党と民社党が保守合同で連立政権を成立させた。これに対して革新政党が挑み，保守合同と革新政党が交互に政権を担った体制を55年体制という。

3 1990年代半ば，自由民主党が日本社会党と決別して単独で政権を担うようになり，55年体制は崩壊した。以降，2000年代末に政権交代が起きるまで，自由民主党の単独政権が続いた。

4 人々が政治への興味・関心を失うことを政治的無関心と呼ぶ。また，今日では，明確に支持する政党をもたない無党派層の投票行動が，選挙結果に影響を与え得ると指摘されている。

5 マスメディアの発達により，国民が多くの情報を入手可能になったことで，大衆受けはしないが合理性や実現性が高い政策が支持を得る傾向にあり，これはポピュリズムと呼ばれる。

解 説

1. 名望家政党とは，名望家（＝財産と教養を持った地方の名士）の個人的なつながりによって結成された政党のことであり，制限選挙の下で発達したとされる。政党政治における有力政党を名望家政党と呼ぶわけではない。また，政党の党員は，必ずしも国会議員である必要はなく，国会議員を失職したからといって，党員資格を剥奪されるわけではない。

2. 1950年代半ばの1955年には，民主党と自由党が保守合同で自由民主党を結成し，第 3 次鳩山一郎内閣を成立させた。これ以降，1993年に至るまで，一時期を除いて自由民主党の単独政権が続くこととなったが，そうした政治体制を55年体制という。なお，民社党は，1960年に社会党から右派が分離して結成した政党（当初の党名は民主社会党）で，1994年まで存続した。

3. 1993年の解散総選挙で自由民主党の議席数が過半数を下回り，非自民・非共産の細川護熙連立内閣が成立したことで，55年体制は崩壊した。以降，わが国では連立政権の時代が続き，政権交代も起こるようになった。

4. 妥当である。無党派層のなかには，政治的無関心に陥っている人々もいるが，特定の支持政党を持たず，そのときどきの判断で投票先を決めるという人々も相当数含まれている。そのため，特に後者の投票行動が，選挙結果に影響を与えうると指摘されている。

5. マスメディアの発達により，合理性や実現可能性よりも大衆受けを重視した政策がしばしば打ち出されるようになっているが，こうした傾向をポピュリズムと呼ぶ。

正答 **4**

No. 268　政治　日本の内閣　令和 3 年度

我が国の内閣に関する記述として最も妥当なのはどれか。

1 日本国憲法は「行政権は，内閣に属する」と定めており，内閣は，一般の行政事務のほか，外交関係の処理や条約の締結，政令の制定などを行う。

2 内閣は，内閣総理大臣と国務大臣によって構成されており，国務大臣の過半数は衆議院議員の中から選ばなければならない。

3 閣議は，内閣が意思決定を行うために開く会議で，決定内容の公平性を保つため多数決の形式をとり，意思決定の透明性のため原則公開で行われる。

4 内閣総理大臣について，大日本帝国憲法に規定はなかったが，日本国憲法では国務大臣の中で「同輩中の首席」と規定されている。

5 内閣の立法府への権限として，国会の提出する予算の議決権などが挙げられ，内閣の司法府への権限として，弾劾裁判所の設置が挙げられる。

解　説

1. 妥当である。日本国憲法は，「行政権は，内閣に属する」（65条）と定めている。また，「内閣は，他の一般行政事務の外，左の事務を行ふ」（同73条）として，法律の誠実な執行と国務の総理，外交関係の処理，条約の締結，官吏に関する事務の掌理，予算の作成と国会への提出，政令の制定，大赦等の決定を挙げている。

2. 日本国憲法では，国務大臣の過半数は，国会議員の中から選ばなければならないとされている（68条 1 項ただし書）。国会議員とは衆議院議員および参議院議員のことであるから，必ずしも国務大臣の過半数が衆議院議員である必要はない。

3. 閣議では，慣行として全会一致制がとられており，一人でも反対すれば案件は否決される。また，同じく慣行として，閣議は非公開とされている。

4. 日本国憲法では，内閣総理大臣は内閣の「首長」と位置づけられている（66条 1 項）。これに対して，内閣総理大臣が「同輩中の首席」と位置づけられていたのは，戦前のことである。すなわち，大日本帝国憲法では，国務各大臣が天皇を輔弼する（55条）とされていたため，内閣総理大臣も他の国務大臣と同格に位置づけられていた。

5. 日本国憲法では，予算は内閣が国会に提出し，国会がこれを議決することで成立するとされている（73条・86条）。国会が提出した予算を内閣が議決するわけではない。また，裁判官を罷免するための弾劾裁判所を設置するのは，内閣ではなく国会とされている（64条 1 項）。

正答　**1**

No. 269 政治　わが国の司法制度　令和2年度

我が国の司法制度に関する記述として最も妥当なのはどれか。

1 最高裁判所は，内閣の指名に基づいて天皇が任命する長官と，国会が任命する裁判官で構成される。また，下級裁判所の裁判官は，国会の指名に基づいて，内閣が任命する。

2 裁判官は，心身の故障のために職務を行うことができない場合や，内閣に設けられる弾劾裁判所の裁判による場合のほか，行政機関による懲戒処分を受けた場合に罷免される。

3 刑事裁判は，被害者保護の観点から，裁判の非公開を原則としているが，被害者の承認がある場合に限り公開することができる。

4 裁判所には，最高裁判所と下級裁判所があり，下級裁判所には，高等裁判所，地方裁判所，家庭裁判所，簡易裁判所がある。

5 裁判は，国民の権利を慎重に保護し，公正な判断を行うため，原則として，第一審，再審，控訴審，上告審の四審制を採っている。

解説

1. 最高裁判所は，内閣の指名に基づいて天皇が任命する長官と，内閣が任命する裁判官（その他の判事）で構成される（憲法6条2項，79条1項）。また，下級裁判所の裁判官は，最高裁判所の指名した者の名簿によって，内閣でこれを任命する（同80条1項）。

2. 裁判官の懲戒処分は，行政機関がこれを行うことはできない（同78条）。

3. 刑事裁判を含め，裁判は公開を原則とする（同82条1項）。しかし，裁判所が，裁判官の全員一致で，公の秩序または善良の風俗を害するおそれがあると決した場合には，対審は非公開とすることができる。ただし，政治犯罪，出版に関する犯罪または憲法第3章で保障する国民の権利が問題となっている事件の対審は，常にこれを公開しなければならない（同2項）。

4. 妥当である。憲法上，裁判所は最高裁判所と下級裁判所に大別される（同76条）。下級裁判所には，高等裁判所，地方裁判所，家庭裁判所，簡易裁判所があるが，これは裁判所法によって規定されたものである（裁判所法2条1項）。

5. 裁判は，第一審，控訴審，上告審の三審制をとっている。再審とは，確定判決についてなされる再度の審理のことであり，判決に重大な瑕疵があったり，事実認定の誤りがあったりした場合に可能となる。

正答　**4**

国際法等に関する記述として最も妥当なのはどれか。

1 国際法は，国際社会における秩序を維持し，国家間の関係を規律するものであり，国家間で慣習として行われてきた慣習国際法と，合意を文書にした条約などの成文国際法がある。

2 国連海洋法条約では，沿岸国に200海里の排他的経済水域（EEZ）が認められ，更にその外側に20海里の領海が認められている。

3 女子差別撤廃条約は1980年代に国連安全保障理事会において採択されたが，国会議員の女性割合が低いことなどから，我が国では批准には至っていない。

4 国際司法裁判所は，国家間の法律的紛争を裁く目的で，国連から独立した専門機関として設置された。その判決には法的拘束力がないため，実効性が問題となっている。

5 我が国では，条約の承認は国会が行うと憲法で定められており，内閣は，国会の決議を受けて初めて条約の締結交渉を始めることができる。

解説

1. 妥当である。国際法は，もともと慣習国際法を中心として発達してきたが，現在では成文国際法も数多く締結されている。また，慣習国際法の条約化も進んでいる。

2. 国連海洋法条約では，沿岸国に海岸線から12海里（1海里は1,852メートル）までの領海が認められており，その外側に海岸線から200海里までの排他的経済水域が認められている。なお，領海とは，沿岸国の主権が及ぶ領域のことであり，排他的経済水域とは，沿岸国が漁業や鉱物資源の開発などの経済活動を行う権利を持っている領域のことである。

3. 女子差別撤廃条約は，1979年の国際連合総会において採択され，1981年に発効した。わが国も，1985年にこれを批准している。

4. 国際司法裁判所は，国家間の法律的紛争を裁く目的で，国際連合の主要機関として設置された。専門機関とは，国際連合と特別の提携関係を結んでいる国際機関のことであり，主要機関とは区別される。また，国際司法裁判所の判決には法的拘束力があり，当事国は判決を遵守する法的義務を負っている。

5. わが国では，内閣が条約を締結する際，「事前に，時宜によつては事後に」（憲法73条），国会の承認を得なければならないとされている。したがって，緊急でやむを得ない場合，内閣は条約を締結した後に国会の承認を得ることもできる。

正答　**1**

世界の政治体制に関する記述として最も妥当なのはどれか。

1　英国では議院内閣制を採用しており，下院の多数党が内閣を組織し，内閣は，下院の信任の下で行政を行い，法案提出権を有する。

2　米国では，大統領と国会議員は，国民の直接選挙で選ばれる。大統領は，上下両院それぞれの3分の2以上の賛成による不信任決議がなされれば罷免される。

3　ロシアでは権力集中制を採用しており，権力の分立はなく，共産党書記長が大統領を兼ね，行政府の長である首相を指揮して国政を運営している。

4　フランスでは連邦制を採用しており，地方政府は，独自の憲法を有し，連邦憲法で連邦政府の役割として定められている外交，通商，国防以外の全ての権限を持つ。

5　中国では，国家主席は国民の直接選挙で選ばれる。立法府である全国人民代表大会に対する解散権は，国家主席と共産党総書記の両方が有している。

解説

1．妥当である。イギリスでは議院内閣制を採用しており，内閣（行政府）は国会（立法府）の信任に基づいて成立する。国会は二院制をとっているが，下院（正式名称は庶民院）の優越が確立されており，下院の多数党が内閣を組織する一方で，下院から不信任決議を受けた場合，内閣は下院を解散しない限り，総辞職しなければならない。

2．アメリカでは，国会（連邦議会）議員は国民の直接選挙で選ばれるが，大統領は国民の間接選挙で選ばれる。具体的には，国民の選んだ大統領選挙人が大統領を選出するという仕組みが確立されている。また，大統領と国会は明確に分離されており，国会は大統領に対して不信任を行うことができない。

3．現在，ロシアでは権力分立制が採用されており，制度上，大統領（行政府）と国会（立法府）は抑制と均衡の関係に置かれている。これに対して，ロシアで共産党書記長に権力が集中していたのは，共産主義体制が敷かれていた旧ソ連時代のことである。旧ソ連の最盛期には，共産党書記長がソビエト連邦最高会議幹部会議長（大統領に類似のポスト）を兼任し，首相を指揮しつつ国政を運営していた。

4．連邦制はアメリカやドイツなどで採用されているが，フランスでは採用されていない。なお，一口に連邦制といっても，その詳細は国によって異なる。アメリカの場合，地方政府（州）が独自の憲法を有し，連邦憲法で連邦政府の役割とされている事項以外のすべての権限を持つものとされている。

5．中国では，国家主席は国民の直接選挙で選ばれるわけではなく，立法府である全国人民代表大会によって選ばれる。また，全国人民代表大会に解散制度はなく，議員はその任期を全うすることが期待されている。

正答　**1**

政治　**日本国憲法が保障する自由権** 令和 元年度

日本国憲法が保障する自由権に関する記述として最も妥当なのはどれか。

1　日本国憲法は，人身の自由を保障しており，理由となっている犯罪を明示している令状の提示がなければ，いかなる場合にも逮捕されることはない。

2　日本国憲法は，思想・良心の自由を保障しているが，健全な思想を育成する具体的な手段として，国が出版物を検閲することが認められている。

3　日本国憲法は，表現の自由を保障しており，結婚後も夫婦がそれぞれの名字を称することが権利として条文上認められている。

4　日本国憲法は，職業選択の自由を保障しているが，一部の職業については，国の定める資格を必要とするなどの合理的な制限が認められている。

5　日本国憲法は，学問の自由を保障していることから，全ての国民がその意欲に応じた教育を受けることができるよう，義務教育が整備されている。

解説

1．日本国憲法は，「何人も，現行犯として逮捕される場合を除いては，権限を有する司法官憲が発し，且つ理由となつてゐる犯罪を明示する令状によらなければ，逮捕されない」（33条）としている。したがって，いわゆる逮捕令状の提示がなくても，現行犯については逮捕されうる。

2．日本国憲法は，「検閲は，これをしてはならない」（21条2項）としている。検閲の禁止は，戦前・戦中に検閲が行われ，国民の表現の自由が奪われてきたことへの反省によるものである。

3．日本国憲法には，夫婦の名字に関する規定は置かれていない。これを規定しているのは民法であり，「夫婦は，婚姻の際に定めるところに従い，夫又は妻の氏を称する」（750条）とされている。

4．妥当である。職業選択の自由は絶対的に保障されるものではなく，国民の生命や健康に対する危険の防止・除去・緩和，社会的・経済的弱者の保護などを目的として，制限されることがある。飲食店の営業の許可制や大規模小売店舗（大型スーパーなど）の出店規制は，そうした制限の代表例である。

5．日本国憲法は，「すべて国民は，法律の定めるところにより，その能力に応じてひとしく教育を受ける権利を有する」（26条1項）としている。「意欲に応じた教育」を受ける権利が保障されているわけではない。

正答　**4**

世界史　日本史　地理　国語　英語　政治　経済　社会　倫理

No. 273 政治　国際連合や条約　平成30年度

国際連合（国連）や条約に関する記述として最も妥当なのはどれか。

1　国連児童基金（UNICEF）は，経済社会理事会の決議により設立された専門機関であり，難民の地位に関する条約に基づく難民の保護活動などを行っている。

2　国連は，国際協力による人権の尊重を目的の一つとしており，達成すべき共通の基準として世界人権宣言を採択し，さらに，法的拘束力を持たせた国際人権規約を採択した。

3　国連環境開発会議（地球サミット）では，「かけがえのない地球」を基本理念とした京都議定書が採択され，発展途上国も含む世界各国に温室効果ガスの排出削減義務が課せられた。

4　核実験を全面的に禁止する包括的核実験禁止条約（CTBT）が安全保障理事会で採択され，1990年代に発効されたため，1960年代に調印された核拡散防止条約（NPT）は失効した。

5　国際刑事裁判所（ICC）は，国家が犯した戦争犯罪や人道に対する犯罪を裁き，当事国が判決を履行しない場合，国際平和と安全の維持・回復のための強制措置を決定する。

解説

1．国連児童基金（UNICEF）は，国連総会の決議により設立された基金である。国連と連携協定を結んだ「専門機関」ではなく，国連内部の「補助機関」と位置づけられている。また，世界の子どもたちへの支援を行っているが，特に難民の保護活動を行っているわけではない。難民の地位に関する条約（難民条約）に基づく難民の保護活動を行っているのは，国連難民高等弁務官事務所（UNHCR）である。

2．妥当である。1948年の国連総会で採択された「世界人権宣言」は，基本的人権尊重の原則を定めた宣言である。また，これを条約化して法的拘束力を持たせたのが，1966年の国連総会において採択された国際人権規約である（1976年発効）。

3．国連環境開発会議（地球サミット）は，1992年にブラジルのリオデジャネイロで開催された国際会議である。リオ宣言やアジェンダ21が採択されたほか，気候変動枠組み条約や生物多様性条約への署名が行われた。これに対して，京都議定書は，1997年の気候変動枠組み条約・第3回締約国会議（京都会議）において採択された温暖化防止条約である。先進国に温室効果ガスの排出削減義務が課せられる一方，発展途上国については義務化はなされなかった。

4．包括的核実験禁止条約（CTBT）は，1996年に国連総会で採択された条約である。核実験の全面禁止を規定しているが，アメリカ，インド，パキスタンなどが批准しておらず，2018年現在も未発効のままである。また，1960年代に調印された核拡散防止条約（NPT）は1970年に発効しており，現在も効力を失ってはいない。

5．国際刑事裁判所（ICC）は，個人が犯した戦争犯罪や人道に対する犯罪を裁くために設けられた国際裁判所である。国内裁判所が機能しない場合，これに代わって裁判を行う。国家が犯した戦争犯罪や人道に対する犯罪を裁く国際裁判所は，現在のところ設けられていない。

正答　**2**

左側縦タブ：世界史／日本史／地理／国語／英語／政治／経済／社会／倫理

社会権に関する記述として最も妥当なのはどれか。

1　社会権は，ドイツのワイマール憲法において初めて規定され，日本国憲法では生存権，労働基本権，教育を受ける権利が保障されている。

2　日本国憲法では，国民に勤労（労働）の権利を明示しているが，一方で一定の収入があり生活が安定している場合もあることから勤労の義務は明示していない。

3　日本国憲法では，すべて国民は健康で文化的な最低限度の生活を営む権利を有すると規定しているが，国民の社会福祉や社会保障の向上などに関する規定はない。

4　日本国憲法では，勤労者の団結権・団体交渉権・団体行動権（争議権）を定めているが，公務員については，団体交渉権と団体行動権が一切認められていない。

5　人間が人間らしく生きるには，一定の知識・教養等を身に付ける必要があり，日本国憲法ではすべての国民にその能力にかかわらず平等に高等教育までの教育を受ける権利を保障している。

解説

1．妥当である。社会権は，ドイツのワイマール憲法（1919年）において初めて規定された。「経済生活の秩序は，すべての人に，人たるに値する生存を保障することを目ざす，正義の諸原則に適合するものでなければならない」（151条）とする条文がこれに当たる。日本国憲法でも，生存権（25条1項），教育権（26条），勤労権（27条），労働基本権（28条）などが規定されている。

2．日本国憲法では，「すべて国民は，勤労の権利を有し，義務を負ふ」（27条1項）と規定されている。したがって，日本国憲法に勤労の義務が明示されていないというのは誤りである。

3．日本国憲法では，「すべて国民は，健康で文化的な最低限度の生活を営む権利を有する」（25条1項）と規定されている。さらに，これに続けて，「国は，すべての生活部面について，社会福祉，社会保障及び公衆衛生の向上及び増進に努めなければならない」（同2項）と規定されている。したがって，国民の社会福祉や社会保障の向上などに関する規定がないというのは誤りである。

4．わが国では公務員の労働基本権が制限されており，警察や消防などでは団結権・団体交渉権・団体行動権（争議権）がすべて認められていない。しかし，一般職の公務員については，団結権と団体交渉権の一部が認められており，労働協約を締結することはできないものの，団体交渉を行うことは認められている。また，公営企業などの職員については，団結権と団体交渉権がすべて認められている。したがって，公務員について団体交渉権が一切認められていないというのは誤りである。

5．日本国憲法では，「すべて国民は，法律の定めるところにより，その能力に応じて，ひとしく教育を受ける権利を有する」（26条1項）と規定されている。したがって，国民が能力に関わらず教育の権利を有しているというのは誤りである。

正答　**1**

No. 275　政治　各国の政治体制　平成29年度

各国の政治体制に関する記述として最も妥当なのはどれか。

1　議院内閣制は，ドイツで発展した制度であり，我が国や英国で採用されている。これらの国では，首相は直接選挙によって選ばれる。

2　我が国の内閣総理大臣は，日本国憲法下では，他の国務大臣と対等の存在とされ，同輩中の首席という地位に置かれている。

3　大統領制を採用する米国の議会は，上院と下院から構成される。大統領は議会を解散する権限を持つが，議会は大統領に対する弾劾を行うことができない。

4　中国では，立法府である全国人民代表大会（全人代）が国家の最高機関とされている。また，国家主席が元首である。

5　フランスは，大統領と首相が併存する半大統領制を採る。議会が選出するフランスの大統領は，ロシアの大統領と異なり，政治的な実権を持っていない。

解　説

1.　議院内閣制は，イギリスで発達した制度であり，わが国やドイツなどで採用されている。また，これらの国では，首相が直接選挙によって選ばれることはない。首相選出の仕組みの詳細は国によって異なるが，たとえばイギリスでは，下院第1党の党首を国王が首相に任命するという慣行が確立されている。

2.　わが国の内閣総理大臣は，日本国憲法下では，内閣の「首長」と位置づけられている（憲法66条1項）。これに対して，かつての大日本帝国憲法下では，内閣総理大臣は他の国務大臣と対等の存在とされ，同輩中の首席という地位に置かれていた。

3.　アメリカでは，大統領は議会を解散する権限を持たない。また，大統領が重大な犯罪等を犯した場合，議会は大統領に対する弾劾を行うことができる。弾劾が成立すれば，大統領は罷免されることになる。

4.　妥当である。中国では民主集中制がとられており，全国人民代表大会（全人代）が国家の最高機関とされている。国家元首として国家主席も置かれているが，その権限は主に形式的・儀式的なものである。

5.　フランスの大統領は，国民の直接選挙によって選出され，政治的な実権を持つ。この点で，フランスの大統領はロシアの大統領と類似している。

正答　**4**

世界史　日本史　地理　国語　英語　政治　経済　社会　倫理

次のA～Eのうち, 日本国憲法に規定する国会の権限に関する記述として妥当なもののみを挙げているのはどれか。

A：外交関係の処理を行い, 条約を締結すること。
B：天皇の国事行為に関する助言と承認を行うこと。
C：議決により国務大臣を罷免すること。
D：罷免の訴追を受けた裁判官を裁判する弾劾裁判所を設置すること。
E：憲法の改正を発議すること。

1 A, C
2 A, D
3 B, C
4 B, E
5 D, E

解説

A：外交関係の処理を行い, 条約を締結することは,「内閣」の権限に属する（憲法73条2号・3号）。

B：天皇の国事行為に関する助言と承認を行うことは,「内閣」の権限に属する（同7条）。

C：国務大臣を罷免することは,「内閣総理大臣」の権限に属する（同68条2項）。なお, 国務大臣の罷免は内閣総理大臣の専権事項とされており, 国務大臣の罷免に際してなんらかの議決が求められることはない。

D：妥当である。罷免の訴追を受けた裁判官を裁判する弾劾裁判所を設置することは,「国会」の権限に属する（同64条1項）。

E：妥当である。憲法の改正を発議することは,「国会」の権限に属する。なお, 憲法を改正する際には, 国会の発議を受けて国民投票を実施し, そこで過半数の賛成が得られた後に, 天皇がこれを国民の名で公布するという手続きがとられる（同96条）。

以上より, 妥当なものはDとEで, 正答は**5**である。

正答 **5**

世界史

日本史

地理

国語

英語

政治

経済

社会

倫理

No. 277 政治　わが国の行政　平成28年度

我が国の行政に関する記述として最も妥当なのはどれか。

1　内閣と国会が連帯して責任を負う議院内閣制を採用しており，内閣が総辞職する場合には，内閣が解散権を持つ衆議院も解散することとなっている。

2　議院内閣制の下，国会が立法を行い，それを内閣総理大臣を中心とする内閣が審査し，閣議において決定することから，行政権が優位であるといわれている。

3　各省庁の長は国務大臣と呼ばれ，それを補佐する役職として，国会議員から選ばれる副大臣と，その省庁の行政官から選ばれる政務官が配置されている。

4　防衛省や公正取引委員会など，内閣から独立した権限を持つ行政機関には，法律の範囲内で政令を定める権限が与えられている。

5　内閣は行政権を有する。行政権とは国会の制定した法律を具体的に執行する権限であり，実際の行政事務は，内閣の下に設けられた行政各部がそれぞれ担当している。

解説

1. 議院内閣制における連帯責任とは，内閣と国会が連帯して（国民に）責任を負うとするものではなく，内閣（の構成員）が連帯して国会に責任を負うとするものである。また，内閣が総辞職したからといって，衆議院も解散しなければならないという規定はない。

2. 国会の立法を内閣が審査するという制度は設けられておらず，制度上，立法権と行政権は対等とされている。

3. 副大臣や大臣政務官は特別職公務員（政治任命職）に当たるため，政治的中立性を要する行政官がこれらに任命されることはない。なお，これらに任命されるのは主に国会議員であるが，民間人を登用することも認められている。

4. 防衛省は，内閣の下で権限を遂行する非独立的な行政機関である。また，政令を定めることができるのは内閣である。これに対して，防衛省などの府省は府省令，公正取引委員会などの行政委員会は委員会規則を定めることができる。

5. 妥当である。わが国は三権分立制を採用しており，立法権は国会，行政権は内閣，司法権は裁判所に与えられている。また，内閣が行政権を行使するに当たり，実際に行政事務を行うのは，内閣府や各省などの行政各部である。

正答　**5**

世界史　日本史　地理　国語　英語　政治　経済　社会　倫理

政治　わが国の司法制度　平成28年度

我が国の司法制度に関する記述として最も妥当なのはどれか。

1 司法権は，公正な裁判を保障するため，裁判所のみに与えられており，立法権及び行政権から独立している。また，特別裁判所の設置は禁止されている。

2 裁判官は，憲法により，過去の判例から独立して職権を行使することとされている。また，国民審査の制度を除き罷免されないという身分保障が定められている。

3 裁判の慎重を期するため，訴訟当事者には，同一事件について，不服であれば上告を行い，再審を求める機会が最大3回与えられている。

4 裁判所は，法律が憲法に適合するか否かを審査し，改廃する権限を有しているが，この権限は，行政権の独立の趣旨から，命令・規則・処分には及ばないとされている。

5 司法への民意の反映のため，刑事事件・民事事件の第一審から第三審までの各審理に，一般国民から選ばれた裁判員が参加することとなっている。

解説

1. 妥当である。すべて司法権は，最高裁判所および法律の定めるところにより設置する下級裁判所に属する（憲法76条1項）。特別裁判所は，これを設置することができない（同2項）。

2. すべて裁判官は憲法および法律にのみ拘束される（憲法76条3項）。また，裁判官は，①裁判により，心身の故障のために職務を執ることができないと決定された場合，②公の弾劾（弾劾裁判）による場合に罷免される（同78条）。

3. 再審とは，すでに確定した判決について，再度審理を行うことを意味している。したがって，控訴や上告によって開かれる上級の審判（第二審や第三審）を「再審」と呼ぶのは不適切である。なお，三審制の下では，控訴や上告を通じて判決の見直しを求める機会は「最大2回」与えられている。

4. 法律を改廃する権限は国会に与えられているため（憲法41条），たとえ違憲の法律であっても，裁判所が勝手にこれを改廃することはできない。また，裁判所の違憲立法審査権は，一切の法律，命令，規則，処分に及ぶ（同81条）。

5. 裁判員の司法参加は，死刑または無期懲役もしくは禁錮に当たる罪に係る事件など，重大な刑事事件に限り認められる。また，第二審や第三審での審理では認められず，第一審（地方裁判所）での審理に限り認められる（裁判員法2条1項）。

正答　**1**

世界史／日本史／地理／国語／英語／政治／経済／社会／倫理

米国の政治に関する記述A〜Dのうち，妥当なもののみを挙げているのはどれか。

A：連邦議会は，任期に定めのない上院議員と，各州2名の下院議員で構成されており，条約の締結や予算の承認といった事項は下院の専権事項である。

B：大統領は間接選挙によって，4年間の任期で選ばれる。国民は大統領選挙人を選び，その選挙人によって大統領が選ばれる。

C：大統領は法案提出権を持つとともに，議会が可決した法案への拒否権を持つ。また，議会で不信任決議が可決された際には議会を解散することができる。

D：司法権の独立性が強く保たれており，連邦最高裁判所に違憲立法（法令）審査権が与えられている。

1 A，B
2 A，C
3 A，D
4 B，D
5 C，D

解説

A：上院議員の任期は6年で，各州から2名ずつ選出される。下院議員の任期は2年で，全国の435の選挙区から1名ずつ選出される（各州の選出議員数は人口に比例する）。また，条約の締結は大統領の権限に属するが，上院の同意が必要とされる。予算の承認は連邦議会（両院）の専権事項である。

B：妥当である。建国以来，アメリカの大統領は間接選挙で選ばれている。また，大統領の任期は4年間と定められており，2期8年まで務めることができる（3選以上は禁止）。

C：大統領は法案提出権を持たない。また，議会は不信任決議権を持たず，大統領も議会解散権を持たない。なお，大統領が拒否権を持つのは事実であり，大統領は議会が可決した法案に拒否権を行使して，その成立を妨げることができる。ただし，連邦議会の両院が出席議員の3分の2以上の賛成で再可決した場合には，大統領の拒否権は乗り越えられる。

D：妥当である。違憲立法審査権は，そもそもアメリカで発達した制度であり，わが国もこれを取り入れている。なお，アメリカの違憲立法審査権は，憲法で保障されているわけではなく，判例の積み重ねにより認められてきたものである。

よって，妥当なのはBとDで，正答は**4**である。

正答　**4**

我が国の内閣と国会に関する記述として最も妥当なのはどれか。

1 内閣の長である内閣総理大臣は，衆議院議員の中から国会の議決によって指名及び任命がされる。

2 衆議院が内閣不信任案を可決した場合には，内閣は10日以内に衆議院の解散をしない限り総辞職しなければならない。

3 内閣総理大臣は他の国務大臣を任命することができるが，国務大臣は全て国会議員でなければならない。

4 内閣総理大臣が他の国務大臣を罷免する場合には国会の同意を必要とし，罷免が否決される場合もある。

5 国会は，条約の締結や恩赦の決定をし，天皇の国事行為に対して助言と承認をする権限を持つ。

解説

1. 内閣の長である内閣総理大臣は，国会議員の中から国会の議決によって指名される（憲法67条1項）。したがって，参議院議員が内閣総理大臣となることもできる。また，内閣総理大臣を任命するのは国会ではなく，天皇である（同6条1項）。

2. 妥当である。内閣不信任案が可決された後の手続きについては，憲法69条に規定が設けられている。

3. 国務大臣はすべて国会議員である必要はなく，その過半数が国会議員であればよい（同68条1項）。

4. 内閣総理大臣は任意に国務大臣を罷免することができるとされており，国会の同意は必要とされない（同68条2項）。

5. 条約の締結や恩赦の決定をし，天皇の国事行為に対して助言と承認をする権限を持つのは，国会ではなく内閣である（同7条，73条）。

正答　**2**

我が国の財政や租税に関する記述として最も妥当なのはどれか。

1 民主主義の下では，政府は裁判所の決定に基づいて課税しなければならない。これを財政民主主義という。

2 第二次世界大戦前の我が国では，消費税などの直接税が国税の60％強を占めていた。しかし，戦後はシャウプ勧告によって間接税中心の税制がしかれた。

3 バブル経済崩壊後，政府による歳出の抑制や，行財政改革の推進などにより，財政収支は改善し，2018年度の国債依存度は10％を下回った。

4 国や地方公共団体の経済活動を財政という。財政の重要な役割として，資源配分の調整，所得の再分配，景気の安定化の三つが挙げられる。

5 国の予算案は，通常は 8 月頃に成立し，本予算となる。本予算成立後に，経済情勢の変化などで追加の財政支出の必要性が生じた場合は，暫定予算を組む。

解 説

1. わが国では，憲法によって国民は納税の義務を負い，課税は法律に基づいて行われている。法律は国会で決められており，国会の議決を経て，課税がなされることになっている。

2. 直接税と間接税が逆である。戦前（1934～36年度）の直接税と間接税の比率（直間比率）は，34.8：65.2となっており，酒税や砂糖消費税などの間接税のほうが大きくなっている。また，シャウプ勧告によって所得税を中心とした直接税の税制がしかれた。

3. 歳出は2000年頃まで拡大傾向が続いている。その後，多少の歳出の抑制はあるものの，リーマン・ショックや世界的な新型コロナウイルス感染症問題によって，大きく拡大している時期もあり，バブル経済崩壊前よりも高い水準になっている。一方，国債依存度は，バブル経済崩壊の時期よりも高い水準となっており，2018年度は30％を上回っている。

4. 妥当である。

5. 国の予算案は，8 月末までに各省庁から財務省に概算要求が提出され，12月頃に閣議決定し，1 月に国会に提出，審議され，3 月頃に成立し，本予算となる。また，後半の説明は補正予算のことである。暫定予算は年度開始時までにその年度の予算が成立しない場合に組まれるものである。

出典：財務総合政策研究所『財政金融統計月報』516号（1995），財務省『日本の財政関係資料』令和 4 年 4 月（2022）

正答　**4**

経済に関する記述として最も妥当なのはどれか。

1　消費者主権とは，商品を自由に選択，購入することで，消費者の嗜好に合った商品を生産させることができる権限をいう。我が国では，商品に関する情報などについて，生産者の立場に対して消費者の立場が強すぎることによる消費者問題が起こっている。

2　サプライチェーンとは，原材料調達から生産・物流・販売までの供給活動における連鎖構造のことである。東日本大震災の際には，サプライチェーンが破壊されて自動車の生産量が減少した。

3　企業の社会的責任とは，地域社会へ利益の還元を行うことであり，我が国では，地方自治体の指定する事業や，民間団体のボランティア活動への支援などが義務化されている。

4　製造業についてみると，我が国の中小企業は，かつては大企業の下請として部品の製造などを行っていたが，現在，その生産性は大企業と同等にまで向上し，生産品の出荷額が全体の8割を超えている。

5　自由貿易協定（FTA）は，特定の国や地域間で関税を撤廃し，貿易・投資の自由化やヒトの移動の自由を促進する協定であり，経済連携協定（EPA）は，FTAに集団安全保障の役割を加えたものである。

解説

1. 消費者主権の説明については妥当である。わが国は消費者の立場が強すぎるということはなく，逆に消費者を保護するために消費者庁がある。また，消費者契約法のように，消費者が生産者と契約する際に消費者を保護する法制度が整備されている。

2. 妥当である。

3. 企業の社会的責任とは，企業が利益を追求することだけでなく，社会の一員として法令遵守や環境配慮，労働安全衛生，地域貢献などを行い，社会問題に対しても企業は責任を有するという概念である。ただ，企業の社会的責任（CSR）は企業に対して義務づけられたものではなく，地域社会への利益の還元や地方自治体の指定する事業，民間団体のボランティア活動への支援などが義務化されているわけではない。

4. 経済産業省の工業統計調査（2020年確報）で製造業について見てみると，従業員が4～299人の企業を中小企業とすると，中小企業の製造品出荷額等は約151.5兆円である。従業員が300人以上の企業を大企業とすると，大企業の製造品出荷額等は171.0兆円である。よって中小企業の出荷額の割合は全体の5割を下回る水準となっている。

5. 自由貿易協定（FTA）とは，特定の国や地域間での関税の撤廃を目的とした貿易の自由化に関する協定である。一方，経済連携協定（EPA）は，関税の撤廃だけでなく，貿易・投資の自由化やヒトの移動の自由，知的財産の保護などが含まれた協定である。なお，自由貿易協定および経済連携協定は経済，貿易に関する協定であり，集団安全保障は分野が異なっており，その役割が加えられているわけではない。

正答　**2**

日本経済の動向に関する記述として最も妥当なのはどれか。

1 1960年代，10年間で実質国民所得を 2 倍にする国民所得倍増計画が提唱された。この計画は，当初の予定から 3 年遅れで達成され，この状況は「もはや戦後ではない」と表現された。

2 第一次・第二次石油危機により，国内経済が著しく低迷したことを受け，金とドルとの交換が停止され， 1 ドル360円の固定為替レートが導入された。

3 1980年代後半，金融緩和によりバブル経済が発生して好景気に沸いたが，1990年代前半には，サブプライムローン問題によるリーマン・ショックの影響で，バブル経済が崩壊した。

4 1990年代の日本経済の長引く不況に対処するため，日本銀行は，金利をゼロに近づけるゼロ金利政策を採用した。

5 2000年代，金融機関が破綻した場合に備え，金融機関の自己責任と市場規律を重視し，一定率以上の自己資本比率を有することを義務付けるペイオフが導入された。

解 説

1．国民所得倍増計画は1960年12月に決定され，1967年度に計画を達成しており，予定よりも早い。また，「もはや戦後ではない」というフレーズは1956年度の『経済白書』に書かれた内容であり，国民所得倍増計画が発表される前のことである。

2． 1 ドル360円の固定為替レートが導入されたのは，1949年に示されたドッジ・ラインによるものである。また，金とドルの交換が停止したのは1971年 8 月にアメリカのニクソン大統領が発表した経済政策によるものであり，これによりニクソン＝ショックが生じ，固定為替レートである固定相場制から変動相場制へと移行することとなった。

3．サブプライムローン問題によるリーマン＝ショックは，アメリカのリーマン＝ブラザーズが破綻したことがきっかけであり，破綻したのは2008年 9 月である。

4．妥当である。

5．ペイオフではなく，自己資本比率（BIS）規制の説明である。ペイオフとは預金者を保護する制度であり，銀行が破綻した場合，預金者は預金の一定額（元本1,000万円とその利息）までが保護される。

正答　**4**

次は，国民経済計算に関する概念を示した図であるが，A～Dに当てはまるものの組合せとして最も妥当なのはどれか。

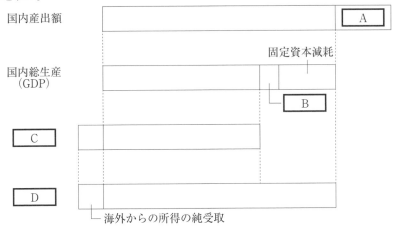

	A	B	C	D
1	純間接税	純輸出	国民総所得(GNI)	国民所得(NI)
2	純間接税	純輸出	国民所得(NI)	国民総所得(GNI)
3	政府支出	純輸出	国民所得(NI)	国民総所得(GNI)
4	中間投入額	純間接税	国民総所得(GNI)	国民所得(NI)
5	中間投入額	純間接税	国民所得(NI)	国民総所得(GNI)

解説

国内総生産（GDP）は国内産出額から中間投入額を差し引いたものである。よってAは中間投入額である。次に国内総生産から固定資本減耗を差し引いたものは，国内純生産（NDP）である。国内純生産から間接税を引き，補助金を加えたものが国内所得（DI）となるが，間接税から補助金を差し引いたものは純間接税と呼ばれる。式で表すと，

　　国内所得＝国内純生産－間接税＋補助金

　　　　　　＝国内純生産－（間接税－補助金）

　　　　　　＝国内純生産－純間接税

となる。よってBは純間接税となる。次にCは国内所得に海外からの所得の純受取が加わったものをさしている。ここで，海外からの所得の純受取は，海外からの所得受取から海外への所得支払を差し引いたものである。国内所得に海外からの所得の純受取を加えたものは，国民所得である。よってCは国民所得（NI）となる。最後にDは，国民所得にBの純間接税と固定資本減耗が加わったものである。国民所得に純間接税が加わったものは国民純生産であり，これに固定資本減耗が加わったものは国民総生産である。ここで，国民総生産，国民総支出，国民総所得は一致するという三面等価の原則から，国民総生産＝国民総所得となる。ゆえにDは国民総所得（GNI）となる。

　　よって，正答は**5**である。

正答　**5**

第二次世界大戦後の国際経済に関する記述として最も妥当なのはどれか。

1　1940年代，国際通貨基金（IMF）と関税及び貿易に関する一般協定（GATT）の発足で IMF・GATT 体制が始まり，金とドルの交換レートが定められた。これを金・ドル本位制という。

2　1960年代，米国の国際収支の黒字が拡大し，ドルが過剰に米国外に流出したことで米国内のドルが不足するドル危機が発生したことを契機に，国際経済は固定為替相場制へ移行した。

3　1980年代，米国では社会保障の充実により財政赤字が拡大し，我が国でもバブルの崩壊により財政赤字が拡大した。両国の財政赤字は「双子の赤字」と呼ばれた。

4　1980年代から行われた各国間での貿易自由化交渉の結果，1990年代，IMF と GATT を補助する機関として，新たに世界銀行が設立された。

5　第二次世界大戦以降，ヨーロッパでは地域経済統合が進み，1990年代にはロシアも参加した欧州連合（EU）が発足し，EU 加盟国内での通貨はポンドに統一された。

解説

1. 妥当である。

2. 1960年代，アメリカでは，日本や西ドイツ（1990年10月まではドイツは東西に分断）の国際競争力の向上などによって国際貿易は悪化し，国際収支の赤字が拡大した。国際収支の赤字によってドルが米国外に流出することになり，ドルに対する信頼が低下し，金とドルの交換が困難になるという問題に直面する。そこで，当時の米国大統領であったニクソンが金とドルの交換を停止するなどの声明を発表し（ニクソン＝ショック），これをきっかけに固定為替相場制から変動為替相場制へ移行した。

3. 双子の赤字とは，1980年代に米国において生じた経常収支の赤字と財政赤字の 2 つの赤字のことである。米国ではレーガノミクスという経済自由主義的な経済政策を行ったことで財政赤字が拡大していた。一方，わが国では貿易黒字が拡大していたが，円安ドル高を是正するプラザ合意によって円高ドル安が進み，日本は不況に陥った。その不況に対する経済政策によって好況に転じ，バブル景気が到来する。なお，バブルの崩壊は1990年代に入ってからである。

4. IMF と世界銀行（国際復興開発銀行）は1944年のブレトン＝ウッズ会議で創設が決まり，1945年に設立された国際的な機関である。なお，GATT は「関税及び貿易に関する一般協定」であり，機関ではない。1980年代から1990年代にかけて行われた多角的貿易交渉（ウルグアイ＝ラウンド）で交渉分野が拡大したことを受け，GATT の役割をより強固にするため，その役割を引き継ぐ世界貿易機関（WTO）が1995年に創設され，GATT は廃止された。

5. ヨーロッパでは地域経済統合が進み，欧州連合が発足したが，ロシアは参加していない。また，EU 加盟国内での共通通貨はユーロである。なお，ポンドはイギリスの通貨であり，イギリスは EU 加盟時もユーロではなくポンドを使用していた。

正答　**1**

市場経済に関する記述として最も妥当なのはどれか。

1　スマートフォンの市場など，価格競争に加えて，デザインや性能などの非価格競争が行われるという特徴を持つ市場は，完全競争市場と呼ばれる。

2　一般道路や灯台など，利用者から対価を得ることが難しく，多くの人々が同時に利用できるという特徴を持つ財は，公共財と呼ばれる。

3　農作物などで，悪天候の影響で十分な収穫が得られなかったにもかかわらず，多くの人々が必要としていることから価格が急騰する状況は，外部不経済と呼ばれる。

4　生活必需品など，製品の差別化が難しく，買い手がプライスリーダー（価格先導者）として価格への強い影響力を有する状態で需要と供給が均衡した価格は，管理価格と呼ばれる。

5　中古車販売など，売り手が持っている情報を買い手に完全に示さずに，売り手が高値で売ることは，不当廉売（ダンピング）と呼ばれる。

解説

1. 非価格競争は，デザインや性能などの価格以外の要素で他社の製品と差別化を図って競争することである。非価格競争は少数の企業間で生じる特徴があることから，寡占市場で生じる。寡占市場は不完全競争市場であり，完全競争市場ではない。

2. 妥当である。ちなみに，公共財は民間の企業によって供給されづらい特徴があり，警察や消防，道路などのような財・サービスは公的部門によって供給される。

3. 外部不経済とは，ある経済主体の行動が，市場を介さずに別の経済主体の行動に悪い影響を及ぼすことである。天候が悪いために十分な農作物の収穫が得られなかったことは経済主体の行動によるものではないため，外部不経済ではない。

4. 管理価格は市場支配力を有し，価格への強い影響力を持つ売り手がプライスリーダーとなり，人為的に決定される価格である。そのため，需要と供給が均衡した価格，つまり均衡価格とは異なる。

5. 不当廉売ではなく，情報の非対称性である。不当廉売は公正な市場競争を妨げるような低い価格を設定して販売することである。

正答　**2**

国家一般職[高卒・社会人]

No. 287 経済 **金融の仕組み** 令和 元年度

金融の仕組みに関する記述として最も妥当なのはどれか。

1 金融機関が破綻した場合，預金者に対して一定額の払戻しを保証する制度をペイオフという。我が国では，預金者一人当たり一つの金融機関につき元本1,000万円とその利息が払戻しの上限額である。

2 預金と貸出しが繰り返されることで，銀行全体として当初の10倍以上の預金をつくり出す仕組みを信用創造といい，支払準備率が高いほど，より多くの貸出しを行うことができる。

3 中央銀行が実施する公開市場操作のうち，国債を買い入れる買いオペレーションは，一般に好況時に実施され，市場に資金を供給することで，金利を引き上げる方向に導くものである。

4 通貨は，現金通貨とマネーストックの二つから構成されている。マネーストックは，支払手段として機能する小切手などを指しており，預金を含まない。

5 金融市場における競争を促進するため，国際業務を扱う銀行の総資産に占める自己資本の割合は8％を超えないよう国際的に規定されており，自己資本の過剰な積増しは禁止されている。

解説

1. 妥当である。

2. 信用創造とは預金と貸出しが繰り返されることで，当初の預金額以上の預金をつくり出す仕組みである。一方，市中銀行には中央銀行に預金額の一定割合を預けることが義務づけられている。この一定割合のことを支払準備率という。信用創造によって預金額が当初の10倍になるのは支払準備率が10％のときであり，10倍以上の預金をつくり出すというケースは支払準備率が10％以下のときである。支払準備率が高いほど，市中銀行はより多くの預金額を中央銀行に預けなければならないため，市中銀行が保有する預金額が少なくなり，そこから貸出しできる金額は少なくなる。

3. 一般的に，買いオペレーションは不況時に実施される金融緩和政策である。買いオペレーションによって中央銀行が市中銀行のような金融機関（金融市場）から国債などを購入することで，より多くの貨幣が供給されることになる。金融機関にとっては国債などを売却したことで多くの貨幣が入るため，貸出しできる貨幣の量が増えることになる。より多くの貨幣を貸し出すことができるようになるため，金利は引き下げる方向に導かれることになる。

4. マネーストックは，個人や企業などの通貨保有主体が保有する現金通貨や預金通貨などの通貨残高のことである。また，預金通貨は要求払預金から対象金融機関保有小切手・手形を差し引いたものである。

5. バーゼル合意（BIS規制）に基づき，国際業務を扱う銀行の自己資本比率は，分子に自己資本，分母に保有資産等のリスクの大きさを示す数値で表される。この自己資本比率は達成すべき最低水準として8％以上と定められている。また，バーゼル合意では銀行が想定外の損失で経営危機に陥らないように，資本の積立ても求めている。

正答 **1**

国民所得や経済成長に関する記述として最も妥当なのはどれか。

1 国内総生産（GDP）は，ストックの代表的な指標であり，これまでの経済活動によって蓄えられた有形資産から対外純資産を差し引いたものである。

2 一定期間内に生み出される付加価値の合計は，三面等価の原則により国民所得（NI）に一致する。また，付加価値の合計は，中間生産物の金額が増えると高くなる。

3 経済成長率は経済活動の実態を示す指標の一つであり，一般に，実質GDPの変化率である実質経済成長率が用いられる。

4 消費者物価指数とは，平均的なコンビニエンスストアでの商品の価格によって算出され，販売価格が希望小売価格を上回ると指数は上昇する。

5 緩やかなデフレーションは，将来の景気回復を見越しての消費や投資を活性化させるが，これが続くと預貯金の価値が減少するデフレ・スパイラルを引き起こす。

解説

1. 国内総生産はフローの代表的な指標であり，フローは一定期間（通常1年間）に生み出される付加価値の量を示したものである。一方，ストックは国富を表す指標で，実物資産と対外純資産の合計で示される。

2. 一定期間内に生み出される付加価値の合計とは国内総生産（GDP）のことであり，三面等価の原則は，国内総生産，国内総所得，国内総支出が事後的に一致することである。国内総生産は国内の総生産額から中間生産物の金額を差し引いたものであり，中間生産物の金額が増えると付加価値の合計は小さくなる。

3. 妥当である。

4. 消費者物価指数は全国の消費者が購入する財・サービスの価格の変動を指数化したものであり，コンビニエンスストアの商品だけではなく，市場に出回っているさまざまな財・サービスの価格の変動が調査され，その調査に基づいて算出されている。そのため，販売価格が上昇すると，消費者物価指数も上昇することになる。

5. 緩やかなデフレーションは，継続的に物価が下落している状況であり，今日の日本経済はデフレ脱却をめざしている。デフレでは，将来の所得に不安を感じ，消費や投資が低迷する恐れがあり，デフレ・スパイラルとは，継続的な物価の下落が消費や投資の低迷をもたらすことで実体経済が低迷し，さらに物価の下落がもたらされてしまうことである。一方，緩やかなインフレでは，所得の上昇や消費の増加などがもたらされることで，経済の活性化が期待される。

正答 **3**

我が国の租税や財政に関する記述として最も妥当なのはどれか。

1　一般会計は，社会保障や公共事業などの幅広い目的で支出を行い，税を財源にしなければならない。また，特別会計は，第二の予算とも呼ばれ，公債を財源としなければならない。

2　財政の資源配分の機能とは，累進的な税制や生活保護などの社会保障給付によって，高所得者から生活が困難な人々に所得を配分することで，所得の平等化を図ることである。

3　財政の自動安定化装置とは，景気の動向に左右されにくく，安定した税収を得られる仕組みのことをいい，代表的なものとして固定資産税や相続税が挙げられる。

4　裁量的財政政策を採ると，不況期には増税を行い，財政支出を増やすことで有効需要を拡大し，好況期には減税を行い，財政支出を減らすことで有効需要を抑制する。

5　消費税は，所得にかかわらず消費額に一律の税率を適用するため，低所得者ほど所得に対する税負担の割合が高くなるという逆進性がある。

解説

1. 一般会計は税と公債が財源となっている。一方，特別会計は公債金及び借入金（213.2兆円），一般会計からの受入（58.1兆円），保険料及び再保険料収入（50.3兆円）が財源となっている（令和5年度当初予算）。また，第二の予算と呼ばれているのは財政投融資である。財政投融資とは，財投債の発行などで資金を調達し，民間では難しいものの政策的に必要とされる事業を行うためのものである。

2. 資源配分の機能ではなく，所得の再分配機能についての説明である。資源配分の機能とは，道路や公園，消防，警察といった民間では供給されづらい公共財を政府が供給することである。

3. 財政の自動安定化装置は景気の動向を安定させるものであり，安定した税収を得る仕組みというわけではない。たとえば所得税や相続税は累進課税制度になっており，所得税の場合，景気が良く，高所得になるほど税負担が増え，逆に景気が悪く，低所得になるほど税負担が減るという仕組みになっている。なお，固定資産税は標準税率が1.4％で一定である。

4. 裁量的財政政策はフィスカル・ポリシーとも呼ばれ，景気の安定を図るため，財政支出や税制を調整するものである。不況期には減税を行って消費や投資を促進させ，財政支出を増やして公共事業を増やし，有効需要を拡大させることになる。逆に，好況期には増税を行って消費や投資を減退させ，財政支出を減らして公共事業を減らし，有効需要を縮小させることになる。

5. 妥当である。

出典：財務省「特別会計ガイドブック（令和5年版）」

正答　**5**

No. 290 経済　わが国の中小企業　平成29年度

我が国の中小企業に関する記述として最も妥当なのはどれか。

1　中小企業とは，従業員数100人未満の企業のことであり，我が国の事業所数のうち中小企業が占める割合は，1960年代以降一貫して80％未満である。

2　中小企業は，大企業から注文を受けて製品の製造を行う下請となることも多く，このような企業は，不況期には，コスト削減のために生産調整の対象とされることがある。

3　近代化が遅れ資本装備率や労働生産性の低い中小企業と，技術力や資金力を持った中小企業との格差は，日本経済の二重構造と呼ばれている。

4　不況によって倒産する中小企業が相次いだことから，中小企業を設立するための最低資本金が引き上げられ，現在では300万円とされている。

5　繊維，陶磁器などを生産する地場産業では，大規模生産を行うニッチと呼ばれる大企業の進出や，アジア諸国との競争により，中小企業の撤退が進んでいる。

解説

1. 中小企業は業種によって資本金や従業員数の定義が異なっており，たとえば製造業では，従業員数300人以下と定義づけられている。一方で小売業では50人以下と定義づけられている。また，わが国の事業所数（会社数＋個人事業者数，非一次産業）のうち，中小企業が占める割合は1960年代以降，約99％（2016年：99.7％）となっている。

2. 妥当である。

3. 二重構造は中小企業間の格差ではなく，大企業と中小企業の間での格差である。わが国では1950年代後半に，賃金，資本装備率，労働生産性などにおいて近代的大企業と前近代的な小企業，零細企業，農業などとの間に格差が見られたとされ，大企業と中小企業の間で二重構造が問題となった。

4. 2006年の会社法の改正によって，最低資本金の規制が撤廃され，現在は資本金1円から中小企業を設立することができる。

5. ニッチとは，ニーズの少ない市場の隙間に焦点を当てたものであり，大規模生産が困難なケースが多い。その性質から大企業ではなく中小企業で見られる。

出典：『2011年版 中小企業白書』『2022年版 中小企業白書』

正答　**2**

No. 291 経済　　　　貿　易　　　　平成29年度

貿易に関する記述として最も妥当なのはどれか。

1 各国はそれぞれ相対的に生産費が低い財の生産に特化してそれを輸出し，他の財を外国から輸入するのが最も利益が大きくなるという考え方を比較生産費説という。

2 国家，地域などの境界を越え，先進国が高度な工業製品を生産し，発展途上国がその原材料を生産することで地球が一つの単位になる過程を水平的分業という。

3 相手国の関税を撤廃させて自国の商品を輸出することを保護貿易というのに対し，国家の干渉の下で平等な関税をかけて貿易を行うことを自由貿易という。

4 自由貿易を守る体制として世界貿易機関（WTO）が国際連合発足時に設立されたが，近年では北大西洋条約機構など特定の地域内での自由貿易協定も結ばれている。

5 商品の輸出入に関する収支を国際収支といい，これに資金の対外取引の収支であるサービス収支と資本移転等収支を加えたものを経常収支という。

解 説

1．妥当である。

2．水平的分業は，2国間でそれぞれ工業製品を生産し，貿易することである。先進国が工業製品を生産し，発展途上国がその原材料を生産するような分業体制は垂直的分業という。

3．保護貿易とは自国の産業を保護するため，相手国からの輸入品に対して関税をかけて貿易を行うことをさす。一方で，国家が干渉しない貿易のことを自由貿易という。

4．WTOはGATTを発展的解消させて設立した組織であり，1995年に設立した。近年は二つの国や地域と自由貿易協定が結ばれており，一方でNAFTA（北米自由貿易協定）のように特定の地域で自由貿易協定を結んでいるケースもある。なお，北大西洋条約機構（NATO）は加盟国の領土および国民を防衛するために結ばれているものであり，NATOで自由貿易協定が結ばれているわけではない。

5．国際収支には商品の輸出入だけでなく，利子や配当，著作権などの使用料の受取り・支払いなども含まれている。サービス収支は，国際貨物や旅客運賃，旅行での宿泊費や飲食費，金融の証券売買に関する手数料，知的財産権等の使用料などの受取り・支払いなどの収支である。経常収支は，貿易・サービス収支，第一次所得収支，第二次所得収支を合わせたものである。

正答　**1**

高度経済成長期以降の我が国の経済に関する記述として最も妥当なのはどれか。

1 昭和30年以降40年代半ばまで，年平均の実質経済成長率は10％を超え，高度経済成長を遂げた。この間に産業の比重が，軽工業など第2次産業から重工業など第3次産業へと移行した。

2 昭和50年代の石油危機によって消費が低迷し，デフレーションと円高が同時に進行するスタグフレーションが起こった。その後，再び石油危機が起こり，不況が深刻化した。

3 昭和60年代以降，平成の初めにかけて，対米貿易を中心に輸出が拡大したことで，バブル経済が発生したが，ドル高是正のためのプラザ合意により，円高が進みバブル経済は崩壊した。

4 平成10年以降，郵政事業や日本電信電話公社の民営化，規制緩和の推進などの構造改革が行われた。その後，平成14年には実質経済成長率が5％を超えるなど景気が拡大した。

5 平成20年に，米国の投資銀行であるリーマン・ブラザーズが破綻し，それが引き金となり世界的な金融危機が発生した。これにより，我が国の実質経済成長率もマイナスとなった。

解説

1. 昭和30年以降（データは昭和31年から），昭和40年代半ばまでの年平均の実質経済成長率を見ると，昭和30年代は10％を下回る年が多く，昭和40年代は10％を上回る年が多い。この間の実質経済成長率の平均を計算すると，約9.7％で，10％を下回る。また，軽工業や重工業は第2次産業に分類され，第3次産業は不動産やサービス，金融などが分類される。

2. 第1次石油危機が生じたのは昭和48年であり，スタグフレーションはその頃に起こった。スタグフレーションは，インフレーションと不況が同時に進行する状態である。その後，昭和54年に再び石油危機（第2次石油危機）が生じた。

3. ドル高是正を目的としたプラザ合意は，昭和60年に行われた。その結果，円高ドル安が進み，円高不況となった。そこで，景気対策として公定歩合の引下げが行われたが，バブル経済が発生していった。その後，平成の初め頃にバブル経済は崩壊し，円高を背景に安価な海外製品が流入するなどして，平成10年頃からデフレーションに陥った。

4. 平成17年に郵政民営化法が成立し，平成19年から郵政民営化が行われていった。一方，日本電信電話公社（電電公社）は昭和60年に民営化されて日本電信電話株式会社（NTT）となり，その後，NTTドコモやNTT東日本，NTT西日本などに再編されていった。また，実質経済成長率は，平成2年に5.6％を記録して以降，5％を上回っていない。

5. 妥当である。なお，実質経済成長率は，平成20年がマイナス1.2％，平成21年がマイナス5.7％となっている。

正答 5

我が国の雇用や労働などに関する記述として最も妥当なのはどれか。

1　失業率とは，全人口に対する失業者の割合を示している。我が国の失業率は，リーマン・ショック以降，上昇を続けており，令和2年には10％を超えている。

2　戦後の我が国の労使関係は，「日本型経営」とも呼ばれ，業績を重視した成果主義や終身雇用制，不況期に一時的に労働者を休職させるレイオフなどがその特徴である。

3　ワーク・ライフ・バランスとは，人生100年時代を念頭に，老後に発生する支出をあらかじめ見積もり，それに応じて働く期間と退職後の期間を配分する考え方のことを指す。

4　労働基準法は，労働者を保護するため，労働条件の最低基準を定めた法律である。この労働基準法が守られるように監督するため，都道府県労働局や労働基準監督署などが置かれている。

5　近年，女性の育児休業取得率は低下しており，令和2年度は60％を下回った。一方で，男性の取得率は上昇しており，令和2年度は20％を超え，政府目標を上回った。

1. 失業率とは，労働力人口（＝15歳以上の就業者と失業者を合わせた人口）に対する失業者の割合を示している。また，わが国の失業率は，リーマンショック後の2009年7月にピークに達した後，減少傾向に転じた。近年では，コロナ禍により失業率が上昇する傾向も見られるが，それでも令和2年の失業率は2.8％にとどまっていた。

2. 日本型経営では，勤続年数に応じて社会の地位や賃金が上がっていく「年功制」，定年までの雇用が保障される「終身雇用制」などが特徴とされている。業績を重視した成果主義は，日本型経営の見直しの動きの中で，年功制に代えて導入されるようになったものである。また，レイオフ（一時帰休）はアメリカなどで広く行われているが，わが国ではあまり浸透していない。

3. ワーク・ライフ・バランスとは，「仕事と生活の調和」のことである。具体的には，やりがいや充実感を感じながら働き，仕事上の責任を果たす一方で，子育て・介護の時間や，家庭，地域，自己啓発等にかかる個人の時間を持てる健康で豊かな生活を送ることを意味している。

4. 妥当である。労働基準法は，労働条件の最低基準を定めた法律であり，各企業がこれを上回る労働条件を定めることは歓迎される。また，労働基準法が守られるように監督するため，厚生労働省は地方に出先機関を設けており，都道府県には労働局，各都道府県内には労働基準監督署が置かれている。いずれも国の機関である。

5. 女性の育児休業取得率はおおむね80％台で推移しており，令和2年度には81.6％であった。一方，男性の育児休業取得率は上昇傾向で推移しており，令和2年度には12.65％と初めて2ケタ台を記録したが，20％台には到達していない。なお，男性の育児休業取得率に関する政府目標は「2025年までに30％」とされている。

正答 **4**

人口問題に関する記述として最も妥当なのはどれか。

1 世界をみると，特に中米諸国での人口増加が著しい。中米諸国では，貧困や児童労働などが課題となっているが，農業が盛んであるため，飢餓問題は発生していない。

2 人口の爆発的な増加を抑えるためには，出産する子どもの数や時期を計画的に調整する家族計画の普及が重要とされており，インドやアフリカ南部の国では，農村部も含めてその普及に成功している。

3 多くの先進国では，少子高齢化が問題となっており，フランスやスウェーデンでは，子育て世帯の税負担の軽減策を講じたものの，出生率の低下に歯止めがかかっていない。

4 中国では，20世紀後半に導入された「一人っ子政策」により，出生率と人口増加率は減少した。しかし，この政策の影響により労働力人口が減少し，急速に高齢化社会に移行しつつある。

5 我が国の高齢化率は2000年以降継続して40％を超えており，世界で最も高齢化が進行している。この状態が続けば，21世紀後半には人口が現在の3分の1になるとの見方が有力である。

解 説 ●━━━━━━━━━━━━━━━━━━━━━━━━━━━━━━

1.「世界人口予測2022」（国際連合）によると，世界で人口増加が著しい地域はアフリカである。2021年現在，アフリカの総人口は世界人口の約18％を占めているが，今後も増加を続け，2050年には世界人口の4分の1，2100年には世界人口の約4割を占めると予測されている。また，中米諸国の人口増加はアフリカほど多くはなく，コロナ禍と異常気象によって飢餓問題も発生している。

2. インドやアフリカ南部を含め，一般に開発途上国では，農村部を中心に家族計画の普及が遅れる傾向にある。そのため，特にインドなどでは，人口の急増が続くものと予想されている。

3. フランスやスウェーデンでは，子育て世帯を対象として，家族手当の支給や税負担の軽減などの経済支援策を行ってきた。しかし，出生率の低下に歯止めがかからなかったことから，保育の充実などの両立支援策に転換したところ，出生率が上昇に転じるようになった。ただし，近年では，出生率が再び低下する傾向も見られる。

4. 妥当である。中国では一人っ子政策が実施されてきたが，やがてその弊害が懸念されるようになった。そこで，2015年に一人っ子政策は撤廃され，2人目の子どもを持つことが容認された。2021年には制限がさらに緩和され，3人目の子どもを持つことも容認された。

5. 2021年9月15日現在，わが国の高齢化率（＝65歳以上人口が総人口に占める割合）は29.1％であり，40％台には到達していない。なお，高齢化率は今後も上昇を続け，2065年には38.4％に達し，その後は40％前後で推移すると推計されている。

正答　**4**

No. 295 社会 情報等 令和 3 年度

情報等に関する記述として最も妥当なのはどれか。

1 情報を扱うときは，倫理観をもって接するとともに，必要以上の情報へのアクセスは制限されるべきであり，我が国では，望ましいアクセス量を数値化した情報リテラシーが示されている。

2 IoTは，人工知能とも呼ばれ，個人情報保護法施行により大量の情報収集が不可能になったことが契機となり，少ない情報から新しい価値を創出する仕組みを構築するために作られた。

3 ソーシャルメディアが伝える情報は，バーチャル・リアリティの空間の中でのみ形成されるものであり，この空間を快適に利用できる社会をユビキタス社会と呼ぶ。

4 我が国におけるテレワークの普及による労働時間の増加を受け，ワークライフバランスを保つため，政府は，テレワークを自宅でなくサテライトオフィスで行うよう企業を指導している。

5 情報通信技術を利用できるか否かなどによって生じる格差を情報格差（デジタル・デバイド）という。これは，社会的・経済的格差を拡大させる要因となっている。

解説

1. わが国において，望ましいアクセス量を数値化して示しているという事実はない。また，情報リテラシーとは，さまざまな情報を目的に応じて活用する能力のことである。

2. IoTとは，「Internet of Things（モノのインターネット）」の頭文字をつなげて作った造語であり，さまざまなモノ（家電製品や自動車など）をインターネットに接続し，より便利に利用することを意味している。これに対して，人口知能（Artificial Intelligence）の略号はAIである。なお，個人情報保護法施行によって個人情報の取扱いが厳格化されたが，それによって大量の情報収集が不可能になったわけではない。

3. ソーシャルメディア（ブログやFacebook，YouTube，Lineなど）が伝える情報は，現実社会において形成されたものであることも多い。たとえば，ランチの様子をFacebookで発信した場合，その情報は現実の経験を伝えたものである。また，ユビキタス（ネットワーク）社会とは，「いつでも，どこでも，何でも，誰でも」ネットワークにつながることにより，さまざまなサービスが提供され，人々の生活をより豊かにする社会のことである。

4. テレワーク（＝職場を離れて自宅などで仕事を行うこと）の普及によって，労働時間が増加したと断言することはできない。むしろ，テレワークの普及によって通勤時間が不要となり，ワークライフバランス（＝仕事と生活の調和）は向上するという意見も唱えられている。また，政府がテレワークをサテライトオフィス（＝企業の本社等から離れた場所に設置された小規模のオフィス）で行うよう企業を指導しているという事実はない。

5. 妥当である。情報通信技術（ICT）を十分に使いこなせない場合，生活に役立つ情報や就職機会などを得ることが難しくなり，社会的・経済的に不利な立場に置かれやすくなる。したがって，情報格差（デジタル・デバイド）の存在は，社会的・経済的格差の拡大につながると考えられている。

正答 **5**

No. 296 社会 地球環境問題 令和2年度

次は，地球環境問題に関する記述であるが，A，B，Cに当てはまるものの組合せとして最も妥当なのはどれか。

地球温暖化が進むと，気温上昇により異常気象が増加するなどの悪影響が予想されている。地球温暖化防止のため，1992年，国連環境開発会議（地球サミット）が開催され，温暖化対策のための ☐ A ☐ が採択された。2015年の同条約締約国会議では，開発途上国を含む全ての締約国が温室効果ガスの削減に取り組む新たな枠組みである ☐ B ☐ が採択された。

また，地球上には多様な生物種が存在しており，生態系は微妙なバランスの下に成り立っている。急激な生物種の減少による生態系の変化の影響は計り知れないものがあり，こうした危機に対応するため，1971年，水鳥の生息地として国際的に重要な湿地とそこに生息・生育する動植物の保全を目的とした ☐ C ☐ が採択された。

	A	B	C
1	ワシントン条約	パリ協定	ラムサール条約
2	ワシントン条約	パリ協定	バーゼル条約
3	ワシントン条約	京都議定書	ラムサール条約
4	気候変動枠組条約	パリ協定	ラムサール条約
5	気候変動枠組条約	京都議定書	バーゼル条約

解説

A．「気候変動枠組条約」が該当する。気候変動枠組条約は，大気中の温室効果ガス（二酸化炭素やメタンなど）の濃度を，気候体系に危害を及ぼさない水準で安定化させることを目的として締結された条約である。これに対して，ワシントン条約とは「絶滅のおそれのある野生動植物の種の国際取引に関する条約」のことである。

B．「パリ協定」が該当する。パリ協定は，気候変動枠組条約第21回締約国会議（COP21）で採択された温暖化対策のための協定である。これに対して，京都議定書とは，1997年の気候変動枠組条約第3回締約国会議（COP3）で採択された温暖化対策のための議定書である。パリ協定は，ポスト京都議定書の国際枠組みと位置づけられており，京都議定書が先進国にのみ温室効果ガスの排出削減義務を課していたのに対して，パリ協定は開発途上国を含むすべての締約国に削減のための努力を課している点が特徴的である。

C．「ラムサール条約」が該当する。ラムサール条約とは，「特に水鳥の生息地として国際的に重要な湿地に関する条約」のことである。これに対して，バーゼル条約とは，「有害廃棄物の国境を越える移動及びその処分の規制に関するバーゼル条約」の略称である。

よって，正答は**4**である。

正答 **4**

食料や水資源の問題に関する記述として最も妥当なのはどれか。

1　飽食とは，モノカルチャー経済が進んでいるサハラ以南アフリカなどの地域において，生産している食料に偏りがあり，その地域で暮らす人々の栄養バランスが悪くなることをいう。

2　フェアトレードとは，輸入枠及び関税の撤廃など，世界の貿易がより自由に，適正な価格で行われることを目的とする取組のことをいう。

3　乾燥地帯が広がる東アジアや欧州においては，水不足への対策として，地下水をくみ上げて形成されたオアシスを中心に市街地を整備するセンターピボット方式を採用する国が多くみられる。

4　先進国を中心に，近年，水資源の汚染を原因とした水不足の問題が発生している。これに対して各国は，海水淡水化技術の開発など，水資源を守る「緑の革命」という取組を進めている。

5　穀物の中には，飼料やバイオエタノールの原料となるものがある。これらの需要の増加は，食用穀物の供給を不安定にする要因の一つであるといわれている。

解 説

1．飽食とは，飽きるほど腹いっぱい食べること，食料に不自由ないことを意味している。

2．フェアトレードとは，発展途上国の原料や製品を公正な価格で取り引きすることである。これにより，企業や地主などから搾取されている現地の人々を貧困から救い，経済的・社会的自立を支援しようとしている。

3．センターピボット方式とは，くみ上げた地下水に化学肥料や農薬などを混入した後，これを大型スプリンクラーで円形農場に広く散布するという農法のことである。アメリカのグレートプレーンズやサウジアラビアなどの中東の乾燥地帯で行われてきた。

4．緑の革命とは，主に1960年代から70年代にかけて起こった農業革命のことである。品種改良による高収量品種の導入や化学肥料の使用などを通じて，穀物の収穫量を飛躍的に増大させ，食糧危機を克服しようとした。

5．妥当である。とうもろこしなどの穀物は，食糧以外に，飼料やバイオエタノール（＝植物から作るエタノール）の原料としても利用されている。こうした穀物は豊凶によって供給量が大きく変動するほか，近年ではバイオエタノール用の穀物の需要が増加していることなどから，しばしば食用穀物の供給不足や価格高騰といった問題が引き起こされている。

正答　**5**

科学技術や生命倫理に関する記述として最も妥当なのはどれか。

1　生命維持装置の出現によって，患者本人が意思を表明できなくとも，延命治療が行われるようになり，QOL（生命の質）は大幅に改善された。

2　遺伝子組換え作物とは，遺伝子を操作して安全性を高めた作物であるが，生態系のバランスが崩れるおそれがあり，我が国では，販売が禁止されている。

3　インフォームド・コンセントとは，医師が患者に十分な説明を与えた上で，患者が治療の方針や方法について同意することをいう。

4　我が国では，脳死とは，自発呼吸はあるが脳波が平坦であるなど，脳幹を除く脳の大半の機能が停止した状態とされ，脳死者から臓器の移植が行われている。

5　iPS細胞（人工多能性幹細胞）を用いた再生医療は，拒絶反応の問題があり，また，作製の際に受精卵を壊す必要があるため，ヒトへは適用されていない。

解説

1. 延命治療によって本人の生命が長らえたとしても，体中にたくさんの管がつけられたまま苦痛を感じる期間が長引くだけといった状況に置かれるならば，QOL（Quality of Life：生活の質）が向上したということはできない。この場合，苦痛を緩和する医療行為を行い，緩やかな死を迎えられるようにしたほうが，QOLは高まると考えられる。

2. 遺伝子組換え作物とは，遺伝子を操作して病虫害への耐性や栄養価などを高めた作物のことである。遺伝子操作の目的は，必ずしも安全性の向上にあるわけではない。また，わが国では遺伝子組換え作物の販売が認められており，家畜用の飼料や加工食品の原材料としても用いられている。

3. 妥当である。インフォームド・コンセント（informed consent）とは，端的には「説明と同意」のことである。わが国では，医療法1条の4第2項において，「医師，歯科医師，薬剤師，看護師その他の医療の担い手は，医療を提供するに当たり，適切な説明を行い，医療を受ける者の理解を得るよう努めなければならない」と規定されている。

4. わが国では，脳死とは，脳幹を含む脳全体の機能が停止した状態とされている。脳死状態において，脳波は平坦となり，自発呼吸はできなくなるが，人工呼吸器をつけることで心臓はしばらくの間動き続ける。脳死状態から回復することはないため，わが国では一定の条件の下で，脳死者から臓器の移植を行うことが認められている。

5. iPS細胞（人工多能性幹細胞）とは，いわゆる万能細胞の一種であり，さまざまな組織や臓器に分化する能力を持つ。本人の体細胞を用いて作製することができるため，iPS細胞を分化させて臓器や組織を作り，これを本人に移植するという「再生医療」を行っても，拒絶反応の問題は起こらないとされている。これに対して，受精卵を壊して作製する万能細胞は，ES細胞（胚性幹細胞）と呼ばれている。

正答　**3**

青年期や自己形成に関する記述として最も妥当なのはどれか。

1　エリクソンは，子どもと大人の中間者である青年をマージナル=マン（境界人）と名付け，通過儀礼（イニシエーション）を経ることで，青年期を延長できるとした。

2　レヴィンは，青年期をモラトリアムの期間と名付けた上で，「我々はいわば二回生まれる」と述べ，青年期における心身の変化を第二の誕生と呼んだ。

3　フロイトは，無意識の適応行動を防衛機制と呼び，欲求と正反対の行動をとる合理化や，欲求を社会的に価値のある行為に向ける反動形成などがあるとした。

4　ハヴィガーストは，人が生まれながらに持っている個性をパーソナリティと呼び，青年期に自己の変革を目指して主体的な努力を行うことは無意味であるとした。

5　マズローは，欲求は五つの階層を成しており，生理的欲求などの基礎的な欲求がある程度満たされた後に，自己実現などの高次元の欲求が現れるとした。

解説

1. 子どもと大人の中間者である青年をマージナル=マン（境界人）と名づけたのは，レヴィンである。また，青年期の延長という事実は多くの学者によって指摘されているが，その背景としては，通過儀礼（イニシエーション）が明確には行われなくなってきた点を挙げることができる。なお，通過儀礼とは，人生の節目において執り行われる儀式のことで，七五三や元服式などがこれに当たる。

2. 青年期をモラトリアムの期間（＝社会的責任を一時的に免除・猶予されている期間）と名づけたのは，エリクソンである。また，「われわれはいわば2度生まれる。1度目は存在するために，2度目は生きるために」と述べ，青年期における心身の変化を第2の誕生と呼んだのは，ルソーである。

3. 欲求が満たされない場合に，欲求と正反対の行動をとること（例＝悲しいときに大笑いすること）は「反動形成」，欲求を社会的に価値のある行為に向けること（例＝失恋の痛手を癒すためにスポーツに打ち込むこと）は「昇華」と呼ばれている。なお，「合理化」とは，自分の行動の本当の動機を隠して，もっともらしい意味づけを行うこと（例＝高校入試で失敗した後，「そもそもあの高校には行きたくなかった」と自己弁護すること）を意味する。

4. ハヴィガーストは，人生を6段階に分類したうえで，人間は各発達段階における課題を克服していくことで幸福となり，次の発達段階における課題を解決することも容易になると主張した。したがって，ハヴィガーストによれば，パーソナリティは必ずしも生得的・固定的なものではなく，青年期に自己の変革をめざして主体的な努力を行うことには意味があるとされる。

5. 妥当である。マズローは，欲求は5つの階層（生理的欲求・安全欲求・社会的欲求・承認欲求・自己実現欲求）をなしており，低次の欲求がある程度満たされた後に，より高次元の欲求が現れるとした。これを欲求段階説という。

正答　**5**

世界史　日本史　地理　国語　英語　政治　経済　社会　倫理

現代社会の課題に関する記述として最も妥当なのはどれか。

1 地球の平均気温が徐々に上昇する地球温暖化が問題となっており，発電の際に多量の二酸化炭素を排出する原子力発電がその原因の一つとなっている。

2 アジアやアフリカでは人口増加などの影響で飢餓が深刻化しているほか，米国やフランスなどでは食料自給率が5割を下回るなど，世界的に食料不足が問題となっている。

3 先進国の大都市では，旧市街地から高所得者や若者が流出し，低所得者や高齢者が取り残されることによって都市機能が低下するスプロール現象が見られる。

4 南南問題とは，発展途上国間の経済格差をいい，資源を持つ国や工業化が比較的進んでいる国と，資源を持たず開発の遅れている国との間の格差が挙げられる。

5 国際交通が発達した現代では，感染症が全世界に被害をもたらすおそれがある。そのため，国連の専門機関である国境なき医師団が，各国に対し対策を呼び掛けている。

解説

1. 発電の際に大量の二酸化炭素を排出するのは，化石燃料である石炭や石油を用いる火力発電の場合である。原子力発電では，ウラン燃料等の核分裂を利用して発電が行われるので，二酸化炭素は排出されない。

2. アメリカやフランスは農業大国であり，2013年の食料自給率（カロリーベース）は，アメリカは130％（2018年132％），フランスは127％（同125％）であった。なお，2013年度における日本の食料自給率は39％にすぎず，2020年度もほぼ同水準（37％）である。

3. スプロール現象とは，都市が周辺地域に向かって無秩序に拡大し，虫食い状の開発が進むことを意味している。これに対して，本肢で説明されている旧市街地（中心地域）における都市機能の低下は，一般にインナーシティ問題と呼ばれている。

4. 妥当である。先進国（北半球に多い）と発展途上国（南半球に多い）の間の経済格差は，一般に「南北問題」と呼ばれる。これに対して，発展途上国間の経済格差は「南南問題」と呼ばれる。

5. 国境なき医師団は，各国の医療関係者（医師や看護師など）が国境を越えて団結し，設立した非政府組織（NGO）である。非営利で国際的な民間の医療・人道援助団体であり，国連と連携して活動することもあるが，国連の専門機関ではない。

正答　**4**

西洋の思想家に関する記述A〜Dのうち，妥当なもののみを挙げているのはどれか。

A：ケプラーは，偏見を取り除いて自然をありのままに観察し，観察された事実から，それらに共通する一般法則を見つけ出す演繹法を唱えた。

B：ベンサムは，社会全体の幸福は個人の幸福の総計であるとして，「最大多数の最大幸福」が法と道徳の基本原理であると考えた。

C：ロックは，政府が市民の自然権を侵害した場合には，市民は，政府を改め，新たな政府をつくる抵抗権（革命権）を行使できると説いた。

D：キルケゴールは，キリスト教により引き起こされた虚無主義（ニヒリズム）を克服して，新たな倫理や価値観を創造する万能人として生きることを呼び掛けた。

1 A，C
2 A，D
3 B，C
4 B，D
5 C，D

解説

A：デカルトに関する記述である。フランスの哲学者デカルトは合理論の立場から，偏見や経験に基づく誤りを排除するために，あらゆることを疑ったうえで，真理を得ようとする方法的懐疑によって，論理的に個々の結論を導き出す演繹法を唱えた。ケプラーはドイツの天文学者で，惑星の運動に関する法則を発見した。

B：妥当である。ベンサムはイギリスの哲学者で，「最大多数の最大幸福」を求める功利主義を確立した。幸福の量的計算が可能と主張した。

C：妥当である。ロックはイギリスの哲学者で，イギリス経験論の立場に立ち，市民による抵抗権（革命権）を認めた。

D：ニーチェに関する記述である。ドイツの哲学者ニーチェは虚無主義（ニヒリズム）を克服し，新たな価値観を創り出していくことを説いた。

　　以上から，妥当なものはBとCであり，**3**が正答となる。

正答　**3**

中国の思想家に関する記述として最も妥当なのはどれか。

1　孔子は，仁と礼を兼ね備えた君子が法律によって国を治める法治主義を理想とした。彼は秦の始皇帝によって宰相に登用され，それと同時に儒教は中国の官学となった。

2　孟子は，人間は生まれながらにして四端の心をもっているとして性善説を唱えた。一方，荀子は，性悪説を唱え，礼によって人々の性質を矯正する必要を説いた。

3　荘子は，農村共同体のような小国家（小国寡民）こそ理想社会であると説いた。また，著書『老子』では，全ての人々を差別なく愛する兼愛の思想が説かれた。

4　墨子は，親子や兄弟の間に自然に発生する孝悌の情を重視し，これを様々な人間関係に推し進めることによって戦争を無くすことができるとする非攻論を展開した。

5　朱子（朱熹）は，武力によって民衆を支配する覇道を退け，仁義に基づいて民衆の幸福をはかる王道政治を強調し，民衆の平等が幸福につながると主張した。

解説

1．法律によって国を治める法治主義を理想としたのは法家であり，徳治主義を重視する孔子は法治主義を否定している。孔子は春秋時代末期の思想家で，秦の始皇帝時代よりも前の人物であり，秦の始皇帝に仕えたのは法家の李斯である。さらに，儒教が中国の官学となったのは，前漢の第7代皇帝の武帝の時代で，儒学者の董仲舒の提言による。

2．妥当である。四端とは惻隠の心（同情心），羞悪の心（悪を恥じる正義の心），辞譲の心（譲り合い，敬う心），是非の心（善悪を見分ける心）の4つの感情のことである。

3．小国家（小国寡民）を理想社会とし，『老子』を著したのは，道家の祖の老子である。荘子は老子の思想を継承した思想家で，なんの煩いもない安らかな境地（逍遥遊）を理想とした。兼愛の思想を説いたのは墨家の祖の墨子である。

4．孝悌の情を重視したのは儒家である。また，非攻論を展開したのは墨家の墨子である。

5．覇道政治を避け，王道政治を強調したのは，儒家の孟子である。朱子（朱熹）は12世紀の南宋時代の儒学者で，万物は理（原理）と気（ガス状の物質的な要素）の合成で成り立つとする理気二元論を説き，新しい儒教を展開した。

正答　**2**

世界史　日本史　地理　国語　英語　政治　経済　社会　倫理

仏教に関する記述として最も妥当なのはどれか。

1　紀元前，ブッダは，全てのものが絶えず変化する万物斉同の世界で，一切の修行を捨てて自然に身を任せる無為自然の実践により解脱の境地に至ることができると説いた。

2　奈良時代，上座部仏教が，スリランカ，東南アジアを経て日本に伝わり，仏教によって国の安泰を図る鎮護国家の実現のため，厩戸王（聖徳太子）は東大寺に大仏を建立した。

3　平安時代，空海は，万物は宇宙の本体である大日如来の現れであり，真言を唱える密教の修行などを通じて，大日如来と一体化する即身成仏を遂げることができると説いた。

4　鎌倉時代，親鸞は，自分の力を誇る悪人は，阿弥陀仏には救われないが，坐禅による修行を通じて自力で悟りの境地に至ることができると説いた。

5　鎌倉時代，道元は，自分の無力を深く自覚し，踊りながらひたすらに念仏を唱えて阿弥陀仏の慈悲にすがる人こそが悟りの境地に至ると説いた。

解説

1．ブッダはすべてのものはさまざまな原因によって成り立ち永遠ではない（諸法無我）と考え，絶えず生滅変化し（諸行無常）の真理を悟れば，心の絶対的な平静さの境地（涅槃）を実現できると考えた。この涅槃の実現がブッダの考える解脱である。万物斉同（対立や差別を越えた，すべてのものは同じであるとする説）で無為自然の境地を理想としたのは道家の荘子である。

2．日本に仏教が伝わったのは6世紀の飛鳥時代であり，上座部仏教（小乗仏教）ではなく，大乗仏教が伝わった。鎮護国家の実現のため東大寺に大仏を建立することを決めたのは厩戸王（聖徳太子）ではなく，奈良時代の聖武天皇である。

3．妥当である。空海は真言宗の開祖。真言宗の思想の中心は現世の幸福を重視する即身成仏である。

4．鎌倉時代の浄土真宗の開祖である親鸞は，悪人こそが阿弥陀仏の救いの対象と考えた。さらに，親鸞は自力ではなく阿弥陀仏の力に頼る絶対他力を説き，報恩感謝の念仏を唱えることを勧めた。坐禅による修行を通じて自力で悟りの境地に至ることができることを説いたのは禅宗（臨済宗・曹洞宗）である。

5．踊りながらひたすらに念仏を唱えて阿弥陀仏の慈悲にすがる人こそが悟りの境地に至ると説いたのは，一遍（鎌倉時代の時宗の開祖）である。道元は曹洞宗の開祖。

正答　**3**

現代のヒューマニズムに影響を与えた人物に関する記述A～Dのうち，妥当なもののみを挙げているのはどれか。

A：シュヴァイツァーは，現代の人類は精神的退廃に陥っていると考え，新しい倫理的世界観の確立を求め続けた結果，「生命への畏敬」という理念を見いだした。

B：ガンディーは，最大の不幸は，誰からも必要とされていない，愛されていないと感じることだと述べ，貧しさや病気で苦しむ人々に対して，生涯，献身的な奉仕活動に打ち込んだ。

C：キング牧師は，第二次世界大戦後の米国において，人種差別の撤廃を訴え，非暴力主義をもって，公民権運動を指導した。

D：ロールズは，功利主義の思想を継承，発展させ，「公正としての正義」を提唱した。彼は，個人の自由を最大限尊重する「最小国家」が理想であると考えた。

1 A，B
2 A，C
3 B，C
4 B，D
5 C，D

解説

A：妥当である。シュヴァイツァー（1875～1965年）はドイツ出身の哲学者，医者，音楽家で，生命のあらゆる存在を敬うことの大切さを唱えた。1952年にノーベル平和賞を受賞した。

B：マザー=テレサ（1910～97年）に関する記述である。カトリック教会の修道女としてインドのカルカッタ（現在のコルカタ）のスラム街で奉仕活動に取り組んだ。1979年にノーベル平和賞を受賞した。ガンディー（1869～1948年）はインドの独立運動の指導者で，非暴力・不服従運動でイギリスに抵抗した。

C：妥当である。キング牧師（1929～68年）はアメリカの黒人解放運動の指導者で，公民権運動を展開し，1964年にノーベル平和賞を受賞した。

D：ロールズ（1921～2002年）はアメリカの政治学者。『正義論』を著し，「公正としての正義」を提唱し，功利主義を批判した。「最小国家」を理想としたのは，ロールズの同僚であったハーバード大学教授のロバート=ノージック（1938～2002年）である。

よって，妥当なものはAとCで，正答は**2**である。

正答　**2**

江戸時代の国学や蘭学に関する記述として最も妥当なのはどれか。

1 本居宣長は，万葉集に表現された素朴で素直な心を「もののあはれ」と呼び，古代人に人間の理想を見いだして古典文学の研究を進め，国学の祖と呼ばれた。

2 平田篤胤は，荻生徂徠の提唱した古文辞学に基づく復古神道を唱えたが，幕末期には蘭学が流行していたため社会への影響力を持つことができなかった。

3 第6代将軍徳川家宣の時代に，長崎における漢訳洋書の輸入制限が緩和されると，新井白石，青木昆陽らはオランダ語を学び，蘭学の先駆者となった。

4 前野良沢や杉田玄白らは，オランダ語の解剖学書を『解体新書』として訳述した。また，杉田玄白は，その経緯を『蘭学事始』という書物に書き残した。

5 渡辺崋山や高野長英は，蘭学の合理的な批判精神を学ぶ中で，庶民の困窮に対して無策の幕府の支配体制を批判したため，安政の大獄で処罰された。

解説

1. 国学者の本居宣長は，『源氏物語』に表現された美しいものを美しいと感じる心を「もののあはれ」と呼んだ。国学の祖は江戸時代中期に『万葉代匠記』を著した契沖である。

2. 平田篤胤は本居宣長の国学の影響を受け，復古神道を大成させた国学者である。平田篤胤の思想は幕末の尊王攘夷運動へ影響を与えた。荻生徂徠が古文辞字を提唱したというのは正しい。

3. 漢訳洋書の輸入制限の緩和は，第8代将軍徳川吉宗の享保の改革で行われたことである。新井白石は第6代将軍徳川家宣，第7代将軍徳川家継の時代の朱子学者で，正徳の治を行った政治家でもあり，『西洋紀聞』を表したことから蘭学の先駆者といえる。青木昆陽は第8代将軍時代にオランダ語を学び，甘藷栽培を勧めた実学者であり，第6代将軍時代の人物ではない。

4. 妥当である。『解体新書』は，オランダ語の『ターヘル=アナトミア』を前野良沢と杉田玄白が訳した日本初の西洋医学の翻訳書で，1774年に刊行された。『蘭学事始』は1815年に刊行された，杉田玄白の回想録である。

5. 洋学者の渡辺崋山と高野長英が処罰されたのは，1839年の蛮社の獄である。1838年に著された『慎機論』（渡辺崋山），『戊戌夢物語』（高野長英）の中で，アメリカ商船モリソン号を江戸幕府が砲撃したモリソン号事件と鎖国政策を批判したことが原因である。安政の大獄は，1858年から59年に吉田松陰，橋本左内らが処罰された事件である。

正答　**4**

次のA，B，Cは中国の思想家に関する記述であるが，該当する思想家の組合せとして最も妥当なのはどれか。

A：人は誰でも生まれつき善へと向かう素質を備えているという性善説を説いた。また，社会をつくる基本的な人間関係を重んじ，それを五倫と呼んだ。

B：人は生まれつき自己中心的な悪い性質を持つという性悪説を説き，規範としての礼によって人々の性質を矯正する必要があるとした。

C：道家の思想家であり，この世界に人為的に働きかけることをやめ，全てを無為自然に委ねることが人間としての正しい在り方であるとした。

	A	B	C
1	孔子	荀子	墨子
2	孔子	荘子	老子
3	孟子	荀子	墨子
4	孟子	荀子	老子
5	孟子	荘子	墨子

解説

A：孟子に関する記述である。儒家の孟子は，人は生まれつき善の素質を備えているとする性善説の立場に立ち，人の守るべき道として五倫（親・義・別・序・信）の道を説いた。

B：荀子に関する記述である。儒家の荀子は，人は生まれつき悪い性質を持つとする性悪説の立場に立ち，規範である礼によって人の性質を矯正しなければならないとする礼治主義を説いた。

C：老子に関する記述である。道家の祖とされる老子は，人間の正しいあり方として自然の道に従って生きる無為自然を説いた。

よって，正答は**4**である。

正答　**4**

近代以降の思想家に関する記述として最も妥当なのはどれか。

1 デカルトは，普遍的な命題から理性的な推理によって特殊な真理を導く帰納法を用いて，物事を正しく認識することを重要とし，これを妨げる偏見や先入観を「イドラ」と呼んだ。

2 ヘーゲルは，イギリス経験論と大陸合理論を総合した。また，自律の能力を持った理性のある存在を人格と呼び，互いの人格を尊重し合うことによって結び付く社会を「共和国」と呼んだ。

3 ベンサムは，人間の生き方を探求し，「モラリスト」と呼ばれた。快楽には精神的な快楽と感覚的な快楽があり，人間の幸福にとって大きな要素となるのは，精神的な快楽であると主張した。

4 サルトルは，人間は自由であることから逃れることは許されず，また，自己の在り方を選ぶ行動は，全人類に対しても責任を負うとして，社会参加（アンガージュマン）の大切さを説いた。

5 フロムは，ニヒリズムの立場から，より強くなろうとする力への意志に従い，たくましく生きようとする人間を「超人」と呼び，神への信仰を捨てるよう説いた。

解説

1. フランスの哲学者で大陸合理論を説いたデカルトは，普遍的な命題から理性的な推理によって特殊な真理を導く演繹法を用いた。帰納法は，個々の経験的事実そのものから共通する一般法則を導く方法である。偏見や先入観を表す「イドラ」は，イギリス経験論の立場に立つ思想家ベーコンが排除すべきものとして説いた言葉である。

2. イギリス経験論と大陸合理論を総合し，自律の能力を持った理性のある存在を人格と呼んだのは，ドイツ観念論の立場に立つカントである。カントは互いの人格を尊重し合う社会を「目的の王国」と呼んだ。ヘーゲルはドイツ観念論の完成者で，弁証法を用いた。

3. 「モラリスト」と呼ばれたのは，16世紀から18世紀にフランスで人間としての生き方を探求したモンテーニュやパスカルなどの思想家である。イギリスの功利主義者ベンサムは，快楽を的に計算することができるとし，「最大多数の最大幸福」を主張した。人間の幸福の要素が精神的な快楽であると主張したのは，イギリスの功利主義者J.S.ミルである。

4. 妥当である。サルトルは20世紀を代表するフランスの哲学者である。

5. ニヒリズムの立場から，力への意思に従い，たくましく生きようとする人間を「超人」と呼んだのは，ドイツの思想家ニーチェである。ニーチェは自らの著作『ツァラトゥストラはかく語りき』の中で，「神は死んだ」と表現した。フロムはドイツ出身で，後にアメリカ合衆国に帰化した，20世紀を代表するドイツ出身の精神分析学者である。

正答 **4**

次のA，B，Cは江戸時代の思想家に関する記述であるが，該当する思想家の組合せとして最も妥当なのはどれか。

A：支配階級の自覚を強調する朱子学に疑問を持ち，普遍的な人間の立場から独自の儒学を説いた。また，学問を修めることと日常の生活とがかけ離れてはならないと考え，人間は善いと分かったことを直ちに実践する知行合一に努めなければならないと主張した。

B：朱子学の思想を積極的に取り入れ，幕藩体制を支える学問としての儒学の基礎を固めた。また，物事には全て「上下定分の理」があると説き，天地自然に上下高低の理があるように，人倫にも上下や分（身分・職分）の定まった理があるとした。

C：仏教や儒教など外来思想の影響を排除し，日本の古代社会を理想として，日本の伝統と古代人の心を明らかにしようとする国学を集大成した。また，『古事記』などの古典を実証的に研究し，『古事記伝』などを著した。

	A	B	C
1	林羅山	中江藤樹	本居宣長
2	林羅山	本居宣長	中江藤樹
3	中江藤樹	林羅山	本居宣長
4	中江藤樹	本居宣長	林羅山
5	本居宣長	林羅山	中江藤樹

解説

A：「中江藤樹」が当てはまる。中江藤樹（1608〜48年）は日本陽明学の祖。近江出身で，武士として教育を受けたが脱藩し，庶民への実践を重視する教育に努めた。晩年は王陽明の陽明学の研究に打ち込み，近江聖人と呼ばれた。

B：「林羅山」が当てはまる。林羅山（1583〜1657年）は幼少の頃に京都の建仁寺で学び，24歳の時に朱子学者として幕府に出仕した。家康から4代将軍家綱まで仕え，朱子学で重視される封建的な身分秩序を正しいと考える「上下定分の理」を説いた。

C：「本居宣長」が当てはまる。本居宣長（1730〜1801年）は伊勢松坂の出身で，小児科医となりながら，34歳の時に国学者の賀茂真淵と出会い，弟子入りした。そこで，『古事記』を研究し，国学を学問として大成させた。

よって，正答は**3**である。

正答　**3**

鎌倉時代の仏教における宗派の開祖といわれる人物に関する記述として最も妥当なのはどれか。

1 浄土宗を開いた法然は，ひたすら阿弥陀仏を信じ，「南無阿弥陀仏」と口にとなえることによって，誰もが極楽浄土に往生することができると説いた。

2 浄土真宗を開いた親鸞は，人は自らの悪への傾向を自覚した上で，善を行おうとする心を持つことが肝要とする悪人正機を説き，「南無妙法蓮華経」ととなえることで仏になれるとした。

3 臨済宗を伝えた栄西は，『正法眼蔵』を著して天台宗の教えを更に発展させ，念仏をとなえることの大切さを説いて「踊念仏」を考案し，全国を遊行した。

4 曹洞宗を伝えた一遍は，釈迦の悟りの姿に基づく座禅こそ仏道の実践であると説き，彼の教えは，末法思想を背景に，貴族を中心として人々の間に広まった。

5 日蓮宗を開いた日蓮は，自ら学んだ真言宗の大改革を遂行し，瞑想中心の実践によって悟りを開くことで，仏の知を体得できると説いた。

解説

1. 妥当である。法然は専修念仏（せんじゅねんぶつ）を説いた浄土宗の開祖である。

2. 浄土真宗の開祖である親鸞は法然の弟子であり，悪人の救済こそ阿弥陀の本願であるとする悪人正機を説き，「南無阿弥陀仏」を唱えることを重視した。

3. 臨済宗の開祖である栄西は，比叡山で天台宗を学んだ後，中国の宋へ渡り，帰国後に禅宗を広めた。『正法眼蔵』は曹洞宗の道元の著作である。また，「踊念仏」は時宗の開祖一遍が考案したものである。

4. 曹洞宗は道元の説いた教えであり，一遍は時宗の開祖である。また，貴族の間に広まった末法思想は平安末期の浄土教である。

5. 日蓮宗の開祖である日蓮は，天台宗を学んだ後，比叡山で修行し，法華経が最高の経典であると悟り，「南無妙法蓮華経」と唱えることの重要性を説いた。

正答　**1**

世界史　日本史　地理　国語　英語　政治　経済　社会　倫理

近代以降の思想に関するA～Dの記述のうち，妥当なもののみを挙げているのはどれか。

A：観察や実験に基づく経験をあらゆる知識の源泉とみなす考え方を経験論と呼び，個々の経験的な事実から一般的な法則を求める方法を帰納法という。経験論の祖とされるベーコンは，自然をあるがままに観察するためには，人間の内面に潜む先入観や偏見を取り除く必要があるとした。

B：国家や政府の存在根拠を人民と国家との契約に求める思想を社会契約説という。ロックやモンテスキューの唱えた社会契約説は，人民の信任を受けた国王の権威を絶対視する王権神授説を根拠づけるものとされた。

C：善悪の基準を快楽や幸福を生み出すのに役立つかどうかに求める考え方を功利主義という。J.S.ミルは，快楽の質の差を重視し，「満足した豚であるよりは不満足な人間である方がよく，満足した愚か者であるよりは不満足なソクラテスである方がよい」と述べた。

D：産業革命後に賃金労働者が大量に生まれる中で労働者中心の社会を理想とする社会主義思想が広まった。マルクスとエンゲルスは，労働者階級の待遇改善のためには議会で多数を占めることが必要であるとしてイギリスでフェビアン協会を設立し，これが後の労働党となった。

1　A，B
2　A，C
3　A，D
4　B，C
5　C，D

解説

A：妥当である。ベーコンはイギリスの哲学者で，「知は力なり」と説いた。

B：イギリスの哲学者ホッブズに関する記述である。絶対王政を根拠づける思想を説いた。

C：妥当である。J.S.ミルはイギリスの哲学者。

D：イギリスでフェビアン協会を設立したのはウェッブ夫妻らで，1884年のことである。マルクスとエンゲルスはドイツで科学的社会主義思想を展開した。

　よって，正答は**2**である。

正答　**2**

世界史　日本史　地理　国語　英語　政治　経済　社会　倫理

●本書の内容に関するお問合せについて

　本書の内容に誤りと思われるところがありましたら，まずは小社ブックスサイト（books.jitsumu.co.jp）中の本書ページ内にある正誤表・訂正表をご確認ください。正誤表・訂正表がない場合や訂正表に該当箇所が掲載されていない場合は，書名，発行年月日，お客様の名前・連絡先，該当箇所のページ番号と具体的な誤りの内容・理由等をご記入のうえ，郵便，FAX，メールにてお問合せください。

　〒163-8671　東京都新宿区新宿1-1-12　実務教育出版　受験ジャーナル編集部
　FAX：03-5369-2237　　　　E-mail：juken-j@jitsumu.co.jp

【ご注意】
※電話でのお問合せは，一切受け付けておりません。
※内容の正誤以外のお問合せ（詳しい解説・受験指導のご要望等）には対応できません。

公務員試験　合格の350シリーズ

国家一般職［高卒・社会人］〈教養試験〉過去問350［2025年度版］

2024年4月15日　初版第1刷発行　　　　　　　　　　　　　　　〈検印省略〉

編　者　資格試験研究会
発行者　淺井亨

発行所　株式会社 実務教育出版
　　　　〒163-8671　東京都新宿区新宿1-1-12
　　　　☎編集　03-3355-1812　　販売　03-3355-1951
　　　　振替　00160-0-78270

印　刷　精興社
製　本　ブックアート

公務員二次試験情報をお寄せください

　弊社では，次の要領で本年度公務員試験の情報を募集しています。受験後ご記憶の範囲でけっこうですので，事務系・技術系問わず，ぜひとも情報提供にご協力ください。

☆**募集内容**　国家一般職，専門職・特別職公務員，地方初級（都道府県・市区町村），警察官（短大卒程度も含む），消防官（短大卒程度も含む）などの二次試験に関する情報（作文・面接試験の内容など）。用紙が足りない場合は，この用紙をコピーまたはレポート用紙にご記入ください。

☆**送り先**　〒163-8671　新宿区新宿1-1-12　(株) 実務教育出版「試験情報係」

☆**謝礼**　情報内容の程度により謝礼を進呈いたします。　　☆**締切**　試験受験後1か月以内にお寄せください。

〒＿＿＿＿＿＿　住所 ＿＿＿＿＿＿＿＿＿＿＿＿＿＿＿＿＿＿＿＿＿＿＿＿＿＿

氏名 ＿＿＿＿＿＿＿＿＿＿＿　年齢 (合格時) ＿＿＿＿＿＿　職業 ＿＿＿＿＿＿＿＿＿

受講生番号 ＿＿＿＿＿＿＿＿＿　TELまたはE-mailアドレス ＿＿＿＿＿＿＿＿＿＿＿＿＿

※1つの試験についてのみご記入ください。そのほかの試験についてや用紙が足りない場合はレポート用紙でも可。

●**受験した試験名** ＿＿＿＿＿＿＿　**試験区分** ＿＿＿＿＿＿＿　●**二次試験日** ＿＿＿＿＿＿

●**試験内容**（課されたものについて，□内に✓をつけてください）

□作文＿＿＿分＿＿＿字（タテ・ヨコ）書き　課題 ＿＿＿＿＿＿＿＿＿＿＿＿＿＿＿＿＿

□性格検査（クレペリン・Y-G式・そのほか〔　　　　〕）＿＿＿分＿＿＿題

□事務適性試験＿＿＿分＿＿＿形式＿＿＿題

□記述式試験＿＿＿分＿＿＿題　内容 ＿＿＿＿＿＿＿＿＿＿＿＿＿＿＿＿＿＿＿＿

□人物試験　｛個別面接　試験官＿＿＿人　　面接時間＿＿＿分

　　　　　　　集団面接　受験者＿＿＿人　　試験官＿＿＿人　面接時間＿＿＿分

□集団討論　受験者＿＿＿人，試験官＿＿＿人，時間＿＿＿分，課題 ＿＿＿＿＿＿＿＿＿

□体力検査　検査項目（　　　　　　　　　　　　　　　　　　　　　　　　　　　）

□そのほか（具体的に　　　　　　　　　　　　　　　　　　　　　　　　　　　　）

●**面接試験の質問内容とあなたの回答**（順番に，できるだけ詳しく）

....

....

....

....

....

....

....

....

....

....

....

....

....

....

....

....

....

●そのほかの試験（性格検査，記述式試験など）の内容

※二次試験についての感想など，自由にお書きください。

公務員 公開模擬試験

web限定申込

主催:実務教育出版

個人が自宅で受けられる模擬試験！
直前期の最終チェックにぜひご活用ください！

個人が個別に
web申込・お支払 ▶ 模擬試験が
自宅に届く ▶ 自宅で
公開模擬試験
を実施 ▶ 答案を締切日
までに郵送 ▶ 自宅に
結果返送

試験日程・受験料

試験名	申込締切日	問題発送日 当社発送日	答案締切日 当日消印有効	結果発送日 当社発送日	受験料 (税込)
高卒・短大卒程度 公務員	6/6	6/24	7/12	8/1	3,850円 教養+適性+作文添削
[高卒・短大卒程度] 警察官・消防官	6/6	6/24	7/12	8/1	3,850円 教養+作文添削

※申込締切日後は【自己採点セット】を販売予定。詳細は7月下旬以降webサイトをご覧ください。

実務教育出版webサイトからお申し込みください
https://www.jitsumu.co.jp/

公開模試の詳細はこちら

試験名	試験時間・問題数	対象
高卒・短大卒程度 公務員	教養 [択一式/1時間40分/45題] 適性 [択一式/15分/120題] 作文 [記述式/50分/1題] ＊添削付き	都道府県、市区町村、 国家一般職(高卒者、社会人)事務、 国家専門職(高卒程度、社会人)、 国家特別職(高卒程度)など、 高卒・短大卒程度試験
[高卒・短大卒程度] 警察官・消防官	教養 [択一式/2時間/50題] 作文 [記述式/60分/警察官 or 消防官 いずれか1題] ＊添削付き	高卒・短大卒程度 警察官・消防官(男性・女性)

■公開模擬試験【個人自宅受験】の特徴

●2024年度(令和6年度)試験対応の
予想問題を用いた、実戦形式の試験です!

試験構成、出題数、試験時間など実際の試験と同形式です。
マークシートの解答方法はもちろん時間配分に慣れることが
でき、本試験直前期に的確な最終チェックが可能です。

●自宅で本番さながらの実戦練習ができます!

全国規模の実施ですので、実力を客観的に把握できます。
「正答と解説」には、詳しい説明が記述されていますので、
周辺知識までが身につき、一層の実力アップがはかれます。

●全国レベルの実力がわかる、客観的な判定
資料をお届けします!

マークシートご提出後に、個人成績表をお送りいたします。
精度の高い合格可能度判定をはじめ、得点、偏差値、正答率
などの成績データにより、学習の成果を確認できます。

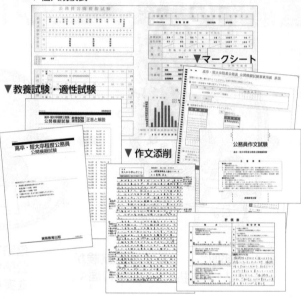

▼ 個人成績表

▼マークシート

▼ 教養試験・適性試験

▼ 作文添削

■申込方法

公開模擬試験【個人自宅受験】は、実務教育出版webサイトの公開模擬試験申込フォームから
個別にお申し込みください。

1. 受験料のお支払いは、クレジット決済、コンビニ決済の2つの方法から選べます。

2. コンビニ決済の場合、ご利用のコンビニを選択すると、お申込情報(金額や払込票番号など)と
お支払い方法が表示されます。その指示に従い指定期日(ネット上でのお申込み手続き完了日
から6日目の23時59分59秒)までにコンビニのカウンターにて受験料をお支払いください。

この期限を過ぎますと、お申込み自体が無効となりますので、十分ご注意ください。

※料金お支払後の受験内容の変更・キャンセル等、受験料の返金を伴うご要望には一切応じる
ことができませんのでご注意ください。

※氏名は、必ず受験者ご本人様のお名前で、入力をお願いいたします。

お申し込みはコチラ

◆公開模擬試験【個人自宅受験】についてのお問い合わせ先

問題発送日より1週間経っても問題が届かない場合、下記「公開模擬試験」係までお問い合わせください。

実務教育出版 「公開模擬試験」係 TEL:03-3355-1822 (土日祝日を除く9:00~17:00)

実務教育出版webサイトからお申し込みください
https://www.jitsumu.co.jp/